Inhaltsverzeichnis (mit Partienverzeichnis)

5

Vorwort

Jeder, der sich mit der Theorie der Schacheröffnungen beschäftigt, weiß, daß es auf diesem Gebiet oft zu schnellen und erstaunlichen Veränderungen kommt. Eine Eröffnung, die gestern noch in aller Munde war, gerät heute bereits wieder in Vergessenheit; eine andere, die ein Schattendasein geführt hat und über längere Zeit hinweg fast unbeachtet geblieben ist, wird plötzlich populär und nimmt ihren Einzug in die Turniersäle der gesamten Schachwelt.

Die Grünfeldindische Verteidigung jedenfalls erfreut sich heute und schon seit einigen Jahren einer außerordentlich großen Beliebtheit.

Im Jahre 1987 erschien über diese Eröffnung das hervorragende Standardwerk der ungarischen Autoren A. Adorjan und J. Döry mit dem englischen Titel:» Winning with the Grünfeld«.

Wenig später begann in Sevilla der Kampf um den Weltmeistertitel zwischen Karpow und Kasparow.

Dort in Sevilla wurde die Grünfeldindische Verteidigung in ganz besonderer Weise ins Rampenlicht der Schachöffentlichkeit gerückt, denn in nicht weniger als neun der vierundzwanzig Wettkampfpartien kam diese Eröffnung auf das Schachbrett.

Zwar hatten die entscheidenden Begegnungen am Ende des Titelkampfes andere Eröffnungen zum Gegenstand, aber dennoch läßt das von Lew Gutman angeführte Zitat

„Der theoretische Disput um die „Sevilla-Variante" zwischen Karpow und Kasparow ist die größte Schachattraktion der Jahre 1987/88. Niemand erwartete, daß Karpow während der WM so riskant spielen würde."

erkennen, welch ungeheuere Bedeutung dieser Eröffnungswahl beigemessen wurde.

Bei der Herausgabe des jetzt vorliegenden Buches galt es nun, das fundierte Werk des Grünfeldspezialisten Adorjan aus dem Jahre 1987 in seiner gelungenen Gesamtkonzeption beizubehalten (Teil I), und zudem der Aktualität Rechnung zu tragen durch Einbeziehung der allerneuesten theoretischen Erkenntnisse der letzten eineinhalb Jahre (Teil II).

Dieser Band »Grünfeldindisch – richtig gespielt«, der sämtlichen Wünschen gerecht werden möchte, ist nun also genaugenommen eine Synthese aus zwei Büchern:
Der Teil I ist die übersetzte Fassung des Adorjan-Titels mit 45 Beispielpartien, während im Teil II von Großmeister Lew Gutman die Sevilla-Partien mit großer Sachkenntnis und Sorgfalt analysiert und nach dem neuesten Stand der theoretischen Forschung unter die Lupe genommen wurden.

Der Verlag hofft, daß diese Mischung bei den Schachfreunden Anklang findet, und wünscht allen Lesern viel Freude bei der Lektüre und viel Erfolg mit der Grünfeldindischen Verteidigung.

Hollfeld Sommer 1989

Teil I

Großmeister Andras Adorjan / Jeno Döry:

Grünfeldindisch – richtig gespielt

Der englische Originaltitel dieses im Jahre 1987 erschienenen Buches lautet »Winning with the Grünfeld«.
Dies deutet bereits darauf hin, daß es den beiden Autoren vornehmlich darum gegangen ist, den Standpunkt von Schwarz, d.h. also die Sichtweise der Verteidigung einzunehmen.
Dieser Ansatz des Buches wird zwar in wesentlichen Punkten immer wieder erkennbar, er tut aber der Objektivität der Darstellung in keiner Weise Abbruch.
Grünfeldindisch ist nach Ansicht der Autoren eine Eröffnung, die dazu prädestiniert ist, dem Nachziehenden ein aktives, chancenreiches und besonders dynamisches Spiel einzuräumen. Dabei soll Schwarz eben nicht nur mühevoll um die Erreichung des Gleichgewichts kämpfen, sondern er soll bereits in einem frühen Partiestadium selbst das Gesetz des Handelns mitbestimmen oder sogar selbst diktieren können.
Natürlich sind aber auch die prägnantesten und besten Strategien für Weiß in die Betrachtung einbezogen, sodaß von einer generellen Einseitigkeit somit nicht die Rede sein kann.

Andras Adorjan – mittlerweile als Spitzenspieler in der Schach-Bundesliga aktiv und somit in der bundesdeutschen Schachszene wohlbekannt – ist sicherlich einer der größten Experten auf dem Sektor der Grünfeldindischen Verteidigung. Mit diesem Buch hat er ein Werk geschaffen, das für jeden Schachfreund, der diese Eröffnung in sein Repertoire aufnehmen will, ein unverzichtbares Kompendium darstellt.
Die übersichtliche Auswahl und Gliederung des Materials ermöglicht einen bequemen Einstieg für den Neuling, gewährleistet aber auch eine fundierte und wirklich umfassende Information für den Eröffnungsfachmann.
Die große Verbreitung, die dieses Buch bereits in seiner englischen Fassung gefunden hat, ist ein weiteres Indiz dafür, daß es für jeden ambitionierten Schachspieler zum unverzichtbaren Handwerkszeug zählt.

1 Abtauschvariante

In der aktuellen Turnierpraxis ist die Abtauschvariante die Hauptvariante der Grünfeldindischen Verteidigung. Sie beginnt mit den Zügen:

1. d2−d4 Sg8−f6
2. c2−c4 g7−g6
3. Sb1−c3 d7−d5

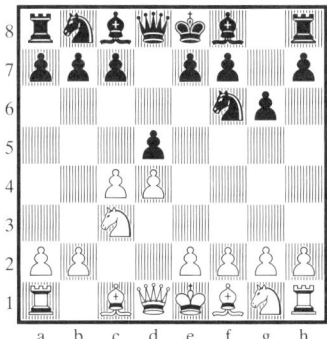

Die naheliegendste und natürlichste Reaktion für Weiß ist es, auf die schwarzen Intentionen einzugehen mittels

4. c4×d5 Sf6×d5
5. e2−e4 Sd5×c3
6. b2×c3

und auf diese Weise das Zentrum zu besetzen. Dies ist somit die Ausgangsposition für die Abtauschvariante und der Betrachtungsgegenstand, dem sich dieses Kapitel annehmen wird.

Nach den klassischen Prinzipien der Stellungsbewertung sollte Weiß besser stehen. Diese Beurteilung galt besonders zum Zeitpunkt des Aufkommens dieser Eröffnung als wohlfundiert. Die Eröffnung wurde zuerst gespielt vom verstorbenen österreichischen Großmeister Grünfeld, und sie trägt daher seinen Namen.

Es war gerade die Erforschung dieser speziellen Eröffnung, die (neben anderen Sachverhalten) zu einer Revision der klassischen Beurteilungsprinzipien führte. Es wurde der Beweis dafür erbracht, daß die Besetzung des Zentrums mit Bauern an sich nicht unmittelbar zu einem Vorteil führen muß. Das Essentielle ist nicht die Besetzung des Zentrums, sondern die Kontrolle über das Zentrum. (Ähnliche Erkenntnisse können ebenfalls aus der Aljechin-Verteidigung, der Réti-Eröffnung und der Nimzowitsch-Verteidigung hergeleitet werden).

Im hier vorliegenden Fall ist Schwarz dazu bereit, das weiße Zentrum zu bekämpfen. Das Gegenspiel kann seinen Ausgang nehmen von den Zügen ...Lg7, ...c5 und ...Sc6.

In der Abtauschvariante kann Weiß zwischen zwei hauptsächlichen Varianten wählen.

Die eine ist 7. Lc4 gefolgt von Se2, womit man die Fesselung ausschließt, die nach 7. Sf3 Lg4 möglich wäre. Diese Entwicklungsmethode wurde eine lange Zeit als die für Weiß aussichtsreichste angesehen. So konnte beispielsweise der frühere Schachweltmeister Boris Spassky einige denkwürdige Siege mit diesem Aufbau verbuchen, darunter auch zwei Siege gegen Bobby Fischer. Später jedoch wurde das schwarze Spiel von der Theorie verbessert und gezeigt, daß die Gegenspielchancen des Nachziehenden ausreichend sind.

Der Zug 7. Sf3 wurde früher abgelehnt, weil man meinte, daß die Fesselung 7. ... Lg4 Schwarz dabei helfe, das gegnerische Zentrum erfolgreich anzugreifen. Ende der siebziger Jahre wurde der Zug nach langer Vernachlässigung wieder zur Sprache gebracht. Es tauchte der Gedanke auf, daß im Falle von ...Lf3: das Zurückschlagen mit dem g-Bauern auf f3 für Weiß in vielen Fällen günstig sein könnte, da dies zur weiteren Stärkung des Bauernzentrums beiträgt. Die Anhänger der weißen Seite fanden auch brandneue Ideen, die häufig mit Angeboten von Bauern- oder Qualitätsopfern in Verbindung standen. Die Variante mit 7. Sf3 wurde sogar noch populärer, als Kasparow mit ihr eine Reihe spektakulärer Siege erringen konnte. Die Anhänger des schwarzen Aufbaus brauchten einige Zeit, um sich wieder zu erholen und um die richtige Verteidigung ausfindig zu machen.

Nach den allerneuesten Analysen können wir resümierend feststellen, daß 7. Sf3 auch nicht stärker ist als die früher gebräuchliche Fortsetzung.

Jetzt wenden wir uns den praktischen Beispielen zu:

Partie Nr. 1
Weiß: Scheichel – Schwarz: Adorjan
Ungarn 1981

1.	d2–d4	Sg8–f6
2.	c2–c4	g7–g6
3.	Sb1–c3	d7–d5
4.	c4×d5	Sf6×d5
5.	e2–e4	Sd5×c3

Nach 5. ... Sb6 hätte Schwarz nur unzureichendes Gegenspiel für einen Angriff auf das weiße Zentrum. In der Partie Portisch – Szabo, Ungarische Meisterschaft 1959 folgte 5. ... Sb6 6. Le3 Lg7 7. h3! 0–0 8. Sf3 c6 9. Le2 Le6 10. 0–0 Lc4 11. Dd2 S8d7 12. Lh6 e5 13. Lg7: Kg7: und Weiß hatte das bessere Spiel.

Der Rückzug 5. ... Sf6? wäre unlogisch und würde nicht dem Geist der Eröffnung entsprechen, da Schwarz danach überhaupt nicht mehr in der Lage wäre, das starke gegnerische Zentrum zu erschüttern.

6. b2×c3

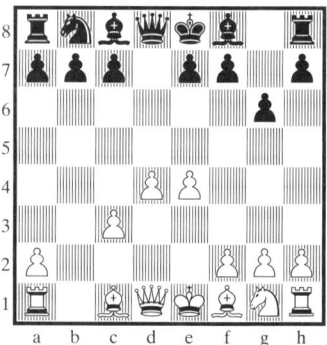

6. ... Lf8–g7

Sie sind nicht verpflichtet c7–c5 sofort zu spielen, denn Weiß kann diesen Zug ohnehin nicht verhindern. Wir wollen uns ein Beispiel dazu ansehen: 6. ... Lg7 7. La3 Sd7! 8. Sf3 c5 9. Db3 (9. Le2 kann beantwortet werden mittels 9. ... cd4:! und Weiß darf dann nicht mit dem Bauern zurückschlagen, da Schwarz durch 10. ... Da5+ eine Figur gewinnt. Die Lage ist dieselbe nach 9. Lc4, denn 9. ... cd4: 10. Lf7:+ wird widerlegt durch 10. ... Kf7: 11. Sg5+ Ke8 12. Se6 Da5 13. Sg7:+ Kf7, und Schwarz bleibt mit einer Figur im Vorteil.) 9. ... 0–0 10. Ld3 Dc7 11. 0–0 Tb8 12. Lb5 b6 13. Tad1 a6 und die besseren Chancen lagen auf der Seite von Schwarz in der Partie Evans – Kortschnoi, Buenos Aires 1960.

7. Lf1–c4

Dieser aktive Läuferzug bereitet die Entwicklung des Königsflügelspringers nach e2 vor, was eine Fesselung auf der Diagonale g4–d1 (durch Lc8–g4) vermeidet. Fortsetzungen mit 7. Sf3 werden in den Partien 4 – 7 einer Betrachtung unterzogen.

7. ... c7–c5

Verfrüht wäre an dieser Stelle 7. ... b6?!, denn Weiß spielt nicht den Schablonenzug 8. Se2, sondern antwortet mit 8. Df3!, wonach er einen starken Angriff entwickeln kann, man sehe: 8. ... 0–0 9. e5 La6 10. Lb3! Dc8 11. Se2 Lb7 12. Dg3 c5 13. h4!. Die Annahme des Qualitätsopfers mittels 10. Da8:? Lc4: 11. Df3 (anstelle von 10. Lb3!) wäre riskant, wie die Fortsetzung einer Partie Kane – Benkö, USA 1973 demonstriert hat: 11. ... f6! 12. e6 Dd6 13. Se2 De6: 14. Le3 f5 und der Nachziehende hat hervorragende Gegenchancen.

Die Gefahren des Zuges 7. ... b6?! werden auch gut illustriert durch eine neuere Partie aus dem Match Jusupow – Timman, 7. Wettkampfpartie, 1986, Nach 8. Df3! 0–0 9. e5 La6 spielte Jusupow 10. Ld5!?. Das Spiel ging weiter mit 10. ... c6 11. Lb3 Dc7 12. h4! c5 13. h5 cd4: 14. cd4: gh5:? (bereits der Verlustzug, aber es ist schwierig, für Schwarz einen geeigneten Verteidigungsplan vorzuschlagen) 15. Th5: Lb7 16. Dd3 Td8 17. Dh7:+ Kf8 18. Se2 Td4: 19. Lh6 und Schwarz gab auf; wenn er das Matt vermeiden will, verliert er eine Figur.

In der neunten Partie des nämlichen Wettkampfes erwies sich auch 9. Se2 als effektiv: 9. ... Sc6 10. h4! Sa5 11. Ld3 e5 12. La3 Te8 13. h5 Dd7 14. Td1! Da4? 15. Lc1 c5 16. d5 Da2:? 17. Lh6!! Lh8 18. Lb5 Td8 19. Lg5 Db3 20. hg6: fg6: 21. Th7:! Kh7: 22. Df7:+ Lg7 23. Lf6 Tg8 24. Le8 1-0!

Wenn Schwarz die Absicht hegt, den Aufbau mit ... b7-b6 zu wählen, so muß er zunächst die kurze Rochade ausführen und erst nach 8. Se2 kann er unbesorgt mit b7-b6 antworten.

Dies ist die Simagin-Variante, in welcher Schwarz anstelle des Angriffs auf das gegnerische Zentrum eine schnelle Figurenentwicklung vorbereitet. In diesem Fall muß der Schwarzspieler aber ein wachsames Auge haben, da der Anziehende einen direkten Königsangriff mit 9. h4! inszenieren kann.

8. Sg1–e2!

Eine Empfehlung Aljechins von 1922.

8. ... 0–0

8. ... cd4: mit sofortiger Stellungsöffnung ist ebenfalls eine häufige und populäre Fortsetzung. Sie führt zu einem scharfen und komplizierten Kampf. In der Textpartie folgt Schwarz unter Aufrechterhaltung des Drucks gegen das Zentrum der anderen Hauptvariante.

9. 0–0 Sb8–c6

9. ... Sd7 (ein Zug von Botwinnik) ist auch spielbar. Schwarz beabsichtigt dann ...Sb6 und ...f5 zu spielen, um den Zentralpunkt d5 für seinen Springer zu erhalten. Auf c6 ist der Springer jedoch aktiver als auf d7 und wirkt druckvoller direkt gegen das Zentrum.

9. ... Dc7?! bewährte sich nicht in der Partie Gligorić – Wexler, Mar del Plata 1960: 10. Lf4! e5 11. de5: Le5: 12. Le5: De5: 13. Ld5 Sd7 14. f4 De7 15. c4 und der weiße Vorteil war bereits offensichtlich. Der Läufer auf d5 macht seinen Einfluß geltend und der schwarze Königsflügel ist auch geschwächt.

10. Lc1–e3

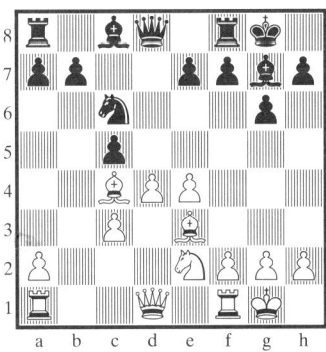

10. ... Dd8–c7

Dies ist die vertrauenerweckendste Fortsetzung. Alternativen sind:

a) 10. ... Sa5 11. Ld3 b6 12. Tc1 Lb7 13. d5 c4 (auf 13. ... e6 würde Weiß über die starke Entgegnung 14. c4! verfügen) 14. Lc2 e6 15. de6: fe6: 16. Dd8: (16. f4!? – ein Vorschlag von Uhlmann, der auch in Betracht kommt) 16. ... Tad8: 17. Sd4 Kf7 mit einem leichtem Vorteil für Weiß in der Partie Knaak – Smejkal, Halle 1974.

b) 10. ... Lg4. Ein Zug von Timman. Die Partie Polugajewski – Timman, Wettkampf 1979 war besonders interessant. Es folgte dort: 11. d5!? Sa5 12. Ld3 c4 13. Lc2 Lc3: 14. Tb1 Lg7 15. f3 Ld7 16. f4 b5 (16. ... e6?! 17. de Le6: 18. f5! würde zu einer sehr starken weißen Initiative führen) 17. e5 a6 18. Sc3 Tb8? (besser ist 18. ... Tc8 in Verbindung mit dem Manöver Sb7-c5) 19. La7! Tb7 20. Lc5 Te8 21. Df3 Tb8 22. Df2 Dc8 23. La7 Ta8 24. Lb6 Sb7 und jetzt würde sich Weiß mittels 25. a4! (anstelle des geschehenen 25. h3) das bessere Spiel gesichert haben.

11. Ta1–c1

Dieser Turmzug ist der logischste Zug. Andere Möglichkeiten wären:

a) **11. dc?** ist falsch sowohl aus prinzipiellen Erwägungen heraus als auch wegen seiner Unzulänglichkeit in dieser speziellen Situation, man sehe: 11. ... Se5 12. Lb3 Sg4! 13. Lf4 Dc5: 14. Dd5 Dd5: 15. ed5: Se5. Diese Zugfolge hinterläßt bei Weiß eine signifikante positionelle Schwäche wegen des rückständigen Isolanibauern auf c3.

b) Falls **11. Lf4** geschieht, so folgt 11. ... Da5 12. d5 Se5 13. Lb3 c4! 14. Lc2 (14. Le5: Le5: 15. Lc4: Lg4! unter Rückgewinn des Bauern mit bequemem Spiel) 14. ... e6!, was

dem Schwarzen gutes Gegenspiel sichert.

c) Auf **11. Dc1** erhielt Weiß sowohl nach 11. ... Ld7 12. Lf4! e5 13. de Se5: 14. Ld5 Lc6 15. Td1 Tad8 16. c4, Donner – Timman, Amsterdam 1973, als auch nach 11. ... b6 12. Lf4 e5 13. de Se5: 14. Ld5 Lb7 15. c4 Donner – Adorjan, Wijk aan Zee, 1974 einen kleinen Vorteil.

Gipslis empfiehlt daher 11. ... Sa5 12. Ld3 b6 13. dc bc 14. Da3 Td8 15. Tfd1 Lg4!? 16. f3 Ld7! und der Bauer auf c5 ist tabu. Zum Beispiel: 17. Lc5:? (17. Dc5:? Dc5: 18. Lc5: La4!) 17. ... La4! 18. Le7: Ld1: 19. Ld8: Td8: 20. Td1: Db6+ 21. Sd4 (Schwarz beantwortet 21. Kh1 mit 21. ... Sc4! gefolgt von ...Sb2 mit Qualitätsgewinn) 21. ... Ld4:+ 22. cd Dd4:+ 23. Kh1 Sc4 und Schwarz gewinnt wegen der Drohung 24. ... Sb2.

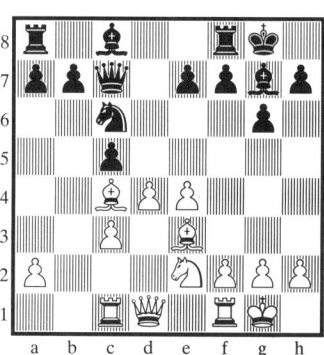

11. ... Tf8–d8

Immer im Geist der Fortführung des Angriffs gegen das Zentrum.

Andere Züge sind im Ausgleichssinne nicht ausreichend.

Nach 11. ... b6?! 12. Lf4! Dd8 13. d5 Sa5 14. Ld3 c4 15. Lb1 hat Weiß die Möglichkeit Dd2 und Tad1 zu spielen, so daß er seine Vorteile im Zentrum behalten kann.

Auf **11. ... Sa5** 12. Ld3 b6 kann Weiß den stark erscheinenden Zug 13. d5!? spielen, welcher die Drohung Lf4 nach sich zieht, wie schon in der vorausgegangenen Variante. Nicht so gut ist 13. Lf4 wegen 13. ... e5, wonach der weiße Läufer nicht auf d5 postiert werden kann.

12. h2–h3

Bevor man f2-f4 spielt, schaltet Weiß die Gefahr der Fesselung ...Lg4 aus und bereitet gleichzeitig einen Bauernsturm vor, der mit g2-g4 beginnen soll.

Weiß hat eine Reihe anderer Fortsetzungsmöglichkeiten und Pläne, die von dieser Stellung ihren Ursprung nehmen. Diese werden in den Partien 2 und 3 einer Analyse unterzogen werden.

12.	**...**	**b7–b6**
13.	**f2–f4**	**e7–e6**

Schwarz hegt die Absicht, den Läufer c4 von der Diagonale a2–g8 zu vertreiben und den Bauernangriff mittels f7-f5 zu stoppen.

14.	**Dd1–e1**	**Sc6–a5**
15.	**Lc4–d3**	**f7–f5!**
16.	**g2–g4**	

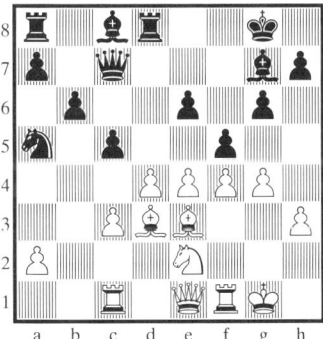

Ex-Weltmeister Smyslow erlangte einen Vorteil in der Partie Gligorić – Smyslow, Jugoslawien – UdSSR in instruktiver Weise nach 16. Df2 Lb7 17. e5?. Die Partie ging weiter mit 17. ... c4! 18. Lc2 Sc6 19. g4 Se7 20. Kh2 Dc6 21. Sg3 b5!, wo-

mit Schwarz die Kontrolle über die Diagonale h1-a8 übernahm mit gleichzeitiger Perspektive auf eine Übernahme der Initiative auf dem Damenflügel.

16.	**...**	**Lc8–b7!**

Eine wichtige Verbesserung gegenüber der Partie Spassky – Fischer, Schacholympiade Siegen 1970, welche folgenden Fortgang nahm: 16. ... fe4: 17. Le4: Lb7 18. Sg3 Sc4 19. Lb7: Db7: und, obwohl Schwarz nicht schlechter stand, verlor er die Partie aufgrund eines späteren Fehlers.

Der Zug 16. ... Lb7! gefolgt von 17. ... Dd7 stellt die Lebensfähigkeit des weißen Aufbaus in Frage.

17.	**Se2–g3**	

Die Annahme des Bauernopfers führt zu einer Verluststellung, man sehe: 17. ef5:? ef5: 18. gf5: Te8 19. Dg3 (19. Sg3 cd4: 20. cd4: Dd7! mit der Doppeldrohung 21. ... Ld4: und 21. ... Te3:!) 19. ... gf5: 20. Kh2 (falls 20. Lf5:?, so entscheidet 20. ... Sc4 21. Lf2 Sd2! über den Ausgang) 20. ... Le4! und die weiße Stellung ist irreparabel schwach.

17.	**...**	**Dc7–d7!**
18.	**Tc1–d1**	

Der Zug 18. gf5: tauchte auf in der Partie Spassky – Stein, Moskau 1971, wo Schwarz anstelle des fehlerhaften Zugs 18. ... cd4:, einen großen Vorteil erlangt hätte mittels 18. ... ef5:! (vgl. Diagramm)

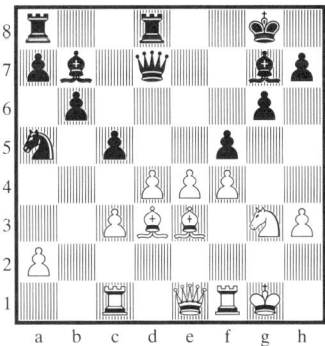

Diese Diagrammstellung demonstriert den Triumph der Strategie Grünfelds. Schwarz hat das weiße Zentrum von beiden Seiten vollkommen unterminiert. Die schwarzen Fianchettoläufer haben ein reiches Betätigungsfeld gefunden. Die weißen Läufer sind demgegenüber quasi impotent, was sich deutlich erweist. Nach etwa 19. ef cd 20. Ld4: (wenn 20. cd, dann folgt 20. ... Te8!) 20. ... Ld4:+ 21. cd4: Dd4:+ 22. Kh2 Te8 oder 19. Kh2 fe4: 20. Se4: Te8 ist die weiße Stellung rettungslos schwach.

18. ...   c5×d4
19. Ld3−b1?

Ein Fehler – aber die weiße Stellung war bereits nachteilig. Nach dem besser aussehenden 19. cd Ld4: 20. Kh2 fg! 21. hg Dg7 hat Schwarz einen Mehrbauern, und der Anziehende hat keine echten Angriffschancen. Auf der anderen Seite steht 19. Lc2? gar nicht zur Debatte wegen der Erwiderung 19. ... Dc6.

19. ...   Sa5−c4!
20. Le3×d4

20. cd? hätte unmittelbar verloren angesichts von 20. ... Se3: 21. De3: Ld4:; auf 20. Lf2 gewinnt Schwarz mittels 20. ... Sa3! 21. Ld4: Sb1: 22. Lg7: Dg7: 23. Tb1: Td3.
Nach dem Textzug entwurzelt ein hübscher Bauerndurchbruch die weiße Bauernkette.

20. ...   e6−e5!
21. f4×e5

Oder 21. Le5: Dd1: 22. Dd1: Td1: 23. Td1: Se5: 24. fe Le5: mit einer Stellung, die man als für Schwarz gewonnen einschätzen kann.

21. ...   f5×g4
22. De1−e2   Dd7−c7
23. De2×g4   Sc4×e5

Die weiße Stellung, die noch vor wenigen Zügen einen so stolzen Eindruck machte, liegt nunmehr in Trümmern. Die weißen Bauern sind auseinandergerissen und der weiße Königsflügel ist schwach. Der Wertunterschied zwischen dem schwarzen Springer und den weißen Läufern ist ebenfalls offensichtlich. Der Rest bedarf keines Kommentars.

24. Dg4−g5   h7−h6
25. Dg5−e3   Td8−f8
26. Kg1−g2   Lb7−a6
27. Tf1×f8+   Ta8×f8
28. Ld4×e5?   Dc7×e5
29. Lb1−c2   La6−c4!
30. Lc2−b3   Lc4×b3
31. a2×b3   De5×c3
32. De3×c3   Lg7×c3
33. Td1−d7   Tf8−f7

Weiß gab auf, um sich eine weitere lange Agonie zu ersparen.

Partie Nr. 2
Weiß: Haik – Schwarz: Kouatly
Cannes 1986

1.	d2−d4	Sg8−f6
2.	c2−c4	g7−g6
3.	Sb1−c3	d7−d5
4.	c4×d5	Sf6×d5
5.	e2−e4	Sd5×c3
6.	b2×c3	Lf8−g7
7.	Lf1−c4	c7−c5
8.	Sg1−e2	Sb8−c6
9.	Lc1−e3	0−0
10.	0−0	Dd8−c7
11.	Ta1−c1	Tf8−d8

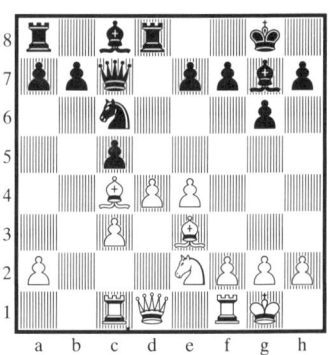

12. Dd1–d2

Dieser Damenzug kam in Mode zu Beginn der siebziger Jahre. Er wurde hauptsächlich von Waganjan mit Erfolg angewandt. Weiß hat die Absicht, einen Angriff am Königsflügel in die Wege zu leiten mittels Lh6 und – sobald der Läuferabtausch vollzogen ist – f2-f4. Dies ist eine logische Idee: man muß lediglich die relative Schutzlosigkeit des einsamen schwarzen Königs in Betracht ziehen und dazu noch die Schwäche des Punktes f7. Um ein Gegengewicht gegen diese Möglichkeiten zu schaffen, muß sich Schwarz darum bemühen, seinen Partner im Zentrum oder am Damenflügel zu beschäftigen.

In der Diagrammstellung hat Weiß neben 12. Dd2 und 12. h3, was in der vorausgegangenen Partie untersucht wurde, noch verschiedene andere Möglichkeiten von eigener Bedeutung:

a) 12. De1. Dieser Zug wurde zuerst in der Partie Spassky – Fischer, Santa Monica 1966 ausprobiert. Diese Partie ging folgendermaßen weiter: 12. ... e6 13. f4 Sa5 14. Ld3 f5 15. Td1 b6 16. Df2 cd? 17. Ld4: Ld4: 18. cd Lb7 19. Sg3 Df7 20. d5!, und nach 20. ... fe 21. de De6: 22. f5 wurde die Schwäche des schwarzen Königsflügels evident.

Botwinnik & Estrin schlagen die Verbesserung 16. ... c4 17. Lc2 Sc6! in Verbindung mit 18. ... Se7 vor.

Spassky hat aber für Schwarz die beste Spielmöglichkeit in einer Nachbetrachtung zu der Partie selbst vorgeschlagen: 12. ... Da5!.

Dieser Zug erzwingt einen für Schwarz günstigen Abtausch. Das Spiel könnte weitergehen: 13. Td1 (13. dc?? wäre ein Riesenfehler wegen 13. ... Se5) 13. ... cd 14. cd De1: 15. Tfe1: b6, und Schwarz hat keinerlei Probleme mehr.

b) 12. Da4 wurde in jüngster Zeit ebenfalls gelegentlich gespielt. In dieser Variante erhält Schwarz bereits aufgrund der exponierten Stellung der weißen Dame Gegenspielchancen durch 12. ... Ld7 13. Da3 Lf8! 14. Db2 b5 15. Ld3 (natürlich nicht 15. Lb5:? wegen 15. ... Tab8 gefolgt von a7-a6) 15. ... Tab8 16. Lf4 e5, wie in einer Partie Gligorić – Ljubojević, Ljubljana/Portoroz 1973.

c) 12. f4

Analyse-Diagramm

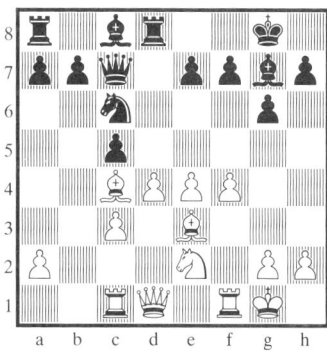

Dieser scharfe und verpflichtende Zug war einige Zeit lang populär, aber inzwischen ist er aus der Spielpraxis praktisch verschwunden, denn Schwarz hat mehrere gute Verteidigungsmöglichkeiten.

12. ... e6 ist eine sichere Fortsetzung für Schwarz. In der Partie Antoschin – Haag, Zinnowitz 1966, begann Weiß einen unmittelbaren Angriff mittels eines zweischneidigen Bauernopfers: 13. f5!? ef 14. Lg5 Tf8 15. ef Lf5: 16. Sg3 cd! (Weiß steht besser nach 16. ... Le6? 17. d5 Sa5 18. Le2) 17. Tf5:! (dies ist stärker als 17. Sf5: gf 18. Tf5: dc, wonach ein Turm auf f5 weniger bedrohend ist als ein Springer; nebenbei ist auch das Bauernzentrum verloren) 17. ... gf5: 18. Sf5: De5 19. Ld3 Tfe8 20. Dg4 Te6!. Schwarz hat wacker gekämpft, und Weiß konnte keine bessere Fortsetzung mehr finden als die Vereinfachung mittels 21. Lf4 Tg6 22. Le5: Tg4: 23. Lg7: Tg7: 24. Sg7: Kg7: 25. cd Td8 26. Le4, und eine Remisvereinbarung folgte wenige Züge später.

In der Partie Raschkowski – Kortschnoi, UdSSR-Meisterschaft, 1973, brachte Schwarz ein interessantes Damenopfer, welches gute Chancen bietet. Anstelle von 12. ... e6 spielte er **12. ... Lg4** und nach 13. f5 Sa5 14. Ld3 cd 15. cd Db6 16. Tb1 Ld4:! 17. Tb6:?! Le3:+ 18. Kh1 nahm er den Turm mit dem Bauern. Von dieser Partie ausgehend hat Schwarz sehr viel Kompensation für die Dame, weshalb Weiß wohl besser daran getan hätte in ein remisliches Endspiel einzulenken: 17. Sd4: Dd4: 18. Ld4: Ld1: 19. Lc3 Td3: 20. La5:.

d) Unlängst kam der Zug **12. Lf4** in Mode; dieser wird in der nachfolgenden Partie Nr. 3 Gegenstand der Betrachtung sein.

12.   ...   a7–a6!?

Damit verfolgt Schwarz die Absicht, Raumgewinn am Damenflügel zu erzielen.

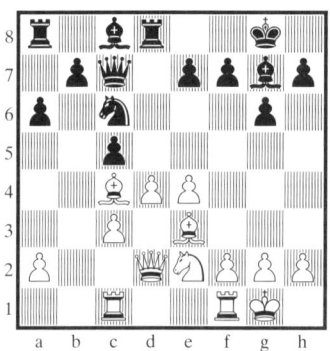

a) **12. ... b0** 13. Lh6 Lb7 14. Lg7: Kg7: 15. De3 Tac8 16. f4 cd 17. cd Dd6 18. e5! führte zu einem deutlichen Übergewicht von Weiß in der Partie Waganjan – Gutman, UdSSR-Meisterschaft 1972.

b) **12. ... Se5?!** 13. Lb3 Sg4 14. Lf4 e5 15. Lg3 Lh6? ist eine Variante von zweifelhaftem Wert, denn Weiß kann effektiv erwidern mit 16. Le5:! und nach 16. ... De5: 17. Dh6: De4: 18. Lf7:+! Kf7: 19. Dh7:+ ist dem Angriff schwer zu begegnen, Muratow – Kremenetzky, Moskau 1974.

c) **12. ... Da5** erwies sich als vollkommen zufriedenstellend in der Partie Waganjan – Adorjan, Budapest 1973, wo es nach 13. Db2 Db6 14. Da3 cd 15. cd Sd4: 16. Sd4: Ld4: 17. De7: Le6 18. Tb1 Te8! 19. Da3 zu einem schwarzen Damenopfer kam mittels 19. ... Le3:! 20. Tb6: Lb6:, und nach 21. Ld5 Ld5: 22. ed Te2 hatte der Nachziehende hinreichende Kompensation.

13.   f2–f4

13. Lh6 Lh8?! 14. a4 Sa5 15. La2 Ld7 16. Sf4 e6 17. e5! resultierte in einer gefährlichen Initiative für Weiß in der Partie Raschkowski – Kupreitschik, UdSSR 1974. Schwarz hätte besser daran getan 13. ... b5 14. Ld3 Dd7! 15. Lg7: Kg7: 16. d5 c4! 17. Lc2 e6 18. Tcd1 ed 19. ed Dd6 zu spielen, wonach der d-Bauer eher schwach als stark wäre.

Der schwarze Vorstoß ...b5 kann nicht verhindert werden mittels **13. a4**, denn nach 13. ... Sa5 kann der Läufer nur noch nach a2 zurückweichen angesichts der eingetretenen Schwächung des Punktes b3.

13.   ...   b7–b5
14.   Lc4–d3

Die Alternativen sehen folgendermaßen aus:

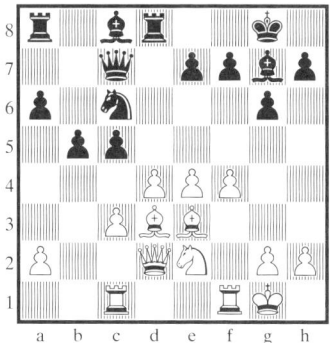

14. ... f7–f5!
Eine typischer Zug, der für diese Variante charakteristisch ist. Er stoppt den Vormarsch der weißen Bauern.

15. e4×f5?
Weiß läßt den folgenden Zwischenzug von Schwarz, der das Zentrum festlegt, außer Betracht. Er sollte besser 15. Sg3 spielen. Auf das dann erzwungene 15. ... e6 gibt es eine interessante Möglichkeit:
16. d5!? fe! (16. ... Se7? wäre ein Fehler wegen 17. c4!) 17. Se4: Td5: 18. Lc5: Dd7 mit einer komplizierten Stellung und beiderseitigen Chancen.

15. ... c5–c4!

16. Ld3–b1
Das Figurenopfer 16. fg6: cd3: 17. gh7:+ Kh8 18. Dd3: wäre unzureichend nach 18. ... Le6, denn Weiß bekommt keine echten Angriffschancen. Jedoch war 16. Lc2 besser, wie die folgenden Züge zeigen werden.

16. ... g6×f5!
Der Läufer c8 hat gute Perspektiven auf b7, und ein Läufertausch wäre daher für Schwarz kein gutes Geschäft.

17. Se2–g3 e7–e6
Schwarz kontrolliert die Zentralfelder d5 und e4 und wird auf der Diagonale a8–h1 seine Dominanz entwickeln. Diese Faktoren und die Bauernmajorität auf dem Damenflügel mit der Möglichkeit

der Drohung ...b4 bieten für Schwarz gute Chancen. Es gibt nur eine offene Frage, die man zu beantworten hat: Was kann Weiß in der Zwischenzeit am Königsflügel erreichen.

18. Sg3–h5 Lg7–h8
19. Tf1–f3 Sc6–e7
20. Le3–f2 Lc8–b7
21. Tf3–e3 Kg8–f7!
Dem Zug 21. ... Dc6 kann durch die starke Erwiderung 22. Lh4 begegnet werden. Der Königszug verteidigt das Feld e6 und gleichzeitig f6.
Weiß kann nicht den gewaltsamen Versuch g4 unternehmen, denn die Folge wäre eine fatale Schwächung der Diagonalen h1–a8, von einer Fesselung auf der g-Linie nach ...Tg8 erst gar nicht zu sprechen.

22. Tc1–e1 Td8–d6!
23. Lf2–h4 Se7–g6
24. Lh4–g5

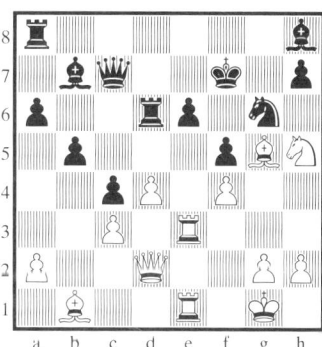

24. ... b5–b4!
Die aktive schwarze Verteidigung wird belohnt. Der Zug ist besonders stark, denn das Feld d4 ist auch unter Feuer. Ein starker Gegenangriff folgt nun.

25. Dd2–e2 Dc7–c6
26. Te3–e5
Streng genommen hat Weiß bereits eine strategische Niederlage erlitten. Er will sich nun nicht in das unvermeidliche

Schicksal fügen, sondern sein Heil in taktischen Verwicklungen suchen. Diese Verwicklungen kann er aber nicht mittels des Läuferopfers 26. Lf5:? herbeiführen, denn nach der Erwiderung 26. ... ef5: 27. Te7+ Se7: 28. De7:+ Kg8 hat er keinerlei Gegenwert für den geopferten Turm. Die Annahme des Qualitätsopfers würde aber nun dem Weißen einige Chancen einräumen in Anbetracht des geschwächten gegnerischen Königsflügels. Schwarz ist aber nicht verpflichtet, den Turm zu nehmen.

26.	...	b4×c3!
27.	d4−d5	Dc6−c5+
28.	Kg1−h1	Lh8×e5
29.	Lb1×f5!	Td6×d5

Den Läufer schlägt Schwarz natürlich nicht, denn nach 29. ... ef5:? ergibt die Stellung nicht mehr als Remis. Zum Beispiel: 30. fe Te8! (30. ... Td5:? 31. e6+ Kg8 32. Sf6+ Kh8 33. Dh5 Dc7 34. e7 und Weiß gewinnt!) 31. e6+ Kf8 32. Lh6+ Ke7 33. Lg5+ mit Dauerschach.

30.	Lf5×g6+	h7×g6
31.	f4×e5	Td5×e5!
32.	Te1−f1+?	

Mehr Widerstand geboten hätte 32. De5: De5: 33. Te5: gh (schwach ist 33. ... c2? angesichts von 34. Sg3 Td8 35. Te1 Td1 36. Tf1+) 34. Te3 c2 35. Tc3 Le4 36. Tc4: Tb8 37. Kg1!.

32.	...	Te5−f5
33.	Sh5−g3	Ta8−e8
34.	h2−h4	Lb7−c6
35.	h4−h5	Kf7−g7
36.	Sg3×f5+	e6×f5
37.	De2−c2	Dc5−d4
38.	Tf1−d1	Dd4−g4
39.	Dc2×c3+	Kg7−g8
40.	Td1−d2	

Auf 40. Dc2 wäre 40. ... Te2 das einfachste.

| 40. | ... | Te8−e1+ |
| 41. | Kh1−h2 | Dg4×h5+ |

0−1

Partie Nr. 3

Weiß: Polugajewsky − Schwarz: Gutman
Biel · Interzonenturnier 1985

1.	d2−d4	Sg8−f6
2.	c2−c4	g7−g6
3.	Sb1−c3	d7−d5
4.	c4×d5	Sf6×d5
5.	e2−e4	Sd5×c3
6.	b2×c3	Lf8−g7
7.	Lf1−c4	c7−c5
8.	Sg1−e2	Sb8−c6
9.	Lc1−e3	0−0
10.	0−0	Dd8−c7
11.	Ta1−c1	Tf8−d8
12.	Le3−f4	

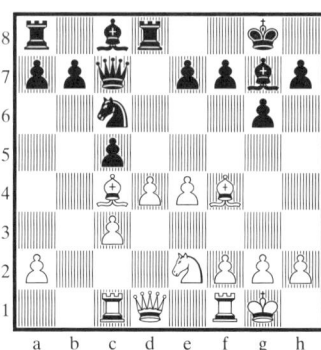

In den letzten Jahren wurde die Idee, die Dame von c7 zu vertreiben, populär. Schwarz kann nicht 12. ... e5? 13. Lg5 spielen, weil er sowohl nach 13. ... Te8 14. d5 als auch nach 13. ... Td6 14. Ld5! die schlechtere Stellung behält.

| 12. | ... | Dc7−d7 |
| 13. | d4−d5 | |

Nach 13. dc Se5 14. Le5: Le5: 15. Dd7: Ld7: 16. f4 Lg7 17. Ld5 Lb5! 18. Tfe1 Tac8 bekam Schwarz seinen Bauern zurück und glich das Spiel aus in der Partie Knaak − Malich, DDR-Meisterschaft 1974. 15. Dd5 Dd5: (wenn 15. ... Lh2:+, dann folgt 16. Kh1!) 16. ed Ld7 17. f4 Lg7 18. Sd4 Tac8 19. Sb3 La4 ergibt für Weiß ebenfalls nichts.

| 13. | ... | Sc6–a5 |
| 14. | Lc4–d3 | b7–b6 |

In der Partie Hort – Adorjan, Wijk aan Zee 1972, setzte Schwarz fort mittels **14. ... b5!?**. Diese Partie ging weiter mit 15. Tb1 a6 16. Dc1 e5 17. Lg5 (oder 17. Le3 c4 18. Lc2 Sb7 19. f4 ef 20. Lf4: Te8 mit gleichen Chancen in Balaschow – Hort, Moskau 1971) 17. ... f6 18. Le3 c4 19. Lc2 Sb7 20. f4 Sd6 mit einem ausgeglichenen Spiel.

Grünfeld-Spezialist Tukmakow spielte **14. ... e5** gegen Polugajewsky in Moskau 1985, wo die Fortsetzung 15. Le3 b6 16. f4 ef 17. Lf4: De7 18. Dd2 Lg4 19. Lg3 c4 zu verteilten Chancen mit einem Remis im 31. Zuge führte.

Demgegenüber ist **14. ... c4?!**, was das Feld d4 aus der Hand gibt, ein wirklich zweifelhafter Zug. Es erlaubt zwar dem e-Bauern das Vorrücken, was aber wiederum neue Schwächen im schwarzen Lager erzeugt. Diese Tatsache wurde überzeugend illustriert in der Partie Balaschow – Kengis, UdSSR-Meisterschaft 1965, welche folgendermaßen verlief: 15. Lc2 e6 16. de fe 17. Lg5! Tf8 18. f4 e5? 19. f5! Dd1: 20. Tcd1: b6 21. Le7! Te8 22. Lb4 (auf 22. f6 kann sich Schwarz noch verteidigen mittels 22. ... Le6) und, man mag es glauben oder nicht, Weiß hat bereits eine Gewinnstellung erreicht! Schwarz hat keine angemessene Verteidigung mehr gegen den Plan f6–f7 bzw. gegen 23. Lc4.

| 15. | c3–c4 | e7–e5 |
| 16. | Lf4–d2 | |

16. Lg5 oder 16. Le3 kommen ebenfalls in Betracht. Der Textzug verfolgte die Absicht, um die Initiative auf dem Damenflügel zu kämpfen mit Hilfe des a-Bauern-Vorstoßes.

| 16. | ... | Sa5–b7 |
| 17. | a2–a4 | Sb7–d6 |

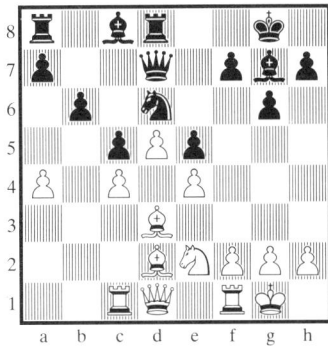

Der schwarze Springer ist auf d6 exzellent aufgestellt. Der Springer blockiert den gedeckten Freibauern auf d5 und unterstützt schwarzes Gegenspiel gegen die weißen Damenflügelaktivitäten mittels des Gegenschlages ...f5. Es ist interessant festzustellen, daß die Stellungsstruktur sehr ähnlich ist derjenigen der Königsindischen Verteidigung.

18.	Se2–c3	Lc8–a6
19.	Dd1–e2	f7–f5!
20.	a4–a5?!	

Dieser Durchbruch bedurfte größerer und sorgfältigerer Vorbereitung. Der Rückgewinn des Bauern wird Schwierigkeiten bereiten, und Schwarz wird sein Gegenspiel in der offenen b-Linie zu organisieren wissen.

20.	...	b6×a5!
21.	Tc1–a1	Dd7–c7
22.	f2–f3	Td8–b8
23.	Tf1–c1	

23. Sb5 kann sehr gut beantwortet werden mit 23. ... Lb5: 24. cb c4, wonach 25. Tfc1? nicht gut geht wegen 25. ... cd!.

23.	...	Tb8–b3!
24.	Sc3–b5	La6×b5
25.	Ld2×a5	Dc7–c8
26.	c4×b5	f5×e4
27.	f3×e4	Lg7–h6!

Weiß ist zum Abtausch der schwarzfeldrigen Läufer gezwungen – zum Beispiel – 28. Tf1? könnte beantwortet werden mit 28. ... c4 29. Lc2 Te3, und nach 30. Df2 Dg4! oder 30. Dd1 Se4: 31. Le4: Te4: steht Schwarz klar besser.

28.	La5−d2	Lh6×d2
29.	De2×d2	c5−c4!
30.	Ld3−c2	Dc8−c5+
31.	Kg1−h1	Tb3×b5
32.	Tc1−f1	Tb5−b2
33.	Dd2−d1	Sd6−f7
34.	Dd1−g4	

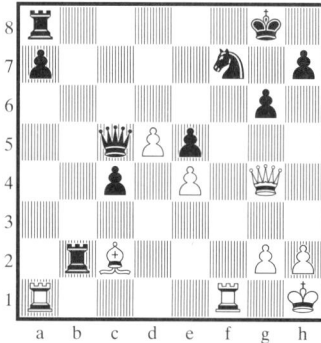

34. ... Dc5−e7!

Man muß aufpassen! Schwarz vermeidet das gefräßige 34. ... Tc2:?? richtigerweise, denn nach 35. Tf7:! Kf7: 36. De6+ Kg7 (36. ... Kf8 37. Df6+ und es gibt keine Ausflucht, denn auf 37. ... Ke8 gewinnt Weiß mit 38. d6!) 37. De5:+ Kh6 38. Df4+ kann er dem Dauerschach nicht mehr entgehen.

35.	Lc2−a4	Sf7−d6
36.	La4−c6	

Abtausch würde zu einem Endspiel führen, das für Weiß auf die Dauer verloren wäre. Zum Beispiel: 36. De6+ De6: 37. de c3! 38. e7 c2 39. Tac1 Tc8 40. Ld7 Tcb8, und nach 41. La4 Tb1! 42. Lc2: Tc1: 43. Tc1: Kf7 ist der Sieg nur noch eine Frage der Zeit.

36.	...	Ta8−f8
37.	Tf1×f8+	Kg8×f8
38.	Ta1−f1+	Kf8−g7
39.	h2−h3	

Angesichts der Schwäche der Grundreihe würde der Damentausch schnell verlieren. Eine Variante: 39. De6? De6: 40. de c3 41. e7 c2, und es gibt keine Verteidigung gegen 42. ... Tb1. Die Umsetzung des Vorteils in einen Sieg macht dem Schwarzen keine große Mühe mehr.

39.	...	c4−c3
40.	Kh1−h2	Tb2−b4
41.	Dg4−f3	Sd6×e4
42.	Tf1−a1	c3−c2
43.	d5−d6	Se4×d6
44.	Df3−f2	Tb4−f4
45.	Df2−g1	

Falls 45. Dc2:?, dann 45. ... Tc4 mit Läufergewinn.

45.	...	Tf4−d4
46.	Ta1−c1	Td4−c4
47.	Lc6−d5	Tc4−c3
48.	Dg1−e1	Sd6−b5
49.	Ld5−e4	De7−g5
50.	Tc1×c2	Tc3−e3
51.	Tc2−e2	Te3×e2
52.	De1×e2	Sb5−c3
0−1		

Auf 53. Df3 besteht die einfachste Lösung in 53. ... Se4: 54. De4: Df4+ −+.

Partie Nr. 4

Weiß: Portisch − Schwarz: Adorjan

Budapest 1981

1.	d2−d4	Sg8−f6
2.	c2−c4	g7−g6
3.	Sb1−c3	d7−d5
4.	c4×d5	Sf6×d5
5.	e2−e4	Sd5×c3
6.	b2×c3	Lf8−g7
7.	Sg1−f3	

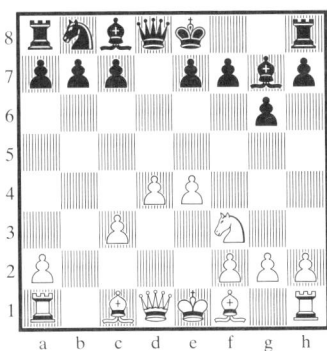

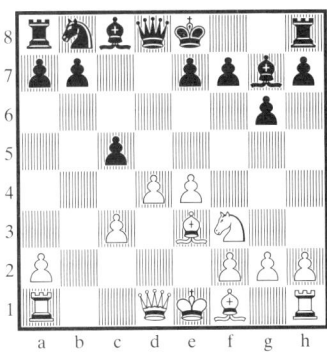

Dies ist der letzte Schrei (trotz der möglichen Fesselung des Springers nach ...Lc8–g4). Weiß setzt sein Vertrauen in die Fähigkeit, das Zentrum intakt zu halten. Von f3 aus ist der Springer oft viel aktiver als von e2 aus. Weiß entwickelt seinen Läufer in der Regel nach e2 bzw. er stellt die Läuferentwicklung zunächst zugunsten einer schnellen Mobilisierung seiner Streitkräfte am Damenflügel zurück.

In den letzten paar Jahren wurde die Theorie dieser Variante durch eine Anzahl neuer Ideen bereichert.

7.   ...   c7–c5

Die natürlichste und logischste Antwort.

In der Partie Kasparow – Pribyl, Skara 1980 versuchte Schwarz 7. ... b6?!. Es folgte danach 8. Lb5!! c6 9. Lc4 0–0 10. 0–0 La6 11. La6: Sa6: 12. Da4 (nach Kasparows Meinung hätte 12. Lg5! Dd7 13. Dd2 zu einem sicheren weißen Vorteil geführt) 12. ... Dc8 13. Lg5 Db7 14. Tfe1 e6 (14. ... Tfe8!?) 15. Tab1 c5 16. d5! Lc3: 17. Ted1 und Weiß kam aufgrund von taktischen Möglichkeiten, die auf der Stärke des Freibauern beruhten, schließlich zu einem überzeugenden Sieg.

8.   Lc1–e3

Dieser Zug dient der Stärkung des Feldes d4 und gleichzeitig der Vorbereitung von Ta1–c1, wonach ein Raumgewinn mittels d4–d5 und c3–c4 droht. Im Falle eines Abtausches auf d4 würde der Turm c1 auf der offenen c-Linie eine gewichtige Rolle spielen.

Zu der Möglichkeit 8. Tb1, welche auch oft zur Anwendung gelangt, sehe man die Partie 6 und bezüglich der Alternativen 8. Le2 und 8. Lb5 die Partie 7. Der Zug 8. h3? (mit der Idee der Läuferentwicklung auf das aktive Feld c4) würde eine Tempoeinbuße bedeuten. Nach einer Analyse von Dr. Euwe resultiert die Zugfolge 8. ... Sc6 9. Le3 Da5 10. Dd2 0–0 11. Lc4 cd4: 12. cd4: Dd2:+ 13. Kd2: Td8 14. Ld5 e6! in einem für Schwarz vorteilhaften Endspiel, zum Beispiel: 15. Lc6: bc6: 16. Tac1 e5 17. Tc6: Lb7 mit Rückgewinn des Bauern bei positionellem Vorteil.

8.   ...   Dd8–a5

9.   Dd1–d2

Auch andere Züge sind an dieser Stelle schon aufgetaucht:

(a) 9. Sd2.

Dies schließt die Möglichkeit Lc8–g4 aus. Gleichzeitig stellt der Zug eine indirekte Deckung des Bauern c3 dar, da 9. ... Dc3:? mit 10. Tc1 beantwortet wird und falls Schwarz danach 10. ... Da3 spielt (10. ... Db2?? 11. Sc4 Da2: 12. Ta1

23

fängt die Dame) 11. Tc5: 0–0 12. Dc2.
Diese Zugfolge überläßt Weiß nur einen
kleinen und unbedeutenden Vorteil.
In der Partie Keene – Adorjan, New York
1981 wurde 9. Sd2 beantwortet mit
9. ... 0–0, was zu einer schnellen
Punkteteilung führte nach 10. Sb3
Dc3:+ 11. Ld2 Db2 12. Lc1 Dc3+. Einige
Runden später wählte Weiß in der Partie
Kuligowski – Adorjan denselben Zug,
um wohl das gleiche Ergebnis anzu-
steuern. Diesmal aber war es Schwarz
gelungen, eine bessere Entgegnung ge-
gen 9. Sd2 zu finden. Auf den weißen
Zug folgte die Erwiderung 9. ... cd4:!.
Weiß schlug automatisch zurück, aber
nach 10. cd4:?! Sc6 11. d5 Sd4! 12. Tc1
Da2: blieb dem Nachziehenden ein
Mehrbauer, was Weiß schwerlich als
Opfer zu rechtfertigen vermag. Der wei-
tere Partiefortgang lautete: 13. Lc4 Db2
14. Ld4: Dd4: 15. Lb5+ Kf8 16. 0–0 Lh6
17. Tc2 a6 18. Le2 Ld7 19. Db1, wonach
anstelle von 19. ... Tc8, die Fortsetzung
19. ... La4! 20. Sf3! Lc2: 21. Dc2: Db4!
einen deutlichen Vorteil für Schwarz ge-
sichert hätte.
Die wahren Absichten von Schwarz
blieben aber verborgen. Die allerwich-
tigste Frage lautete: was wäre denn
nach 10. Sc4 passiert? Danach wäre
10. ... Dc3:? 11. Ld2 ein weiteres Kapitel
im Buch »Geschichten der Gefangenen
Dame«, während andere Damenzüge
Weiß einen offensichtlichen Vorteil nach
11. cd überlassen. Aber Schwarz hatte
die Absicht, die Dame zu opfern mittels
10. ... de!!. Die kritische Stellung ergibt
sich nach 11. Sa5: Lc3:+ 12. Ke2 La5:
13. Ke3: Lb6+ 14. Kf3 Sc6. Nach unse-
rer Überzeugung hat Schwarz hinrei-
chende Kompensation für die Dame,
aber diese Einschätzung bedarf noch
einer gründlichen Überprüfung in der
Praxis.

(b) 9. Ld2!?.
Bei akkuratem Spiel von Schwarz kann
Weiß nicht auf einen Eröffnungsvorteil
rechnen. Diese Erkenntnis brachte die
Partie Beljawsky – Adorjan, Baden
1980: 9. ... 0–0 10. Le2 Lg4 11. 0–0 e6!
12. a4 Sc6 13. Tb1 Dc7! 14. d5 ed 15. ed
Sa5 16. Dc1?! Tfe8 und Schwarz hatte
gute Gegenchancen.

9.	**...**	**0–0**

Ein frühes ... Sc6 erlaubt es dem Weißen
oft, vorteilhaft d4–d5 zu spielen. Ein
stichhaltiges Beispiel dafür ist etwa die
Partie Földy – Bauer, Ungarn 1979, in
welcher nach 9. ... Sc6 10. Tc1 Lg4?!
11. d5! Td8 12. Le2 0–0 13. 0–0 Lf3:
14. Lf3: Se5 15. Le2 Sd7 16. c4 Weiß mit
einem Vorteil hervorging.
Die Partie Todorović – Plachetka, Zemun
1980, war interessant. Auf 9. ... Sc6 erwi-
derte Weiß 10. Td1?!, wonach 10. ... Lg4
11. Lc4 Td8 12. Ld5 0–0 13. 0–0 cd!
14. cd Td5:! 15. ed Dd5: ihn in eine pein-
liche Situation brachte ungeachtet des
materiellen Vorteils.

10.	**Ta1–c1**	**c5×d4**
11.	**c3×d4**	**Da5×d2+**

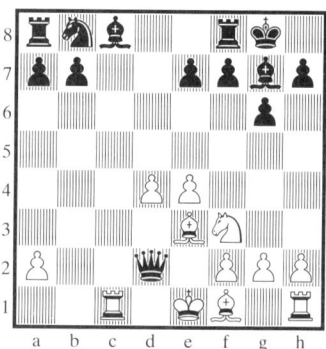

12.	**Sf3×d2(!)**

Dies ist die einzige Methode, um auf
Vorteil auszugehen.
Ftacnik – Smejkal, Trenčianske Teplice
1979, ging weiter mit 12. Kd2: Td8

13. Lb5 (um ... Sc6 zu verhindern)
13. ... Lg4! 14. Tc7 Sc6 15. d5 (15. Tb7:
Sd4: 16. Sd4: Ld4: 17. Ld4: Td4:+
18. Ke3 Tb4 führt zu einer ausgegliche-
nen Stellung) 15. ... e6? 16. Sg5! ed
17. Sf7: Tdc8 (sowohl 17. ... Tf8 18. Sh6+
als auch 17. ... Td7 18. Td7 Ld7: 19. Sh6+
sind zugunsten von Weiß) 18. Tc8: Tc8:
19. Sd6 Tc7 20. Tc1 und Weiß hat die
überlegene Stellung. Schwarz konnte
aber besser spielen mittels 15. ... Tab8!.
Dies droht 16. ... Lf3: 17. gf Le5 mit Fang
des Turms, und 16. Lf4 e6 17. Sg5 ed
18. Sf7: Tdc8 19. Tc8: Tc8: 20. Sd6 Tf8
führt zu einer überlegenen Stellung für
Schwarz.
12. Kd2: kann ebensogut beantwortet
werden mit **12. ... Sc6**, wonach 13. Lb5
mit der Entgegnung 13. ... f5! erwidert
wird. Die Partie Keene – Jansa, Esbjerg
1981 ging weiter mit **13. d5 Td8 14. Ke1!
Sb4!**. Dieses ist die thematische und
richtige Fortsetzung. 14. ... Se5? 15. Se5:
Le5: 16. Lc4 wäre demhingegen günstig
für Weiß. 14. ... Sa5?! tauchte auf in
einer Partie Kasparow – Romanischin,
UdSSR 1981, als nach 15. Lg5! Lf6!
16. Ld2 b6 17. Tc7 Lg4 18. La6! e6!
19. Sg5 Le5 20. Tf7:! ed 21. f4 Lg7 22. f5!
Weiß seine bereits deutlich gewordene
starke Initiative in einen Sieg umwan-
deln konnte. Wir wollen zurückkehren
zur Partie Keene – Jansa, und haben
dabei die Konsequenzen des Zuges
15. Ld2 zu bewerten, denn in den Kom-
plikationen nach 15. a3?! Sa2 16. Tc4
b5! hat Weiß keine Aussicht auf Vorteil.
Eine interessante Variante wäre etwa:
17. Tc7 Sc3 18. Te7: (18. Ld3 f5!)
18. ... Lf6 19. Ta7: Ta7: 20. La7: Se4:
21. Lb5: Td5: 22. Lc6 Ta5 mit beidersei-
tigen Chancen (Analyse von J. Watson)
15. ... Sa6 16. Lb5 und anstelle des Par-
tiezuges (16. ... e6?) würde **16. ... f5!** ver-
mutlich dem Nachziehenden das bes-
sere Spiel eingeräumt haben.

12.   ...   Sb8–c6!
Auf **12. ... Td8** verhindert Weiß den
Springerzug durch 13. d5! und 13. ... e6
14. Lg5! f6 15. Lf4 gäbe dem Anziehen-
den Vorteil.
12. ... e6?! (vgl. Diagramm) wurde ge-
spielt in der 1. Wettkampfpartie Hübner
– Adorjan, Kandidatenmatch 1980.

Analyse-Diagramm (nach 12. ... e6?!)

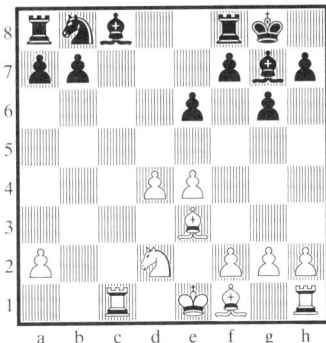

Nach 13. Lb5?! Ld7! 14. Ld7: Sd7:
15. Ke2 (falls 15. Tc7?, dann 15. ... Tfc8!)
15. ... Tfc8 16. Sc4 Lf8 17. Lf4 Tc6 hat
Schwarz ohne Schwierigkeiten Aus-
gleich erreicht.
In der Tat hatte nach dem aktiv aus-
sehenden Zug 18. Sa5? und der weite-
ren Fortsetzung 18. ... Ta6 19. Sb7:
Ta2:+ 20. Kf3 e5! schon eher der Weiße
Mühe, um die Partie noch im Gleichge-
wicht zu halten.
Eine bedeutsame Verbesserung wurde
in die Praxis eingeführt in der Partie Kar-
pow – Hübner, Tilburg 1980. Weiß be-
gegnete dem Zug 12. ... e6?! mit der
starken Erwiderung 13. Sb3!, und nach
13. ... Td8?! (13. ... Sc6!?) 14. Lg5 f6 15.
Le3 f5 16. ef gf 17. Lb5 Sd7 (17. ... a6 ist
schlecht wegen 18. Lg5!) 18. 0–0 Sf6
19. Lg5 war er obenauf und gewann
schließlich. Daher scheint 12. ... Sc6!
die bessere Wahl zu sein.
13.   d4–d5

Portischs Versuch einer Verbesserung ist 13. Sb3. Damit werden wir in der nachfolgenden Partie befaßt sein.

13.   ...   Sc6–b4
14.   Lf1–c4

Andere Züge sind schwächer. Zum Beispiel 14. a3 Lb2 15. Tc8: Tfc8: 16. ab Tc1+ 17. Ke2 Lc3 18. g3 Lb4: 19. Lg2 Th1: 20. Lh1: a5, oder 15. Tc4 La3: 16. Sb1 b5! 17. Tc7 Sa6, und Schwarz hat für sich den besseren Teil erwählt.

14.   ...   Lg7–b2
15.   Tc1–b1   Sb4–c2+
16.   Ke1–e2   Sc2×e3
17.   Tb1×b2!

Ein gefährliches Bauernopfer, welches Schwarz annehmen muß angesichts der Drohungen nach 17. ... Sc4:? 18. Sc4: (19. Sa5 und 19. Se5). Auf 17. Ke3: hätte Schwarz 17. ... La3! gespielt, wodurch er sich sein Läuferpaar sichert.

17.   ...   Se3×g2
18.   Th1–c1!

18. Kf3?! würde zu einem wilden Kampfgetümmel führen, wobei die besseren Aussichten auf der Seite von Schwarz lägen, zum Beispiel 18. ... Sh4+ 19. Kg3 g5 20. f4 h6! 21. f5 e6! 22. de fe 23. Tc1 b6!.

18.   ...   g6–g5!
19.   Lc4–b3

19. Tg1 Sf4+ 20. Ke3 h6 21. h4 f6 22. d6+ Kg7 23. d7 Ld7: 24. Tb7: Tfd8 und der Mehrbauer bliebe erhalten.

19.   ...   Sg2–f4+
20.   Ke2–e3   Lc8–h3
21.   Tb2–c2!   Ta8–c8
22.   Sd2–c4!

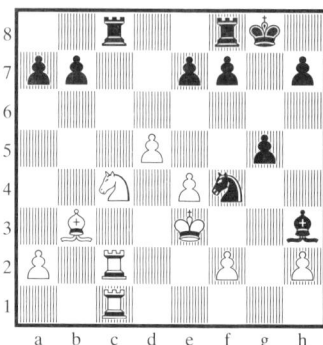

22.   ...   e7–e6!

Der einzige Zug. Die Drohungen 23. Sa5 oder falls 22. ... b6 23. Se5 waren sehr stark.

23.   Sc4–d6   Tc8×c2
24.   Tc1×c2   e6×d5
25.   e4×d5   Tf8–d8
26.   Sd6–e4!?

Das „richtige" Endspiel, das dem Geist der Stellung entspricht, wäre erreicht worden nach 26. Sb7: Td7 27. Sc5 Sd5:+ 28. Kf3 (28. Kd4? Sb4+) 28. ... Td8 29. Sb7 Td7 30. Sc5 Td8 mit einem Remis durch Zugwiederholung.

Weiß gewinnt nichts durch die Fesselung mit Td2, da Schwarz über die Antwort ... Le6 verfügt.

Schwarz hatte aber nach seinem vorausgeganenen Zug nur noch 2 Minuten Restbedenkzeit auf der Uhr bei noch 16 Zügen bis zur Zeitkontrolle, so daß Weiß es noch mit einigen anderen Drohungen probiert.

26.   ...   Lh3–f5
27.   Tc2–c7   Kg8–g7
28.   d5–d6   Lf5×e4

Es blieb keine Zeit mehr für die korrekte Bewertung der anderen Fortsetzung, 28. ... Se6, aber nach 29. Le6: (29. Tb7:?? Le4:) 29. ... Le6: 30. Tb7: Ld5 könnte man ein Remis getrost vereinbaren.

29.   Ke3×e4   Td8×d6

30.	Tc7×f7+	Kg7−g6
31.	Tf7×b7	Td6−d2
32.	Tb7×a7	

32. h4 Tf2: 33. hg hätte Schwarz noch mehr Probleme gestellt, obgleich bei genauer Analyse 33. ... Sh3 ebenfalls für ein Remis ausreicht.

32.	...	Td2×f2
33.	Ta7−a6+	Kg6−g7
34.	a2−a4	Tf2×h2
35.	Ke4−f5	Th2−b2
36.	Ta6−b6	

Weiß könnte 36. Ta7+ versuchen, weil 36. ... Kh6?? verliert wegen 37. Lg8. Aber 36. ... Kf8 37. Lc4 Tb4 38. Lb5 Sd5 39. Ke6 Sc3 40. Kf6 Se4+ ergibt Remis.

36.		Sf4−d3
37.	Tb6−b7+	Kg7−h6
38.	Tb7−b6+	Kh6−g7
39.	Tb6−b7+	Kg7−h6
40.	Tb7−b6+	Kh6−g7
41.	Tb6−b7	Remis

Partie Nr. 5
Weiß: Portisch − Schwarz: Adorjan
Ungarische Meisterschaft 1981

1.	d2−d4	Sg8−f6
2.	c2−c4	g7−g6
3.	Sb1−c3	d7−d5
4.	c4×d5	Sf6×d5
5.	e2−e4	Sd5×c3
6.	b2×c3	Lf8−g7
7.	Sg1−f3	c7−c5

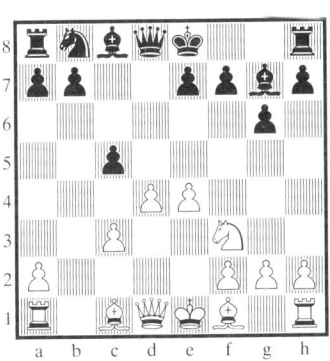

Es sollte zunächst darauf hingewiesen werden, daß diese Stellung auf ganz verschiedenen Wegen erreicht werden kann.
Einige Zugfolgen, die zu dieser Eröffnungsposition führen können, seien angeführt:

1. d4 Sf6 2. c4 g6 3. Sf3 Lg7 4. Sc3 d5 5. cd Sd5: 6. e4 Sc3: 7. bc3: c5;

1. c4 Sf6 2. Sc3 g6 3. Sf3 d5 4. cd5: Sd5: 5. e4 Sc3: 6. bc3: c5 7. d4 Lg7;

1. c4 c5 2. Sf3 Sc6 3. Sc3 d5 4. cd5: Sd5: 5. e4 Sc3: 6. bc3: g6 7. d4 Lg7 usw.

8.	Lc1−e3	Dd8−a5
9.	Dd1−d2	0−0
10.	Ta1−c1	c5×d4
11.	c3×d4	Da5×d2+
12.	Sf3×d2	Sb6−c6

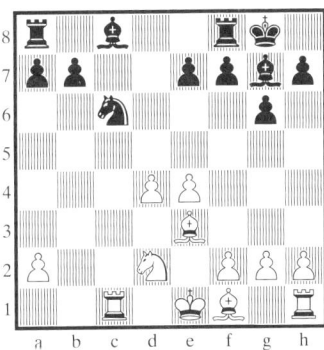

13. Sd2−b3!?

Diese Partie wurde vier Monate nach der vorausgegangenen gespielt. Portisch ist wohlbekannt für seine exzellente Eröffnungsvorbereitung. Wir wollen uns daraufhin ansehen, ob er seine Spielweise gegenüber 13. d5 zu verbessern vermocht hat.

13.	...	Tf8−d8
14.	d4−d5	Sc6−b4

Der Springer macht sich wieder auf seinen Weg. 15. Lc5?! Sa2: 16. Tc2 Sc3 17. Le7: Te8 18. d6 Se4: 19. Lb5 Sd6:!

20. Le8: Se8: wäre in der Tat eine sehr verlockende Reiseroute, denn Schwarz erhielte mehr als ausreichende Kompensation für die Qualität.

15.	a2–a3	Sb4–a2
16.	Tc1–c2	Sa2–c3
17.	Lf1–d3!	

17. f3 ist schlechter, denn nach 17. ... e6! 18. Ld4 Ld4: 19. Sd4: Sa4! 20. Sb5 ed 21. Sc7 Tb8 22. Sd5: Le6 hat Schwarz ein überaus bequemes Spiel.

| 17. | ... | e7–e6 |
| 18. | Le3–g5 | |

18. Sd4? wäre ein Fehler angesichts von 18. ... ed! 19. Tc3: de.

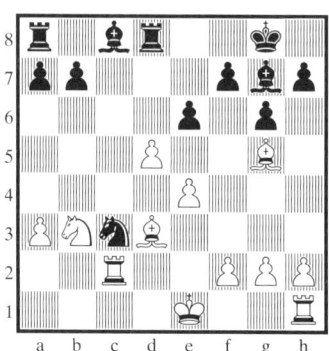

| 18. | ... | f7–f6? |

18. ... Td6 war die logische Fortsetzung, die den Druck gegen den d-Bauern aufrechterhält. 19. Kd2 Sa4! (19. ... ed? 20. e5! Le5: 21. Tc3: Lc3:+ 22. Kc3: ist zugunsten von Weiß; er hat das Läuferpaar und die Möglichkeit zur Blockade des Bauern d5) 20. Lb5 Ld7 21. Le7 Lh6+! 22. Ke1/Kd1 Lb5: 23. Ld6: ed hätte dem Nachziehenden hinreichende Kompensation für den materiellen Nachteil gesichert.

| 19. | Lg5–d2 | |

19. Lf4?! wird durch ein für Schwarz vorteilhaftes Qualitätsopfer beantwortet: 19. ... f5! 20. Lc7 fe! 21. Ld8: ed3: 22. Td2 ed5:.

| 19. | ... | Sc3–a4 |
| 20. | Ld3–b5 | |

Harmlos wäre 20. Lc4 wegen 20. ... Sb6 21. La5 Td6!.

| 20. | ... | Lc8–d7 |

Auf 20. ... Sb6 vermeidet Weiß offensichtlicherweise die Variante 21. Lb4? ed 22. Le7 Ld7! 23. Ld8: Lb5: 24. Lb6: ab 25. ed Ta3:, welche exzellente Kompensation für die Qualität bietet, vielmehr spielt er anstelle dessen 21. de! Le6: 22. Sc5, was ihm Vorteile einbringt.

| 21. | Lb5×d7 | Td8×d7 |
| 22. | d5×e6 | Td7–e7 |

22. ... Td3 (Ein Verbesserungsversuch von Sax) funktionierte nicht in der Partie Ftacnik – Sax, Vrsac 1981, wo nach 23. Sa5 b6 24. Sb7! Lf8 (es ist nicht möglich 24. ... Te8? zu spielen angesichts von 25. Ke2 Ta3: 26. Sd6! Te6: 27. Tc8+ Lf8 28. Lh6) 25. Lb4 Lb4: 26. ab Weiß seinen Vorteil bewahren konnte.

| 23. | 0–0? | |

Die Strafe für den Fehler im 18. Zug sollte nun in 23. Sd4! f5 24. Sf5: (oder 24. Lg5 Tee8 25. Sf5:) 24. ... gf 25. ef bestehen, wonach Weiß die besseren Aussichten besitzt.

23.	...	Te7×e6
24.	Tc2–c7	Te6×e4
25.	Tc7×b7	Lg7–f8!
26.	Tf1–c1!	Lf8×a3?

Schwarz strauchelt in Zeitnot. Einen leichten Ausgleich ergab 26. ... Te7.

| 27. | Tc1–c7 | La3–f8 |
| 28. | g2–g3? | |

Weiß könnte seinem Gegner größere Probleme stellen mit 28. Th7:, z.B. bleibt Schwarz nach 28. ... Tae8 29. f3 T4e7 30. The7: Le7:! 31. Ta7: mit einem Bauern im Rückstand, aber angesichts der Tatsache, daß sämtliche Bauern auf einer Brettseite befinden, behält er dennoch Remischancen. Schwächer wäre 30. ... Te7: 31. Tb8 Kf7 (31. ... Tf7? 32. Lh6 mit der Drohung 33. Sd4) 32. Lb4

Te8 33. Tb7+, wonach Weiß gute Gewinnaussichten hat.

| 28. | ... | h7–h5! |
| 29. | h2–h4 | |

Hier war 29. Th7 (mit der Drohung 30. Lh6) bereits unzureichend wegen 29. ... Tae8 30. Ta7: Sb6 31. Lh6 T8e7.

| 29. | ... | Sa4–b6 |
| 30. | Ld2–a5?! | |

Weiß sollte sich hier mit einem Remis zufriedengeben mittels 30. Ta7:. Nach dem Textzug wäre die beste Erwiderung 30. ... Sd5! 31. Td7 Te7!, obgleich die weißen Aktivitäten eine Kompensation bieten für das Bauerndefizit. Die weiße Spielweise kann allenfalls durch die schreckliche schwarze Zeitnot legitimiert werden.

30.	...	Te4–e6
31.	Sb3–d4	Te6–d6
32.	Sd4–e2	Sb6–d5!
33.	Tc7–d7	Td6×d7
34.	Tb7×d7	Ta8–e8
35.	Kg1–f1	Te8–e5!

Mit der Drohung 36. ... Se3+.

36.	Td7×a7	Te5–e7
37.	Ta7–a8	Te7–d7
38.	Se2–c3	Kg8–f7
39.	Sc3–e4	Lf8–e7
40.	Kf1–e2	Kf7–e6

Nach überstandener Zeitnot konnte das **Remis** nun vereinbart werden.

Partie Nr. 6
Weiß: Lputian – Schwarz: Tukmakow
UdSSR-Meisterschaft 1985

1.	d2–d4	Sg8–f6
2.	c2–c4	g7–g6
3.	Sb1–c3	d7–d5
4.	Sg1–f3	Lf8–g7
5.	c4×d5	Sf6×d5
6.	e2–e4	Sd5×c3
7.	b2×c3	c7–c5
8.	Ta1–b1	

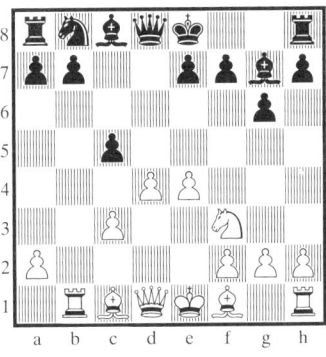

Dieser verhältnismäßig neue Turmzug hat eigenständige Bedeutung und erreichte in neuester Zeit ein beachtliches Maß an Popularität. Weiß ist bereit, ein Bauernopfer zu bringen, um einen Entwicklungsvorsprung zu erringen. Auf der anderen Seite ist er ebenfalls zu einem Damentausch bereit, welcher zu einem Endspiel führt, in welchem er das bessere Spiel durch seine Zentrumsüberlegenheit und durch Druckspiel auf der b- und c-Linie erhält. Schwarz muß sehr auf der Hut sein, um diese verlockenden Möglichkeiten als Gefahrenquellen zu erkennen und zu vermeiden.

| 8. | ... | 0–0 |

Auf 8. ... Da5?! erwidert Weiß am besten mit 9. Tb5! (die Partie Bukić – Adorjan, Ranja Luka 1983 bewies, daß Schwarz nach 9. Ld2 das Bauernopfer annehmen kann: 9. ... Da2: 10. d5 Da5 11. Dc1 0–0 12. c4 Da2 13. Ld3 Lg4 14 Lc3 Lc3: 15. Dc3: Da6 16. Sd2 b6 17. f3 Ld7 und Schwarz stand besser). In der Partie Polovodin – Maslow, UdSSR 1984 folgte (nach 9. Tb5) 9. ... Dc3:+ 10. Ld2 Da3 11. Dc2! Sc6?? 12. Tb3 und Schwarz gab auf, da er sah, daß nach 12. ... Da4 13. Lb5 seine Dame kein gutes Fluchtfeld mehr hat. Natürlich ist das erzwungene 11. ... c4 12. Lc4: für Schwarz auch nicht erstrebenswert und verlängert lediglich die Agonie.

Auf die Entgegnung **8. .... Sc6?!** wird einer der Gründe für den Turmzug klar. Weiß kann nun 9. d5! Lc3:+ 10. Ld2 Ld2:+ 11. Dd2: Sd4 (11. ... Sb8 kann mit 12. Dc3 beantwortet werden) 12. Sd4: cd 13. Dd4: Da5+ 14. Dd2 Dd2:+ 15. Kd2: spielen und erreicht ein günstiges Endspiel. Sein König befindet sich bereits im Zentrum und kann dazu beitragen, aus dem Bauernübergewicht an dieser Stelle Kapital zu schlagen, darüberhinaus droht das Eindringen in der c-Linie.

9. Lf1−e2

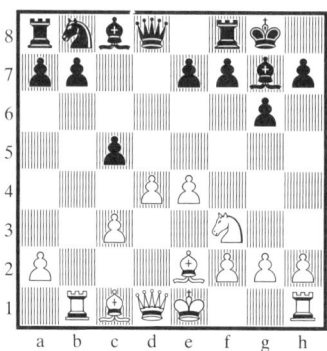

9. ... c5×d4!?
Dies ist das letzte Wort der Theorie in dieser Variante. Die Erfahrung lehrt, daß andere Züge zu weißem Vorteil führen. Wir wollen einen kurzen Überblick über die wichtigsten Alternativmöglichkeiten bieten:
a) 9. ... Sc6 10. d5! und jetzt:
a1) 10. ... Lc3:+. Wie wir sehen werden ist die Annahme des Bauernopfers von fraglichem Wert. 11. Ld2 Ld2:+ 12. Dd2: Sd4 13. Sd4: cd 14. Dd4: Da5+ 15. Dd2 Dd2:+ 16. Kd2: Td8 17. Ke3 b6 18. Tbc1! e6 19. Lc4 wurde gespielt in der Partie Kasparow − Natsis, Schacholympiade Malta 1980, wonach Weiß seinen Vorteil bald in eine Gewinnstellung umwandeln konnte.

Auf 12. ... Sb8 oder 12. ... Sa5 entwickelt Weiß einen starken Angriff mit 13. h4!. Die Partie Végh − Bañas, Olomouc 1984 ist ein gutes Beispiel dafür: 12. ... Sa5? 13. h4! f6 14. h5 gh 15. e5! Lg4 16. e6! b6? (16. ... c4 17. Tb5 b6 setzt dem Weißen mehr Widerstand entgegen) 17. Ld3 Kg7 18. Se5! fe 19. Dg5+ Kh8 20. Th5: Lh5: 21. Dh5: und einige Züge später war Schwarz bereits zur Aufgabe gezwungen.
a2) 10. ... Se5 11. Se5: Le5: 12. Dd2 e6 13. f4 Lh8?! 14. c4 Te8 15. e5 f6 16. f5!! führte zu einem weißen Sieg in einer Reihe von Partien: 16. ... gf 17. Tb3 Te7 18. d6 Tg7 19. ef Df6: 20. Lb2 e5 21. Le5:! wurde gespielt in der Partie Mc Cambridge − Hjartarson, Grindavik 1984, während die Zugfolge 16. ... ed 17. e6! d4 18. g4 in der Partie Vaiser − Pribyl, Sotschi 1984 vorkam. In beiden Fällen hatte Weiß Vorteil erlangt.
b) 9. ... Da5 ermöglicht dem Weißen ein Bauernopfer mittels 10. 0−0!? oder 10. Tb5!?. Die Annahme dieses Opfers bietet Weiß die besseren Aussichten, denn er hat einen Entwicklungsvorsprung und das aktivere Spiel.
10. c3×d4 Dd8−a5+
10. ... Lg4?! 11. Le3 Sc6 12. d5 Lc3+ 13. Ld2 Ld2:+ 14. Dd2: Sa5 15. 0−0 Lf3: 16. Lf3: Tc8 17. Tfc1 überließ Weiß positionellen Vorteil in der Partie Gaprindaschwili − Erenska, Jajce 1981.
11. Dd1−d2
Nach 11. Ld2?! kann Schwarz den a2-Bauern abholen. Pribyl gibt dazu an: 11. ... Da2: 12. d5 e6 13. Lb4 Td8 14. Le7 Te8 15. d6 Sc6 16. Lb5 Ld7 17. 0−0 a6 18. Lc6: Lc6: 19. d7 Te7: 20. d8D+ Td8: 21 Dd8:+ Te8, und Schwarz steht besser.

11.	**...**	**Da5×d2+**
12.	**Lc1×d2**	**e7−e6**
13.	**0−0**	**b7−b6**
14.	**Tf1−d1**	

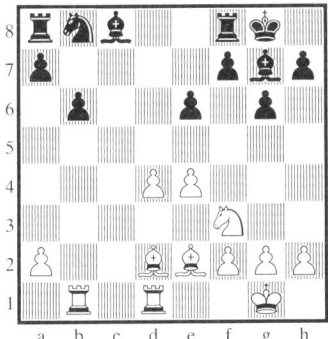

Der Turmzug bereitet den Vormarsch des d-Bauern vor. Nach dieser Partie wurden alsbald Verstärkungen für Weiß gesucht, aber sie ergaben keinerlei Vorteil für Weiß. In der Partie Szypulski – W. Schmidt, Wroclaw 1985 geschah etwa **14. Tbc1 Lb7 15. Tc7? Le4:!** 16. Lb4 Td8 17. Sg5 Ld5, während in der Partie Balicki – Pribyl aus demselben Turnier **14. Tfe1? Lb7 15. Lc4 Sd7!** 16. d5 ed 17. ed Sf6 18. d6 Ld5! folgte, wonach Schwarz die Oberhand hatte. Anstelle dessen wäre das oberflächliche 18. ... Tfd8? bestraft worden durch 19. Lf7:+ Kf7: 20. Te7+ und 21. Tb7: mit klaren weißem Vorteil.

14.	**...**	**Lc8–b7**
15.	**d4–d5!**	

Weiß erreicht den Durchbruch mit taktischen Mitteln, da ein gieriger Bauernraub nun nach 15. ... ed 16. ed Ld5: 17. Lb4 Td8 18. Lc4 verliert.

15.	**...**	**e6×d5**
16.	**e4×d5**	**Sb8–d7**
17.	**Ld2–b4**	

Djukić versuchte 17. Lb5 in seiner Partie gegen Jansa in Nisch 1985, aber er erreichte damit nur ein Remis: 17. ... Sc5 18. Lb4 Tfd8 19. Lc5: bc 20. Lc4 Td7 21. Sg5 Ld4 22. Se4 Kg7 23. Sd6! Td6: 24. Tb7: Remis.

17.	**...**	**Tf8–c8**

Die Kontrolle der c-Linie ist wichtig, denn ein Eindringen der weißen Türme muß unterbunden werden, da nach 17. ... Tfe8? 18. Lb5 Tad8 19. Tbc1 a6 20. Tc7! ab 21. Tb7: am weißen Vorteil nicht zu zweifeln wäre.

18.	**Le2–b5**

In seiner Analyse erwähnte Tukmakow 18. Le7!?. Nach unserer Meinung kann Schwarz den d-Bauern auch in diesem Fall blockieren, zum Beispiel 18. ... Tc2 19. Lb5 Sc5 (auf 19. ... Lf8 ist 20. Lg5! stark) 20. d6 Lf3:! 21. gf Lf8 22. Lc6 Tb8 23. Lf6 Lg7!. Weiß steht schlechter auch nach 20. Lc6? Lc6:! (20. ... Lf8? 21. Lc5:! gewinnt eine Figur) 21. dc Se6! 22. Tbc1 Tc1: 23. Tc1: Tc8 24. Ld6 Lf8.

18.	**...**	**Sd7–f6**
19.	**d5–d6**	**Sf6–d5**

Die einzige Frage ist jetzt, ob sich der d-Bauer als stark oder als schwach erweist.

20.	**Sf3–d4**

Bis zum neunzehnten Zug von Schwarz ist die Partie identisch mit der Partie Miralles – Kortschnoi, Cannes 1986, aber jetzt versuchte Weiß ein pseudoaktives Opfer: 20. d7 Td8 21. Td5:!? Ld5: 22. Le7 h6! 23. a4 Le6 24. Td1 f5 25. Ld8: Td8: 26. Sd2 a6 27. La6: Td7: 28. Lc8 Td6 29. Le6:+ Te6: mit gleichen Aussichten (Remis, 42 Züge).

20.	**...**	**Sd5×b4**
21.	**d6–d7**	**Tc8–c5!**
22.	**Tb1×b4**	

Weiß hatte hier keinerlei taktische Tricks, weil 22. Se6? fe 23. d8D+ Td8: 24. Td8:+ Lf8 25. Tb4: Tc1+ 26. Lf1 La6 27. h4 (27. g3?? verliert wegen 27. ... Lf1:) 27. ... Tf1:+ 28. Kh2 Tf2: leicht für Schwarz gewinnt.

22.	**...**	**Tc5–d5**
23.	**Lb5–a4**	**Ta8–d8**
24.	**Td1–e1**	**Lg7–f6!**
25.	**Te1–e8+**	**Kg8–g7**
26.	**h2–h3**	

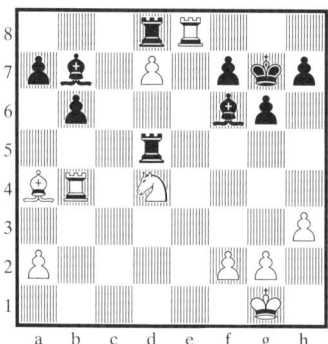

a b c d e f g h

26. ... Td8×d7!?
Schwarz vereinfacht die Stellung mit einem Qualitätsopfer, welches gute Chancen bietet. Tukmakow führt aber auch aus, daß 26. ... a6 27. Tb6: Td4: 28. Tf6: T8d7: 29. Ld7: Kf6: 30. Lc8 in einem Remisendspiel resultiert. In Betracht kam auch 26. ... Td6!? Δ ...a6.
27. La4×d7 Td5×d7
28. Sd4−f3?
Ein Fehler. Auf 28. Se2 oder 28. Sb3 hätte sich Schwarz wohl der logischen Fortsetzung 28. ... Td6 bedient mit der Drohung ...a5, um seine Damenflügelbauern in die Waagschale zu werfen, was aber Weiß auch wieder die Möglichkeit eingeräumt hätte, etwaige neue Schwächen im gegnerischen Lager hervorzurufen.
28. ... Td7−d1+
29. Kg1−h2
29. Te1?? Lf3:!.
29. ... Lb7×f3!
30. g2×f3 Td1−d2
31. a2−a4
Falls 31. Ta4 dann entscheidet 31. ... a5! gefolgt von der Aufstellung des Läufers auf dem Zentralpunkt d4 den Kampf.
31. ... Lf6−d4!
32. f3−f4?
Hier versäumt es Weiß, die letzte Remischance wahrzunehmen. Er sollte 32. a5 spielen, wonach 32. ... Lf2: 33. ab! Lc5+ 34. Kg3 Lb4: nicht geht wegen 35. ba.

32. ... a7−a5!
Schwarz ist es gelungen, Bauerntausch am Damenflügel zu verhindern. Zudem konnte er einen starken Läuferstützpunkt installieren. Der Bauer f2 wird schon nicht davonlaufen.
33. Tb4−c4 Ld4×f2
34. Tc4−e4 Td2−d3
35. Kh2−g2 Lf2−c5
36. Te8−c8 Kg7−f6
37. Tc8−c7 h7−h5
38. Te4−e5 Td3−d4
39. Tc7−c6+ Kf6−g7
40. f4−f5 g6−g5!
Auf 40. ... Ta4:? gewinnt Weiß den Bauern auf g6 zurück nach 41. fg fg 42. Tg5 und erhält Gegenspiel gegen den exponierten König von Schwarz.
41. Te5−e8?
Ein ungenauer Zug, der die Aufgabe von Schwarz erleichtert. 41. f6+ zwingt den schwarzen König nach g6 und ermöglicht somit größeren Widerstand.
41. ... Td4×a4
42. f5−f6+ Kg7−h7!
Nach 42. ... Kg6 43. Tg8+ Kf5 44. Tg7 erhielte Weiß Gegenchancen.
43. Tc6−c8 Kh7−g6
44. Te8−h8 h5−h4
45. Tc8−g8+ Kg6×f6
46. Th8−h5 Ta4−a2+
47. Kg2−h1 Lc5−e3
48. Tg8−f8 Kf6−g6
49. Th5−h8 Le3−f4
0−1

Partie Nr. 7
Weiß: Smejkal − Schwarz: Sax
Rio de Janeiro IZT 1979
1. d2−d4 Sg8−f6
2. c2−c4 g7−g6
3. Sb1−c3 d7−d5
4. Sg1−f3 Lf8−g7

5.	c4×d5	Sf6×d5
6.	e2–e4	Sd5×c3
7.	b2×c3	c7–c5
8.	Lf1–e2	

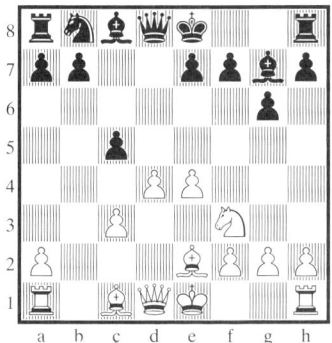

Ein flexibler Entwicklungszug, der für Weiß weniger kompromittierend ist als 8. Le3 oder 8. Tb1.
8. Lb5+ war eine Zeit lang populär, aber wenn Schwarz präzise spielt, kann Weiß auf keinerlei Vorteil zählen. 8. ... Sc6! ist für den Nachziehenden die aktivste Fortsetzung. Eine besonders wichtige Partie mit dieser Variante war diejenige zwischen Spassky und Sax, Tilburg 1979, welche weiterging mit 9. 0–0 cd 10. cd 0–0 11. Le3 Lg4! 12. Lc6: bc6: 13. Tc1 Da5 14. Dd2 (14. Tc6: Da2: 15. Tc7 De6 16. h3 Dd6! 17. Tc5 Ld7 18. Se5 Tfd8 sicherte Schwarz gleiche Chancen in der Partie Uusi – Tukmakow, UdSSR 1981) 14. ... Dd2: 15. Sd2: Tfd8 16. Sb3 a5 17. f3 Le6 18. Sc5 Ld4: Remis.
In der Partie Smejkal – Portisch, Rio de Janeiro · Interzonenturnier 1979, war Weiß mittels 11. Lc6: auch nicht imstande Vorteil zu erreichen. Es folgte danach 11. ... bc 12. La3 Lg4 13. Lc5 Te8 14. Tb1 Dd7 15. Tb4 a5 16. Ta4 Db7 mit einem ausgeglichenen Spiel, welches alsbald mit Remis endete.

8.	...	Sb8–c6!?

Die sofortige Aktion gegen das Feld d4 sieht am besten aus.

9.	Lc1–e3	

Weiß könnte eine interessante, vermutlich aber ungünstige Gambitvariante spielen, die mit dem Zug 9. d5?! beginnt. Schwarz kann sich erfolgreich dagegen verteidigen mittels 9. ... Lc3:+ 10. Ld2 La1: (natürlich geht 10. ... Ld2:+? nicht wegen 11. Dd2: mit Herbeiführung einer wohlbekannten Stellung, in welcher Weiß besser steht) 11. Da1: Sd4 12. Sd4: cd 13. Dd4: f6!, wonach 14. e5 0–0 15. Lc4 b5! 16. Lb3 a5 dem Nachziehenden gutes Gegenspiel gab in der Partie Plachetka – Pribyl, Trnava 1979. 13. ... 0–0? wäre schwächer gewesen, was sich erwies in der Partie Borik – Gutman, Randers 1982, welche weiterging mit 14. Lh6 Da5+ 15. Kf1 f6 16. Lf8: Kf8: 17. f3! Ld7 18. Kf2 Tc8 19. Tb1 mit einem kleinen Vorteil für Weiß.

9.	...	Lc8–g4!
10.	e4–e5	

Weiß hat das Zentrum wohl nur widerstrebend in dieser Weise festgelegt, aber er hatte ja schließlich den Punkt d4 zu verteidigen.

10.	...	c5×d4
11.	c3×d4	0–0

Auch der Zug 11. ... Da5+!? verdient es, ganz ernsthaft in Betracht gezogen zu werden. Nach 12. Ld2 kann Schwarz aus der Schwäche des Feldes d5 konkreten Nutzen ziehen mittels 12. ... Dd5, und nach 12. Dd2 wäre der Damentausch zugunsten des Nachziehenden.

12.	0–0	Dd8–d7
13.	Dd1–d2	Tf8–d8
14.	Tf1–d1	Ta8–c8
15.	Ta1–c1	Lg4–e6

Dies dient der Sicherung der Blockade des Feldes d5. Schwarz hat die Möglichkeit, das Zentrum mittels ...f6 aufzusprengen, so daß seine Stellung die besseren Perspektiven bietet.

16.	Sf3–e1	f7–f6!
17.	Dd2–b2	Le6–d5
18.	Se1–d3	

Nach 18. ef ef 19. Sd3 würde Weiß mit dem unangenehmen 20. Sf4 drohen, und 19. ... Df7 20. Sf4 La2:? funktioniert nicht wegen 21. d5!. Daher ist Schwarz gezwungen 18. ... Lf6: zu spielen. Eine Variante von Interesse wäre: 19. Sd3 Df5!? 20. Sc5 Tc7 21. g4 Dc8 (Analyse von Miles und Chandler), wonach 22. Lf4? unmöglich ist wegen der Erwiderung 22. ... Sd4:!.

18.	...	f6×e5
19.	Sd3×e5	Sc6×e5
20.	d4×e5	Tc8×c1
21.	Db2×c1	e7–e6

21. ... Le5: verliert wegen 22. Td5: Dd5: 23. Lc4.

22.	Le3×a7	Td8–a8
23.	Dc1–e3	Dd7–a4
24.	La7–c5	Da4×a2
25.	Le2–f3	Da2–b3
26.	De3–b3	Ld5×b3

Remis

Das Remis wurde an dieser Stelle vereinbart, da nach 27. Lb7: Ld1: 28. La8: Le5: kein Spiel mehr in der Stellung zu finden ist.

2 Systeme mit Db3

1.	d2–d4	Sg8–f6
2.	c2–c4	g7–g6
3.	Sb1–c3	d7–d5
4.	Sg1–f3	Lf8–g7
5.	Dd1–b3	d5×c4
6.	Db3×c4	0–0
7.	e2–e4	

Neben der Abtauschvariante ist dies ein anderer Hauptzweig des Grünfeld-Stammbaums. Sein Alter kann zurückverfolgt werden bis ins Jahr 1932 bis zur Partie Ragozin – Romanowsky. Diese Stellungsstruktur wurde zuerst von Russischen Meistern analysiert, und das ist der Grund, warum man dieses System auch mit dem Namen Russisches System benennt.
Welches sind die wichtigsten Wesenszüge dieses Aufbaus?
Weiß erhält ein klassisches Bauernzentrum, das durch die Dame unterstützt wird, und darüberhinaus hat er die schwarzen Probleme nicht durch den Abtausch des Damenflügelspringers erleichtert, was den Hauptunterschied zur

Abtauschvariante ausmacht. Unter Heranziehung der klassischen Prinzipien hielten die Analytiker früher die weiße Stellung für besser. Später stellte sich heraus, daß Schwarz die Gelegenheit bekommt, die verfrühte weiße Damenentwicklung auszunutzen; darüberhinaus ist es dem Nachziehenden auch möglich, das weiße Bauernzentrum erfolgreich anzugreifen und zu unterminieren. Im Laufe der Zeit wurde eine ganze Reihe von Plänen für die Verteidigung und für das Gegenspiel für Schwarz ausgearbeitet.
In der zweiten Hälfte der vierziger Jahre führte Smyslow des Plan 7....Lg4 in Verbindung mit dem Manöver Sf6–d7–b6 in die Praxis ein. Später machte man noch die Entdeckung, daß Schwarz sein Gegenspiel auch mit 7....Sa6 (Ragozin-Prins-System) oder 7. ...c6 (boleslawski-Hort-System) oder sogar mit 7. ...Sc6 aufziehen kann.
In den frühen siebziger Jahren wurde die Theorie des Db3-Systems bereichert durch eine neue Möglichkeit, nämlich 7. ...a6, welche vornehmlich von ungarischen Meistern ausgearbeitet und angewendet wurde, und welche in diesem Buch in den Vordergrund gestellt wird. Dieses System ist demnach das sogenannte Ungarische System. Es wird charakterisiert durch ein lebhaftes und kompliziertes Spiel, gelegentlich unter schwarzem Bauernopfer, also ganz im Geiste eines Gambitspiels.
Um letztendlich unseren historischen Streifzug zu einem Abschluß zu bringen, hier noch eine Reihe aktueller Beispiele:

7. ... c6 8. Db3 Db6 9. Lc4 Sa6 10. 0–0 Db3: 11. Lb3: Sc7 12. Lf4 Se6 13. Le5 Ld7 14. Tad1 Tad8 15. Tfe1 und Weiß hat starken Druck im Endspiel, Beljawski – Kortschnoi, Tilburg 1986 (1–0, 41 Züge)

7. ... Lg4 8. Le3 Sfd7 9. Td1 Sc6 10. Le2 Sb6 11. Dc5 Dd6 12. e5 Dc5: 13. dc Sc8 14. h3 Lf3: 15. Lf3: Le5: 16. Lc6: bc 17. Ld4 Lf4 18. 0–0 e5! (dies ist eine Verbesserung gegenüber 18. ... a5?!, Karpow – Kasparow 18. Matchpartie, 1986) 19. Le3 (19. Se2?! Wade) 19. ... Le3: 20. fe Se7 und Schwarz hielt bequem das Gleichgewicht in der Partie Karpow – Timman, Tilburg, 1986 (Remis, 33 Züge).

In unserer ersten Partie dieses Kapitels wollen wir zunächst die seltene 4. Db3-Variante analysieren. Diese Variante kann in die Hauptvariante übergehen, aber wenn Schwarz danach strebt, kann er auch Varianten von eigenständiger Bedeutung herbeiführen. Im letzteren Fall ist das schwarze Gegenspiel so stark, daß der Zug 4. Db3 aus der Großmeisterpraxis verschwunden ist.

Partie Nr. 8
Weiß: Forintos – Schwarz: Adorjan
Wijk aan Zee 1971

1.	d2–d4	Sg8–f6
2.	c2–c4	g7–g6
3.	Sb1–c3	d7–d5
4.	Dd1–b3	

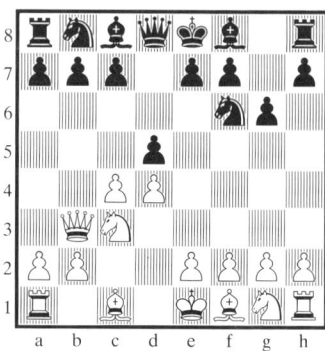

Wie im vorausgegangenen Text angemerkt, kann Schwarz jetzt überleiten in das 5. Db3-System mittels 4. ... dc4: 5. Dc4: Lg7. Schwarz hat aber eine stärkere Karte im Ärmel: 5. ... Le6!, was der Zugfolge eine eigenständige Bedeutung verleiht.

4.	...	d5×c4
5.	Db3×c4	Lc8–e6!
6.	Dc4–b5+	Le6–d7
7.	Db5–b3	

Offensichtlich ist die Annahme des Gambitbauern schwächer: 7. Db7:? Sc6! (auch gut ist 7. ... Lc6 8. Db3 Dd4: 9. Sf3 Db6 10. Dc2 Lg7 11. Lf4 0–0 12. e3 Sbd7 13. Le2 Db7 14. 0–0 Se4 – Boleslawski; aber – wie wir sehen werden – ist der Springerzug noch kraftvoller!).

Nach 7. ... Sc6! hat Weiß zwei Möglichkeiten zur Verfügung:

a) 8. e3 Tb8 9. Da6 Sb4 10. De2 c5! 11. Sf3 Lg7 12. a3 Sc6 13. d5 (13. dc Da5 14. Sd2! 0–0 15. Sc4 Dc5: 16. b4 Df5 17. Lb2 Le6) 13. ... Sa5 14. Sd2 0–0 15. g3 (15. e4? würde beantwortet mittels 15. ... e6!) 15. ... Lg4 (vgl. Diagramm)

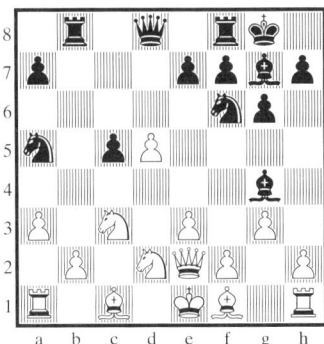

Hier ist **16. f3** nicht möglich angesichts der folgenden Variante: 16. ... Sd5:! 17. Sd5: Dd5: 18. e4 Dd6 19. fg Lb2: 20. Lb2: Tb2: 21. De3 Td8 22. Sc4 Sc4: 23. Lc4: Dd4!.
Ebensowenig funktioniert **16. Dd3** wegen 16. ... c4! 17. Dd4 (17. Sc4:? Sb3 18. Tb1 Lf5 19. e4 Sc5 und Schwarz gewinnt) 17. ... Sd5:! mit einem komplizierten Spiel, in welchem Schwarz über die besseren Chancen verfügt. Hier zum Zwecke der Illustration: 18. Dg4: Sc3: 19. bc Lc3: 20. Ta2 Tb1 oder 18. Dd5: Lc3: 19. Dd8: Tfd8: 20. bc Sb3 21. f3 (21. Tb1 Sd2: 22. Tb8: Sf3+ 23. Ke2 Se5+ gefolgt von ... Tb8:) 21. ... Sa1: 22. fg Sb3 23. Sb3: cb 24. Lb2 Td6 25. Le2 Tbd8 26. Kf2 Td2 27. Tb1 Tc2 28. Lo1 Td1 mit einem einfachen Gewinn für Schwarz.
b) 8. Lf4 Tb8! 9. Dc7: Dc7: 10. Lc7: Tb2: 11. e3 e5! 12. Tb1 (auf 12. 0–0–0 würde Schwarz die unangenehme Antwort 12. ... Tf2: haben) 12. ... Lb4! ist klar zum Vorteil von Schwarz.

	7.	**...**	**Sb8−c6**

Auch möglich ist ein sofortiger Angriff auf das Zentrum mittels 7. ... c5!?, zum Beispiel 8. d5 Sa6 9. e4 Lg7 10. Sf3 0–0 mit der Drohung eines späteren ... b5.

8.	**Sg1−f3**	**Lf8−g7**
9.	**e2−e4**	

Natürlich. Weiß besetzt das Zentrum. Nach dem solideren 9. Lg5 0–0 10. e3 hat Schwarz keine Probleme.

9.	**...**	**0–0**
10.	**h2−h3**	

Dies ist eine notwendige Maßnahme von Weiß, da auf 10. Le2 die schwarze Antwort 10. ... Lg4 lauten würde, und 11. Db7: Sd4: 12. Sd4: Dd4: 13. Le3 De5 14. Db5! Db5: 15. Lb5: a6 16. Lc6 Tab8 17. f3 Ld7 18. Ld7: Sd7: 19. 0–0–0 Se5 20. Ld4 c5! 21. Lc5: Sc4 würde dem Nachziehenden eine sehr vielversprechende Stellung überlassen.

10.	**...**	**Ta8−b8!**
11.	**Lc1−e3**	

Es gibt zwei andere interessante Möglichkeiten hier:
a) 11. Ld3 e5! 12. de Le6 13. Dd1 Sb4! 14. Lb1 Dd1:+ 15. Sd1: Sd7, oder
b) 11. a4 Sa5 12. Db4 c5! 13. dc Sc6 14. Da3 Da5 15. Ld2 Sb4 16. Tc1 Dc5: mit einem kleinen Vorteil für Schwarz.

11.	**...**	**b7−b5**
12.	**Dd1−c2?**	

Der erste ernsthafte Fehler in der Partie. Das ruhige 12. Ld3 Se8 13. 0–0 Sd6 hätte gleiche Chancen gesichert. Wenn man anstelle davon 13. d5 wählt, dann gibt die Fortsetzung 13. ... b4! 14. Se2 Sa5 15. Dc2 c6 16. La7: Tc8 dem Nachziehenden überaus reichliche Kompensation für das Bauernopfer.

12.	**...**	**b5−b4**
13.	**Sc3−d1**	**b4−b3**
14.	**a2×b3**	**Sc6−b4**
15.	**Dc2−c1**	

Der Bauer e4 kann auch nicht durch 15. Db1 verteidigt werden, angesichts der Antwort 15. ... Se4: 16. De4: Lf5 gefolgt von 17. ... Sc2+ mit Gewinn des Turms a1.

15.	**...**	**Sf6×e4**
16.	**Ta1×a7?**	

Dieses Nehmen ist allzu riskant. Weiß hat auch einige Schwierigkeiten nach

16. Lc4 a6! 17. 0–0 Sd6, aber zumindest wäre dann sein König keinem direkten Angriff ausgesetzt.

16. ... c7–c5!

In dieser Stellung spielen die Bauern keine Rolle. Das Hauptanliegen von Schwarz besteht darin, den Gegner an seiner Entwicklung zu hindern.

17. d4×c5

17. ... Sc6 war angedroht. Ebenfalls unbefriedigend für Weiß ist 17. d5 Sd5: 18. Lc4 Le6.

17. ... Ld7–e6

18. Ta7–a3

Nach 18. Sd2 Sd2: 19. Dd2: Lb3: steht der schwarze Vorteil außer Zweifel. 18. c6 führt offensichtlich zu einer komplizierteren Situation, aber 18. ... Sd3+ 19. Ld3: Dd3: 20. Sd2 Sd2: 21. Dd2: Db5 22. c7 Tbc8 23. Ta5 Db3: 24. Tc5 Db7 25. 0–0 Tc7: ist klar zu schwarzen Gunsten. Nichtsdestoweniger hätte Weiß besser daran getan, die letztgenannte Variante zu wählen, welche vielleicht das kleinere Übel darstellt. Nach dem Textzug kommt eine spektakuläre Kombination aufs Brett.

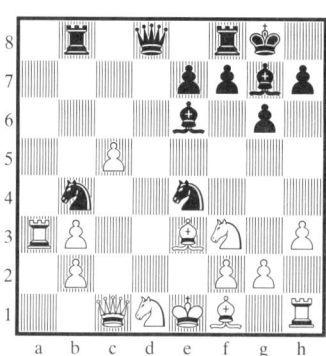

18. ... Dd8–d3!!

19. Lf1×d3

Es gab nichts Besseres. Nach 19. Le2 Dc2 20. Kf1 Tfd8 wäre dem Weißen bald die Luft ausgegangen.

19.	...	Sb4×d3+
20.	Ke1–e2	Sd3×c1+
21.	Le3×c1	Se4×c5
22.	Lc1–f4	Tb8–b4
23.	Lf4–d2	Tb4–e4+!
24.	Ld2–e3	

Nach 24. Se3 Lb2: 25. Ta2 Lf6 kann der b3 Bauer nicht verteidigt werden.

| 24. | ... | Sc5×b3 |
| 25. | Sf3–g5 | |

Das bessere 25. Sc3 würde beantwortet worden sein mittels 25. ... Tb4.

25.	...	Le6–c4+
26.	Ke2–f3	Te4–e5
27.	Sd1–c3	f7–f6!

Von hier ab kann der Weg zum Sieg leicht geführt werden.

| 28. | Sg5–e4 | f6–f5 |
| 29. | Se4–d2 | |

Nach 29. Sg3 oder 29. Sg5 wäre ein einfacher Sieg mittels 29. ... f4 gefolgt.

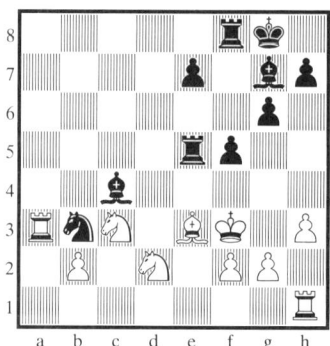

29. ... Te5×e3+!

Die Pointe. Der Turm darf nicht mit dem König geschlagen werden, weil dies auf zweierlei Weise zum Matt führen würde: 30. ... f4+ 31. Ke4 Sd2‡ oder 31. Kf3 Sd2:+ 32. Kg4 Le6+ 33. Kg5 Tf5+ 34. Kg4 h5+ 35. Kh4 Lf6‡. Die Textfortsetzung andererseits ergibt für Schwarz einen ganz einfachen technischen Endspielsieg.

| 30. | f2×e3 | Sb3×d2+ |

31.	Kf3–f2	Tf8–b8
32.	Th1–c1	Tb8×b2
33.	Sc3–d1	Sd2–e4++
34.	Kf2–g1	Tb2–d2
35.	g2–g4	Lc4–e2
36.	Sd1–f2	Se4×f2
37.	Kg1×f2	Le2×g4+
38.	Kf2–e1	Td2–e2+
39.	Ke1–f1	Lg4–h5
40.	Tc1–e1	Te2–h2
41.	Kf1–g1	Th2×h3
42.	Kg1–g2	Th3–h4
0–1		

Partie Nr. 9
Weiß: Hybl – Schwarz: Barczay
Fernpartie 1971

1.	d2–d4	Sg8–f6
2.	c2–c4	g7–g6
3.	Sb1–c3	d7–d5
4.	Sg1–f3	Lf8–g7
5.	Dd1–b3	d5×c4
6.	Db3×c4	0–0
7.	e2–e4	a7–a6

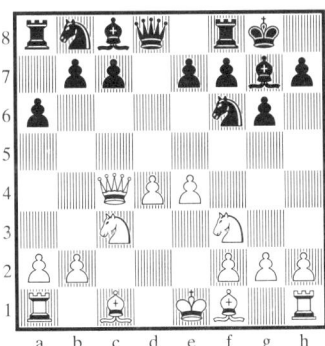

Dies ist die Grundstellung des Ungarischen Systems.

8. a2–a4?

Das ist ein schlechter Zug, denn er kann die schwarzen Absichten nicht verhindern. Die weiße Hauptfortsetzung ist

8. Db3 in Verbindung mit e4-e5, was wir in der nächsten Partie in Betracht ziehen wollen. Andere Pfade, die Weiß ebenfalls einschlagen kann, sind:
a) 8. Lf4. Jetzt könnte Schwarz einen Bauern für rasche Entwicklung opfern mittels 8. ... b5! 9. Dc7: Dc7:! (Euwe – Aljechin, Weltmeisterschaftskampf 1935 ging mit dem inkorrekten 9. ... De8 weiter, und nach 10. Le2 b4 11. Sd5! hatte Weiß einen klaren positionellen Vorteil. Vielleicht hat diese Partie dazu beigetragen, daß diese Variante späterhin vernachlässigt wurde.) 10. Lc7: Lb7 11. e5?! (besser ist 11. Ld3 b4 12. Sa4 Le4: 13. Le4: Se4: 14. 0–0 Sc6 15. Tfe1 f5 16. d5 Sd4 17. Sd4: Ld4: 18. Lb6 mit ausgeglichenen Chancen) 11. ... Sd5 12. Sd5: (minderwertig ist 12. La5? wegen 12. ... Sf4! 13. 0–0–0 Sh3! mit einer beherrschenden Stellung von Schwarz in der Partie Balaschow – Barczay, Skopje 1970) 12. ... Ld5: 13. Le2 (ebenfalls unbefriedigend ist 13. Lb6 Sc6 14. Le2 Tab8 15. Lc5 Tfd8 16. 0–0 Lf3: 17. Lf3: Sd4: 18. Le7: [ebenfalls nicht gut ist 18. Ld4: Td4: 19. Tfe1 wegen 19. ... Td2!] 18. ... Sf3:+ 19. gf Td2 20. Ld6 Te8 21. Tfe1 Tb2: und nachdem Schwarz seinen Bauern zurückgewonnen hat stand er besser in der Partie Sahovic – Z. Nikolic, Jugoslawien 1985) 13. ... Tc8!. Jetzt muß Weiß zwischen zwei Übeln das geringere wählen: 14. La5 Sc6 15. Lc3 Tab8! 16. a3 a5, und 14. Lb8: Tab8: 15. Ld1 Td8! 16. 0–0 Lf3: 17. Lf3: Td4: 18. Tfe1 Td2 – aber gleichwohl wie er sich auch entscheidet, lassen doch beide Varianten Schwarz die wesentlich besseren Aussichten.
b) 8. a3. Auch dies erlaubt es Schwarz, die Initiative zu erlangen durch ein vorübergehendes Bauernopfer. 8. ... b5! 9. Dd3 c5! 10. dc Dc7 11. Le3 Td8 12. Dc2 Lb7 13. Le2 Sg4! 14. Sd1 (14. b4? Le4:) 14. ... Sd7 15. Tc1 Se3:

16. Se3: Da5+ 17. b4 Da3: 18. 0–0 Tac8! (stärker als 18. ... Db4: 19. c6 Tac8 20. Sd5 Dd6 21. c7 Te8 22. Tfd1 mit einem sehr komplizierten Spiel, Forintos – Ribli, Budapest 1969) 19. Tb1 a5! 20. Lb5: ab 21. c6 Lc6:! 22. Lc6: Sb8 und Schwarz wird seine Figur zurückgewinnen und einen Mehrbauern behalten, zum Beispiel 23. Sd5 Sc6: 24. Db3 Tb8 25. Tfc1 Db3: 26. Tb3: e6.

c) Es soll noch angemerkt werden, daß Weiß nach **8. e5** Sfd7 gezwungermaßen in die Hauptvariante überlenken muß mittels 9. Db3, da etwa 9. e6? fe 10. De6:+ Kh8 11. Sg5 Sc6 12. Sf7+ Tf7: 13. Df7: Sd4: zu einer schwarzen Gewinnstellung führt.

8.	...	b7–b5!
9.	Dc4–b3	c7–c5!
10.	d4×c5	Lc8–e6
11.	Db3–a3	

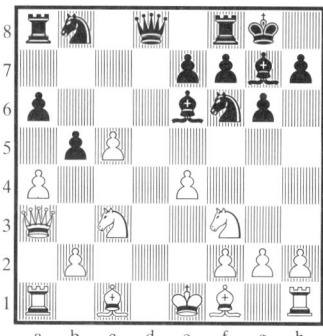

Auf 11. Dc2 empfehlen die Theoriewerke 11. ... b4 12. Sd1 b3 13. Dd3 Dc7 mit schwarzer Initiative. Stärker ist jedoch 11. ... Sc6!, zum Beispiel: 12. ab Sb4 und nun 13. Dd1 Dd1:+ 14. Kd1: Tfd8+ 15. Ld2 Sg4 was Weiß in eine unangenehme Lage bringt, oder 13. Da4 ab! 14. Da8: Sc2+ 15. Ke2 Lc4 matt.

| 11. | ... | b5–b4! |

Neuerlich ein Bauernopfer zur Beschleunigung der Entwicklung.

| 12. | Da3×b4 | Sb8–c6 |
| 13. | Db4–b7 | |

Weiß hat kein gutes Feld für seine Dame. In der Partie Portisch – Stanciu, Bukarest 1975, machte Weiß den Versuch, sie auf a3 zu verstecken. Die Partie ging folgendermaßen weiter: **13. Da3** Tb8 14. Le3 (in der Partie Riskow – Lukin, Leningrad 1969, bot Weiß ein Gegenopfer an, wobei er sein Vertrauen in die verbundenen Freibauern setzte: 14. Lb5 ab 15. ab Dd3! 16. Ld2 Se4 17. bc Sc3: 18. bc Lc4 19. Kd1 Tb3 und Weiß gab alsbald auf) 14. ... Tb3 15. Td1 Da5 16. Da1 Se4: 17. Sd2 Sc3: 18. Sb3: Lb3: 19. bc Lc3:+ 20. Ld2 La1: 21. La5: Ld1: 22. Kd1: Sa5: 23. La6: Ld4 24. Ke2 Ta8 25. Lb5 Lc5: und Weiß gab auf.

13. Db6 hilft ebenfalls nicht, denn nach 13. ... Dc8! 14. Lf4 Sd7 15. Dc7 Sb4! 16. Td1 Sc5: ist Weiß nicht in der Lage seine Entwicklung ohne materielle Einbußen zum Abschluß zu bringen.

| 13. | ... | Dd8–e8 |
| 14. | Sf3–g5 | |

Wenn Weiß versuchen sollte, den Zug ...Tb8 mittels 14. Lf4 zu verhindern, dann wird die Rettung der eingesperrten Dame nach 14. ... Ta7 15. Db6 Da8! sehr kostspielig. Er hat dann auch keine Zeit zur Vollendung seiner Entwicklung, denn nach 16. Td1 Sd7 17. Td7: Ld7: 18. Le2 folgt 18. ... Tb7 19. Da6: Lc3:+ 20. bc Tb1+ mit unmittelbarem Sieg für Schwarz.

| 14. | ... | Ta8–b8 |
| 15. | Db7–c7 | |

Es ist eine Verlockung noch einen weiteren Bauern zu nehmen. Nach 15. Da6: Sb4 16. De2 Lb3 steht Weiß zwar mit drei Mehrbauern da, aber trotzdem mit einer Verluststellung!!

15.	...	Sc6–b4
16.	Sg5×e6	f7×e6
17.	Ta1–b1	

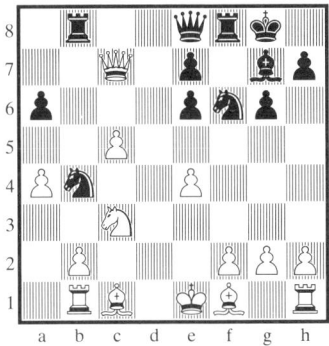

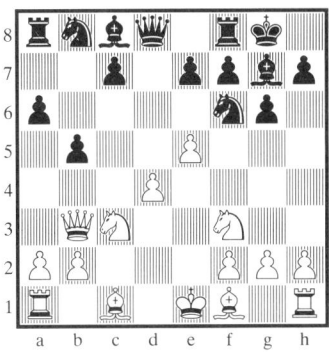

17.   **...**   **Sf6−g4!**

Die unterentwickelte weiße Streitmacht kann sich nicht mehr verteidigen.

18.	**Lf1−c4**	**Lg7×c3+**
19.	**b2×c3**	**Sb4−c2+**
20.	**Ke1−d1**	**Sc2−e3+**
21.	**f2×e3**	**De8×a4+**
0-1		

Auf 22. Tb3 sieht das schnellste Ende so aus: 22. ... Tbd8+ 23. Ke1 Dc4:.

Jetzt kommen zwei Partien, in denen Großmeister Portisch gegenüber 8. a4 und 8. Lf4 eine Verbesserung ins Spiel brachte.

Beide folgenden Partien sind entscheidende Etappen auf dem Wege der Fortentwicklung des Ungarischen Systems.

Partie Nr. 10
Weiß: Portisch − Schwarz: Adorjan
Budapest 1970

1.	**d2−d4**	**Sg8−f6**
2.	**c2−c4**	**g7−g6**
3.	**Sb1−c3**	**d7−d5**
4.	**Sg1−f3**	**Lf8−g7**
5.	**Dd1−b3**	**d5×c4**
6.	**Db3×c4**	**0−0**
7.	**e2−e4**	**a7−a6**
8.	**e4−e5**	**b7−b5**
9.	**Dc4−b3**	

Dies kann als eine der kritischen Stellungen des Ungarischen Systems angesehen werden (der achte und neunte Zug von Weiß sind austauschbar). Zum Zeitpunkt, als die Partie gespielt wurde, war nur der Zug 9. ... Sg4 theoretisch bekannt. Später wurde entdeckt, daß auch 9. ... Sfd7 gut spielbar ist, und in der Tat gibt diese Alternative dem Schwarzen gute taktische Chancen (man vergleiche dazu die Partien 11 und 12).

Der anscheinend gute Entwicklungszug 9. ... Le6? überläßt dem Weißen eine Gewinnstellung nach einem nicht sehr komplizierten Damenopfer: 10. ef6:! Lb3: 11. fg7: Kg7: 12. ab3: Sc6 13. Le3 Sb4 14. Tc1 Dd7 15. Le2, wonach die drei Leichtfiguren von Weiß sich als stärker erwiesen als die schwarze Dame In der Partie Bronstein − Poutalnen, Tallinn 1977.

9.	**...**	**Sf6−g4**
10.	**h2−h3!**	**Sg4−h6**
11.	**Lc1−f4**	**Lc8−b7?!**

Die nachträgliche Analyse zeigte, daß 11. ... c5! besser ist, zum Beispiel 12. dc Sc6 13. Le2 Le6 14. Dd1 Sf5 15. 0−0 Da5 mit überaus reichlicher Kompensation für den geopferten Bauern. Anstelle von 12. dc kam in einer Partie Ivkov − Sax, Osjek 1978 die weiße Fortsetzung 12. Td1! vor. Es folgte danach 12. ... cd 13. Sd4: Da5 14. Dd5 Ta7 15. Sb3 Dc7

16. Dd2 mit Remisvereinbarung. Nach
16. ... Sf5 17. Sd5 konnte sich Schwarz
verteidigen mittels 17. ... Dc6!. Eine
interessante Möglichkeit wäre dann
18. Le2 e6 19. Sf6+ Lf6: 20. Lf3 Dc4
21. ef Td7 22. Dc1 Td1:+ 23. Ld1: De4+
mit etwas Vorteil für Schwarz.

12. Lf1−e2

12. Td1 überläßt dem Schwarzen die
besseren Perspektiven: 12. ... Lf3:!
13. gf Sc6 14. Le3 Sf5.

12. ... Sh6−f5
13. Ta1−d1 Sb8−d7

An dieser Stelle wäre **13. ... Lf3:?** fehler-
haft gewesen wegen der Fortsetzung
14. Lf3: Sd4: 15. Td4: Dd4: 16. Le3, wo-
nach Weiß Figurengewinn zu verzeich-
nen hat.
Nach **13. ... Sc6?** 14. d5 Sa5 wäre
15. Db4? eine falsche Entscheidung
wegen 15. ... c6!. Korrekt ist 15. Da3! mit
dem besseren Spiel für Weiß.

14. 0−0

14. d5 würde stark beantwortet mit
14. ... Dc8!, und wir erachten 15. g4
(15. 0−0 c5 geht in die Textvariante
über) 15. ... Sh6 16. 0−0 e6! 17. de Sc5
18. ef+ Tf7: als günstig für Schwarz.
14. e6!?, was die Bauernstellung rund
um den König aufreißt, kompliziert die
Sache ganz wesentlich. Raschkowski −
Awerkin, Dubna 1976, ging weiter mit
14. ... fe 15. Sg5 Lg2: 16. Tg1 (Weiß ver-
meidet die Falle 16. Se6:? Dc8 17. Sf8:+
Kf8:, wonach Schwarz hinreichende
Kompensation für die geopferte Qualität
hat) 16. ... Lb7 17. De6:+ Kh8 18. Sh7:?!
Kh7: 19. Dg6:+ Kh8 20. Ld3, wonach
sich Schwarz mittels 20. ... De8 vertei-
digte. Gemäß einer aktuellen Analyse
von Lilienthal ist der weiße Angriff für ein
Remis gut. Aber nach unserer Meinung
kann Schwarz dem Angriff widerstehen
nach 21. Dg5 e6!. Mit seiner Mehrfigur
müßte er dann letztendlich gewinnen.

14. ... c7−c5!?

15. d4×c5

15. e6 kann beantwortet werden mit
15. ... cd!, und 16. ed dc 17. bc Db6!
18. Td3 (18. Td2 Tad8 19. Tfd1 Dc6 mit
der Drohung e5−e4) 18. ... Tad8 19. Tfd1
Le4 20. T3d2 Dc6 21. Le5 Sh4! läßt den
Nachziehenden in Vorteil.

15. ... Dd8−c8
16. c5−c6?!

Hier könnte Weiß die Initiative ergreifen
mittels 16. g4!. Hier zur Illustration:
16. ... Sc5: 17. Da3! Sh6 (17. ... Se6
18. Lh2 Lf3: 19. Lf3: Sfd4 20. Lg2 mit
aktiverem Spiel für Weiß) 18. Sd5 Ld5:
19. Td5: läßt Weiß mehr Raum und die
aktivere Stellung, Kozlow − Gonsior,
Olomouc 1970.

16. ... Lb7×c6
17. g2−g4! Sd7−c5
18. Db3−b4?

Weiß hätte besser daran getan, 18. Da3!
zu versuchen − man sehe die vorausge-
gangene Anmerkung.

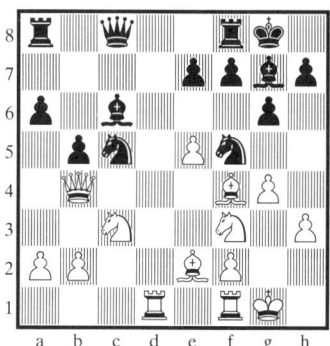

18. ... Sc5−e6

Der Höhepunkt der Partie ist hiermit er-
reicht und dies beruht insbesondere auf
dem exzellenten Zusammenspiel der
schwarzen Figuren.
Der Springer f5 kann jetzt nicht gut ge-
schlagen werden wegen 19. gf5: a5!
20. De7: Sf4:, was dem Nachziehenden
eine klare Gewinnstellung verschafft.

19.	Lf4–h2	a6–a5!
20.	Db4–b3	Lc6×f3
21.	Le2×f3	Sf5–d4
22.	Db3–d5	Ta8–b8!
23.	Lf3–g2	

23. Td4: würde stark beantwortet mit 23. ... Td8!.

23.	...	b5–b4
24.	Sc3–b1	

Erzwungen! Nach 24. Se4 Tb5 kann die Dame nur noch durch das Opfer des Springers gerettet werden. Die Nachteile, die mit 24. Sa4 verbunden wären, werden in der nachfolgenden Anmerkung noch erläutert.

24.	...	Sd4–e2+
25.	Kg1–h1	Se2–f4
26.	Dd5×a5	Sf4×g2
27.	Kh1×g2	Dc8–c2

Wenn Weiß früher Sa4 gespielt hätte, so könnte Schwarz jetzt 27. ... Dc6+ gefolgt von ...Ta8 spielen mit Gewinn des Springers.

28.	Da5–d5	

Nach 28. Td2 De4+ 29. f3 De3 sind die weißen Streitkräfte unkoordiniert und die Figuren durchweg schlecht postiert.

28.	...	Lg7–h6

Unter Zeitdruck hat es Schwarz nicht gewagt, den Bauernrückgewinn durch 28. ... Db2:! 29. Td2 Da1 wahrzunehmen, aber gerade diese Fortsetzung hätte ungeachtet der seltsam anmutenden Stellung der schwarzen Dame zu besseren Aussichten für Schwarz geführt.

29.	Dd5–b3	Se6–f4+
30.	Lh2×f4	Dc2×b3
31.	a2×b3	Lh6×f4
32.	e5–e6?!	

Ebenfalls unzureichend ist 32. Tfe1 wegen 32. ... Tfd8 33. Td8:+ Td8: 34. Te4 g5 35. Tb4: Le5: 36. Sc3 h6!, wonach Schwarz den Bauern b2 abholen wird und dann besser steht. Korrekt ist 32. Sd2! Le5: 33. Sc4 mit einer nur sehr geringfügigen schwarzen Überlegenheit.

32.	...	Tb8–d8?!

Ein Fehler wäre 32. ... fe?, da dann 33. Td7 Ld6 34. Sd2 zu weißem Vorteil führt. Anstelle des Textzuges ist es jedoch das Beste, den f8-Turm auf d8 aufzustellen, wie wir später feststellen werden.

33.	e6×f7+	Kg8×f7
34.	Kg2–f3	g6–g5
35.	h3–h4	h7–h6
36.	h4–h5	Kf7–f6
37.	Kf3–e2	Td8×d1?

Die letzte Gewinnchance war 37. ... Tc8! 38. Td4 Tfd8 39. Tb4: Tc2+ 40. Kf3 Tb2:, wonach der weiße König exponiert steht, und die schwarzen Figuren aktiver sind.

38.	Tf1×d1	Tf8–c8
39.	Sb1–d2	

Remis

Für den Gewinn unzureichend wäre 39. ... Tc2 40. Ke1 Tb2:, weil 41. Se4+ Ke5 42. Sc5 alles verteidigt. Ungeachtet des Remisergebnisses war dies in keiner Weise eine langweilige Partie.

Partie Nr. 11

**Weiß: Portisch – Schwarz: Adorjan
Amsterdam 1971**

1.	d2–d4	Sg8–f6
2.	c2–c4	g7–g6
3.	Sb1–c3	d7–d5
4.	Sg1–f3	Lf8–g7
5.	Dd1–b3	d5×c4
6.	Db3×c4	0–0
7.	e2–e4	a7–a6
8.	Dc4–b3	b7–b5
9.	e4–e5	Sf6–d7

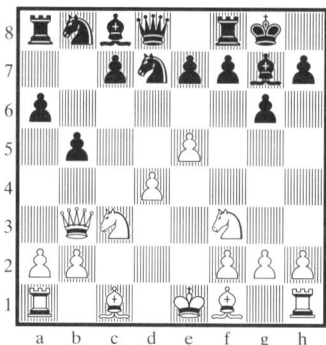

Im Geiste einer Neuerung vermeidet Schwarz den Zug 9. ... Sg4, welcher in der vorausgegangenen Partie gespielt wurde. Später wurde der neue Zug aus dieser Partie der populärste in der Spielpraxis der Schachmeister. Schwarz droht nun damit, das Zentrum aufzusprengen mittels c7-c5 und zudem die Kontrolle zu übernehmen über die wichtigen Felder d5 und c4 mittels Sd7-b6 gefolgt von Lc8-e6.

10. e5−e6?

Dieser Versuch, den schwarzen Plan sofort zu widerlegen, funktioniert nicht. Später, unter Zugrundelegung der Erfahrungen aus dieser Partie, wurde das weiße Spiel verbessert mittels **10. Le3**.

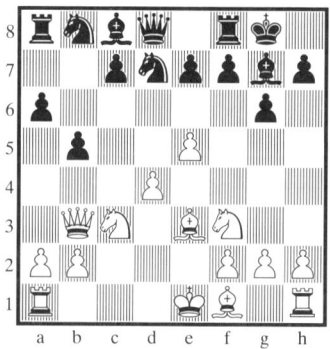

Jetzt besteht die beste Fortsetzung für Schwarz in der Möglichkeit 10. ... Sb6.

In der Partie Portisch – Ribli, Budapest 1971, wurde 10. ... c5 versucht. Es folgte dann: 11. e6 c4 12. ef7:+ Tf7: 13. Dd1 Sb6 14. a4! b4 15. Se4 a5 16. Se5 mit weißem Vorteil.

Nach 10. ... Sb6 hat Weiß die folgenden Alternativmöglichkeiten:

a) **11. a4?!** Le6 12. Dd1 c5! 13. ab cd 14. Dd4: ab 15. Ta8: Sa8: 16. Lb5: Sc7 17. La4 Sba6 18. Dh4 Db8! mit ausgezeichnetem Gegenspiel für Schwarz, Portisch – Vadasz, Budapest 1971.

b) **11. Td1** Lb7 12. a4 ba 13. Sa4: Ld5 14. Dc2 Sa4: 15. Da4: Dd7 mit ausgeglichenem Spiel (nach Botwinnik) oder 14. ... Sc6 mit guten Gegenchancen für Schwarz in der Partie Forintos – Tompa, Budapest 1972.

c) **11. Ld3** Le6 12. Dc2 Sc6 13. a3 Sa5 14. 0–0 f5 15. ef ef 16. Se4 mit Chancen für beide Seiten, Juferow – Lerner, UdSSR 1973.

Anstelle von 10. Le3 wurde für den Weißspieler noch ein weiterer hochinteressanter Plan entdeckt, der mit **10. h4!?** beginnt. Dieser Plan wird Gegenstand der Analyse in der nächsten Partie sein.

10. ... f7×e6
11. Db3×e6+

Auf 11. Sg5 ist die beste Fortsetzung von Schwarz 11. ... Sb6! 12. Se6: Le6: 13. De6:+ Kh8 14. Le3 Tf6 15. De4 Td6 16. Td1 Sc6 17. d5 e6! mit Bauerngewinn. Man sehe und staune! Das stolze weiße Bauernzentrum hat sich in Luft aufgelöst.

11. ... Kg8−h8
12. De6−e4

Auch hier kann sich die weiße Dame nicht heimisch fühlen, aber man kann ihr schwerlich empfehlen an ihrem bisherigen Platz auszuharren wegen 12. Sg5 De8 13. Sd5 Ta7 14. Dh3 Sf6 15. Dh4 h6!.

| 12. | ... | Sd7–b6 |
| 13. | Lf1–e2 | |

Damit gelangt die Entwicklung des Königsflügels zum Abschluß. Auch die nachfolgenden Alternativmöglichkeiten waren für Schwarz ebenfalls zufriedenstellend:

a) 13. Lg5? Lf5 14. Dh4 Sc6 15. 0–0–0 b4! gefolgt von ... Dd5 mit einer gewonnenen Stellung für Schwarz, oder

b) 13. Lf4 Sc6 14. 0–0–0 Lg4 15. d5 Lf3: 16. gf Sa5 17. Le5 Sac4 mit ausgeglichenen Chancen.

13.	...	Lc8–f5
14.	De4–h4	Sb8–c6
15.	Lc1–h6	

Das passivere 15. Le3 würde beantwortet mittels 15. ...e5!.

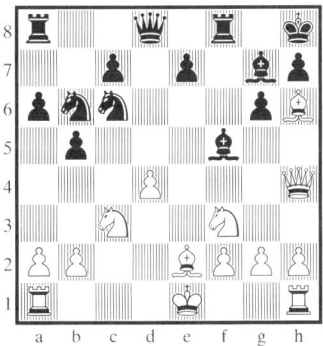

| 15. | ... | e7–e5! |
| 16. | Sf3–g5 | |

Abtausch entlastet die Lage des Weißen hier nicht, man sehe: 16. Dd8: Tad8: 17. Lg7:+ Kg7: 18. de Tfe8 19. 0–0 Se5: 20. Se5: Te5: mit einem entscheidenden Vorteil für Schwarz.

16.	...	Lg7×h6
17.	Dh4×h6	Dd8–e7
18.	d4×e5	Sc6–d4!
19.	Ta1–d1	

Es ist unmöglich jetzt 19. 0–0 zu spielen, da Schwarz nach 19. ... b4 bereits gewinnt. Andererseits folgt auf 19. 0–0–0

die Entgegnung 19. ... c5 20. The1 b4 mit Rückgewinn des Bauern bei besserer Stellung für Schwarz. Der Textzug seinerseits freilich enthält auch noch eine Falle: nach 19. ... Tad8?? 20. Td4:! Td4: 21. Sh7: müßte Schwarz das Handtuch werfen.

19.	...	c7–c5!
20.	Td1–d2	b5–b4!
21.	Sc3–d1	

Schwächer ist 21. Sce4 Le4: 22. Se4: De5: 23. f3 Sd5 24. 0–0 Sf4 25. Lc4 Tf5! 26. Dh4 Taf8 mit der Drohung 27. ... De4:!.

| 21. | ... | Sb6–d5 |
| 22. | Le2–c4 | Sd5–f4! |

23.   Sg5–f7+

Die vergleichsweise beste Möglichkeit, denn die nachfolgenden Alternativen führen zu schwarzer Überlegenheit:

a) 23. 0–0 Dg5:!! 24. Dg5: Sh3+! 25. gh Sf3+ 26. Kh1 Sg5: und Weiß ist ohne adäquate Verteidigung gegen die Doppeldrohung ...Lh3: und ...Le4+.

b) 23. Se3 Sg2:+!! 24. Sg2: Dg5: 25. Dg5: Sf3+ 26. Ke2 Sg5: 27. f4 Se6 28. Td6 Sd4+ 29. Ke3 Tad8 30. Td8: Td8: 31. Se1 Lg4 32. Ld3 e4 mit einer starken und wohlkoordinierten Stellung für Schwarz.

| 23. | ... | Tf8×f7 |
| 24. | Dh6×f4 | |

45

24. Lf7:? stand nicht zur Debatte angesichts von 24. ... Sg2:+ 25. Kf1 Df7: 26. Kg2: Le4+.

24.	...	Lf5−e6
25.	Df4−e4	Ta8−f8
26.	Sd1−e3	Tf7−f4
27.	De4−d3	

Erforderlich, um den Läufer auf c4 zu decken. Hoffnungslos für Weiß wäre 27. Db1 Lc4: 28. Sc4: Sf3+! 29. gf Tc4: gewesen.

27.	...	Le6×c4
28.	Se3×c4	De7−g5!
29.	Dd3−g3	

Der einzige Zug, der überhaupt noch einigen Widerstand ermöglicht.
29. f3 Sf3:+! 30. gf Dh4+ und 29. Se3 De5: 30. 0−0 Th4 31. h3 Th3:! hätte zu Matt geführt ebenso wie 29. Kf1 Tf2:+! 30. Tf2: nach 30. ... Dc1.

| 29. | ... | Tf4−g4 |
| 30. | Dg3−e3 | Tg4×g2? |

30. ... Df5! erzwingt den Damentausch mit zusätzlichem Tempogewinn und wäre daher sehr stark gewesen. Nach 31. Dd3 Dd3: 32. Td3: Tg2: 33. Tf1 Th2: hätte die Partie wohl nicht mehr bis zum 59. Zug gedauert.

31.	De3×g5	Tg2×g5
32.	Ke1−d1	Tg5−g2
33.	Th1−e1!	

Weiß versucht einen feinen Schwindel. Wenn Schwarz jetzt 33. ... Sf3 spielen würde, hätte er den Gewinn ausgelassen: 34. e6! Sd2: 35. e7 Te8 36. Sd6 Te7: 37. Te7: Sf3 (auf 37. ... Tf2:?? wäre es plötzlich Weiß, der gewinnt nach 38. Te2!) 38. Se4 Th2: 39. Ke2 Sd4+ 40. Kd3, wonach die Aktivität der weißen Figuren eine übergroße Kompensation für den materiellen Nachteil bietet.

33.	...	Kh8−g7
34.	Sc4−d6	Sd4−f3
35.	e5−e6	Sf3×e1
36.	e6−e7	Se1−f3
37.	e7×f8D+	Kg7×f8

| 38. | Td2−d3 | |

Schlecht wären die Züge 38. Tc2 und 38. Te2, wegen 38. ... Tg1+ 39. Ke2 (oder 39. Kc2) 39. ... Sd4+. Auf 38. Td5 kann der Bauer f2 genommen werden. Tatsächlich war dies auch in der Partie möglich, da 38. Td3 Tf2: 39. Se4 Tf1+ 40. Ke2 Sh2: 41. Th3 Tb1 42. Th2: Tb2:+ 43. Sd2 c4 Schwarz in einer Gewinnstellung beläßt. Aber in Zeitnot befindlich gibt Schwarz achtlos weitere Schachgebote:

38.	...	Tg2−g1+
39.	Kd1−e2	Sf3−d4+
40.	Ke2−d2	Tg1−b1
41.	Sd6−c4	Tb1−f1
42.	Kd2−e3	Kf8−e7
43.	Sc4−d2	Tf1−e1+
44.	Ke3−f4	Te1−e2
45.	Kf4−g3	

Auf 45. Te3+ gewinnt das Gegenschach 45. ... Se6+!.

45.	...	Ke7−d6
46.	Kg3−g2	Kd6−d5
47.	Kg2−f1	Te2−e7
48.	b2−b3	Kd5−c6
49.	Sd2−c4	Te7−e6!
50.	h2−h3	h7−h6
51.	Td3−d2	Kc6−d5
52.	Sc4−e3+	

Die Felder d3 und d1 waren für den Turm verbotene Gebiete aufgrund von 52. ... a5!

52.	...	Kd5−c6
53.	Se3−c4	Kc6−b5
54.	Sc4−b2	a6−a5
55.	Sb2−a4	Te6−e5
56.	Td2−d3	Te5−e4!
57.	Td3−e3	

57. Sb2 Te2 58. Td4: Tb2: ergibt einen einfachen Gewinn für Schwarz im Turmendspiel.

57.	...	Te4×e3
58.	f2×e3	Sd4×b3!
59.	a2×b3	c5−c4
0−1		

Partie Nr. 12
Weiß: Chandler – Schwarz: Popović
Vršac 1981
1. d2–d4 Sg8–f6
2. c2–c4 g7–g6
3. Sb1–c3 d7–d5
4. Sg1–f3 Lf8–g7
5. Dd1–b3 d5×c4
6. Db3×c4 0–0
7. e2–e4 a7–a6
8. Dc4–b3 b7–b5
9. e4–e5 Sf6–d7
10. h2–h4!?

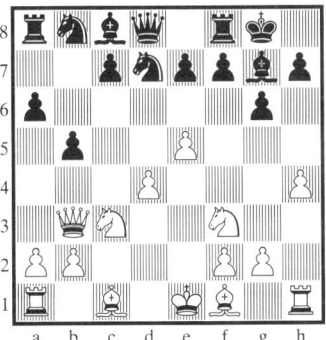

Weiß zielt darauf ab, einen direkten An-
griff gegen den schwarzen König zu ent-
wickeln mittels e5-e6 und h4-h5.
Schwarz hat jedoch adäquate Gegen-
chancen angesichts des noch unro-
chierten weißen Königs und der Mög-
lichkeit einer Zentrumsöffnung. In der
Konsequenz dessen steht ein beson-
ders scharfer Kampf zu erwarten.
10. ... Sd7–b6
Im Falle eines sofortigen 10. ... c5
könnte Weiß seine Absichten in die Tat
umsetzen: 11. e6! c4 (11. ... fe 12. h5
cd 13. hg Sf6 14. gh+ Sh7: 15. Dc2
Sf6 16. Se4, oder 11. ... cd 12. ef+ Kh8
13. h5! mit einem entscheidenden An-
griff gegen den geschwächten schwar-
zen König.) 12. Dd1! Sb6 (12. ... Sf6?
13. ef7:+ Kh8 14. Se5 Le6 15. Sg6:+

hg6: 16. h5 und Weiß gewinnt – Lputjan)
13. ef7:+ Tf7: 14. Le3 Lg4 15. h5! mit
Vorteil für Weiß in der Partie A. Petrosjan
– Malanjuk, Erewan 1984. Schwarz darf
den Bauern auf h5 nicht nehmen, zum
Beispiel: 15. ... Lh5: 16. Th5:! gh5:
17. Sg5 Tf5 18. Dh5! h6 19. Dg6 Tg5:
20. Lg5 hg5: 21. Se4 mit exzellenten
Gewinnaussichten für Weiß.
Aus diesem Grunde heraus scheint es
das beste zu sein, dem Gegner den Zug
e5-e6 unmöglich zu machen.
11. h4–h5 Sb8–c6
12. h5×g6?!
12. Le3 wäre der sicherere Weg. Danach
führt etwa 12. ... Sa5 13. Dc2 Sac4
14. hg6: hg6: 15. Lh6 Lh6: 16. Th6: Kg7
zu gleichen Chancen.

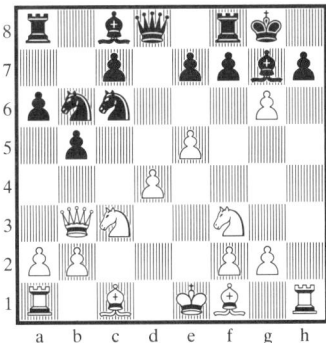

12. ... Sc6×d4!
Das schwarze Gegenspiel beruht auf
der Zerstörung des Zentrums, während
man den gegnerischen Sturmbauern
auf h7 dazu verwendet, den eigenen
König auf h8 sicherzustellen.
Natürlich war es auch möglich, anstelle
des Textzuges ruhig 12. ... hg6: zu spie-
len, wie es vergleichsweise in der vor-
ausgegangenen Anmerkung aufgezeigt
wurde.
13. g6×h7+
13 gf7:+ Tf7:! mit schwarzem Vorteil.
13. ... Kg8–h8

14.	Db3–d1	Sd4×f3+
15.	Dd1×f3	Dd8–d4
16.	Lf1–e2	

Gemäß einer Anmerkung des Internat. Meisters Cebalo in der ECO, hätte Weiß besser daran getan 16. Lh6! De5:+ 17. Le2 zu spielen gefolgt vom Abtausch der dunkelfeldrigen Läufer.

16.	...	b5–b4
17.	Sc3–d1	Dd4×e5
18.	Lc1–f4?	

Statt der Jagd nach dem c-Bauern war 18. Lh6 erforderlich.

18.	...	De5–e6
19.	Lf4×c7	Sb6–d5
20.	Lc7–g3	Lc8–b7

Jetzt wird der Angreifer seinerseits attackiert. Die schwarzen Figuren sind aktiver als die gegnerischen und durch sein Bauernopfer hat Schwarz die Herrschaft über das Spielgeschehen erlangt.

21.	Df3–b3	a6–a5
22.	a2–a4	Ta8–c8
23.	Th1–h2	f7–f5!
24.	Db3–d3	Tf8–d8
25.	Dd3–b5	Tc8–c2
26.	Db5–d3	Td8–c8
27.	Th2–h5	

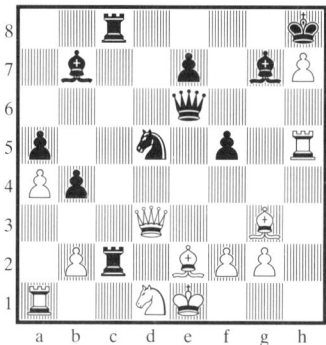

27.	...	Sd5–f6?

27. ... T8c6!! mit der Drohung ... La6 hätte schneller zum Sieg geführt, man

sehe: 28. Se3 La6 29. Dd5: Te2:+ 30. Kd1 Dd5:+ 31. Sd5: Te4! 32. Tf5: (auf 32. Sc7? Le2+ gewinnt Schwarz den Turm; 32. Se3 führt zu einem hübschen Mattbild nach 32. ... Lb2: 33. Tb1 Td4+ 34. Ke1 Lc3) 32. ... e6 33. Se7 Le2+ 34. Kd2 Lh6+ 35. Lf4 ef und die weiße Stellung ist hoffnungslos.

Natürlich hat Schwarz auch nach dem Textzug eine überwältigende Stellung.

28.	Th5–h4	Sf6–e4
29.	Lg3–f4	De6–f6
30.	Th4–h5	e7–e5
31.	Lf4–h2	Tc2–c7?

Auch hier gab es wieder einen stärkeren Zug! Die akkurate Fortsetzung war 31. ... Te2:+! 32. De2: La6 33. Tf5:! (33. Df3? verliert noch schneller nach 33. ... Dd6 34. De3 Dg6 35. Df3 Tc2 36. Th3 Dd6 37. De3 f4!) 33. ... Le2:! 34. Tf6: Ld1: 35. Ta6 Lc2! 36. Ta5: Sc5 37. Ta7 e4 mit einer für Schwarz gewonnenen Stellung.

32.	Sd1–e3	f5–f4
33.	Se3–d5	

Nicht 33. Sf5? wegen 33. ... Td8! 34. Dh3 Db6 35. Lg1 b3 und Weiß hat keine adäquate Verteidigung gegen 36. ... Db4+.

33.	...	Tc7–c1+
34.	Ta1×c1	Tc8×c1+
35.	Le2–d1	Df6–f7

Die bedrohten Figuren auf d5 und h5 können nicht beide gleichzeitig gedeckt werden. Praktisch ist die Partie damit entschieden.

36.	Sd5×f4	e5×f4
37.	Dd3–d8+	Lg7–f8
38.	Th5×a5	Se4–d6
39.	Dd8–g5	

39. Kd2 würde kraftvoll beantwortet mit 39. ... Tc8 gefolgt von 40. ... Sc4+.

39.	...	Sd6–c4
40.	Lh2×f4	Tc1×d1+
41.	Ke1×d1	Sc4×a5
0-1		

Partie Nr. 13
Weiß: Forintos – Schwarz: Sax
Ungarische Meisterschaft,
Budapest 1976

1.	d2–d4	Sg8–f6
2.	c2–c4	g7–g6
3.	Sb1–c3	d7–d5
4.	Sg1–f3	Lf8–g7
5.	Dd1–b3	d5×c4
6.	Db3×c4	0–0
7.	e2–e4	a7–a6
8.	Lf1–e2	

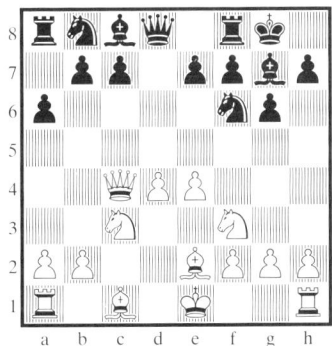

Nach den vorher erprobten Versuchen, entdeckte man für den Weißspieler diesen zuverlässigeren Zug.
Der Kampfplan sieht so aus: zunächst kein Zentrumsbauernvorstoß und keine vorzeitige Verwicklung in Gefechte, sondern zunächst Fortführung der Entwicklung und völlige Mobilisierung der eigenen Kräfte.

8.	...	b7–b5
9.	Dc4–b3	

Auf 9. Dd3 hieße die energischste schwarze Erwiderung 9. ... c5!. Wir wollen das kurz illustrieren: 10. dc5: Dc7 11. 0–0 (11. e5 Td8 überläßt Schwarz Tempogewinn) 11. ... Lb7 12. Td1 Sbd7 13. b4 Tfd8 14. Dc2 Se4: 15. Lb2 Sdc5:! 16. Td8:+ Td8: 17. Sb5:! ab5: 18. Lg7: Kg7: 19. Tc1 Df4 20. Db2+ (Weiß wird Matt nach 20. bc? Td2!! 21. Sd2: Df2:

22. Kh1 Sg3+) 20. ... Df6 21. Df6:+ Kf6: 22. bc b4 23. c6 Sc3! mit Vorteil für Schwarz, Androwitzky – Meleghegyi, Korrespondenzpartie 1971/72).

9.	...	Lc8–b7

Zur Fortsetzung 9. ... c5 vergleiche man die nächste Partie.

10.	e4–e5	Sf6–d5
11.	Sc3–e4?!	

Jetzt kann Schwarz die Partie in den Griff bekommen. Anstelle von 11. Se4?! gab es für Weiß verschiedene andere Möglichkeiten:
a) **11. 0–0** Sc3:! (11. ... Sb6 scheint nicht zufriedenstellend zu sein, wie sich in der Partie Sosonko – Romanischin, Lone Pine 1981 zeigte, als nach 12. Le3 e6 13. a4 ba 14. Sa4: Ld5 15. Dc3 die schwarzen Schwachen am Damenflügel verwundbar wurden) 12. bc (12. Dc3: Sd7! 13. a4 [in der Partie Petrosjan – Gulko, Vilna 1978 spielte Weiß 13. Lf4, wonach sich Schwarz anstelle von 13. ... Ld5 ausreichende Chancen gesichert hätte mittels 13. ... Sb6] 13. ... ba 14. Ta4: c5 15. dc Dc7 oder 15. ... Tc8 mit annähernd gleichen Chancen) 12. ... c5! 13. La3 cd! (die Partie Diez del Corral – Ribli, Montilla 1974, ging weiter mit 13. ... Ld5? 14. c4! bc 15. Lc4: Lc4: 16. Dc4: cd 17. Tad1 Sd7 18. Td4: mit Vorteil für Weiß) 14. cd Dd7 und die

49

schwarzen Chancen sind nicht schlechter. Er beabsichtigt die Entwicklung abzuschließen mittels ...Ld5 und ...Sc6.
b) **11. a4** ist für Schwarz nicht gefährlich, da die Komplikationen nach 11. ... c5! im allgemeinen zu Gunsten des Nachziehenden ausfallen. Zum Beispiel:
b1) **12. dc** Sd7! 13. ab Sc5: 14. Dd1 ab 15. Ta8: Da8: 16. Sd5: Ld5: 17. 0–0 Db7, oder
b2) **12. dc** Sc3: 13. bc (13. ba? ist ein Fehler wegen 13. ... Se2:! 14. Db7: Ta6: 15. Ta6: Sc1: 16. Ta3 cd 17. Kd1 Lh6 18. Sd2 Dc8) 13. ... cd 14. cd (14. ba Lf3:!) 14. ... ab 15. Ta8: La8: 16. Db5: Lf3: 17. Lf3: Dd4: 18. Lb2 Dd7 19. De2 Sc6 20. 0–0 Sd4 mit etwa gleichen Chancen.
c) **11. Ld2** wird vorgeschlagen von Smyslow in der ECO. Hier der Weg zum Ausgleich: 11. ... Sc3:! 12. Lc3: Ld5.

| 11. | ... | **Sd5–b6!** |

Ein charakteristischer Plan in diesem System: Schwarz kontrolliert nicht nur das Feld d5 sondern auch c4. Diese Idee beruht zudem auf der Erkenntnis, daß 12. Sc5 harmlos ist wegen 12. ... Ld5 13. Dc2 S8d7.

12.	**Db3–c2**	**Lb7–d5**
13.	**0–0**	**Sb8–c6**
14.	**Lc1–e3**	**f7–f5!**
15.	**e5×f6 e.p.**	

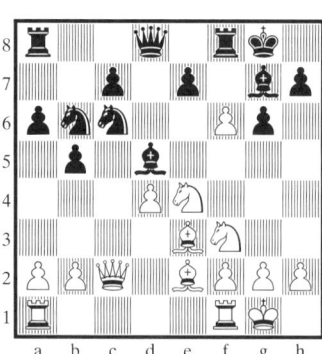

Erzwungen aufgrund der Drohung f5–f4.

| 15. | ... | **e7×f6** |
| 16. | **Se4–c3** | |

Weiß gesteht damit ein, daß das beabsichtigte Se4–c5 nichts einbrächte.

16.	...	**Sc6–b4**
17.	**Dc2–d2**	**Sb6–c4**
18.	**Le2×c4**	**Ld5×c4**
19.	**Tf1–c1**	

Wie sich später herausstellen wird, hätte Weiß besser daran getan, an dieser Stelle den f-Turm nach e1 zu spielen.

19.	...	**Sb4–d5**
20.	**Le3–h6**	**Lg7×h6**
21.	**Dd2×h6**	**Tf8–e8**
22.	**Sf3–d2**	**Sd5×c3!**
23.	**b2×c3**	**Lc4–d5**
24.	**h2–h4**	

Angesichts der Schwächen der Stellungsstruktur steht Weiß schlechter. Es ist nicht einfach, für ihn einen brauchbaren Plan vorzuschlagen. Vielleicht sollte er es mit dem Manöver Sf1–e3 versuchen.

24.	...	**Dd8–d7**
25.	**Dh6–f4**	**Dd7–d6**
26.	**Df4×d6**	**c7×d6**
27.	**Kg1–f1**	**Ta8–b8**
28.	**a2–a3**	**Te8–c8**
29.	**f2–f3**	**Tb8–b7**
30.	**Kf1–e2**	**Tb7–e7+**
31.	**Ke2–d3**	

31. Kf2 Tec7 32. Sb1 Le6 33. g4 g5 führt auch zu einem beträchtlichen Vorteil für Schwarz.

31.	...	**Tc8–e8**
32.	**Kd3–c2**	**Te7–e2**
33.	**Tc1–g1**	**a6–a5**
34.	**Ta1–b1**	**Ld5–c4**
35.	**Kc2–d1**	**Lc4–d3**
36.	**Tb1–b2**	

Schritt für Schritt wird Weiß zur Passivität gezwungen; es gibt keine Zusammenarbeit zwischen den weißen Figuren.

| 36. | ... | **d6–d5!** |
| 37. | **Tb2–a2** | **Te2–f2** |

38.	a3–a4	b5×a4
39.	Tg1–e1	

Schwarz hätte hübsch gewinnen können nach 39. Ta4: mittels 39. ... Tee2 40. Ta2 Lc4 41. Tb2 a4 42. Sc4: Tb2: 43. Sb2: a3! 44. Kc1 a2 mit einer wieder auferstehenden Dame.

39.	...	Te8×e1+
40.	Kd1×e1	Tf2–e2+
41.	Ke1–d1	Te2×g2
42.	Kd1–e1	

Nach 42. Kc1 Tg1+ 43. Kb2 Td1 44. Ka3 Lb5 gehen Weiß die Züge aus. Anstatt die Partie noch weiter fortzusetzen, hätte Weiß an dieser Stelle bereits gut und gerne aufgeben können.

42.	...	Tg2–e2+
43.	Ke1–d1	Te2–h2
44.	Kd1–e1	Ld3–b5
45.	Ta2–b2	Th2–h1+
46.	Ke1–f2	a4–a3
47.	Tb2–a2	Th1–h2+
48.	Kf2–e1	Th2×h4
49.	Ta2×a3	a5–a4
50.	Ta3–a2	Th4–h1+
51.	Ke1–f2	Th1–h2+
52.	Kf2–g3	Th2–e2
53.	Ta2–b2	Lb5–d3

0-1

Partie Nr. 14
Weiß: Sosonko – Schwarz: Mecking
Wijk aan Zee 1978

1.	d2–d4	Sg8–f6
2.	c2–c4	g7–g6
3.	Sb1–c3	d7–d5
4.	Sg1–f3	Lf8–g7
5.	Dd1–b3	d5×c4
6.	Db3×c4	0–0
7.	e2–e4	a7–a6
8.	Lf1–e2	b7–b5
9.	Dc4–b3	

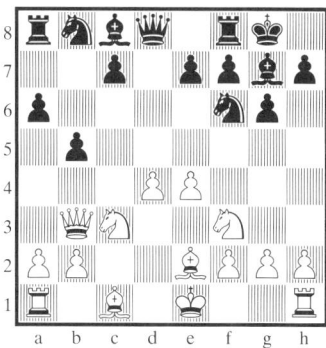

9.	...	c7–c5

Durch ein vorübergehendes Bauernopfer sprengt Schwarz die Mitte auf.

10.	d4×c5	Sb8–d7

Die schwarze Absicht nach dem Textzug ist 11. c6? Sc5 12. Dc2 b4 mit dem aktiveren Spiel.
10. ... Lb7 ist unzureichend: 11. e5! Sfd7 12. Le3 gibt Weiß die überlegenen Aussichten (Suetin). Anstelle dessen verlief die Partie Sosonko – Sax, Vinkovci 1976 weiter mit 11. 0–0? Se4: 12. Td1 Sc3:! 13. bc3: (13. Td8:? Se2:+ 14. Kf1 Td8: 15. Ke2: Ld5 16. De3 Lc4+ 17. Ke1 Sc6 18. Ld2 Lb2: 19. Tb1 Lf6 mit mehr als ausreichender Kompensation für die Dame) 13. ... Dc7 14. Le3 Sd7 15. Db4 Tac8 16. a4 Sc5: 17. ab ab 18. Lb5: Lf3: 19. gf Se6 20. Ta7, wonach 20. ... De5! den Nachziehenden in einer besseren Stellung beläßt.

11.	e4–c5!	Sd7×c5
12.	Db3–b4	Sf6–d7
13.	0–0	a6–a5

In der Partie Ree – Mecking aus demselben Turnier versuchte der Brasilianische Großmeister, eine Verbesserung anzuwenden: 13. ... Lb7. Das Spiel ging weiter: 14. Td1 a5 15. Dh4 (15. Db5: ist ein Fehler, da Schwarz nicht gezwungen ist, mit der Zugwiederholung ... La6/Lb7 zufrieden zu sein, sondern anstelle dessen auf Vorteil ausgehen kann: 15. ...La6

16. Dc6 Le2: 17. Se2: Se5:! 18. Td8: Sc6: 19. Ta8: Ta8: mit einem aktiveren Spiel für Schwarz) 15. ... e6 16. Lg5 Db8 17. Le7 b4! 18. Ld6 Dd8 19. Le7 Db8 20. Ld6 Dd8 21. Le7 Remis.

14. Db4–h4

14. Db5:? wäre erneut ein Fehler wegen 14. ... La6 15. Dc6 Tc8! 16. Dd5 Le2: 17. Se2: Se5:!.

14. ... Lc8–b7

Das Schlagen des Bauern würde sich als Fehler erweisen, zum Beispiel: 14. ... Se5:? 15. Td1 De8 16. Se5: Le5: 17. Lh6! Lf6 18. Dg3 b4 19. Sd5 und Weiß gewinnt zumindest die Qualität, oder 15. ... Sed7 16. Lb5: Lb7 17. Le3! mit einer dominierenden Stellung für den Anziehenden.

15. Lc1–g5

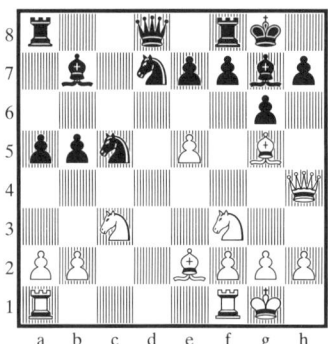

15. ... Dd8–b6

Damit gibt Schwarz einen Bauern her, um aktives Spiel zu erlangen. Nach 15. ... f6 16. ef ef 17. Le3 gäbe es im schwarzen Lager allzuviele Schwächen.

16.	Lg5×e7	Tf8–e8
17.	Le2×b5	Lb7×f3
18.	Le7×c5	Db6×c5
19.	Lb5×d7	Te8–e7
20.	g2×f3	

Nach 20. La4? Lb7 kann Weiß mit einem Mehrbauern aus dem Geschehen hervorgehen, aber dies wird nicht von besonderem Nutzen sein angesichts der großen Aktivität der schwarzen Läufer.

20.	...	Te7×d7
21.	f3–f4	Dc5–b4

21. ... Td4? ist schwächer angesichts von 22. Tfe1 Le5: 23. Se4!.

22.	Ta1–d1!	Ta8–d8
23.	Dh4×d8+	Td7×d8
24.	Td1×d8+	Lg7–f8
25.	Sc3–d5	Db4×b2
26.	Tf1–e1	

Schwarz hält das Gleichgewicht aufrecht sowohl nach 26. f5 De5: 27. f6 h5 28. Se7+ Kh7 29. Tf8: Df6: 30. Te1 h4! als auch nach 26. Td7 De2! 27. Sf6+ Kg7 28. Tc1 Da2:.

26.	...	Kg8–g7
27.	Te1–e3	Lf8–c5
28.	Te3–f3	Db2–e2
29.	Kg1–g2	Lc5×f2

Remis

Auf 30. Tf2: folgt 30. ... Dg4+ nebst 31. ... Dd1+ etc. mit Dauerschach.

Partie Nr. 15
Weiß: Baragar – Schwarz: Waganjan
Studenten-Olympiade 1977

1.	d2–d4	Sg8–f6
2.	c2–c4	g7–g6
3.	Sb1–c3	d7–d5
4.	Sg1–f3	Lf8–g7
5.	Dd1–b3	d5×c4
6.	Db3×c4	0–0
7.	e2–e4	a7–a6
8.	Dc4–b3	

Wie bereits zuvor erwähnt, kann Weiß anstelle von 8. e5 oder 8. Le2 zunächst 8. Db3 spielen, wonach er ebenfalls in Varianten überleitet, die normalerweise nach 8. Le2 oder 8. e5 entstehen. Aber nach 8. Db3 hat Schwarz noch eine andere Möglichkeit zur Verfügung.

8.	...	c7–c5!?

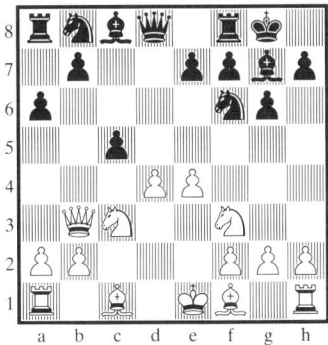

Dies steht in Übereinstimmung mit der Grundidee der Grünfeld-Verteidigung. Schwarz zerschlägt das gegnerische Bauernzentrum mittels eines vorübergehenden Bauernopfers.

9. d4×c5 Sb8–d7
10. c5–c6

Andere Möglichkeiten, die Erwähnung verdienen, sind:

a) **10. Da3** Dc7 11. Le3 Sg4 12. Lg5 Sgf6 13. Tc1 Dc5: 14. Dc5: Sc5: 15. e5 Sfe4 16. Le7: Te8 17. Sd5 (17. Se4: Se4: 18. Lb4 Lg4!) 17. ... Le6 18. Sc7 Te7: 19. Sa8: Lh6 20. Td1 Sa4 21. Td8+ Kg7 22. Ld3 Sec5 mit hinreichender Kompensation für das verlorene Material in der Partie Tukmakow – Zeitlin, UdSSR 1979.

b) **10. Db4** Dc7 11. Sa4 (11. Le3?! Sg4 12. Lg5 a5! 13. Da3 Lc3:! 14. Dc3: Sc5: mit Vorteil für Schwarz in der Partie Lputjan – Zeitlin, UdSSR-Meisterschaft 1982. Jetzt darf Weiß nicht 15. h3? spielen wegen 15. ... Sf2:!) 11. ... a5! 12. Dc4 Tb8! mit gutem Gegenspiel (Lputjan).

10. ... b7×c6
11. Lf1–e2 Dd8–c7
12. 0–0 Ta8–b8

Weiß hoffte, daß der c-Bauer schwach sein und ein statisches Angriffsziel darstellen würde. Aber diese Nachteile des schwarzen c-Bauern werden durch das aktive Figurenspiel mehr als wettgemacht.

13. Db3–c2 c6–c5
14. Sf3–d2 Sd7–b6
15. h2–h3

Weiß muß nun einen Tempoverlust in Kauf nehmen, denn nach 15. Sc4 Sc4: 16. Lc4: Sg4 17. g3 De5! würde Schwarz besser stehen wegen der Schwäche des weißen Königsflügels. Nun folgt ein langer Manövrierkampf.

15. ... c5–c4!
16. Tf1–d1 Lc8–b7
17. Sd2–f1 Sf6–d7
18. Lc1–e3 e7–e6
19. Le3–d4 Sd7–e5
20. Td1–d2 Lb7–a8
21. Ta1–d1 Tf8–c8
22. Ld4–e3 Se5–c6
23. Le3–c5 Lg7–f8

Nach vollzogenem Läufertausch wird Schwarz die Herrschaft über die wichtigen dunklen Felder erringen.

24. Lc5×f8 Kg8×f8
25. Dc2–c1 Kf8–g7
26. Sf1–h2 Sc6–e5
27. Sh2–g4 Se5×g4
28. Le2×g4 Dc7–e5
29. Lg4–f3 La8–c6
30. Td2–d4 Sb6–a4!
31. Sc3×a4!

31. T1d2? Sb2:!.

31. ... Lc6×a4
32. Td1–d2

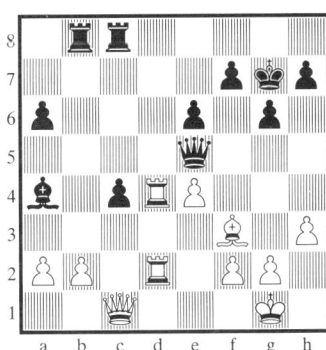

Alles scheint in der Diagrammstellung gut gedeckt zu sein, aber durch ein phantasievolles vorübergehendes Turmopfer kann Schwarz einen Bauerngewinn erzielen.

32.	...	Tb8×b2!
33.	Dc1×b2	c4−c3
34.	Db2−c1	c3×d2
35.	Dc1×d2	Tc8−c2
36.	Dd2−e3	Tc2×a2

Schwarz behandelt die technische Phase der Partie ausgezeichnet.

37.	g2−g3	La4−b5
38.	Td4−d1	a6−a5
39.	De3−b3	Ta2−b2
40.	Db3−a3	De5−f6
41.	e4−e5?	

Weiß möchte seinen e-Bauern gerne im Tausch gegen den schwarzen a-Bauern geben, aber er übersieht die im Gegenzug möglich werdende schwarze Kombination. Natürlich war die Lage von Weiß bereits hoffnungslos, denn sowohl 41. Te1 Dd4 als auch 41. Kg2 a4 42. Dc5 überläßt dem Nachziehenden eine Gewinnstellung. Die beste Chance von Weiß wäre noch 41. De3, obgleich man

auch damit die klare Angelegenheit nicht in Zweifel ziehen könnte.

41.	...	Df6×e5
42.	Da3×a5	

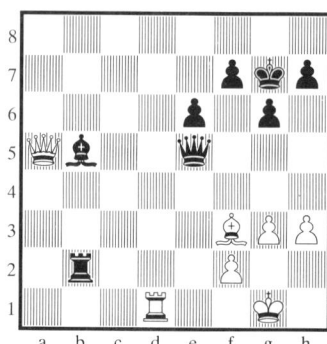

42.	...	Tb2×f2!!
43.	Kg1×f2	De5−c5+
44.	Td1−d4	

44. Kg2 Lf1+ gewinnt die Dame.

44.	...	Dc5×d4+
45.	Kf2−g2	Lb5−c4
46.	Da5−e1	Lc4−d5
47.	g3−g4	h7−h5

0−1

3 Systeme mit Lf4

Weiß ist freilich nicht dazu gezwungen, das Zentrum mit Bauern zu besetzen. Nach den Standardzügen der Grünfeld-Verteidigung:

1.	d2–d4	Sg8–f6
2.	c2–c4	g7–g6
3.	Sb1–c3	d7–d5

kann er natürlich auch mit

| 4. | Lc1–f4 |

fortsetzen.

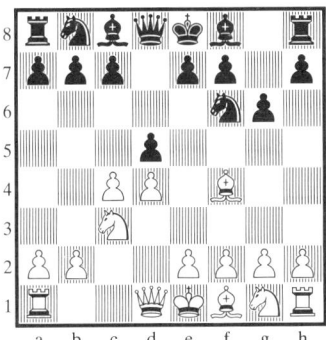

Neben dem Streben nach schneller Entwicklung geht noch eine andere Absicht mit diesem Zug einher. Nach Verstärkung des Zentrums oder sogar unmittelbar will Weiß Tc1 spielen, um c7–c5 zu verhindern und um zudem Druck auf der c-Linie auszuüben.
Auf die natürliche Fortsetzung **4. ... Lg7** hat dann Weiß zwei grundsätzliche Pläne:
Der eine besteht in der Sicherung des Zentrums mittels **5. e3**. wonach die häufigste schwarze Antwort in **5. ... 0–0** besteht.

Weiß kann nun aus vier möglichen Zügen auswählen:
a) **6. cd** Sd5: 7. Sd5: Dd5: 8. Lc7: mit einem Mehrbauern.
b) **6. Sf3** c5 7. dc Se4!.
c) **6. Db3** c5 7. dc Se4!.
d) **6. Tc1** c5 7. dc Le6.
Wir wollen den Zug **5. ... c5!?** (anstelle von 5. ... 0–0) analysieren, weil dieser in jüngster Zeit zunehmend an Popularität gewonnen hat. Mit diesem Zug vermeidet Schwarz die obigen Varianten a), b) und c) und schränkt die weißen Möglichkeiten deutlich ein. Freilich kann nach 6. Sf3 0–0 die Variante b) dennoch entstehen (durch eine andere Zugfolge). Diese Fortsetzung soll betachtet werden in den Partien Ribli – Timman und Junejew – Polovodin.
Konsequenterweise ist nach 5. ... c5?! die Entgegnung 6. dc von eigenständiger Bedeutung. Diese Fortsetzung wird in den Partien Böhm – Timman, Petrosjan – Fischer und Schmidt – Gross untersucht werden.
Die andere weiße Möglichkeit besteht darin, den Zug e2–e3 zurückzustellen und sofort 5. Sf3 zu ziehen. In diesem Falle ist der Läufer f4 nicht durch einen Bauern (auf e3) vom Damenflügel abgeschnitten, und dieser Faktor erweist sich mitunter als für Weiß vorteilhaft (man vergleiche dazu die Partien Feuerstein – Simagin und Andersson – Sax).
In den Systemen mit Lf4 kann Weiß ein schwarzes Gegenspiel mittels c7–c5 nicht verhindern. Der Abtausch von Zentralbauern öffnet die Stellung, und das Spiel wird verschärft.

Das System mit Lf4 wurde oft von den Weltmeistern Capablanca und Petrosjan gespielt, während Botwinnik Pionierarbeit in der Untersuchung der schwarzen Verteidigungsressourcen leistete. Das schwarze Spiel wurde beträchtlich bereichert auch von zeitgenössischen Großmeistern, insbesondere Timman, Zeschkowski, Tukmakow, und den Ungarn Ribli, Adorjan und Sax.

Partie Nr. 16
Weiß: Böhm – Schwarz: Timman
Meisterschaft der Niederlande 1983

1.	d2–d4	Sg8–f6
2.	c2–c4	g7–g6
3.	Sb1–c3	d7–d5
4.	Lc1–f4	Lf8–g7
5.	e2–e3	

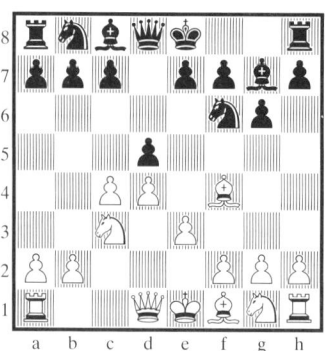

| 5. | ... | c7–c5!? |

Dereinst galt 5. ... 0–0 als die einzige gute Erwiderung für Schwarz. Die Idee davon ist es, den König wegzuführen aus der Gefahr und ihn in Sicherheit zu wissen, bevor man das Zentrum öffnet. Später gelang es den Analytikern für Schwarz hinreichendes Gegenspiel zu entdecken, so daß die Auswahl an Möglichkeiten für Weiß bedeutend eingegrenzt wurde.

| 6. | d4×c5 | |

Dies ist die einzige Fortsetzung von selbständiger Bedeutung. Nach 6. Sf3 0–0 würde das Spiel in die Variante b), die oben bereits in der Einleitung des Kapitels Erwähnung fand, übergehen.

| 6. | ... | Dd8–a5 |
| 7. | Dd1–a4+ | |

Hier hat Weiß die folgenden Alternativmöglichkeiten:

a) Bauernraub mittels **7. cd5:?** ist kaum zu empfehlen, denn Schwarz kann erwidern mit 7. ... Sd5:! 8. Dd5: Lc3:+ 9. bc3: Dc3:+ 10. Ke2 Da1: 11. Le5 Db1! (Schwarz kann auch 11. ... Dc1 12. Lh8: Le6 13. Db7: Dc2+ 14. Kf3 Df5+ mit Dauerschach spielen) 12. Lh8: Le6 13. Dd2 Da2:+ mit einem gewinnbringenden Angriff. Nach einer Analyse von Euwe ist nach 14. Kf3 f6 15. Lg7 Sc6 16. Kg3 Td8 17. De2 (auf 17. De4 ist Botwinniks Zug 17. ... Td2! entscheidend; jedoch wäre 17. ... Se5 ein Fehler, wie sich zeigte in der Partie Gheorghiu Barry, USA 1974, als nach 18. h3 Td2 19. Db7: Angreifer und Verteidiger plötzlich die Rollen tauschten) 17. ... Db1 18. h4 Td1 19. Sf3 a5, oder 14. Ke1 f6 15. Lg7 Sc6 16. Sf3 Td8 17. Sd4 Lf5 18. Db5 Td7! 19. Le2 (19. Sf5: Da1+ 20. Ke2 Dd1 matt) 19. ... Da1+ 20. Ld1 Sd4: 21. ed Dd4: den schwarzen Drohungen nichts mehr entgegenzusetzen.

b) **7. Db3** verdient Beachtung. (vgl. Dia)

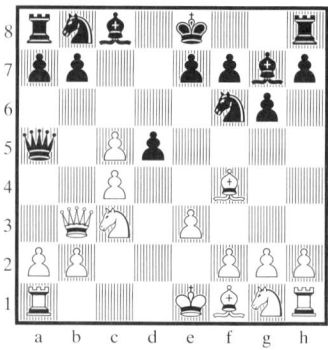

b1) **7. ... 0–0?** 8. Db5 Db5: 9. cb5: fällt zugunsten von Weiß aus.

b2) Schwarz kann spielen **7. ... dc4:** 8. Lc4: 0–0 9. Sf3 Se4! mit gleichen Chancen.

b3) A. Mikailtschischin überraschte den früheren Weltmeister Michail Tal mit einem neuen und interessanten Zug in einer Partie Lwow 1984: **7. ... Sc6!?**. Die Partie ging weiter mit 8. Db5 (8. cd? kann einfach beantwortet werden mit 8. ... Sd5:!) 8. ... Le6! 9. Td1 dc (beachtenswert ist 9. ... 0–0–0!? 10. Da5: Sa5: 11. Sb5 Sc6 12. Sf3 dc mit einer komplizierten Stellung – Mikailtschischin) 10. Db7:?!, wonach nach Mikailtschischin 10. ... 0–0! (anstelle von 10. ... Tc8?) 11. Dc6: Sd5! dem Nachziehenden die Gelegenheit gegeben hätte, Vorteil zu erreichen.

b4) Botwinnik und Estrin machen aufmerksam auf **7. ... Se4!?** 8. Db5+ Db5: 9. Sb5: Sa6, was aber in der Praxis noch keiner Erprobung unterzogen wurde.

c) Der gebräuchlichste Zug lautet **7. Tc1.** Er wird in den beiden nächsten Partien Gegenstand unserer Betrachtung sein.

7. ... Da5×a4
8. Sc3×a4 Sf6–e4!

Früher hatte dieser Zug einen schlechten Ruf, welcher von einer Partie Böhm – Schmidt, Polanica Zdroj 1980 herrührte, wo nach 9. f3 Ld7 10. fe La4: 11. Lb8:! Tb8:? 12. ed Lb2: 13. Tb1 Lc3+ 14. Kf2 0–0 15. Se2 La5 16. Sf4 Tfc8 17. Sd3 Lc2 18. Tb5! Weiß mit einem klaren Vorteil aus dem Eröffnungskampf hervorging. Die Theorie betrachtete 8. ... Sa6 als qualitativ höherwertig im Vergleich zum Textzug, z.B. 9. cd Sd5: 10. Lb5+ Ld7 11. c6 mit einem ausgeglichenen Spiel in der Partie Petrosjan – Bronstein, Moskau 1971. Nichtsdestotrotz hat Timman augenscheinlich gute Gründe für die Anwendung des Zuges 8. ... Se4. Dies wird sich bereits bald herausstellen.

9. Lf4×b8 Lc8–d7!
10. f2–f3 Ld7×a4
11. f3×e4

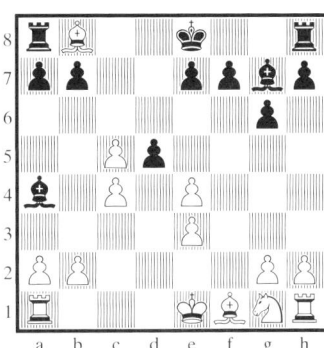

11. ... d5×c4!!

Darin besteht also die Idee! Die Annahme des Figurenopfers ist nunmehr erzwungen, denn nach 12. Lc4:? Tb8: 13. Tb1 Lc2 hätte Schwarz bereits eine strategische Gewinnstellung.

12. Lb8–c7!

Weiß verliert nicht den Kopf. Er findet die beste Fortsetzung. Die alternative Fortsetzung 12. Lg3? Lb2: 13. Tb1 c3 14. Ld3 0–0–0 15. Ke2 Td3:! 16. Kd3: Td8+ 17. Kc4 (falls 17. Ke2? gewinnt Schwarz eine Figur mittels 17. ... Td2:+! 18. Kf3 c2 19. Se2 cbD 20. Tb1: Ld1) 17. ... c2 18. Se2 cbD 19. Tb1: Td2 führt zu einer für Schwarz zu bevorzugenden Stellung.

12. ... Ta8–c8
13. Lc7–g3 Lg7×b2
14. Ta1–b1 c4–c3
15. Lf1–d3 Tc8×c5

Dies zeigt die Pointe des 12. Zuges von Weiß. Nach 15. ... Td8 16. Ke2 Td3: 17. Kd3: gibt es nicht die Möglichkeit zu 17. ... Td8+, deshalb wäre Schwarz gezwungen 17. ... Lb5+ 18. Kc2 La4+ mit Dauerschach zu spielen.

16.	Sg1–e2	c3–c2
17.	Tb1×b2	

17. Tc1? kann sehr gut beantwortet werden durch 17. ... 0–0 mit der Drohung 18. ... Td8.

17.	...	c2–c1D+
18.	Se2×c1	Tc5×c1+
19.	Ke1–f2	Tc1×h1
20.	Tb2×b7	0–0
21.	Tb7×e7	

Die andere Möglichkeit für Weiß wäre 21. Ta7:, wonach nach 21. ... Td8! 22. Lc4 Td2+ 23. Kf3 Ld1+ 24. Kf4 Kf8 Schwarz aber die besseren Chancen hätte. Eine interessante Variante: 25. Ta8+ Kg7 26. Ta7 Le2! 27. Ld5 e6! und der Bauer kann nicht genommen werden wegen 28. ... Kf6, wonach der Läufer hängt und Schwarz mit 29. ... g5 Matt droht.
Eine Verbesserung für Weiß in dieser Variante ist 22. Le5! Le8! 23. Lc4 Kf8, wonach die Lage nicht mehr so klar ist. Weiß hat das Läuferpaar und einen freien a-Bauern für die Qualität.

21.	...	Th1–d1
22.	Te7×a7	

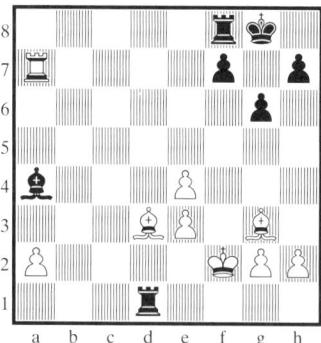

22.	...	Td1–d2+!

Schwarz gewinnt ein bedeutungsvolles Tempo, indem er den gegnerischen König zurücktreibt, da nun das fehlerhafte 23. Kf3? aufgrund der Entgegnung 23. ... Ld1+ eine Figur verlieren würde.

23.	Kf2–e1	Td2×d3
24.	Ta7×a4	Tf8–c8

Nach 24. ... Te3:+? 25. Kd2 hätte sich der Turm verlaufen.

25.	Ke1–e2	Td3–d8
26.	a2–a3	Tc8–a8
27.	Ta4×a8	Td8×a8
28.	Lg3–d6	f7–f6!

28. ... Kg7 kann gut beantwortet werden mit 29. e5!, wonach Schwarz keinen Gewinnweg hat. Jetzt aber hätte Schwarz auf die Entgegnung 29. e5? das sehr kraftvolle 29. ... Ta6!.

29.	Ld6–b4	Kg8–f7
30.	Ke2–d3	Kf7–e6
31.	h2–h3	h7–h5
32.	Kd3–e2	

Mit der Zielrichtung f3, um die Bauern am Königsflügel zu verteidigen.

32.	...	Ta8–c8
33.	Ke2–f3	Tc8–c4
34.	Lb4–e1	g6–g5
35.	Le1–a5	Ke6–e5
36.	La5–e1?	

Weiß hätte seine Stellung intakt halten können mittels 36. Ld8!, wonach der e4 Bauer nicht geschlagen werden kann wegen 37. Lf6:+!, während nach 36. ... g4+ Weiß das Gleichgewicht halten kann mittels 37. hg hg+ 38. Kg4: f5+ 39. Kf3 fe+ 40. Kg3.

36.	...	Tc4×e4
37.	Le1–c3+	Ke5–f5
38.	g2–g4+	h5×g4+
39.	h3×g4+	Te4×g4
40.	Lc3×f6	Tg4–h4!

Der König soll vom g-Bauern weggetrieben werden.

41.	Lf6–e7	Th4–h3+
42.	Kf3–f2	Kf5–g4
43.	Kf2–e2	

Das Schach auf h2 kann durch den Läufer nicht verhindert werden, da er nach 43. Ld6 Th6! die Diagonale h2–b8 räumen muß. 44. Lc7 bzw. 44. Lb8 verliert nämlich den a-Bauern wegen 44. ... Ta6, während im Fall von 44. Le5 Ta6 45. Lb2 der weiße Monarch zurückgetrieben wird durch 45. ... Tc6!.

43.	...	Th3–h2+
44.	Ke2–d3	Th2–h7
45.	Le7–c5	Kg4–f3
46.	e3–e4	

Der weiße Randbauer kann nicht zum Vormarsch ansetzen, denn nach 46. a4? Td7+ 47. Kc4 Ke4! gelangt Schwarz mit seinem Bauern als erster zur Umwandlung; daher gibt Weiß zunächst seinen e-Bauern preis.

46.	...	Th7–d7+
47.	Kd3–c4	Kf3×e4
48.	a3–a4	Td7–d1
49.	a4–a5	Td1–c1+
50.	Kc4–b5	Ke4–d5
51.	Lc5–b4	g5–g4
52.	a5–a6	Tc1–a1
53.	Kb5–b6	

Wenn Weiß stattdessen 53. La5 zieht, dann gewinnt Schwarz mit 53. ... Ta5:+! 54. Ka5: Kc6.

| 53. | ... | g4–g3 |

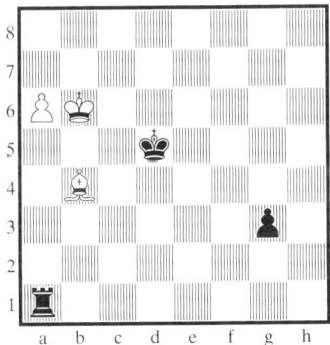

| 54. | a6–a7 | |

Nach 54. Ld2 hätte Schwarz ein hübsches studienhaftes Finale: 54. ... Tb1+ 55. Kc7 Ke4! 56. La5 Ta1 und jetzt ist 57. Kb6 erzwungen, wonach der g-Bauer mit Schach auf g1 zur Umwandlung gelangt.

54.	...	Ta1×a7
55.	Kb6×a7	g3–g2
	0–1	

(Die Anmerkungen basieren auf den Analysen von Großmeister Timman im Informator).

Jetzt wollen wir eine Zusammenfassung geben zur Fortsetzung 7. Tc1. Zunächst stellen wir hierzu das klassische Zusammentreffen Petrosjan – Fischer zur Diskussion, in welchem Weiß einen denkwürdigen Sieg erreichte. Wir betrachten dabei einige Aspekte der Eröffnung und des Mittelspiels als charakteristisch für diese Eröffnung, wenngleich später für beide Seiten Verbesserungen der Spielweise entdeckt wurden, die in den Analysen natürlich Berücksichtigung finden.
In der Partie Schmidt – Gross stellen wir eine Variante zur Diskussion, welche von der Theorie bislang vernachlässigt wurde, obgleich sie möglicherweise die einzig richtige für Schwarz ist.

Partie Nr. 17
Weiß: Petrosjan – Schwarz: Fischer
Buenos Aires 1971

Diese Partie stammt aus dem Kandidatenfinale 1971. Der Einsatz war enorm groß: Wer würde das Recht erhalten, den (damals) amtierenden Weltmeister Boris Spassky herauszufordern?

1.	d2–d4	Sg8–f6
2.	c2–c4	g7–g6
3.	Sb1–c3	d7–d5
4.	Lc1–f4	Lf8–g7
5.	e2–e3	c7–c5
6.	d4×c5	Dd8–a5
7.	Ta1–c1	

Eine vielversprechende Fortsetzung. Weiß verfolgt damit die Absicht, sich die c-Linie, die in Bälde geöffnet werden wird, zu Nutzen zu machen. Nachdem Petrosjan die erste Matchpartie verloren hatte, wollte er möglichst sofort zurückschlagen. Gerade aus diesem Grunde wird klar, warum er ein so scharfes System zur Anwendung bringt.

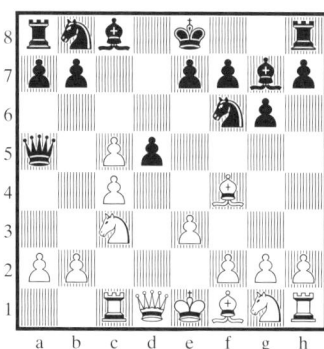

7. ... Sf6−e4!?

Nur dieser Zug vermag das weiße Spiel einer ernsthaften Probe zu unterziehen. Alle anderen Züge sind im Hinblick auf den Ausgleich unzureichend:

a) 7. ... 0−0 8. cd Td8 9. Lc4! überläßt Weiß das bessere Spiel. Eine interessante Variante ist dann: 9. ... Le6 10. b4! Db4:! 11. Db3 Db3: 12. Lb3: Sd5: 13. Sd5: Td5:! (das Qualitätsopfer ist erzwungen, weil 13. ... Ld5:? eine Figur verliert wegen 14. Td1 e6 15. e4) 14. Lb8:! Tb8: 15. Ld5: Ld5: 16. Sf3 La2: 17. Ke2 und Schwarz hat keine Kompensation für die Qualität.

b) 7. ... Le6 ist ebenfalls unzureichend angesichts von 8. Da4+! Da4: 9. Sa4: und falls 9. ... Se4 dann folgt 10. f3 Ld7 11. fe La4: 12. b3!, was Weiß eine große Überlegenheit einräumt.

c) Es gab verschiedene Analytiker unter den zeitgenössischen Theoretikern, die den Zug 7. ... Se4 mit einem Fragezei-

chen versahen und nach der Sichtweise Boleslawskys − die Ansicht vertraten, 7. ... dc wäre erzwungen. Aber, wie später Uhlmann ausführte, gibt die Variante 7. ... dc4: 8. Lc4: 0−0 (falls 8. ... Dc5:?, so folgt 9. Sb5!) 9. Se2 Dc5: 10. Db3 Da5 11. h3 dem Weißen die besseren Chancen. Ebenfalls von großer Bedeutung ist die 11. Matchpartie 1986 Karpow − Kasparow: 9. Sf3 Dc5: 10. Lb3 Sc6 11. 0−0 Da5 12. h3 Lf5 13. De2 Se4 14. Sd5 e5 15. Tc6:!? ef (15. ... bc!?) 16. Tc7 Le6 17. De1 Db5 18. Se7+ Kh8 19. Le6: fe6: 20. Db1! Sg5! 21. Sh4 Sh3:+ 22. Kh2˙ Dh5 23. Seg6:+ (23. Shg6:+ hg 24. Dg6: Tf5 und Schwarz könnte in der Lage sein, sich erfolgreich zu verteidigen) 23. ... hg 24. Dg6:!? De5!, welche zu einen interessanten Ende führte, Remis im 41. Zug.

8. c4×d5!

In der Partie Reschewsky − Hort, Interzonenturnier Palma 1970, spielte Weiß 8. Sf3, aber die Fortsetzung 8. ... Sc3: 9. bc3: Lc3:+ 10. Sd2 Le6! überließ dem Nachziehenden die überlegene Position.

8. ... Se4×c3

9. Dd1−d2 Da5×a2

Falls 9. ... 0−0 oder 9. ... Dc5: geschieht, so gewinnt Weiß die Figur zurück, wobei er gleichzeitig seinen Mehrbauern mittels 10. Se2! behält.

10. b2×c3 Da2−a5

Die Theoretiker verwerfen den Damentausch, ohne überhaupt eine detailierte Analyse anzustellen, indem sie einfach anmerken, daß der Rückgewinn des Bauern für Schwarz eine schwierige Aufgabe wäre. Aber, wie wir in der nächsten Partie sehen werden, ist die Beurteilung dieser Angelegenheit gar nicht so einfach.

11. Lf1−c4 Sb8−d7

12. Sg1−e2?!

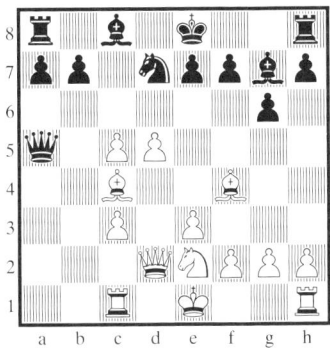

Eine lange Zeit hindurch gab man der Springerentwicklung nach e2 den Vorzug. Mittlerweile jedoch wurde eine neue Möglichkeit für Weiß entdeckt. In der Partie Schmidt – Stohl. Trnava 1984 spielte Weiß 12. Sf3! und nach 12.... Sc5: (12. ... Dc5: 13. La2 Da5 14. 0–0 0–0 15. e4 Sc5 16. Tfe1 gibt Weiß einen Vorteil im Zentrum) 13. Le5! f6 14. Ld4 Se4 15. De2 Sd6 16. La2 b5 17. 0–0 Lg4 18. Ta1 0–0 19. e4 stand Weiß besser. Der schwarze Versuch, die Variante zu verbessern mittels 13. ... 0–0 hatte ebenfalls keinen Erfolg in der Partie Agzamow – Gulko, Sotschi 1985, als nach 14. 0–0 f6 15. Ta1 Dd8 16. Lc7! Dd7 17. d6+ e6 18. Sd4 Df7 19. Ta5 b6 20. Tc5:! bc 21. Sb3 Dd7 22. Dd3 Td8 23. De4! der Nachziehende das Handtuch warf.

Demzufolge sieht der weiße Vorteil in der Variante mit 12. Sf3! sehr überzeugend aus. Das hieße aber, eine Verstärkung für den Nachziehenden müßte bereits an einer früheren Stelle gefunden werden.

12. ... Sd7–e5

In nachfolgenden Begegnungen wurde 12. ... Sc5: meistens gespielt. In der Partie van Scheltinga – Michaltschischin, UdSSR – Niederlande, Telex-Wettkampf 1978, hatte Schwarz nach 13. f3?! b5 14. La2 0–0 15. 0–0 (besser 15. Sd4!)

15. ... e5! 16. Lg5 f6 17. Lh4 Ld7 ein bequemes Spiel.

Auf 12. ... Sc5: hat Weiß den stärkeren Zug 13. 0–0 zur Verfügung. Die Partie Farago – Zeschkowsky, Banja Luka 1981, ging danach weiter: 13. ... Se4! 14. Dd3 Sd6 15. Ld6: ed6: 16. De4+ Kf8 17. Sd4 Ld7 18. Tb1 Dc7 (18. ... Te8? 19. Se6+!) 19. Lb5 Te8! 20. Dd3 Lf6 21. Ld7: Dd7: mit gleichen Chancen.

13. Lc4–a2

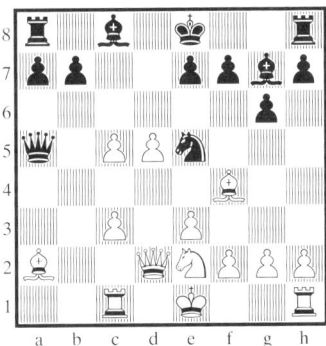

13. ... Lc8–f5?

Nach 13. ... Dc5:! konnte Schwarz noch immer gut im Kampf mitmischen. Die Partie Farago – Filipowicz, Banja Luka 1981 ging weiter mit 14. 0–0 0–0 15. c4 a5!? 16. e4 Db4 17. Dc2 (17. Db4: ab4: 18. Le5: Le5: 19. Lb3 Ta3 gibt Schwarz hinreichendes Gegenspiel) 17. ... Da3! 18. Sc3 Ld7, wonach anstelle von 19. Tfd1?, 19. Tb1 Dd6! zu einer Stellung mit beiderseitigen Chancen geführt hätte. Schwarz dürfte wohl dem folgenden Abtausch keine Beachtung geschenkt haben.

14.	Lf4×e5!	Lg7×e5
15.	Se2–d4	Da5×c5
16.	Sd4×f5	g6×f5
17.	0–0	Dc5–a5
18.	Dd2–c2!	

In der Position, die sich nunmehr ergeben hat, steht Weiß offensichtlich besser. Der f5-Bauer kann nicht mehr auf seinem Standplatz verteidigt werden, und im Falle seines Vorrückens, sind die offenen Linien und Diagonalen angesichts der ungleichfarbigen Läufer zugunsten von Weiß wirksam.

18. ... f5−f4
19. c3−c4 f4×e3?

In Übereinstimmung mit der vorhergehenden Bemerkung, sollte Schwarz Linienöffnungen vermeiden. Er würde besser daran getan haben, 19. ... b6 zu spielen, um den weiteren Vormarsch des weißen c-Bauern zu unterbinden. Freilich, die schwarzen Aussichten sind zugegebenermaßen auch dann nach 20. De4 alles andere als rosig, man sehe etwa 20. ... Ld6 21. Tc2.

20. c4−c5! Da5−d2

Auf 20. ... Ld4 verstärkt Weiß seinen Angriff mittels 21. d6.

21. Dc2−a4+ Ke8−f8
22. Tc1−d1! Dd2−e2

Den zweiten Bauern noch einzusammeln, wäre zu riskant: 22. ... ef+ 23. Tf2: Lh2:+ 24. Kf1 Dh6 kann beantwortet werden mit dem bereits entscheidenden 25. d6!.

23. d5−d6! De2−h5

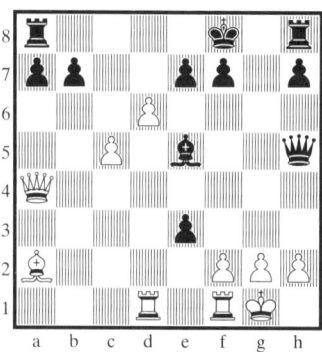

Weiß hätte nach 23. ... ed 24. fe gewonnen.
Im Falle von 23. ... ef+ 24. Tf2: Lh2:+

25. Kh2: Df2: 26. de+ Ke7: 27. Td7+ Kf8 28. Dc4! kann das Feld f7 nicht mehr verteidigt werden. Falls 26. ... Kg7, so gewinnt Weiß direkt mittels 27. Dg4+ Kf6 28. Td6+ Ke5 29. Td5+ Kf6 30. Dg5+ Ke6 31. De5 matt.

24. f2−f4!

Petrosjan, für seine Fähigkeiten im Positionsspiel und in der Verteidigung bekannt, beweist an dieser Stelle, daß er im Bedarfsfall auch einen sehr starken Angriff zu führen vermochte. Sein letzter Zug ist ein Qualitätsopfer, welches sein Widersacher annehmen wird aus der Überlegung heraus, daß nach 24. ... Lf6 25. Td5 seine Stellung hoffnungslos wäre, man sehe zum Beispiel 25. ... Dg6 26. Dd7 e6 27. f5!.

24. ... e3−e2
25. f4×e5 e2×d1D
26. Tf1×d1 Dh5×e5
27. Td1−f1 f7−f6

Das Schlagen des Bauern c5 ändert an der Sachlage nichts − weder jetzt noch in den nachfolgenden Zügen.

28. Da4−b3 Kf8−g7

Der König kann in die andere Richtung nicht entkommen: 28. ... Ke8 29. Db7: Td8 30. c6! De3+ 31. Kh1 De2 32. Tg1 mit Gewinn.

29. Db3−f7+ Kg7−h6
30. d6×e7 f6−f5

Dies ist gleichzusetzen mit Resignation. 30. ... Thg8 würde es dem Weißen immer noch möglich machen, einen Fehler zu begehen. Man achte darauf daß nach 31. Tf6:+ Tg6 32. Df8+ Kg5 der Anziehende straucheln könnte mittels 33. h4+? Kh4: 34. Tg6: Dc5:+ 35. Df2+ Df2: 36. Kf2: hg 37. Lf7: Kg5 und der Gewinn stände immer noch in Frage. Aber anstelle von 33. h4+? entscheidet 33. Tf2! die Angelegenheit endgültig.

31. Tf1×f5 De5−d4+
32. Kg1−h1
1-0

Partie Nr. 18
Weiß: W. Schmidt – Schwarz: Gross
Naleczow 1984

1. d2–d4 Sg8–f6
2. c2–c4 g7–g6
3. Sb1–c3 d7–d5
4. Lc1–f4 Lf8–g7
5. e2–e3 c7–c5
6. d4×c5 Dd8–a5
7. Ta1–c1 Sf6–e4
8. c4×d5 Se4×c3
9. Dd1–d2 Da5×a2
10. b2×c3

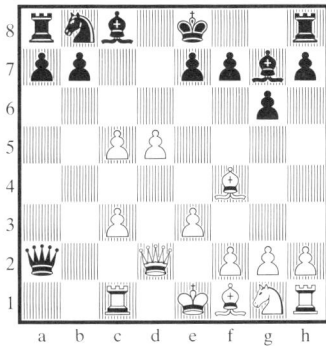

10. ... Da2×d2+!?

Der Damentausch ist eine Fortsetzung, die Aufmerksamkeit verdient, die aber bis jetzt noch nicht gründlich genug untersucht worden ist. Ihre Analyse ist um so bedeutungsvoller als sich in der üblichen Variante mit 10. ... Da5 Weiß in mehreren Partien mittels 11. Sf3 Vorteil sichern konnte, was in den Anmerkungen zu der vorausgegangenen Partie Nr. 17 zum Ausdruck kam.

11. Ke1×d2 Sb8–d7
12. Lf1–b5

Gerade vor diesem Zug hatten die Schwarzspieler offensichtlich Angst, denn der Rückgewinn des Bauern scheint nun zu einem Problem geworden zu sein.

12. c6?! wäre eine höchst zweifelhafte Fortsetzung wegen 12. ... Sc5! mit exzellentem schwarzen Figurenspiel. Einige interessante Beispielvarianten dazu:

13. Lc4 und jetzt:

a) 13. ... b5?! 14. Lb5: (14. La2? steht gar nicht zur Debatte angesichts von 14. ... Se4+ 15. Ke1 Lc3:+ 16. Kf1 b4! mit der Drohung 17. ... La6+) 14. ... Sb3+ 15. Kc2 Sc1: 16. Kc1: Lc3: 17. Se2 Lg7 und Weiß hat genug Kompensation für die Qualität angesichts der Stärke des Freibauern c6.

b) Schwarz hat eine solide Fortsetzung zur Verfügung: 13. ... Se4+ 14. Ke1 (14. Ke2? Sc3:+ gefolgt von ...b5 führt zu schwarzem Vorteil) 14. ... Lc3:+ 15. Ke2 Lg7 16. Sf3 (16. cb Lb7: 17. Lb5+ Kf8 18. Lc6 Tc8 und wenn nun 19. Sf3 geschieht, dann folgt sehr stark 19. ... La6+) 16. ... Sc3+ und nach jedem Königszug ist 17. ... b5 zu für Schwarz günstig.

12. ... 0–0
13. Lb5×d7

Jetzt wäre auf 13. c6? die Erwiderung 13. ... Sc5! sogar noch stärker.

13. ... Lc8×d7
14. e3–e4

Eine Pachmann-Analyse endete mit diesem Zug und mit der Schlußfolgerung, daß die weiße Stellung zu bevorzugen sei. Die Möglichkeit 14. ... f5! wurde von ihm möglicherweise nicht wahrgenommen.

Wie dem auch sei, **14. Tb1!?** sieht stärker aus und bedarf nunmehr einer gründlichen Prüfung.

14. ... Tfd8? wäre unangemessen wegen 15. Lc7! Lf5 16. Ld8: Lb1: 17. Le7: Le4 18. f3! Ld5: 19. Se2, und da Weiß die Möglichkeit Sd4 hat, bleibt er im Vorteil. Der korrekte schwarze Zug, **14. ... e5**, ist eine Idee des Co-Autors Adorjan. Jetzt würde 15. Tb7:? eine Figur verlieren wegen 15. ... Lc8. Weiß steht auch schlechter nach 15. Lg3? Lf5 16. Tb7: Le4 17. Sf3 Ld5: 18. Td7 (18. Tc7 f6! mit der Drohung 19. ... Tfc8) 18. ... Tfd8! 19. Td8:+ Td8: 20. Kc1 Tc8 21. Se5: Tc5: 22. Td1 wegen 22. ... h5. Ein Fehler wäre jedoch 22. ... Tc3:+ 23. Kb2 Tb3+ wegen 24. Ka1! Tb5 25. e4, und die schwarze Grundreihenschwäche schafft Probleme.

Daher muß Weiß auf 14. ... e5! den Bauern nehmen. Das Spiel könnte weitergehen 15. de fe! (öffnet die f-Linie und beraubt den weißen Springer seines Vorpostenfeldes d4) 16. Sf3 Lc6 17. Ld6 Tfd8! 18. Thd1 b6 19. Ke2 Lc3: 20. cb ab 21. Tb6: Ld5, wonach Schwarz durch sein Läuferpaar und durch aktives Spiel überaus reichliche Kompensation für den Bauern besitzt.

Diese Varianten sind weiterer Erforschung wert und zweifelsohne gibt es noch genug an interessanten Möglichkeiten, die noch unter der Oberfläche verborgen liegen. Wie dem auch sei, auf alle Fälle ist diese Variante, die mit dem Damentausch beginnt, ein Beispiel dafür, daß auch Abspiele, die man schon als erledigt abgelegt hatte, häufig einer Neubewertung und Neubelebung würdig sind.

14. ... f7−f5!

15. e4−e5 Ta8−c8

15. ... e6 16. c4 Tfc8 17. c6 bc 18. d6 c5 19. h4 h6 20. Sh3!! a5 21. f3 a4 22. The1! a3 23. Sf2 a2 24. Sd3 Ta3 25. Ta1 g5 26. hg hg 27. Lg5: Kf7 28. Lf4 Tb8 29. Tec1 Lc6 30. Tc3 Ta5 31. Tc2 Tba8 32. Sc1 1−0 Karpow − Kasparow, WM-Match 1986, 5. Wettkampfpartie.

16. c5−c6

16. d6? wäre ganz und gar schlecht wegen 16. ... Tc5: 17. de Te8, während nach 16. e6 La4! 17. Le3 Lb3 Weiß seinen Bauern d5 nicht verteidigen darf mittels 18. c4 wegen 18. ... f4, was eine Figur gewinnt. Daher ist 17. Sf3 Tc5: 18. c4 b5 (oder sogar besser 18. ... Lb3 19. Kd3 b5) 19. Le3 Tc4: notwendig, wonach Schwarz einen klaren Vorteil besitzt. Somit ist die Zerstörung der weißen Bauernphalanx unvermeidlich.

16. ... b7×c6
17. d5−d6!

Dies ist die einzige Chance. Wenn 17. dc? Lc6: oder 17. c4? cd 18. cd Tc1: 19. Kc1: Tc8+ geschieht, so bekommt Schwarz durch seinen Entwicklungsvorsprung und durch sein Läuferpaar ein kraftvolles Spiel.

17. ... e7×d6

Schwarz hätte besser daran getan, den Zug 17. ... h6!? einzuschalten, und nach 18. h4 ed 19. ed die Fortsetzung 19. ... Tfe8 zu spielen, zum Beispiel 20. Se2 (auf 20. Sf3 würde 20. ... Te4! geschehen) 20. ... Tb8 21. Tb1 c5 mit einem kleinen schwarzen Vorteil.

18. e5×d6

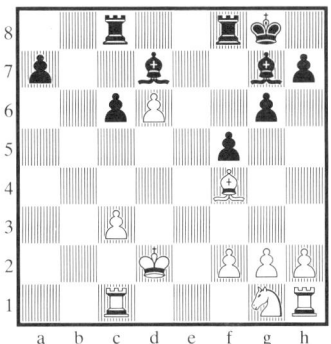

18. ... **Tf8–f6?**

Wie in der vorausgegangenen Anmerkung würde 18. ... Tfe8! den Vorteil festgehalten haben.

19.	Tc1–a1	Tc8–a8
20.	Ta1–a5	g6–g5!?

Schwarz gewinnt den d-Bauern, läßt sich aber seine Bauernformation am Königsflügel zerstören.

21.	Lf4–e5	Tf6–e6
22.	f2–f4!	g5×f4
23.	Le5×g7	Kg8×g7
24.	Sg1–e2	Te6×d6+
25.	Kd2–c2	Ld7–e6
26.	Se2×f4	Le6–f7
27.	Th1–f1	

Weiß war zwar nicht in der Lage, seinen Bauern auf d6 zu behaupten, doch hat er dafür als Ausgleich einen exzellenten Springervorposten. Zurückgezwungen zu werden nach 27. Tf5: Tad8 28. Te1! Td2+ 29. Kc1 muß nicht befürchtet werden, denn Weiß kann sich verteidigen nach 29. ... T8d6 30. Te2. Er hatte offensichtlich etwas einzuwenden gegen die Variante 27. ... a5 mit weiterem Vorrücken des schwarzen a-Bauern.

27.	...	Lf7–c4
28.	Tf1–f2	Lc4–b5?
29.	Kc2–b3	Ta8–b8
30.	Ta5×a7+	

Unter Zeitnot wählt Weiß die einfachere Lösung und übersieht 30. c4! La6+

31. Kc3, was ihm einen kleinen Vorteil überließe.

30.	...	Kg7–h6
31.	Kb3–c2	Lb5–c4
32.	Kc2–c1	Tb8–d8
33.	Kc1–c2	Td6–d1
34.	Ta7–a4	Lc4–b5
35.	Ta4–a7	Td1–h1
36.	Tf2–d2!	

Nach diesem Abtausch kann Weiß das Gleichgewicht halten mittels des aktiven Turms, der ihm verbleibt, trotz des schwarzen Mehrbauern.

Auf 36. h3 hätte Schwarz immer noch das unangehme 36. ... Tdd1 zur Verfügung gehabt.

36.	...	Td8×d2+
37.	Kc2×d2	Th1×h2
38.	Kd2–e3	Th2–h1
39.	Ta7–c7	Th1–e1+
40.	Ke3–d2	Te1–e4
41.	g2–g3	Te4–a4
Remis		

Partie Nr. 19
Weiß: Ribli – Schwarz: Timman
Amsterdam 1978

1.	d2–d4	Sg8–f6
2.	c2–c4	g7–g6
3.	Sb1–c3	d7–d5
4.	Lc1–f4	Lf8–g7
5.	e2–e3	c7–c5
6.	Sg1–f3	0–0

Der fünfte und sechste Zug von Weiß können auch in umgekehrter Reihenfolge geschehen. Schwarz kann auch 5. ... 0–0 spielen, aber in diesem Fall kann er nicht mit Sicherheit damit rechnen, daß Weiß 6. Sf3 spielen wird. In dieser Variante muß Schwarz vorbereitet sein auf einen Übergang in die Variante

(a) von Seite 55 (das Bauernopfer auf c7) ebenso wie die Varianten (c) und (d). Nebenbei bemerkt – die tatsächlich gespielte Zugreihenfolge in der hier aufgeführten Partie war: 1. Sf3 Sf6 2. c4 g6 3. Sc3 d5 4. d4 Lg7 5. Lf4 0–0 6. e3 c5 (vgl. Diagramm)

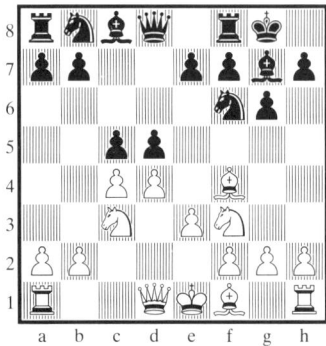

7.   d4×c5!

Dies ist die kraftvollste Fortsetzung. Andere Möglichkeiten sind:

a) 7. Tc1 cd 8. Sd4: Sc6 9. Sb3 dc! (9. ... e5?! 10. Lg5 d4 11. Sd5 de 12. fe Le6 13. e4 brachte Weiß Vorteil in der Partie Pomar – Ed. Lasker, Mar del Plata, 1949) 10. Lc4: Dd1:+ 11. Sd1:, wonach (nach unserer Quelle) 11. ... b6 ausgeglichenes Spiel erbringen soll. 12. Lf7:+?! Tf7: 13. Tc6: ergibt für Weiß nichts Zählbares wegen 13. ... Lb7 14. Tc7 Lg2:.
Nach unserer Überzeugung ist 11. ... Lf5 ebenfalls ein logischer und guter Zug.
b) 7. Le5?! dc 8. Lc4: Sc6 9. 0–0 cd (schwach ist 9. ... Se5: 10. de Sg4 wegen 11. e6!) 10. ed Lg4 11. h3 Lf3: 12. Df3: Tc8 13. Tfd1 Da5, Lilienthal – Mikenas, Stockholm Schacholympiade 1937, oder 10. ... b6 11. De2 Lb7 Abrahams – Flohr, Bournemouth 1939, in beiden Fällen mit Ausgleich).

c) 7. Db3 cd 8. Sd4: dc 9. Lc4: Sbd7 10. Lg3 Sh5 11. Td1 Sg3: 12. hg Da5 13. 0–0 Sb6 14. Ld5 Tb8 und Schwarz hat keinerlei Eröffnungsprobleme, Capablanca – Botwinnik, AVRO 1938.
d) Auf den soliden Zug **7. Le2** ging die Partie Zinn – Uhlmann, Halle 1967, weiter mit 7. ... cd 8. ed Sc6 9. 0–0 Lg4 10. c5 Se4! 11. Le3 e6 12. h3 Lf3: 13. Lf3: f5 mit einem bequemen Spiel für Schwarz.
e) Weiß kann auch nach **7. cd** mit keinem Eröffnungsvorteil rechnen. Nach 7. ... Sd5: 8. Le5 Sc3: 9. bc cd 10. Lg7: Kg7: 11. cd Da5+ 12. Dd2 Sc6 hat Schwarz völlig ausgeglichen in der Partie Eliskases – Flohr, Semmering 1937.

7.   ...   Sf6–e4

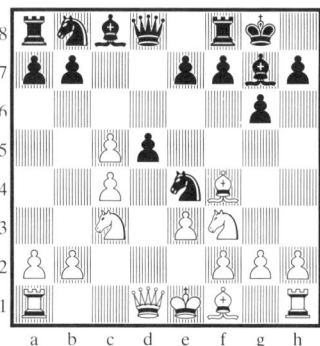

Früher widmeten die Theoriewerke ihre Aufmerksamkeit einzig und allein dem Zug 7. ... Da5. Der Zug 7. ... Se4 wurde kurzerhand verworfen wegen 8. Le5 Sc3: 9. bc Le5: 10. Se5: Da5 11. Dd4, was – als Analyseergebnis von Boleslawsky, als für Weiß vorteilhaft beurteilt wurde.
Diese Einschätzung stellte sich jedoch als falsch heraus, man sehe die Partie Junejew – Polowodin.
Die Variante, die ehedem als ausreichend für Schwarz angesehen wurde

nach 7. ... Da5 lautete: 8. Tc1 dc 9. Lc4: Sc6 10. 0–0 Dc5: 11. Lb3? Da5! 12. h3 Lf5 13. De2 Se4. Die Meinung dazu änderte sich aber durch die Neuerung 11. Sb5! aus der Partie Beljawsky – Tukmakow, Lwow, 1978. Dort folgte (nach 11. Sb5!) 11. ... Dh5 12. Sc7 Tb8 13. h3 Se4 14. b4! a6 15. Le2 Td8 16. De1 Df5, wonach nach 17. Sa6:! ba 18. Tc6: Weiß sich einen Bauern einfing und die Partie in den Griff bekam.

Eine frühzeitigerer Verbesserungsversuch 8. ... Td8 (anstelle von 8. ... dc) ist ebenfalls unzureichend, da Weiß Vorteil erreicht mittels 9. Da4! Dc5: 10. b4 Dc6 11. b5 Dc5 12. Db3.

Einige Fortsetzungen, die jetzt Beachtung verdienen:

a) 12. ... a5 13. a3 a4 14. Sa4:! Da7 15. Lc7 Td7 16. Lb6 Da4: 17. Da4: Ta4: 18. cd (vgl. Diagramm). Dies war eine Zugfolge aus der Partie Farago – Vadasz, Ungarische Meisterschaft 1977, wonach Weiß die Figur mit Vorteil zurückgewann. Diese ungewöhnliche Stellung verdient ein Diagramm.

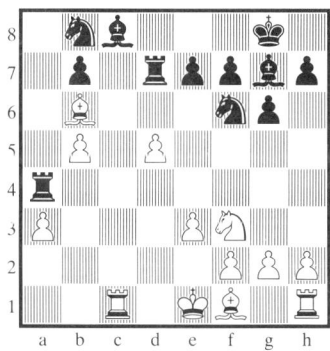

b) Im gleichen Turnier nahm die Partie Lukacs – Sax folgenden Verlauf: **12. ... Lg4** 13. Sa4 Dc8 14. Le2 Se4 15. Tc2! e5! 16. cd Df5 17. Lg3 Sg3: 18. hg3: e4 19. Sd4 Ld4: 20. Lg4: Dg4:

21. ed Sd7 22. 0–0 Sf6 23. Tc7 mit etwas Vorteil für Weiß.

8.   Ta1–c1   Se4×c3
9.   b2×c3   d5×c4!

Ftacnik versuchte 9. ... Da5?! gegen Farago in Kiew 1978, aber nach 10. cd! Lc3:+ 11. Sd2 Lf5 12. e4! Le4: 13. Db3 Ld4 14. Dc4 Lb2 15. Td1 Lf5 16. Le2 stand er schlechter. Der Zug 16. ... Sd7 funktioniert jetzt nicht wegen 17. g4; ebensowenig geht 16. ... Sa6 wegen 17. c6!.

Ebenfalls unzureichend für Schwarz war 11. ... Sd7, da 12. Dc2 Ld2:+ 13. Dd2: Weiß einen signifikanten Vorteil eingebracht hätte.

10.   Dd1×d8   Tf8×d8
11.   Lf1×c4   Sb8–d7

Schwarz setzt sofort den Rückgewinn des Bauern auf die Tagesordnung.

11. ... Sc6 ist auch bereits vorgekommen. Die Partie Farago – Ftacnik, Zonenturnier Prag 1985, ging weiter mit 12. Ke2 Ld7 13. Thd1 Tac8 14. Lb5 a6 15. La4 Le6 16. Lb3 Td1: 17. Td1: Lb3: 18. ab Lc3: 19. Td7 Lb4 20. Tb7: Lc5: mit ausgeglichener Stellung und einem schnellen Remis.

12.   Lf4–g5

12. Sg5 Tf8 13. Se4 ist nicht besser wegen 13. ... Se5!, wonach die Aktivität der schwarzen Figuren das Bauerndefizit kompensiert.

12. c6?! bc 13. Lc7 Te8 14. 0–0 Sb6 15. Lc2 Lc6 und Schwarz glich ohne Mühe aus in der Partie Sinkovics – Adorjan, Budapest 1980.

Ernsthafte Beachtung verdient jedoch **12. Lc7!?** Tf8 (12. ... Te8? 13. Lb5) 13. c6, wonach 13. ... bc 14. Sd4 Lb7 15. Tb1 Sc5 16. La5 dem Anziehenden Vorteil sichern würde. Aus diesem Grunde könnte 13. ... Sc5!? besser sein: 14. cb Lb7: mit hinreichender Aktivität für den Bauern. Schwarz kann ein Bauernopfer auch bringen mittels 13. ... bc

67

14. Sd4 Sb6! 15. Lb6: ab 16. Sc6: Lf6, Georgiew – Michaltschischin, Lwow 1984, wobei nach 17. Ld5 Ta3 18. 0–0 La6 19. Tfd1 Tc8 20. Tb1 e6 21. Lf3 Le2! 22. Le2: Tc6: Schwarz seinen Bauern zurückgewann und das Spiel nach 37 Zügen mit Remis endete.

| 12. | ... | Td8–e8 |
| 13. | Lc4–b5 | a7–a6! |

Wie später klar werden wird, muß das Feld b5 gedeckt werden.

| 14. | Lb5–a4 | h7–h6 |
| 15. | Lg5–h4 | |

Einige Monate nach dieser Partie spielte Ferenc Portisch 15. c6?! gegen Vadasz (Budapest 1978), aber wiederum erhielt Schwarz gute Chancen nach 15. ... Sc5! 16. cb Lb7: 17. Le8: hg 18. Lf7:+ Kf7: 19. Sg5:+ Kf6 20. Sh7+ Kf5!.

| 15. | ... | g6–g5 |
| 16. | c5–c6? | |

Dies ist der Verlustzug. 16. Td1? (anstelle von 16. c6?) wäre auch schlecht. Timman hatte die Absicht diesen Zug durch ein Turmopfer zu widerlegen: 16. ... Lc3:+ 17. Ke2 Sc5:!! 18. Le8: Le6. Jetzt ist es ein wichtiger Faktor, daß die Drohung 19. ... Lc4+ nicht pariert werden kann, weil Schwarz a6 gespielt hat. Weiß sollte anstelle dessen 16. Lg3 Tf8 17. Ld7: Ld7: 18. Lc7! Tfc8 19. Lb6 e6 20. Ld7 Lf8 21. Se5 Le8 22. Sd3 spielen,

womit er seinen Mehrbauern bewahrt. Dennoch erhält Schwarz nach 22. ... f6! durch das Läuferpaar und die bessere Bauernstruktur hinreichende Chancen.

16.	...	Sd7–c5!
17.	c6×b7	Lc8×b7
18.	La4×e8	g5×h4

Der Nutzen des Zuges 13. ... a6! kann auch jetzt wieder wahrgenommen werden: der Läufer kann nicht nach b5 zurückkehren. Schwarz steht erkennbar besser als in der oben angeführten Partie Portisch – Vadasz. Sc5–d3+ droht auch.

19.	Le8–d7	Sc5×d7
20.	Sf3×h4	Sd7–e5
21.	0–0	e7–e6

Weiß hat kein materielles Defizit, aber das exzellente Zusammenwirken der schwarzen Streitkräfte ist bereits entscheidend für den Ausgang der Partie.

22.	Tf1–d1	Lg7–f6
23.	Td1–d4	a6–a5!
24.	h2–h3!	

Auf 24. f4? würde folgen: 24. ... Sg4 25. Td7 Lc8.

24.	...	Lb7–a6
25.	Td4–e4	La6–c4
26.	a2–a4	h6–h5!
27.	Tc1–d1	

Der Grund für den Zug 26. ... h5 wird evident nach 27. Sf3 Sf3:+ 28. gf Ld3, wonach der bedrohte Turm nicht nach g4 ziehen kann, und nach 29. Tf4 Kg7 30. Td1 Td8 gibt es keine Verteidigung gegen den Turmfang mit 31. ... e5 (falls 31. e4 Lg5).

27.	...	Lc4–b3
28.	Td1–d6	Se5–c4
29.	Td6–d7	Lb3×a4
30.	Td7–c7	Lc4–b3
31.	Te4×c4	Lb3×c4
32.	Tc7×c4	a5–a4
33.	Sh4–f3	a4–a3
34.	Sf3–d2	a3–a2
35.	Sd2–b3	Ta8–a3
0–1		

Partie Nr. 20
Weiß: Junejew – Schwarz: Polowodin
Leningrad 1979

1.	d2–d4	Sg8–f6
2.	c2–c4	g7–g6
3.	Sb1–c3	d7–d5
4.	Lc1–f4	Lf8–g7
5.	Sg1–f3	0–0
6.	e2–e3	c7–c5
7.	d4×c5	Sf6–e4
8.	Lf4–e5	

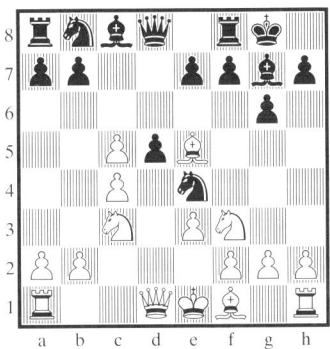

Dieser Läuferzug galt einmal als das geeignete Gegengift gegen 7. ... Se4. Schwarz kann aber jetzt, wie sich später herausstellte, zwischen zwei guten Fortsetzungen wählen.

8.	...	Se4×c3
9.	b2×c3	Lg7×e5

Eine andere Idee wurde in der Partie Kuzmin – Zeschkowski, Tallin 1979 vorgeführt: 9. ... dc 10. Dd8: Td8: 11. Lc4: Sc6 12. Lg7: Kg7: mit einem Mehrbauern für Weiß, welcher aber auf lange Sicht nicht behauptet werden konnte angesichts der Schwächen auf dem Damenflügel. Die Partie ging weiter mit 13. Sd4 Ld7 14. Le2 Tac8 15. 0–0 Se5 16. Tfb1?! Tc7 17. h3 Le8 18. Td1 (droht 19. Se6+) 18. ... Tb8! 19. f4 Sd7 20. c6 bc 21. Tab1 Tb6 22. Sb3 Sf6 23. Lf3 Sd5! und die ausgeglichene Stellung ergab ein baldiges Remisergebnis.

10.	Sf3×e5	Dd8–a5
11.	Dd1–d4	

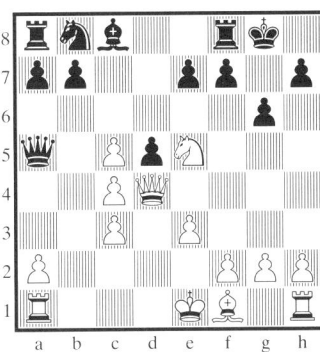

Auf 11. Tc1 kann Schwarz sofort 11. ... dc 12. Lc4: Dc5: spielen oder auch 11. ... f6 12. Sf3, wonach er wieder den Bauern c4 schlagen kann. Zum Beispiel: 12. ... dc 13. Lc4:+ Kg7 14. Dd5 (der c5-Bauer kann nur auf diese Weise verteidigt werden) 14. ... Sc6 15. 0–0 (oder 15. Sd4 Se5! 16. Le2 Td8, wonach Schwarz bereits besser steht) 15. ... e6 16. De4 e5! mit Ausgleich in beiden Fällen.

11.	...	f7–f6!
12.	Se5–f3	

12. Dd5:+ verliert wegen 12. ... e6; auf 12. Sd3 gewinnt Schwarz mit 12. ... Sc6!.

12.	...	Sb8–c6
13.	Dd4–d2	

Besser ist 13. Dd5:+ Kg7 14. Dd2 Td8 15. Db2 Dc5: 16. Db5 Da3 17. Db3 Dc5 mit gleichen Aussichten.

13.	...	d5×c4
14.	Dd2–d5+?	

Weiß verliert mit diesem Schachgebot ein Tempo. Er sollte besser seine Entwicklung zum Abschluß bringen mittels 14. Lc4:+ Kg7 15. 0–0 Dc5: 16. Lb3, obgleich auch dann nach 16. ...Td8! die schwarze Stellung bereits attraktiver wirkt.

14.	...	Kg8–g7
15.	Ta1–c1	

Nicht 15. Dc4:? Le6!.

15. ... **Da5×a2**
16. Lf1×c4 **Da2–a5**

Der Bauer kann nicht ungestraft geschlagen werden – 16. ... Da3 17. 0–0 e6 18. De4 Dc5: 19. Le6:! Te8 20. Dd5.

17. h2–h4!?

Der Anfang eines abenteuerlichen Plans. 17. 0–0 e6 18. De4 Dc5: würde zur Stellung der vorausgegangenen Anmerkung überleiten. Minderwertig ist 17. Sd4 Se5! 18. c6 Dd5: 19. Ld5: bc 20. Lc6: Sc6: 21. Sc6: Lb7 mit Vorteil für Schwarz (Polowodin).

17. ... **Da5–d8!**

Der Damentausch ist im Sinne und zu Gunsten von Schwarz aufgrund der besseren Bauernstellung. Er kann von Weiß nicht vermieden werden, da 18. De4:! Lf5 19. Df4 e5 weitere Tempoeinbußen mit sich bringt und nach 20. Dg3 h5! sich die schwarze Königsstellung als bombensicher erweist.

18. h4–h5 **Dd8×d5**
19. Lc4×d5 **Tf8–d8**
20. e3–e4 **a7–a5!**

Schwarz droht mit einem weiteren Vormarsch seines a-Bauern ebenso wie mit dem Gewinn des Bauern c5 durch Ta5×c5.

21. Ta1–b1! **a5–a4**
22. h5–h6+ **Kg7–f8**
23. Sf3–h4?

Weiß spielt auf taktische Verwicklungen, aber er wird keine Gelegenheit finden, seinen Springer zu opfern. Auf 23. Tb5 spielt Schwarz 23. ... e6! 24. La2 Ta5 25. Ta5: Sa5: gefolgt von ...Ld7 und ...Tc8. In dieser Variante sollte Weiß den Abtausch seines Läufers vermeiden: 24. Lc6:? bc6: 25. Tb6 La6!.
Es gibt aber noch eine aufregende Variante, die mit 23. Sd4!? beginnt. Zum Beispiel: 23. ... a3 24. Sc6: (24. Lc6: a2 25. Ta1 bc 26. Sc6: Td3 27. Sb4 Tc3:,

wonach 28. Ta2:? nicht möglich ist wegen 28. ... Ta2: 29. Sa2: Tc2! und Schwarz gewinnt eine Figur) 24. ... bc 25. Lc6: Ta5 26. Tb5? Ta6! 27. Tb6 a2! 28. Ta6: La6:, und der Bauer marschiert ein. Besser ist 24. 0–0! a2 25. Ta1 Sd4: 26. cd e6 27. Ta2: Ta2: 28. La2: Td4:, obgleich das Spiel von Schwarz wieder zu bevorzugen ist.

23. ... **Ta8–a5**
24. Tb1–d1

Wahrscheinlich war es an dieser Stelle, daß dem Weißen ein Licht aufging, denn 24. Sg6:+? hg 25. h7 Kg7 26. Lc6: bc 27. h8D+ Th8: 28. Th8: Kh8: 29. Tb8 funktioniert nicht wegen 29. ... a3.

24. ... **Td8–e8**

Jetzt war die Drohung 25. Sg6:+! wirklich ernsthaft vorhanden.

25. f2–f4 **Ta5×c5**
26. f4–f5 **g6×f5**
27. e4×f5

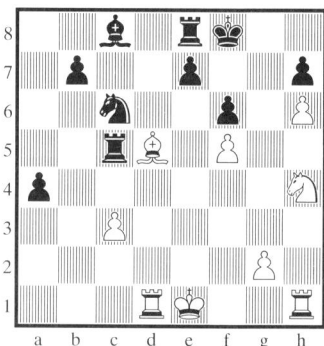

27. ... **e7–e6!**

Schwarz befreit damit seine Figuren auf der Grundlinie und entscheidet den Kampf zu seinen Gunsten.

28. Ld5×c6 **Tc5×c6**
29. 0–0 **e6–e5**

Der Rest erfordert nur noch technische Genauigkeit.

30. Tf1–f3 **Tc6–c4**
31. g2–g3 **Kf8–e7**

32.	Sh4–g2	Kf8–f7
33.	Td1–c1	Tf8–d8
34.	Sg2–e3	Tc4–c5
35.	Se3–c2	e5–e4
36.	Tf3–e3	Lc8×f5

Ein weiterer Bauer geht somit verloren.
Weiß konnte an dieser Stelle getrost
aufgeben.

37.	Tc1–b1	Td8–d3
38.	Tb1×b7+	Kf7–g6
39.	g2–g4	Lf5–c8
40.	Tb7–e7	Tc5×c3
41.	Te7×e4	Td3×e3
42.	Sc2×e3	a4–a3
43.	Kg1–f2	Kg6×h6
44.	Se3–d5	Tc3–c2+
	0–1	

Partie Nr. 21
Weiß: Feuerstein – Schwarz: Simagin
Corres 1966

1.	d2–d4	Sg8–f6
2.	c2–c4	g7–g6
3.	Sb1–c3	d7–d5
4.	Lc1–f4	Lf8–g7
5.	Sg1–f3	0–0

5. ... c5!? (vgl. Diagramm) ist eine inter-
essante Idee, die in jüngster Zeit häufi-
ger ausprobiert wurde.

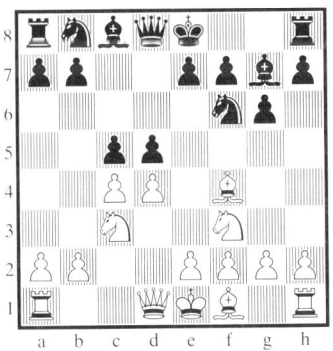

Die Partie J. Timman – J. Littlewood,
Niederlande – England, Wettkampf

1969, ging weiter mit 6. dc Da5 7. cd
Sd5: (7. ... Se4? würde es Weiß erlau-
ben, Vorteil aus dem Umstand zu zie-
hen, daß er den Zug e2–e3 zurückge-
stellt hat, da nach 8. Ld2! Sc3: 9. bc Lc3:
10. Tc1 Weiß die Oberhand behält)
8. Dd5: Lc3:+ 9. Ld2 Ld2:+?! 10. Dd2:
(10. Sd2:? wäre ein Fehler wegen
10. ... 0–0 gefolgt von ...Td8) 10. ... Dc5:
11. Tc1 Df5 12. Sd4! Dd7 13. Dh6 Sc6
14. Sc6: bc 15. Dg7 mit einem offen-
sichtlichen Stellungsvorteil für Weiß.
Der Zug 9. ... Le6!, der in der Partie
Zeschkowsky – Grigorjan, UdSSR-Mei-
sterschaft 1977 zur Anwendung ge-
bracht wurde, stellt eine signifikante
Verbesserung gegenüber 9. ... Ld2:+
dar. Nach 10. Lc3: Dc3:+ 11. Dd2 Dc5:
oder 10. Dd3 Ld2:+ 11. Dd2: Dc5: wäre
dem Nachziehenden voller Ausgleich
sicher, daher versuchte Zeschkowsky
das riskante 10. Db7:!?. Danach folgte
10. ... Ld2:+ 11. Sd2: 0–0 12. b4
(12. Ta8: Td8 13. b4! – [13. Td1 Ld5 mit
Damenfang] – 13. ... Db4: 14. Td1 Td2:!
führt zu Dauerschach) 12. ... Da4! 13. e4
(falls 13. Da8:?, dann folgt 13. ... Sc6)
13. ... Sd7 14. Db5 Da3 15. c6 Sf6
(15. ... Tab8 verdient ebenfalls Beach-
tung, zum Beispiel 16. Dd3 – [16. Da5?
Dc3 17. Td1 Tb4:! 18. Le2 Se5 gibt
Schwarz Vorteil] – 16. ... Dd3: 17. Ld3:
Se5 18. Ke2! Tb4. 19. Thc1 Tc8 mit
Rückgewinn des Bauern) 16. Le2 und
anstelle des schwachen 16. ... Tad8?,
würde die Variante 16. ... Dc3 17. Td1
Tfd8! 18. f3 a5! dem Nachziehenden
eine sehr gefährliche Initiative einräu-
men, wie Beljawsky in seinen Analysen
ausgeführt hat.

6.   Ta1–c1

71

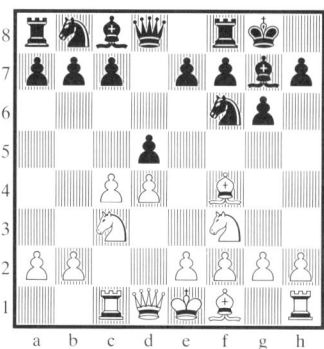

a b c d e f g h

Weiß zögert den Zug e2-e3 weiter hinaus und versucht Schwarz an der Durchsetzung von ...e5 zu hindern.
Es soll hier noch angemerkt werden, daß der Bauernraub mittels 6. cd5: Sd5: 7. Sd5: Dd5: 8. Lc7:? ein Fehler wäre, denn nach 8. ... Sc6 9. e3 hat Schwarz zwei Möglichkeiten, um Vorteil zu erringen:
a) **9. ... Lg4** 10. Le2 Tac8 11. Lg3 Da5+ 12. Sd2 (auf 12. Dd2 würde 12. ... Sb4 folgen) 12. ... Le2: 13. De2: Ld4:!, wonach Schwarz seinen Bauern zurückgewinnt mit positionellem Vorteil.
13. ... e5!? ist ebenfalls stark.
Auf 10. a3 wurde in einer Partie Nowicki – Plater, Warschau 1951 fortgefahren mit 10. ... Tac8 11. Lf4 Tfd8 12. Le2 e5! 13. Lg5 f6 14. Lh4 ed mit einem leichten Vorteil für Schwarz.
b) **9. ... Lf5** 10. Le2 Tac8 11. Lg3 Da5+ 12. Sd2 Sb4 13. 0–0 Lc2! 14. De1 Sd3 mit Qualitätsgewinn Jiminez – Simagin, Moskau 1963.
6. ... d5×c4
Ja sicher, Sie können nun eine Frage auf uns abfeuern: kann Schwarz in dieser Variante daran gehindert werden, seinen Patentzug ...c5 durchzusetzen? Nichts dergleichen! Die andere gute Fortsetzung in der Diagrammstellung ist eben dieser Zug 6. ... c5, und nach 7. dc spielt Schwarz einer Empfehlung Botwinniks

folgend 7. ... Le6!. Die Theorie bevorzugt folgende Fortsetzung 8. Sd4! Sc6 9. Se6:! fe 10. e3 Da5 11. Le2 Tad8! 12. Da4 Dc5: 13. 0–0 d4! 14. ed Sd4: 15. Le3 a6 16. Kh1 Dc7! mit gleichen Aussichten. Indem Schwarz 6. ... dc spielt, erlaubt er seinem Gegner die Öffnung des Zentrums, um es dann später unter Beschuß zu nehmen. Wir können die Originalidee Grünfelds hier wiedererkennen in einer anderen Ausformung.
7. e2–e4
Weiß nimmt die Herausforderung an. Das vorsichtigere 7. e3 werden wir in der nächsten Partie besprechen.
7. ... Lc8–g4!
8. Lf1×c4
Schwarz hätte eine überlegene Stellung nach 8. d5 c6! 9. Lc4: cd 10. ed Sbd7 11. 0–0 Tc8 12. Lb3 Sc5, da seine Figuren ideal postiert sind, während Weiß einen Isolanibauern hat, der sich als verwundbar erweisen wird.
8. ... Lg4×f3
9. Dd1×f3
9. gf kommt ebenfalls in Betracht und ist mit der Absicht verbunden, das Zentrum zu stärken. 9. ... Sh5 10. Le3 e6 11. Se2 a6 (11. ... Sc6!?) 12. Sg3 Dh4 13. Dd2 Sg3: 14. fg De7 15. d5 Td8 wurde gespielt in der Partie Schamkowitsch – Grigorjan, UdSSR 1973, mit gleichen Chancen.
11. f4 wurde versucht in der Partie Portisch – Simagin, Sarajevo 1963. Es folgte dort: 11. ... Dh4 12. Df3 Sc6 13. Se2 Tad8 14. Td1 a6 15. a3 (15. Tg1 Td7 16. Lb3 Sa5 17. Lc2 c5! 18. dc Td1:+ 19. Ld1: Lb2: 20. Sg3 Lc3+ 21. Kf1 Sf6 22. Kg2 Sc6 kam vor in der Partie Judowitsch – Koch, Europa Fernschach-Pokalmeisterschaft 1971/72, wonach Schwarz besser stand. Jedoch könnte anstelle von 15. a3 die Alternative 15. e5!? (ein Vorschlag von Euwe) besser aussehen, zum Beispiel 15. ... Lh6!

16. La6: Se5: 17. fe Le3: 18. De3: ba 19. 0–0 f5 mit Aussichten für beide Seiten) 15. ... Td7 16. 0–0 Tfd8 17. e5 Lh6 mit gutem Spiel für Schwarz.

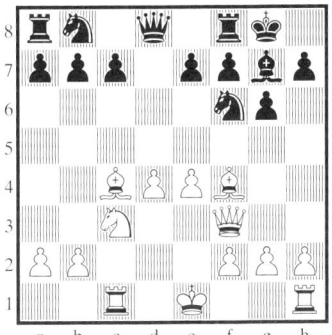

9.   ...   Sb8–c6

9. ... Sh5 wurde auch bereits gelegentlich gespielt und ist an sich ein guter Zug. Die Fortsetzung 10. d5 Sf4: 11. Df4: Sbd7 (nach 11. ... c6 bewertet Boleslawsky die Stellung als ausgeglichen) 12. 0–0 Se5 13. Le2 e6! stammt etwa aus einer Partie Farago – Honfi, Budapest 1965/66.
9. ... Sh5 kann aber auch durch eine interessante Operidee von Saizew beantwortet werden: 10. Le3. Die Partie Saizew – Ribli, Debrecen 1970, ging weiter mit 10. ... Ld4. 11. g4 Sg7 12. Td1 c5 13. h4 Sc6 14. Dh3 Se5 15. Le2 Dc8. Beide Partien führten zu kompliziertem Spiel mit beiderseitigen Chancen.

10.   d4–d5   Sc6–d4
11.   Df3–d3   Sf6–d7
12.   0–0   c7–c5!

Dies dient der Absicherung des schwarzen Zentralspringers, denn 13. dc? dürfte nun kaum empfehlenswert sein, da nach 13. ... bc Schwarz ein ausgezeichnetes Figurenspiel besitzt.

13.   Lc4–b3   Ta8–c8
14.   Lf4–g3   a7–a6
15.   f2–f4   b7–b5

Die Stellung befindet sich im Zustand dynamischen Gleichgewichts. Der weiße Vorteil im Zentrum wird kompensiert durch den schwarzen Springer auf d4 und durch die schwarzen Damenflügelaktivitäten. Wir würden diese Varianten denjenigen Spielern anempfehlen, die sich einen scharfen Kampf wünschen, in welchem ein Remisresultat eher unwahrscheinlich ist.

16.   Lg3–f2

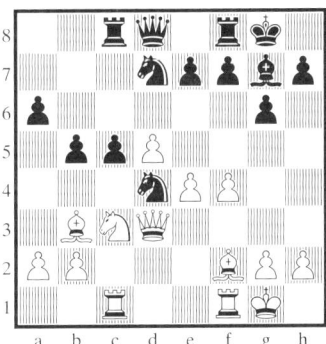

16.   ...   e7–e5!

Ein Schein-Bauernopfer, welches Schwarz gute Aussichten einräumt.
16. ... c4 wäre verfrüht wegen der Erwiderung 17. Dd1.

17.   d5×e6 e.p.   c5–c4
18.   e6×f7+   Tf8×f7
19.   Dd3–d1

19. Dd2? Sc5! 20. Tcd1 Td7 führt zu weißem Figurenverlust, da Schwarz gleichzeitig 21. ... Sf3+ droht und den Läufer b3 bedroht.

19.   ...   Sd7–b6

Auf 19. ... Sc5 kann sich Weiß verteidigen mittels 20. Lc2! gefolgt von Sd5.

20.   Lb3–c2   Tf7×f4
21.   Lc2–b1   Dd8–g5
22.   Sc3–e2!   Sd4×e2+

22. ... Sf3+ 23. Kh1 Td8 ist unzureichend, da nach 24. Lb6:! Td1: 25. Tcd1: Weiß über mehr als ausreichende Kom-

pensation für die Dame verfügt.

23.	Dd1×e2	Sb6−a4
24.	Lf2−e3	Tf4×f1+
25.	Tc1×f1	Dg5−e5

Offensichtlich steht Schwarz schon sehr gut, aber er kann seinen positionellen Vorteil nicht einfach zur Geltung bringen, da seine Königsstellung überaus verwundbar ist.

26.	De2−g4!	Tc8−f8
27.	Tf1×f8+	Lg7×f8
28.	Le3−f4	De5−d4+
29.	Kg1−f1	Sa4−c5

Die Drohung 30. De6+ mußte pariert werden.
In dieser schwierigen Stellung findet Weiß stets den besten Zug.

30. e4−e5!

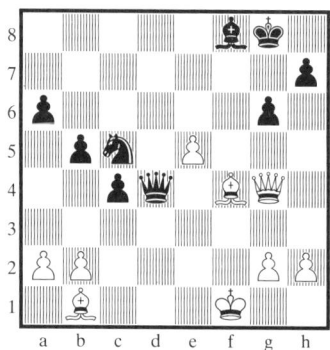

30.	...	Sc5−d3!

Schwarz vermeidet die Falle 30. ... Db2: 31. Lg6:! hg 32. Dg6:+ Lg7 33. De8+ Kh7 34. Dh5+ mit Dauerschach. Diesem könnte man nicht mehr entkommen mittels 32. ... Kh8 33. Dh5+ Kg7?? wegen 34. Lh6+! und Weiß bleibt siegreich.

31.	Dg4−e6+	Kg8−h8
32.	Lf4−e3!	Dd4×e5

Vermeidet das Dauerschach erneut, welches von Weiß erzwungen worden wäre nach 32. ... De3: 33. Df6+ Kg8 34. De6+ Kg7 35. Df6+ Kh6 36. Dh4+!.

33.	De6×e5+	Sd3×e5

34. Lb1−e4

Nach dem Damentausch kann das aktive Läuferpaar das Gleichgewicht halten.

34.	...	Lf8−g7
35.	Le4−b7	a6−a5
36.	Lb7−a6	b5−b4
37.	Kf1−e2	a5−a4
38.	Le3−d2	Se5−d3
39.	La6×c4	Sd3×b2
40.	Lc4−b5	

Remis

Auf 40. ... b3 spielt Weiß 41. a3! (41 ab?? verliert wegen 41. ... a3) und Schwarz kann La4: nicht verhindern, was nach Lc1×b2 folgen wird.
Wenn Schwarz versucht 40. ... Lf8 zu spielen, dann sichert 41. Lc1 a3 42. Lb2: ab 43. Ld3 für Weiß das Remis; sein König wird nach b3 marschieren, und Schwarz kann nicht gleichzeitig seine beiden Bauern durch ...Lc3 verteidigen wegen a3.

Partie Nr. 22
Weiß: Andersson − Schwarz: Sax
Biel · IZT · 1985

1.	Sg1−f3	Sg8−f6
2.	c2−c4	g7−g6
3.	Sb1−c3	Lf8−g7
4.	d2−d4	0−0
5.	Lc1−f4	d7−d5
6.	Ta1−c1	d5×c4
7.	e2−e3	

In dieser Variante geht Weiß nach Rückgewinn des Bauern auf Druckspiel in der c-Linie aus.

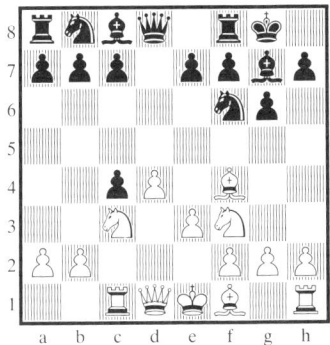

7. ... Lc8–e6
Dieser Zug kompliziert die Sachlage in erheblichem Umfang.
Es ist schwerlich möglich, den Zug 7. ... c5?! zu empfehlen, weil die Antwort 8. dc5: Da5 eine Überführung der Stellung in die Partie Beljawsky – Tukmakow bedeuten würde, die in den Anmerkungen zur Partie Ribli – Timman auf Seite 67 angegeben ist, und wo Weiß nach 9. Lc4: Sc6 10. 0–0 Dc5: 11. Sb5! eine beträchtlichen Vorteil vorweisen konnte.

8. Sf3–g5
Weiß muß die Herausforderung wohl oder übel annehmen, da er einsehen muß, daß er nach 8. Sd2 auf keinerlei Vorteil hoffen darf. Ein Beispiel in diesem Fall wäre die Partie Vistanctckis – Osnos, Wilna 1960, wo nach 8. Sd2 c5 9. dc5: Sbd7 10. Sc4: Sc5: 11. Le2 Dd1:+ 12. Td1: Sfe4 13. Se4: Se4: 14. f3 Tac8! Schwarz die aktive Position innehatte.

8. ... Le6–d5
9. e3–e4
Furman spielte in der Partie gegen Kortschnoj im Jahre 1954 in der UdSSR-Meisterschaft 9. Sd5:? und es ging weiter mit 9. ... Sd5: 10. Lg3 c5! 11. Lc4: cd4: 12. Db3 wonach, wie Gellers Analysen bewiesen, Schwarz einen machtvollen Angriff entwickeln konnte mittels

12. ... Da5+! 13. Ke2 Sb6. Eine interessante Variante wäre beispielsweise: 14. Sf7: Sc4: 15. Tc4: Tf7: 16. Tc8+ Lf8 17. Db7: d3+ 18. Kd3: e6! 19. Da8: Da6+ 20. Tc4 Td7+ 21. Kc3 Lg7+ 22. Kb3 Tb7+ 23. Tb4 Dd3+ 24. Ka4 Tb4:+ 25. Kb4: Lf8+ 26. Ka4 Dc4+ 27. Ka5 Da6 matt.

9. ... h7–h6
10. e4×d5 h6×g5
11. Lf4×g5

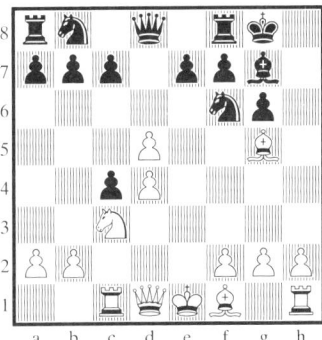

11. ... Sf6×d5
Eine interessante Möglichkeit, um die Komplikationen auf ein Maximum zu steigern, wäre 11. ... b5!?. Die Partie Zernicky – Boyko, Beltsy 1972 ging danach weiter mit 12. Sb5:? Dd5: 13. Lf6: ef6:! 14. Lc4: Dg2: 15. Tf1 Sc6 mit einer überwältigenden Position für Schwarz. Auch die Fortsetzung 12. Le2 c6! ist für Schwarz günstig.
Bronstein spielte 12. h4 gegen Zilberstein (UdSSR-Meisterschaft 1973) und nach 12. ... c6 13. Df3 cd5:? 14. h5! Dd7 15. h6 Lh8 16. Sd5:! ging er mit besserem Spiel aus der Abwicklung hervor, denn die Erwiderung 16. ... Dd5: würde auf die peinliche Entgegnung 17. h7+ gefolgt von Lh6+ treffen. Aber Schwarz kann seine Spielweise sicherlich verbessern insbesonders im 13. Zug mittels 13. ... b4!, was gute Chancen bietet.

Was die Sichtweise des Weißen angeht, so ist 12. Df3!? wohl das Beste. Nach 12. ... b4 13. Se4 Sd5: 14. Lc4: Sb6 15. 0–0 Sc6 16. Tfd1 Sd4: war eine zweischneidige Position in der Partie F. Portisch – Florian, Budapest 1972 entstanden.

12. Lf1×c4

Weiß ist in der Partie A. Schneider – Hardicsay, Debrecen 1975 nach 12. Df3?! Sb6! 13. Db7: Ld4: 14. Sb5 Lb2: 15. Td1 S8d7 16. Sc7: Tb8 mit seiner Entwicklung ins Hintertreffen geraten.

12. ... Sd5–b6
13. Lc4–b3 Sb8–c6

Der Bauer d4 ist tabu – einerseits wegen 13. ... Dd4:? 14. Dd4: Ld4: 15. Sb5 Lb2: 16. Tc7: Sc6 17. 0–0 e6 18. Tb7: und andererseits auch wegen 13. ... Ld4: 14. Sb5 Le5 (14. ... Lb2:? 15. Dc2! mit Bedrohung des Läufers und gleichzeitig auch noch des Bauern g6) 15. Dd8: Td8: 16. Sc7: Lc7: 17. Tc7: Td7 18. Td7: S8d7: 19. Kd2 gibt Weiß das bessere Endspiel.

14. Sc3–e2!

14. d5 ist schwächer wegen 14. ... Sd4.

14. ... Sc6–a5

Die anderen schwarzen Möglichkeiten sind:
a) Der Bauerngewinn mittels **14. ... Sd4:** ist riskant (14. ... Ld4:? verliert wegen 15. Tc6:!) 15. Sd4: Ld4: 16. 0–0 c6! 17. Dg4 Lb2: 18. Tcd1 gab Weiß eine starke Initiative für das geopferte Material in der Partie G. Garcia – Uhlmann, Cienfuegos 1973.
b) Die Fortsetzung **14. ... a5!?** tauchte auf in der Partie Hartoch – Timman, Niederländische Meisterschaft 1971, wo nach 15. 0–0? a4 16. Lc4 Sc4: 17. Tc4: Dd5 18. Dc1 e5! 19. de: De5: Schwarz das bessere Spiel innehatte. Weiß konnte aber besser fortsetzen mittels 15. a4!, wie es in der Partie Grigorian –

Sawon, UdSSR-Meisterschaft 1971, geschehen ist mit Aussichten für beide Seiten.

15. Lb3–c2 Dd8–d5
16. h2–h4

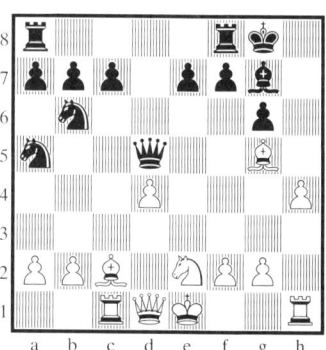

16. ... Dd5×g2

Kakageldiew – Tukmakow, UdSSR 1978 erreichten eine komplizierte Stellung nach 16. ... e5!? 17. Sc3! Dd4: 18. Df3. Das Spiel ging weiter mit 18. ... Tae8! 19. h5 e4 20. Dh3 e3! 21. fe (21. ... Dd2+ war die Drohung, die pariert werden mußte) 21. ... Sac4 22. Td1 Te3:+ 23. Le3: De3:+ 24. De3: Se3: 25. Td2 Sbc4 26. Te2 Sc2:+ (Tukmakow gibt an, daß 26. ... Te8 27. Kf2! Ld4 28. Kf3 dem Weißen bessere Chancen einräumt) 27. Tc2: Sb2: 28. 0–0! gh 29. Sd5! c5! und man vereinbarte nach 41 Zügen ein Remis.

17. Th1–g1 Dg2–f3
18. Dd1–d3

Die Zugfolge 18. Tg3 Dh1+ 19. Tg1 Df3 20. Tg3 resultiert in einem Remis durch Zugwiederholung. 18. ... Dd5!? ist interessant, weil sich Schwarz darauf vorbereitet, dem Zug 19. h5 mit 19. ... Dh1+ 20. Sg1 Tad8! bzw. 19. Dd3 mittels 19. ... Tfd8! zu begegnen.
Der Textzug erzwingt den Damentausch, weil 18. ... Dd5? 19. h5! dem Weißen einen enorm starken Angriff einräumt.

| 18. | ... | Df3×d3 |
| 19. | Lc2×d3 | Sa5−c6! |

Der weiße Königsflügelangriff kann nur durch einen schnelle Aktion im Zentrum ausgeglichen werden. Die Zentralaktion muß damit beginnen, den Springer, der am Brettrand nutzlos und träge herumgestanden hat, einer neuen Aufgabe zuzuführen.

| 20. | h4−h5 | |

20. Le4 verspricht dem Anziehenden ebenfalls nichts. Zum Beispiel: 20. ... Tfd8! 21. Lc6: bc 22. Tc6: Sd5 23. h5 Td6 24. Td6: cd 25. hg f6 oder 22. Le7: Te8 23. Lg5 Te6! und Schwarz hat jeweils das etwas bessere Ende erwischt.

| 20. | ... | Tf8−d8 |
| 21. | Ld3−e4 | |

Nach 21. hg Sd4: 22. gf+ Kf7: 23. Sd4: Td4: 24. Le2 Sd5 würde Schwarz seinen Mehrbauern behalten unter günstigeren Bedingungen als in der Partie. Falls 22. Le4, dann 22. ... c6.

| 21. | ... | Sc6×d4 |
| 22. | Se2×d4 | |

22. Lb7: Tab8 23. Tc7:? wäre ein Fehler angesichts von 23. ... Se6! 24. Te7: Sg5: 25. Tg5: Lf6.

22.	...	Td8×d4
23.	Le4×b7	Ta8−b8
24.	Lb7−f3	

24. Tc7:? Td7! 25. Td7: Sd7. führt zu einer für Weiß verlorenen Stellung.

| 24. | ... | Sb6−d5 |
| 25. | b2−b3! | |

Es ist für Weiß die beste Chance, diesen Bauern zu behalten. 25. Ld5:? wäre schwächer wegen 25. ... Td5: 26. Tc7: Lb2:! (26. ... Tb2:?? ist unmöglich wegen 27. Tc8+ Kh7 28. hg+ hg 29. Th1+)

27. hg La3!. Zum Beispiel: 28. gf+ Kf7: 29. Ke2 Tb2+ 30. Ke3 Ld6 mit Bauerngewinn.

25.	...	Tb8−d8
26.	h5×g6	f7×g6
27.	Lf3×d5	Td4×d5
28.	Lg5−e3	Kg8−f7
29.	Tg1−g4!	

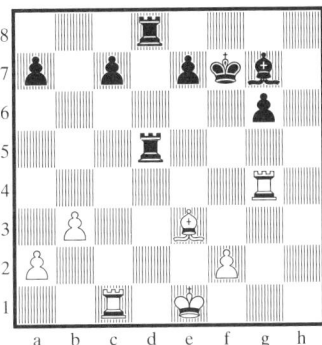

Schließlich hat Weiß zwar einen Bauern eingebüßt, aber die Zerrissenheit der gegnerischen Bauernformation am Damenflügel bietet genug Kompensation.

29.	...	Lg7−e5
30.	Tg4−a4	a7−a5
31.	Ke1−e2	Td5−b5
32.	Tc1−h1	Le5−d6
33.	Th1−c1	

Dies verhindert ...Lb4. Das Spiel endete jetzt schnell:

33.	...	Td8−h8
34.	Tc1−c6	Th8−h5
35.	Tc6−a6	Kf7−e8
36.	Ta6−a8+	Ke8−f7
37.	Ta8−a7	Th5−e5
38.	Ta4−f4+	

Remis

4 Systeme mit Lg5

Weiß kann um einen Zentrumsvorteil auch mittels des Zuges Lg5 kämpfen, welcher das Feld d5 indirekt angreift. In diesem Fall sind sowohl 4. ... dc als auch 4. .... c6 unzureichend für Schwarz. Diese Variante wurde erstmals in der Partie Aljechin – Grünfeld, Wien 1922, gespielt, in der Schwarz, dessen Namen diese Eröffnung trägt, mit der kraftvollen Antwort 4. ... Se4! erwiderte. Später wurde der Beweis dafür erbracht, daß beide Alternativen, d.h. also sowohl der Springerabtausch auf e4 als auch der Rückzug des Läufers nach f4 dem Nachziehenden einen leichten Vorteil oder zumindest einen sehr bequemen Ausgleich belassen. Diese Erkenntnisfaktoren setzten diese Variante quasi im Spitzenschach für eine lange Zeit von der Tagesordnung ab. Ein entscheidendes Jahr war dann 1969, als Taimanow, der große Entdecker und Erneuerer auf dem Sektor der Eröffnungen als erster den Zug 5. Lh4! spielte (Partie Taimanow – Sawon, UdSSR-Meisterschaft), wodurch die Variante neues Leben eingehaucht bekam.

Nach einer anfänglichen Überraschung wurde die Verteidigung tiefgreifender Untersuchung unterzogen und es wurden Methoden ausgearbeitet, welche das Gleichgewicht erreichen.

In den späteren Jahren gelangte man seitens der Weißspieler zu der Ansicht, daß es zweckmäßiger sein könnte, den Läuferausfall nach g5 zurückzustellen, bis das Zentrum mittels des Springerzuges nach f3 verstärkt ist (4. Sf3) und daß in vielen Fällen der Abtausch des Läufers

auf g5 nicht zu fürchten ist. Diese Art der Behandlung der Spielweise wurde in jüngster Zeit populär.

Schwarz seinerseits hat vielerlei Methoden der Verteidigung und des Gegenangriffs. Nur eine davon soll hier analysiert werden – und zwar eine vergleichsweise neuere Gambitvariante, welche ein Bauernopfer einschließt und die nach 1. d4 Sf6 2. c4 g6 3. Sc3 d5 4. Sf3 Lg7 5. Lg5 Se4 6. cd Sg5: 7. Sg5: c6!? entsteht. Während der Besprechung dieser Variante wollen wir eine Reihe eigener Ideen einfließen lassen, die für die Theorie noch Neuland bedeuten. Wir möchten insbesonders Beachtung schenken der Variante mit 9. ... 0–0 (anstelle von 9. ... e5?! in der Partie Hübner – Kavalek) 10. Sf3 e5!?. Die Theorie hat zu dieser Variante noch nicht das letzte Wort gesprochen, und damit bietet sie viel Betätigungsfeld für individuelle Forschungsarbeit und bedarf natürlich noch weiterer praktischer Erprobung. Wir werden auch die Idee 6. Dc1!? von I. Saizew diskutieren, welche darauf abzielt einen Plan anzuwenden, der von den bisherigen vollkommen abweicht. Wir werden aber eine Möglichkeit aufzeigen, wie Schwarz eine Stellung herstellen kann, die der Gambitvariante sehr ähnlich ist.

Die Partie Karpow – Adorjan soll Ihnen einen Vorgeschmack geben auf die sogenannte Hauptvariante des Lg5-Systems, welche mit 7. ... e6 beginnt anstelle der Gambitvariante mit 7. ... c6!?, von der die Rede war. Innerhalb des begrenzten Spektrums dieses Buches können wir diesen gesamten Themenkomplex nicht erschöpfend behandeln, aber wir wollen dem Leser dabei behilflich sein, daß er die für ihn erforderlichen Informationen zusammentragen kann, indem wir die wichtigsten und interessantesten Partien, die in letzter Zeit gespielt wurden zur Erwähnung bringen. Letztlich, um das zu diesem Thema Gesagte auf einen Nenner zu bringen: die Systeme mit Lg5 werden gewöhnlich zu einem scharfen Kampf mit lebhaftem Figurenspiel führen, wobei die schwarzen Aussichten nicht schlechter sind.

Partie Nr. 23
Weiß: Kazilaris – Schwarz: Sax
Pula 1971

1. d2–d4 Sg8–f6
2. c2–c4 g7–g6
3. Sb1–c3 d7–d5
4. Lc1–g5

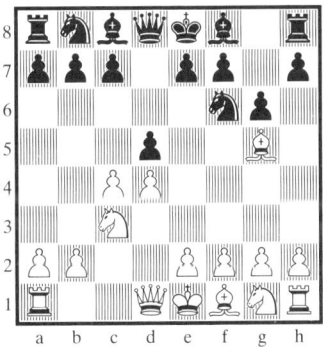

4. ... Sf6–e4

Sowohl 4. ... dc4:? 5. e4 Lg7 6. Lc4: 0–0 7. e5! als auch 4. ... c6 5. Lf6:! ef6: 6. cd5: cd5: 7. Db3 Sc6 8. e3! wäre von Vorteil für Weiß.

5. Lg5–h4!

Wie schon im vorausgehenden Text erwähnt ist dies der einzige Zug, der es dem Anziehenden erlaubt, um einen Vorteil zu kämpfen.

Andere Züge wären schwächer:

a) **5. Se4:?** de4: 6. Dd2 Lg7 7. 0–0–0 c5! 8. dc5: Dd2:+ 9. Td2: Le6 10. e3 Sa6 11. c6 bc6: 12. Sh3 h6 13. Lh4 g5 14. Lg3 0–0 mit einem Vorteil für Schwarz, Kunzowitsch – Kuitainen, Moskau 1955. 7. e3 geht ebenfalls nicht gut. Die Partie O'Kelly – Pachman, Schacholmpiade Amsterdam 1954 ging weiter mit 7. ... c5 8. Se2 0–0 9. Sc3 cd 10. ed f6! 11. Le3 f5 12. Sd5 Sc6 13. b4 e6 und Schwarz hat einen Bauern gewonnen.

b) Nach **5. cd** Sg5: 6. h4 Se4! 7. Se4: Dd5: 8. Sc3 Da5 9. h5 (9. e3 Lg7 10. Lc4 c5! 11. Df3 0–0 12. Se2 cd 13. ed Sc6 ebenfalls mit Vorteil für Schwarz in der Partie Canal – Gligorić, Dubrovnik, Schacholympiade 1950) 9. ... Lg7 10. hg hg 11. Th8:+ Lh8: 12. Dd2 c5 13. dc Sa6 14. Td1 Le6 15. Sf3 Sc5: ergab sich für Schwarz ein Entwicklungsvorsprung in der Partie Lilienthal – Schamkowitsch, Moskau 1960.

c) Vergleichsweise noch das beste ist **5. Lf4** Sc3: 6. bc3: Lg7 7. Sf3 c5 8. e3 0–0 9. cd cd 10. cd Dd5: 11. Le2 Sc6 12. 0–0 Lf5 mit einer ausgeglichenen Stellung. Die Variante 11. ... Da5+ 12. Dd2 Dd2:+ 13. Kd2: Sc6 führte zu einem gleichen Endspiel in Kortschnoi – Uhlmann, Buenos Aires 1960, und Taimanow – Rcc, Harrachow 1966.

5. ... c7–c5
6. c4×d5

Erwägenswert ist für Weiß die andere Fortsetzungsmöglichkeit 6. e3, wonach nach 6. ... Lg7 7. Db3?! (7. cd Sc3:! 8. bc Dd5: führt mit Zugumstellung in die Textpartie) Schwarz, einer Anregung Adorjans folgend, den Vorteil ergreifen kann mittels 7. ... cd! 8. ed Sc6 9. Sf3 Sd4: 10. Sd4: Ld4: 11. cd Lc3:+! 12. bc 0–0 (vgl. Diagramm)

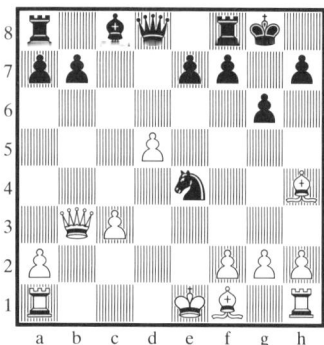

Nun wäre 13. Ld3 Sc5 14. Dc4 b6 zugunsten von Schwarz, während Weiß nach 13. Le2 Dc7! weder 14. Tc1 noch 14. Lf3 spielen kann wegen der Erwiderung 14. ... Df4. Auch nicht in Betracht kommt 14. 0–0, da 14. ... Sd2 die Qualität gewinnt. Falls Weiß 15. Db4 Sf1: Le7:?? versucht, so gerät er vom Regen in die Traufe: 16. ... Dh2:+ 17. Kf1: Dh1 matt.

6.	...	Se4×c3
7.	b2×c3	Dd8×d5
8.	e2–e3	Lf8–g7

Schwarz ging mit einem Nachteil aus der Zugfolge 8. ... cd 9. Dd4:! Dd4: 10. cd Sc6 11. Lb5 Ld7 12. Sf3 Lg7 13. 0–0 e6 14. Tab1 0–0 15. Sd2 hervor in der Partie Taimanow – Uhlmann, UdSSR gegen Rest der Welt, Belgrad 1970. Später wurde die Spielweise für Schwarz verstärkt durch 10. ... e6! nebst Entwicklung des f8-Läufers nach e7, was zu annäherndem Ausgleich führt. Zum Beispiel: 11. Tb1 Le7 12. Lg3 Sc6 13. Sf3 0–0 Gheorghiu – Tatai, Siegen Olympiade 1970.

| 9. | Dd1–f3 | Dd5–d8! |

Nach der Entwicklung des Läufers nach g7 ist es von großer Bedeutung, den Damentausch zu vermeiden. 9. ... Df3: 10. Sf3: Sc6 11. Lb5 Ld7 12. 0–0 Tc8 13. Tab1! a6 14. Le2 Sa5 15. Se5! gab Weiß einen Vorteil in der Stammpartie

dieser Variante Taimanow – Sawon, UdSSR-Meisterschaft 1969.

| 10. | Lf1–b5+ | Sb8–d7 |
| 11. | Sg1–e2 | |

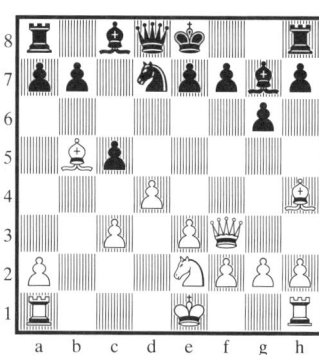

| 11. | ... | c5×d4! |

Indem Schwarz so spielt, zwingt er den Gegner dazu, mit dem e-Bauern zurückzuschlagen, denn 12. cd4:? verliert eine Figur wegen 12. ... Da5+. In der zweiten Runde des Wettkampfes UdSSR – Rest der Welt versuchte Uhlmann 11. ... 0–0? gegen Taimanow, aber nach der sehr präzisen Entgegnung seines Widersachers befand er sich in einer sehr unangenehmen Lage: 12. 0–0 a6 13. Ld3 Tb8 14. a4 b6 15. Tfd1 De8 16. Le4.

12.	e3×d4	0–0
13.	0–0	a7–a6
14.	Lb5–a4	

14. Ld3 ist häufiger zu sehen. Die Partie Jiminez – Ribli, Cienfuegos 1972, ging weiter mit 14. ... Dc7 15. Tab1 e5 16. Le4 Ta7 17. Ld5 Sb6 18. Le7 De7: 19. Tb6: ed 20. Sd4: Dc5 21. Tfb1 Ld4:! 22. cd Dd4: 23. Db3 a5! 24. Td1 De5 und Schwarz stand besser. Wenn Weiß 24. Lb7: versucht hätte, um den Bauern zurückzugewinnen, hätte Schwarz seinen Vorteil bewahrt mittels 24. ... Db6:! 25. Db6: Tb7: 26. Db7: Lb7: 27. Tb7: Tc8 28. g3 Tc2.

| 14. | ... | Sd7–f6 |

15.	Tf1−e1	Ta8−a7!
16.	h2−h3?	

Weiß hätte besser daran getan, 16. c4 b5! 17. cb Da5 zu spielen, obgleich die Stellung bereits zugunsten von Schwarz ist.

16.	...	b7−b5
17.	La4−b3	Ta7−d7
18.	a2−a4	Lc8−b7
19.	Df3−e3	Dd8−b6
20.	a4×b5	a6×b5
21.	Lh4×f6?	

Weiß will offensichtlich den Zug 21.... Sd5 verhindern. 21. Sc1? funktionierte ebenfalls nicht (mit der Idee 21. ... Sd5 22. Ld5: Ld5: 23. Sd3) denn Schwarz kann dem Zentrum bereits den entscheidenden Schlag versetzen mittels 21. ... Dc6 22. f3 b4!. 21. Lg3 war relativ gesehen die beste Lösung: 21.... Sd5 22. Ld5: Ld5: 23. Le5.

21.	...	Lg7×f6
22.	Se2−g3?	Tf8−c8!

22. ... b4 wäre voreilig, denn Weiß kann sich verteidigen mittels 23. La4! Tc7 24. Tab1.

23.	Ta1−c1	Td7−c7
24.	Sg3−e2	Db6−c6!
25.	f2−f3	Dc6−b6
26.	De3−f2?	

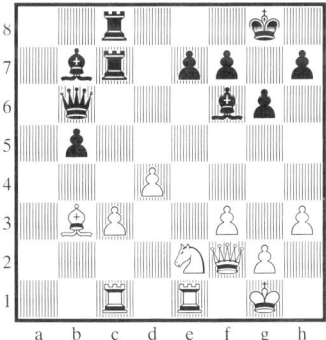

26. Kh1 war verpflichtend notwendig, obgleich Schwarz nach 26.... e5! 27. Dd2

b4 eine überwältigend starke Position hätte. Nach dem Textzug hat Schwarz aufgrund der armselig stehenden weißen Figuren und des überlasteten Springers auf e2 die Möglichkeit zu einer entscheidenden Kombination.

26.	...	Tc7×c3!
0-1		

Vermutlich von dem überraschenden Einschlag verblüfft, streckte Weiß sogleich die Waffen. Seine Stellung war in der Tat bereits jenseits von Gut und Böse. Zum Beispiel: 27. Tc3: Tc3: 28. Tb1 Td3 29. Lc4 Td4: mit einem Mehrbauern und dem Läuferpaar. Das sofortige 27. Tb1 kann stark beantwortet werden durch 27. ... Td3 28. Ted1 Td1:+ 29. Td1: b4 mit einem entscheidenden schwarzen Vorteil.

Partie Nr. 24
Weiß: Ftačnik − Schwarz: Adorjan
Sotschi 1977

1.	d2−d4	Sg8−f6
2.	c2−c4	g7−g6
3.	Sb1−c3	d7−d5
4.	Sg1−f3	Lf8−g7
5.	Lc1−g5	

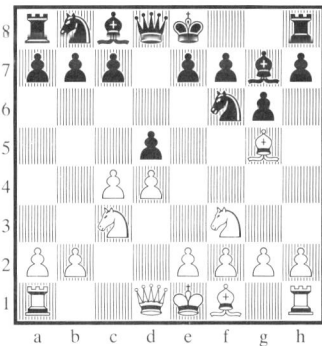

Jetzt ist der Läuferzug sicherer als einen Zug zuvor. Weiß hat das Zentrum verstärkt und sein Läufer auf dem Feld g5 ist gedeckt.

5. ...   Sf6−e4

Dies ist wiederum die beste Entgegnung.

6.   Lg5−h4

Weiß spielt gemäß den Anmerkungen zur vorausgegangenen Partie. 6. Se4: wäre offensichtlich ein ganz schwerer Fehler, da Weiß danach Materialverlust nicht mehr vermeiden kann.

Zu den beiden Fortsetzungsmöglichkeiten 6. cd5: und 6. Dc1 vergleiche man die nachfolgenden Partien.

6.   ...   c7−c5

7.   c4×d5

7. e3 Sc6 8. Le2 ist weniger kräftig, wie sich in der Partie James − Ornstein, Teeside 1974 erwies, als Schwarz leichten Ausgleich erhielt mittels 8. ...cd 9. ed Le6! 10. cd Sc3: 11. bc Ld5:.

7.   ...   Se4×c3

8.   b2×c3   Dd8×d5

9.   e2−e3   c5×d4

10. c3×d4

Nach dem weniger logischen Zug 10. ed bekommt Schwarz gutes Spiel mittels 10. ... Sc6 11. Le2 e5!, zum Beispiel 12. de (auf 12. Se5:? überläßt die Variante 12. ... Dg2:! 13. Lf3 Dh3 14. Sc6: Dh4: 15. De2+ Le6 Schwarz einen signifikanten Vorteil.) 12. ... Da5 13. 0−0 0−0 14. Lf6 Lf6: 15. ef Df5 16. Dd6 Td8 17. Dc7 Td7 18. Dg3 Df6: 19. Sg5 Te7 mit einer Stellung, die man zugunsten von Schwarz bewerten muß, Ungureanu − Ribli, Skopje · Schacholympiade 1972. 14. Db3 wurde gespielt in der Partie G. Garcia − Schmidt, Leipzig 1973, aber 14. ... Se5: 15. Sd4 Ld7! (schwächer ist 15. ... Lg4? 16. Lg4: Sg4: 17. Db7: Dc3: 18. Sc6 mit Vorteil für Weiß, Gligorić − D. Byrne, San Antonio 1972) 16. Tad1 Tac8 17. Db7: Tc3: 18. f4 Tc7 19. De4 Sc4 20. Sb3 Df5 gibt Weiß keinen Vorteil.

82

10. ...   Sb8−c6

11. Lf1−e2   0−0

Schwarz spielte hier ohne zu Zögern 11. ... e5?! in der Partie Gheorghiu − Jansa, Sotschi 1976, aber nach 12. de Da5+ (nach 12. ... Dd1:+ 13. Td1: kann der Bauer e5 nicht genommen werden wegen Td8+) 13. Dd2 Dd2:+ 14. Kd2: Se5: 15. Tab1 0−0 16. Sd4! verblieb Schwarz mit einigem Nachteil, denn er hatte erhebliche Schwierigkeiten, seine Entwicklung zum Abschluß zu bringen.

12. 0−0

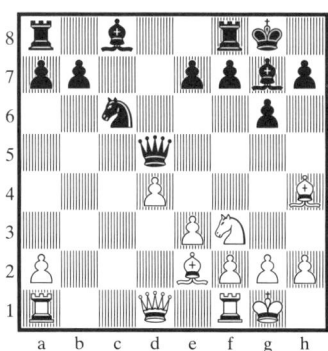

12. ...   e7−e5!

Die Pointe des schwarzen Spiels, wodurch er sich Ausgleich sichert.

12. ... b6?! 13. Db3! Db3: (13. ... De4!?) 14. ab Lb7 15. b4! e6 16. b5 Sa5 17. Le7 Tfc8 18. Lb4 gab Weiß eine greifbare Überlegenheit in der Partie Forintos − Kirow, Vrsac 1973.

13. d4×e5   Dd5−a5!

Dieser Zug ist natürlicher und besser als 13. ... De6?, was in der Partie Ree − Timman, Niederländische Meisterschaft 1978 vorkam. Dort folgte 14. Da4 Ld7 15. Da3 Tfc8?! 16. Tab1 Se5: 17. Se5: Le5: 18. Tb7: Lc6 19. Te7 Ld6 20. Te6: La3: 21. Tc6:! Tc6: 22. Lf3, was Weiß das bessere Spiel bescherte.

14. Dd1−b3

Die Partie Raschkowsky – Adorjan, Sotschi 1977 endete mit Remis nach 14. Lf6 Lf6: 15. ef Df5 16. Sd4 Df6: 17. Sc6: Dc6: 18. Lf3 Da6! 19. Db3. Schwarz kann seine Entwicklung zum Abschluß bringen mittels 19. ... Tab8 gefolgt von ...Le6.

14.	...	Sc6×e5
15.	Sf3–d4	Se5–c6
16.	Ta1–d1	

16. Sc6: bc 17. Tac1 bringt Weiß nichts ein im Hinblick auf 17. ... Le6 18. Lc4 Tab8.

16.	...	Sc6×d4!
17.	e3×d4	Lc8–d7
18.	Lh4–e7(?)	

Das Spiel ist vollkommen ausgeglichen nach 18. Db7: La4 19. Tb1 Ld4: 20. Lc4 (falls 20. Db4 geschieht, dann folgt darauf 20. ... Lb6!) 20. ... Tae8 21. Le7 Lc6! 22. Dc6: Te7:.

18.	...	Tf8–e8
19.	Db3×b7	Ld7–a4
20.	Td1–b1	

20. Lc4? verliert wegen 20. ... Tab8!. Schwarz kann aber ausrutschen mittels 20. ... Ld1:? 21. Lf7:+!, wonach er die Dame verliert, wenn er den Läufer schlägt: 21. ... Kf7: 22. Lb4+.

20.	...	Lg7×d4
21.	Le2–c4	Da5–f5!
22.	Le7–d6	Ta8–d8
23.	Db7–a6?	

Es war bereits höchste Zeit, um ein Remis zu forcieren mittels 23. Db4 Lc6 24. Lf7:+ Df7: 25. Dd4: Te6 26. Tb8 Tb8: 27. Lb8: Lg2:!. Nach dem Textzug wird die weiße Dame aus dem Spielgeschehen ausgesperrt, während die schwarzen Läufer sich daran machen, den gegnerischen Königsflügel unter Beschuß zu nehmen.

23.	...	La4–d7
24.	Tb1–d1	Ld4–b6
25.	h2–h3?	

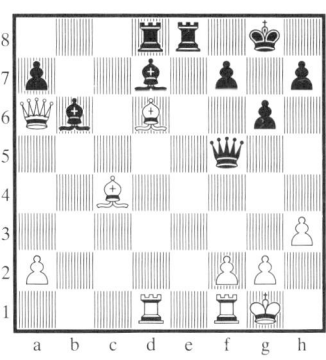

| 25. | ... | Ld7–c6 |

Schwarz droht nun 26. ... De4 nebst ...Dg2 matt! Dies kann weder mit 26. Kh1 abgewehrt werden wegen 26. ... Dh3:+, noch mit 26. Kh2 wegen 26. ... Td6:+ 27. Td6: De5+. Ein tieferer Blick in die Stellung macht deutlich, daß Weiß über keine adäquate Verteidigung mehr verfügt. Wenn er 26. Ld3 versucht, dann kann Schwarz mittels 26. ... Dd5 seinen Mattangriff zum Erfolg führen. Weiß spielte daher

| 26. | Lc4–e2, | |

um nach 26. ... De4 mit 27. Lf3 die Stellung zu halten, aber nach

| 26. | ... | Df5–e6 |

gab er auf, weil nun Material verloren geht. Auf 27. Lc4 gewinnt Schwarz wie oben schon gesehen mit 27. ... De4.
0–1

Partie Nr. 25
Weiß: Petrosjan – Schwarz: Kortschnoj
UdSSR-Meisterschaft 1973

1.	d2–d4	Sg8–f6
2.	c2–c4	g7–g6
3.	Sb1–c3	d7–d5
4.	Sg1–f3	Lf8–g7
5.	Lc1–g5	Sf6–e4
6.	c4×d5	

Die Hauptvariante dieses Systems beginnt mit diesem Zug.

| 6. | ... | Se4×g5 |
| 7. | Sf3×g5 | |

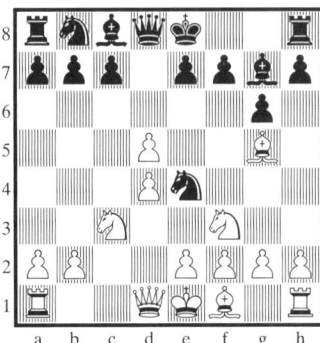

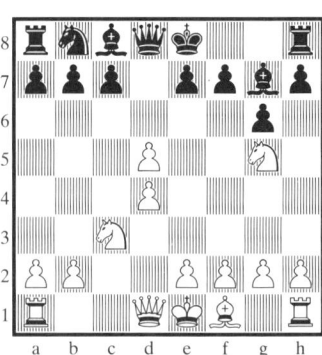

Nach 6. ... Sc3: 7. bc3: Dd5: ist Weiß nicht gezwungen, in die Variante überzuleiten, die im Zusammenhang mit der Partie Ftačnik – Adorjan analysiert wurde, indem er 8. e3 c5 9. Le2 cd 10. cd Sc6 11. Lh4 spielt, sondern er kann versuchen, die Zentrumsanrempelung ... c5 zu verhindern. Zum Beispiel 8. Da4+ Ld7 9. Da3 Sc6 (9. ... c5!?) 10. e3 h6 11. Lh4 mit einem leichten Vorteil für Weiß. In der Partie Taimanow – Kozma, Oberhausen 1961 ging Schwarz unmittelbar in eine Falle und verlor einen Bauern nach 11. ... Da5? 12. Le7:!. Eine andere Fortsetzung lautet: 8. Db3 Le6 9. Dd5: Ld5: 10. Sd2!?. Die Partie Mikenas – Landau, Kemeri 1937 ging weiter mit 10. ... c5 11. e4 Lc6 12. d5 Ld7 13. Tc1 e6, wonach – nach Euwe – Weiß einen Vorteil erzielt haben könnte mittels 14. Sc4!. In der Partie Rogers – Hort, Biel 1984, spielte Schwarz 10. ... f5!? (anstelle von 10. ... c5), aber nach 11. f3 h6 12. Lf4 c6 13. e4 fe 14. fe Lf7 15. Lc4 0–0 16. 0–0 Sd7 hätte Weiß einen kleinen Vorteil erringen können mit 17. Le3! (anstelle von 17. Tab1 b5!).
In der Diagrammstellung ist es daher logisch, die Herausforderung anzunehmen und den Läufer zu schlagen.

| 7. | ... | c7–c6!? |

Eine weniger häufige Fortsetzung. Schwarz bietet ein Bauernopfer an, um einen Vorsprung in der Entwicklung zu erringen.
Der häufigste Zug ist 7. ... e6. Mit ihm werden wir uns in der Partie Karpow – Adorjan auseinandersetzen.

8. Sg5–f3

Petrosjan vermeidet die weniger gut ausanalysierten Verwicklungen. Die Annahme des Bauernopfers wird Diskussionsgrundlage in den Partien Ree – de Wit und Hübner – Kavalek sein.
Neben der Ablehnung des Bauernopfers mit 8. Sf3 kann Weiß das Opfer auch mit 8. e3 ablehnen. Jetzt wäre die korrekte schwarze Antwort 8. ... e6! 9. Sf3 cd! mit Ausgleich (ähnlich dem Aufbau von Kortschnoi). Nicht so gut ist 8. ... cd(?) 9. Df3! f6 10. Sh3 e6 11. Sf4 Sc6 12. h4! 0–0 13. Ld3 e5? 14. Dd5:+ Dd5: 15. Sfd5: ed 16. ed Sd4: 17. h5! f5 18. hg hg 19. Sc7 Tb8 20. Lc4+ Tf7 21. 0–0–0 mit einer Gewinnstellung für Weiß in der Partie Antoschin – Zacharow, UdSSR 1981.
Schwarz versuchte die Partie zu verbessern mittels 10. ... Lh3: 11. Dh3: Kf7 in der Partie Kurajica – Simić, Jugosla-

wische Meisterschaft 1984. Trotzdem, nach unserer Überzeugung gibt 12. Df3 (anstelle von 12. Lb5?!) 12. ... e6 13. Ld3 Sc6 14. h4! Weiß einen klaren Vorteil. Das Bauernopfer mit 8. ... cd(?) 9. Df3 0–0 funktioniert auch nicht. Nach 10. Dd5: Sd7 11. f4 e6 12. Db3 Sb6 13. Le2 e5 14. de Le5: 15. 0–0 bewahrte Weiß seinen Mehrbauern und beendete seine Entwicklung erfolgreich in der Partie Ardiansyah – Helmers, Luzern Olymiade 1982.

Ebenfalls erwähnenswert ist die Partie Donschenko – Dorfman, UdSSR 1983. In ihr leitet Schwarz in eine der Hauptvarianten des Systems über vermittels 8. e3 e6! 9. Sf3 ed. Diese Variante entsteht gewöhnlich auf dem Wege 7. ... e6 8. Sf3 ed 9. e3 c6.

8.	...	c6×d5
9.	e2–e3	0–0
10.	Lf1–e2	Sb8–c6
11.	0–0	e7–e6

Ein notwendiger Sicherungszug, um Db3 zu verhindern. Nach dem Aufzeigen einer Eröffnungsneuerung können wir sagen, daß der solide weiße Aufbau nicht zur Erringung eines Vorteils genügt. Die Möglichkeiten, die in der schwarzen Stellung verborgen liegen enthüllte Kortschnoj in wenigen Zügen.

12.	Ta1–c1	Dd8–e7
13.	Sc3–a4	Tf8–d8
14.	a2–a3?	e6–e5!

Weiß hat es versäumt, der schwarzen Unternehmung mit 14. Lb5! vorzubeugen. Er glaubte augenscheinlich, daß ...e5 nicht funktionieren würde wegen 15. de, wonach der d-Bauer schwach sein würde. Aber Schwarz entdeckte eine taktische Möglichkeit.

| 15. | Le2–b5 | |

Langsam dämmerte Weiß nun die Wahrheit: 15. de wäre zum Vorteil von Schwarz wegen 15. ... d4!. Zum Beispiel: 16. ed Sd4: 17. Sd4: Le5:. Materielles

Gleichgewicht ist wieder hergestellt, und die offenere Stellung sieht Schwarz, der über das Läuferpaar verfügt, im Vorteil. Jetzt verliert 18. Tfe1 Ld4: 19. Lf3 wegen 19. ... Lf2:+! 20. Kf2: Dh4+ mit Damengewinn für Schwarz.

15.	...	e5–e4
16.	Sf3–d2	Lc8–d7
17.	Tc1–c5?	

Weiß spielt auf die (vermeintliche) Schwäche des Bauern d5, aber dieser Plan wird durch eine hübsche Kombination widerlegt. Die richtige Fortsetzung wäre 17. Sc5 Le8 18. b4, obgleich Schwarz auch dann aktives Gegenspiel bekommt mittels 18. ... f5!

| 17. | ... | a7–a6! |
| 18. | Lb5–e2 | |

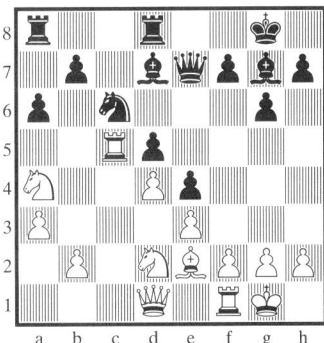

| 18. | ... | Sc6×d4!! |

Ein unerwartetes und hervorragendes Figurenopfer, das die Nachteile der ungünstigen weißen Figurenstellung aufdeckt.

| 19. | e3×d4 | Lg7×d4 |
| 20. | Tc5–c7! | |

Dies war noch diese beste Chance. Nach 20. Td5:? La4: 21. Td8:+ Td8: 22. Da4: e3! gewinnt Schwarz die Figur zurück und hat einen entscheidenden Vorteil. 20. Ta5 b5! 21. Sc3 Lc6 gibt Schwarz ebenfalls Vorteil angesichts der peinlichen Lage, in der sich der weiße Turm auf a5 befindet, zum Beispiel 22. a4! b4 23. Sa2 e3! (23. ... Lb7 ist unzureichend angesichts von 24. Sb3 Lb6 25. De1) 24. Sf3 ef+ 25. Kh1 Lb6 26. Ta6: Ta6: 27. La6: Ta8 28. Ld3 Ta4: 29. Sc1 Ta1 mit überreichlicher Kompensation für die geopferte Figur.

20. ... De7–g5?

Um 21. ... La4: 22. Da4: Dd2: zu drohen und ebenfalls 21. ... Lh3. Es sieht natürlich stark aus, aber Weiß hat einen Joker im Ärmel. Die beste Fortsetzung für Schwarz wäre daher 20. ... b5! 21. Sc3 Dd6 gewesen.

21. Sd2×e4! Dg5–e5!

Schwarz macht sich keinerlei Illusionen, denn nach 21. ... de 22. Dd4: Lh3 23. De4: Te8 kann Weiß 24. Df3 spielen oder er kann den Zwischenzug 24. f4 einschalten, und nach 24. ... Dd8/a5 25. Dc4 bleibt er mit einer Figur im Vorteil.

22. Se4–g5?!

Petrosjan stellt noch eine weitere Figur zum Schlagen hin, was sich durch Kortschnois Zeitnot erklären läßt. Das einfache 22. Td7:! Td7: 23. Sd2 La7 24. Sf3 wäre günstiger für Weiß.

22.	**...**	**De5×c7**
23.	**Dd1×d4**	**Ld7×a4**
24.	**Dd4×a4**	**Dc7–e7**
25.	**Da4–h4**	**f7–f6**

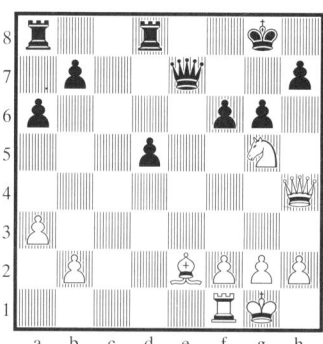

26. Sg5×h7! De7×h7

Es ist verständlich, daß Schwarz kein Gefallen an der Fortsetzung 26. ... De2:? 27. Sf6:+ Kg7 28. Sg4 findet.

27.	**Dh4×f6**	**Dh7–g7**
28.	**Df6–e6+**	**Dg7–f7**
29.	**De6–g4!**	**Td8–d6!**

Seine enorme Zeitnot hindert Kortschnoi nicht daran, sich weiterhin hervorragend zu verteidigen.

30.	**Le2–d3**	**Ta8–f8**
31.	**g2–g3**	**Df7–f3**
32.	**Dg4–b4**	**Td6–e6**
33.	**Db4–d2**	**Tf8–e8**
34.	**h2–h4**	**Kg8–g7**
35.	**Tf1–c1**	

Remis

Objektiv steht Schwarz wohl immer noch besser, doch die Zeitnot fordert ihren Tribut – Schwarz gibt sich mit einer Punkteteilung zufrieden.

In den vorausgegangenen Partien haben wir uns nur mit der Ablehnung des Bauernopfers beschäftigt. Wollen wir nun einen Blick auf die viel aufregendere Möglichkeit werfen: auf die Annahme des Bauernopfers.

Partie Nr. 26
Weiß: Ree – Schwarz: de Wit
Amsterdam 1984

1.	**d2–d4**	**Sg8–f6**
2.	**c2–c4**	**g7–g6**
3.	**Sb1–c3**	**d7–d5**
4.	**Sg1–f3**	**Lf8–g7**
5.	**Lc1–g5**	**Sf6–e4**
6.	**c4×d5**	**Se4×g5**
7.	**Sf3×g5**	**c7–c6**
8.	**d5×c6**	

8. Db3 ist harmlos. Schwarz kann leicht ausgleichen nach 8. ... e6 9. dc Sc6: 10. Sf3 Sd4: 11. Sd4: Ld4: 12. e3 Lc3:+ 13. Dc3: 0–0 14. Le2 Ld7 15. 0–0 Lc6 (Sahovic – Gutman, UdSSR 1970).

86

8. ... Sb8×c6

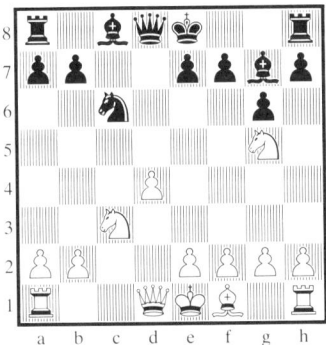

Das Schlagen des d4-Bauern wäre ein ernsthafter Fehler wegen 9. Db3 mit dem Doppelangriff auf f7 und b7.
Gut wäre jedoch auch der Zug 8. ... 0–0. Er führt in der Regel zu einer Zugumstellung nach 9. Sf3, aber die Erwiderung 9. cb?! Lb7: 10. e3 e5! gäbe dem Nachziehenden hinreichende Kompensation für den geopferten Bauern (ein Vorschlag von Minew).

9. d4–d5

Eine andere wichtige Variante ist 9. e3. Diese wird in der nächsten Partie betrachtet werden.

9. ... Sc6–e5

In der Partie Donschenko – Dorfman, UdSSR 1974 versuchte Schwarz hier 9. ... o6?!. Er beabsichtigte 10. dc Dg5: 11. cb Lb7: 12. Da4+ Kf8 13. Db4+ De7, oder 10. Dd2 ed 11. Sd5: 0–0 in beiden Fällen mit einem klaren Vorteil für Schwarz. Weiß spielte jedoch 10. Sf7:! und nach 10. ... Da5 11. Sd6+ Ke7 12. Se4 Td8 13. d6+ Kf8 14. e3 Db4 15. Dc2 blieben ihm zwei Mehrbauern.

9. ... Da5 ist eine interessante, aber nicht zufriedenstellende Fortsetzung. Die Partie Narva – Kengis, UdSSR 1983, ging weiter mit 10. Dd2 0–0?! 11. dc Td8 12. Dc1! bc 13. f4! Tb8 14. Kf2 Db6+ wonach, gemäß Kengis, Weiß die Initiative

hätte ergreifen können mittels 15. Kg3! (anstelle von 15. Kf3?!).

10. e2–e3

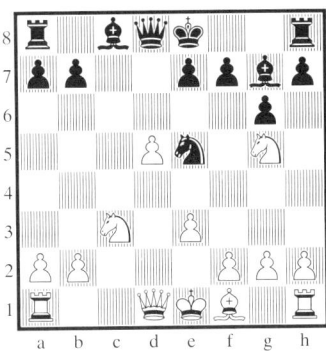

Alternativen:
a) 10. Sf3 Sf3:+ 11. ef 0–0. Das machtvolle schwarze Läuferpaar kompensiert das Bauerndefizit. Zum Beispiel 12. Le2 e6! 13. de Le6: 14. 0–0 Da5. Wenn 13. d6 geschieht, dann gewinnt Schwarz den Bauern unter positionellem Vorteil zurück nach 13. ... Le5 14. Se4 (oder 14. Sb5 Ld7) 14. ... f5!. Falls 13. 0–0 erfolgt, so ist der einfachste Weg zum Ausgleich in 13. ... Lc3:! 14. bc ed zu sehen.
b) 10. e4 0–0 11. Le2 e6! (minderwertig ist 11. ... Db6?!, Haik – Ornstein, Stockholm 1974/75 wegen 12. Dd2!) 12. Sf3 Sf3:+ 13. Lf3: ed 14. Dd5: Le6! 15. Dd8: Tfd8:. Die starken Läufer und sein Entwicklungsvorsprung geben dem Nachziehenden genug Kompensation für den Bauern (Analyse von Minew). Zum Beispiel: 16. 0–0 Td2 17. Tab1 Tc8.
c) 10. Da4+ Ld7 11. Db3 0–0! 12. e3 e6 wurde gespielt in der Partie Garcia Palermo – Barreras, Kuba 1985, wonach Schwarz 12. ... b5! fortsetzen sollte. Zum Beispiel 13. Le2 (Bauernraub mit 13. Lb5:? würde bestraft mit 13. ... Tb8 14. Da4 Lb5: 15. Sb5: Dd5:, wonach Weiß bereits aufgeben könnte wegen

der hängenden Figuren) 13. ... e6 14. f4 (14. Sf3 bereitet Schwarz keine Probleme, da er über die Fortsetzung 14. ... Tb8 15. 0–0 b4 16. Se4 ed 17. Dd5: Lc6! verfügt) 14. ... ed 15. Dd5: b4! 16. Sce4 Sg4 17. Lg4: Lg4: 18. Dd8: Tad8: und die weiße Stellung ist eine Katastrophe.

Es gibt ein wichtiges, immer wiederkehrendes Motiv in diesen Varianten: Schwarz braucht den Damentausch nach dem Bauernopfer normalerweise nicht zu fürchten, denn er behält seine Initiative und sein positionelles Übergewicht auch im Falle eines Endspiels.

10.	...	0–0
11.	Lf1–e2	e7–e6!
12.	Sg5–f3	e6×d5
13.	Dd1×d5	

Weiß darf auch nach 13. 0–0 Sf3:+ 14. Lf3: d4 auf keinen Vorteil hoffen.

13.	...	Lc8–e6
14.	Dd5×d8	Se5×f3+
15.	Le2×f3	Tf8×d8
16.	0–0	Td8–d2!

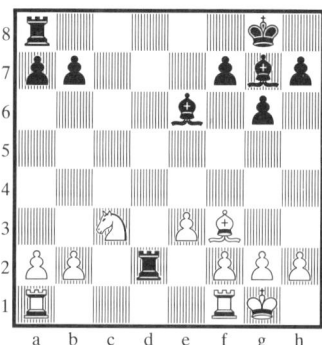

Eine typische Position in dieser Gambitvariante. Die schwarze Initiative ist so stark, daß es ungeachtet des Mehrbauern der Weißspieler ist, der höchste Präzision beweisen muß, um das Gleichgewicht noch aufrechtzuerhalten.

17.	Ta1–b1	Ta8–c8
18.	a2–a4	Lg7×c3
19.	b2×c3	b7–b6
20.	Tf1–c1!	

Nicht so gut ist 20. a5 ba 21. Tb7 Tc3: 22. Ta7: Ta2.

20.	...	Td2–a2
21.	Lf3–d1	Ta2–a3
22.	f2–f4	Ta3×c3
23.	Tc1×c3	Tc8×c3
24.	Kg1–f2	Le6–d5
Remis		

Wenngleich die Partie bei wirklich korrektem und fehlerfreiem Spiel wohl mit Remis enden muß, so ist es doch die schwarze Seite, die über die attraktivere Stellung verfügt und eher noch etwas versuchen könnte.

Partie Nr. 27
Weiß: Hübner – Schwarz: Kavalek
Montreal 1979

1.	d2–d4	Sg8–f6
2.	c2–c4	g7–g6
3.	Sb1–c3	d7–d5
4.	Sg1–f3	Lf8–g7
5.	Lc1–g5	Sf6–e4
6.	c4×d5	Se4×g5
7.	Sf3×g5	c7–c6
8.	d5×c6	Sb8×c6
9.	e2–e3	

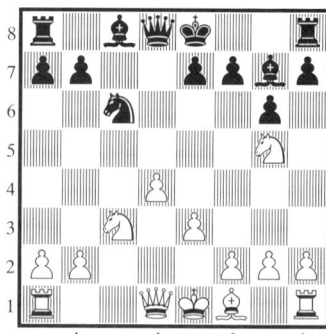

Weiß spielt 9. e3, um die Diagonale des schwarzen Fianchettoläufers geschlossen zu halten.

9. ... e7−e5?!

Ein offensichtlicher Zug, der auch von der Theorie empfohlen wird. In dieser Partie funktioniert das schwarze Eröffnungsschema gut. Seine Nachteile wurden von Hübner selbst erst in einer späteren Partie gegen Ftačnik aufgedeckt (man vergleiche hierzu die Anmerkungen zum 12. Zug von Weiß).

In einer Wettkampfpartie Tsabdrakmanow − Moisejew, UdSSR 1974, spielte Schwarz 9. ... 0−0! 10. Sf3 Da5?!, aber nach 11. Tc1 e5 12. Se5: Se5: 13. de Le5: 14. Lc4! Lf5 15. 0−0! Lh2:+ 16. Kh2: Dc7+ 17. f4 Dc4: 18. Sd5 Dd3 19. Dd3: Ld3: 20. Tfd1 La6 21. Sc7 (21. Tc7!? Baramow) 21. ... Tac8 22. Sa6: ba 23. Kg3 war es Weiß, der das bessere Endspiel erreichte.

Nach 9. ... 0−0! 10. Sf3 dürfte Adorjans Idee 10. ... e5!? der beste Fortsetzungsversuch sein.

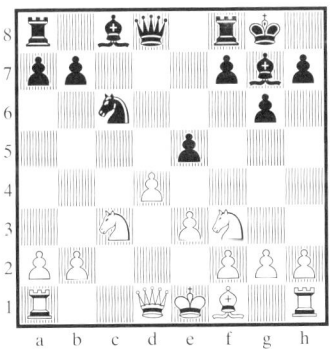

Jetzt haben wir die folgenden Fortsetzungsmöglichkeiten von Weiß aufzugreifen und zu untersuchen:

a) 11. de Se5: 12. Se5: Le5: 13. Dd8: Td8: 14. Le2 Le6 15. 0−0 (falls 15. Sd1, dann folgt 15. ... Tac8!) 15. ... Td2 und Schwarz gewinnt den Bauern zurück.

Wenn der Leser diese Stellung vergleicht mit derjenigen aus der Partie Ree − de Wit nach dem 16. Zug, wird er erkennen, daß sie einander außerordentlich ähnlich sind.

Weiß fährt nicht besser in der Variante mit 12. Dd8:, denn Schwarz schaltet den Zwischenzug 12. .. Sf3:+ ein.

Wenn der Anziehende 12. Sd4 versucht, dann folgt 12. ... Dh4!, was dem Nachziehenden gute Angriffschancen sichert. Unsere Meinung läßt sich mit einer konkreten Variante unterstützen: 13. g3 Dh6! 14. Lg2 Lg4 oder 13. h3 Sc6!. 13. Sf3? käme natürlich erst gar nicht in Betracht wegen 13. ... Sf3:+ 14. Df3: Db4. Anstelle von 12. ... Dh4! erlaubt der Alternativzug 12. ... Sc6?! die Fortsetzung 13. Sc6: b6 14. Dd8: Td8: gefolgt von b3 und Lc4.

b) Auf **11. d5** ist die energischste schwarze Antwort 11. ... e4!.

b1) 12. dc ef 13. Dd8: Td8: 14. gf bc ähnlich der vorausgegangenen Anmerkung. Wenn Weiß 13. Df3: spielt, dann gibt 13. ... bc 14. Lc4 Tb8! dem Schwarzen ausreichendes Gegenspiel.

b2) 12. Se4: Sb4 ist günstig für Schwarz. Zum Beispiel: 13. Sc3 Lf5 14. Tc1 Da5 mit der Drohung 15. ... Sa2:!. Wenn anstelle dessen 14. Lc4 geschieht, dann wird Schwarz nach 14. ... Sc2+ 15. Ke2 Sa1: 16. Da1: Tc8 17. Lb3 Da5! viel besser wegkommen.

b3) Nach **12. Sd2** Sb4 hat Weiß die Auswahl zwischen zwei Übeln. Der schwächere Zug ist 13. Sde4:?, der beantwortet werden kann mittels 13. ... Lf5!, was zu schwarzem Vorteil führt. Zum Beispiel 14. a3 Lc3:+ 15. bc Sd5: 16. Sg3 (oder 16. Ld3 Sc3:!) 16. ... Da5! oder 14. Tc1 Sa2:!.

Das geringere Übel ist 14. a3!, aber 14. ... Lc3:! 15. bc Sd5: überläßt dem Nachziehenden das bessere Spiel.

10. d4−d5 Dd8×g5

| 11. | d5×c6 | 0–0 |

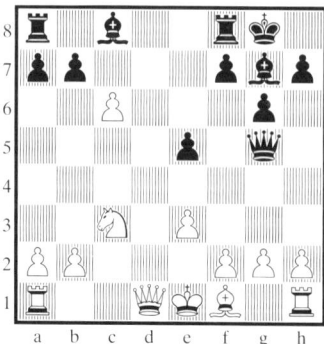

12. Lf1–e2?

Ein schlechter Zug. Weiß zieht den schwarzen Zwischenzug 12. ... Td8! nicht ins Kalkül und verliert auf jeden Fall einen Bauern.

12. Lc4? wäre ebenfalls minderwertig wegen 12. ... Dg2: 13. Ld5 e4!, und 14. Le4: ist nicht spielbar wegen der Erwiderung 14. ... Lc3:+.

Die richtige Fortsetzung wurde von Hübner bei seiner Partie gegen Ftačnik in Biel 1984 vorgeführt:

12. h4! De7 13. Sd5 Dd6 14. c7! e4 15. Lc4 Dc5 16. Dc2! b5 17. Lb3 Dc2: 18. Lc2: Te8 19. 0–0–0 Lb7 20. Kb1 Tac8 21. h5 Te5 22. Lb3 Ld5: 23. Td5: Tc7: 24. Te5: Le5: 25. Th4 Td7 26. Te4: und Weiß verwertet seinen Mehrbauern zum Sieg ... freilich erst nach einer Mammutpartie von 117 Zügen. Wir hoffen, daß Sie es uns nachsehen, wenn wir nicht die komplette Zugfolge der Partie hier wiedergeben.

Es gibt eine Frage, die viel aufregender ist: Kann das schwarze Spiel in dieser ersten Partiephase an irgendeiner Stelle verbessert werden? Wir wollen es versuchen!

a) 12. ... Df5? 13. e4! De6 14. Sd5 Td8 15. c7! und Weiß hat eine Gewinnstellung.

b) 13. ... Dc5? 14. Tc1! Da5+ 15. b4 Da2: 16. Lc4 Da3 17. Tc3 Db2 18. Tc2 Da3 19. Ta2 mit Damengewinn.

c) 15. ... Lb2: 16. Tb1 Le5 17. Dc2! Le6 18. De4: Ld5: 19. Dd5: Dc7: 20. Tb7: Tad8 21. Tc7: Td5: 22. Ld5: Lc7: 23. Ke2 und Weiß ist mit einem Bauern im Vorteil.

d) 15. ... b5. Offensichtlich ist es dieser Zug, der die besten Perspektiven bietet: 16. Lb5: Lb7 17. Lc4 Tac8 (nach 17. ... Lb2:? 18. Tb1 Ld5: 19. Tb2:! De5 20. Ld5: Db2: 21. La8: Dc3+ 22. Kf1 gewinnt Weiß) 18. Tc1! und Weiß verteidigt den Bauern c7 indirekt mit einem deutlichen Vorteil.

Diese Varianten sollten ausreichen und zu der Feststellung Anlaß geben, daß anstelle von 9. ... e5?! Schwarz besser zunächst rochieren sollte, um auf 10. Sf3 dann sein Gegenspiel mittels 10. ... e5! einzuleiten!

12.	...	Tf8–d8!
13.	Dd1–a4	Dg5×g2
14.	Da4–e4	Dg2×e4
15.	Sc3×e4	b7×c6

In der Stellung, die aus der bisherigen Zugfolge resultiert, hat Schwarz nicht nur einen Mehrbauern, sondern darüberhinaus auch noch ein sehr starkes Läuferpaar.

Der Rest der Partie ist nur noch weiße Agonie.

| 16. | Le2–c4 | Kg8–f8! |
| 17. | Ta1–c1 | |

17. Sg5? kann stark beantwortet werden mit 17. ... h6!, und Weiß kann den Bauern auf f7 nicht schlagen, da sein Springer gefangen werden würde. Zum Beispiel: 18. Sf7: Td7 19. Td1 Tf7: 20. Lf7: Kf7: 21. Td8 Lf6 mit einem entscheidenden materiellen Vorteil für Schwarz.

17.	...	Kf8–e7
18.	Ke1–e2	f7–f5
19.	Se4–c5	e5–e4
20.	b2–b3?	

Wie sich bald herausstellen wird, war
20. Tc2 besser.

20.	...	Lg7–b2!
21.	Tc1–c2	Lb2–a3
22.	Sc3–a4	

Von jetzt an spielt der Springer nur noch
eine Statistenrolle. Schwarz macht nun
den Weg frei für seinen c8-Läufer, des-
sen Einsatz die Sache schnell zur Ent-
scheidung bringt.

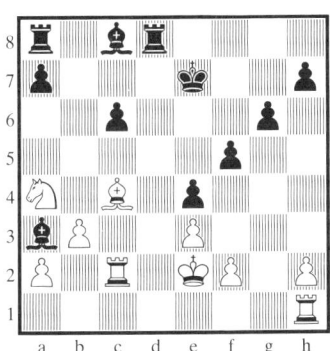

22.	...	f5–f4!
23.	e3×f4	Lc8–g4+
24.	Ke2–e3	Lg4–d1!
25.	Td1–d2	Ld1–f3

0–1

Sowohl 26. Td8: Td8: 27. Tb1 Lb4
28. Tb2 Td1 in Verbindung mit entweder
La3 c1 oder ... c5, ... Te1+ als auch
26. Tg1 Td2: 27. Kd2: Ld6 wäre hoff-
nungslos für Weiß.

Partie Nr. 28
Weiß: Saizew – Schwarz: Tukmakow
Erewan 1982

1.	d2–d4	Sg8–f6
2.	c2–c4	g7–g6
3.	Sb1–c3	d7–d5
4.	Sg1–f3	Lf8–g7
5.	Lc1–g5	Sf6–e4
6.	Dd1–c1!?	

Eine interessante Idee von Saizew, die
zuerst in der Partie Saizew – Zesch-
kowski, Sotschi 1976 zu sehen war.

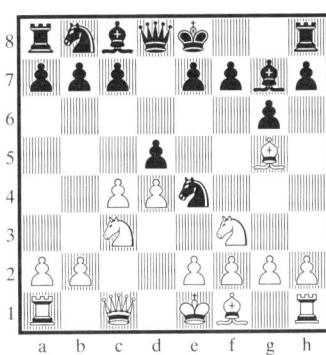

Weiß beabsichtigt, dem Gegner so-
gleich die Giftzähne zu ziehen, d.h. Ab-
tausch der schwarzfeldrigen Läufer mit-
tels Lh6, oder nach 6. ... Sg5: 7. Dg5: un-
ter Preisgabe des Läuferpaares auf ein
vorteilhaftes Spiel im Zentrum abzu-
zielen.
Die Stammpartie, die oben erwähnt
wurde, ging weiter mit 6. ... c5 7. Lh6!
Ld4:! (7. ... 0–0? steht nicht zur Debatte
wegen 8. Lg7: Kg7: 9. cd Sc3: 10. Dc3:,
was Weiß bereits eine Gewinnstellung
einräumt. 7. ... Lh6:? 8. Dh6: ist für
Schwarz ebenfalls nicht ratsam.) 8. e3!
(vermeidet die Falle 8. Sd4:? cd 9. Lg7
dc3: 10. Lh8: cb und es gibt keine Ver
teidigung mehr gegen 11. ... Da5+)
8. ... Lc3:+ 9. bc3: mit einem sehr kom-
pliziertem Kampf, der aber nach 25 Zü-
gen mit Remis endete.
In der Textpartie wählt Schwarz einen
anderen Plan.

| 6. | ... | h7–h6 |

Damit verhindert der Nachziehende den
Zug Lg5–h6.
Ja, Sie haben ganz recht; die Nagel-
probe auf diese Variante bzw. auf die
damit verbundene Absicht besteht in
der Annahme durch den Gegner. Wollen

wir also aus einem prinzipiellen Standpunkt heraus die Konsequenzen von 6. ... Sg5:!? 7. Dg5: c6 näher besehen. Weiß muß sofort etwas unternehmen, ansonsten wird Schwarz gutes Spiel mit dem Läuferpaar bekommen. 8. cd h6! 9. Dc1 cd 10. Sd5:! Sc6 11. Dc5 e6 12. Sb4 Ld4: 13. Sd4: Dd4: 14. Dd4: Sd4: würde mit einem leichten weißen Vorteil enden (Analyse von Saizew).
In dieser Variante gibt es noch eine interessante Alternative: 9. ... 0–0!? (ein Bauernopfer, um die schwarze Entwicklung zu beschleunigen (eine Idee von Adorjan – vgl. Analysediagramm).

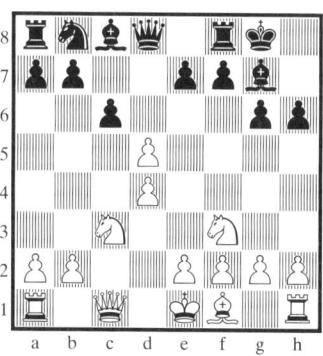

Die Diagrammstellung und der Aufbau, der nach dem siebenten Zug der Partie Nr. 25 (Petrosjan – Kortschnoj) entsteht, ähneln einander außerordentlich stark. Die nachfolgende Analyse ist es wert, daß man sie mit den Partien Ree – de Wit und Hübner – Kavalek vergleicht. Wir wollen die bedeutungsvollsten weißen Möglichkeiten einer näheren Untersuchung unterziehen:
a) Nach **10. e3(?)** cd ist die schwarze Stellung sogar noch stärker zu bevorzugen als im Falle der Partie Petrosjan – Kortschnoj.
b) Wenn **10. e4?** geschieht, dann gewinnt Schwarz nach 10. ... cd 11. Sd5: Sc6 seinen Bauern zurück mittels ... e6,

oder er erhält auf andere Art eine starke Initiative nach 12. Lb5? Lg4!. Eine dritte Möglichkeit: 11. ed e6! 12. de Le6: und Schwarz hat mehr als ausreichende Kompensation für den Bauern.
c) **10. dc.** Jetzt würde 10. ... Sc6: 11. d5! Sb4 12. e4 mit der Drohung 13. a3 dem Nachziehenden keine große Freude bereiten, aber die Unterentwicklung der weißen Streitkräfte erlaubt es, noch einen weiteren Bauern zu opfern mit 10. ... e5! (Döry) (Vgl. Diagramm)

Die Partie könnte jetzt etwa weitergehen 11. de (11. d5? e4! 12. Se4: Dd5: 13. Sc3 Da5 14. c7 Sc6 15. e3 Lf5 16. Le2 Tac8 mit Vorteil für Schwarz. 12. Sd2? ist nicht möglich im Hinblick auf 12. ... bc 13. dc e3! 14. fe Sc6:) 11. ... Sc6: 12. e3 Lg4! 13. Le2 Lf3: 14. Lf3: Se5: mit ausreichender Kompensation für den Bauern, zum Beispiel 15. 0–0 Sf3:+ 16. gf Tc8!.
All dies ist natürlich nur eine Eventualmöglichkeit. Weitere Untersuchungen und praktische Erprobungen sind erforderlich.

7.	Lg5–f4	Se4×c3
8.	b2×c3	c7–c5
9.	c4×d5	

Oder 9. Le5 Le5: 10. Se5: cd 11. cd (11. Df4 0–0! 12. Dh6: Da5 ist zum Vorteil von Schwarz) 11. ... Sc6 mit Ausgleich.

9.	...	**Dd8×d5**
10.	**e2–e3**	**Sb8–c6**
11.	**h2–h3**	

Ein notwendiger Sicherungszug, da die Zugfolge 11. Le2 g5 12. Lg3 g4 13. Sh4 Lf6 14. 0–0? Dh5 mit schwarzem Figurengewinn verbunden ist.

11.	...	**Lc8–f5**
12.	**Lf1–e2**	**Ta8–c8**

Schwarz hat die gesündere Aufstellung, und Weiß hat keinerlei zählbare Vorteile.

13.	**Dc1–d2?!**	

Besser ist 13. 0–0 g5 14. Lg3, obwohl nach 14. ... 0–0 die schwarze Stellung bereits die größere Attraktivität besitzt. Schwarz muß freilich einer Falle ausweichen: 13. ... cd 14. ed Sd4:? gibt Weiß einen sehr kraftvollen Angriff, zum Beispiel 15. Sd4: Ld4: 16. Dd2 Tc3: 17. Tad1 Tc2 (17. ... e5 18. Dc3:!) 18. Lb5+ Db5: 19. Dd4: (Tukmakow).

13.	...	**g6–g5**
14.	**Lf4–g3**	**c5×d4**
15.	**c3×d4**	**0–0**
16.	**Ta1–c1**	**e7–e5!**
17.	**Tc1–c5?**	

17. de Dd2:+ 18. Sd2: Se5: 19. 0–0 Ld3! war keine sonderlich vielversprechende Variante ebensowenig wie 18. Kd2: Tfd8+ 19. Ke1 (19. Sd4 Sd4: 20. Tc8:? Sf3+! gewinnt) 19. ... Se5.. In beiden Fällen hat Schwarz die besseren Endspielaussichten.
Mit dem Textzug freilich handelt sich Weiß noch wesentlich schlimmeren Ärger ein.

17.	...	**Dd5–e4**
18.	**d4×e5**	**Tf8–d8**
19.	**Dd2–b2**	

Auf 19. Dc1 entscheidet der Nachziehende die Partie bereits mittels 19. ... Lf8! für sich.

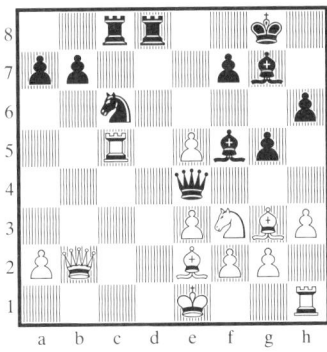

19.	...	**Sc6–b4!**
20.	**Tc5×c8**	**Td8×c8**
21.	**a2–a3?**	

Dies ist bereits ein Fehler, der sofortigen Verlust nach sich zieht. Weiß mußte um jeden Preis die Rochade durchführen, wonach Schwarz noch hart um den Sieg kämpfen müßte. Zum Beispiel: 21. ... Tc2 22. Db3 Le6 (22. ... Te2:?! 23. Sd4) 23. Ld3! Dd3: 24. Db4: Lc4 25. Ta1! b5 26. Sd4 Lf8! 27. Da5 Ta2:! 28. Ta2: Db1+ 29. Kh2 Da2: (nach einer Analyse von Tukmakow). Hier kann Weiß keinen Bauern einkassieren mittels 30. Da2: La2: 31. Sb5: weil nach 31. ... a5! der gegnerische Freibauer nur noch unter schweren Verlusten aufgehalten werden kann.

21.	...	**Sb4–d3+**
22.	**Le2×d3**	**De4×d3**
23.	**Sf3–d4**	

Weiß hatte sich vielleicht sogar in diesem Moment noch einige Hoffnungen gemacht, aber der Gegner hatte die Sache genauer und gründlicher berechnet.

23.	...	**Lf5–e4**
24.	**h3–h4**	**Lg7–f8!**
0–1		

Weiß gab lieber auf, als sich noch die Fortsetzung 25. ... La3: gefolgt von Tc1+ zeigen zu lassen.

Nachdem wir nun im bisherigen Verlauf unserer Betrachtungen die Gambitvariante ausführlich analysiert haben, möchten wir Sie nun gern mit derjenigen Variante vertraut machen, die im allgemeinen als die Hauptvariante des Lg5-Systems angesehen wird.

Partie Nr. 29
Weiß: Karpow – Schwarz: Adorjan
Budapest 1973

1.	c2–c4	g7–g6
2.	d2–d4	Sg8–f6
3.	Sb1–c3	d7–d5
4.	Sg1–f3	Lf8–g7
5.	Lc1–g5	Sf6–e4
6.	c4×d5	Se4×g5
7.	Sf3×g5	e7–e6

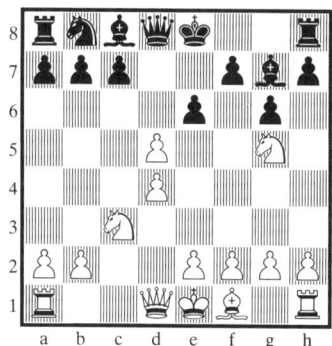

Unter Ausnutzung der ungeschützten Stellung des Springers auf g5, gewinnt Schwarz den Bauern zurück.

8. Dd1–d2

a) Eine andere populäre Fortsetzung ist 8. Sf3. Nach 8. ... ed 9. e3 0–0 10. b4 ist eine Standardposition erreicht, die an das Damengambit erinnert. In Zusammenhang mit dieser Variante raten wir zum Studium der Partien Kaufmann – Chandler, USA 1979, Seirawan – Waganjan, Tilburg 1983 und London 1984 und Karpow – Kortschnoi, London

1984. Alle diese können in den Informatorbänden aufgefunden werden.
b) **8. Da4+** führt zu großen Verwicklungen. Schwarz hat zwei Antwortzüge zur Verfügung:
b1) Er kann zweischneidige Komplikationen anstreben mittels **8. ... Ld7** 9. Db3 Dg5:! 10. D×b7: 0–0. Zum Beispiel 11. Da8: Ld4:! 12. e3 De5 13. Tc1 ed 14. D×b7 Sc6 mit einer gefährlichen Initiative für die Qualität; oder 11. h4 De7 12. Da8: c5! 13. Da7: cd 14. Sb1 ed, und Weiß hat einige Probleme bei der Vollendung seiner Entwicklung.
b2) Schwarz hat jedoch eine solide Fortsetzung: **8. ... c6!?**. In der Partie Knaak – Forintos, Schacholympiade Skopje 1972, kam das offensichtliche 9. dc zur Erprobung, wonach 9. ... Sc6: 10. Sf3 Ld7 11. 0–0–0 0–0 12. e3 Sd4:! 13. Td4: La4: 14. Td8: Tfd8: 15. Sa4: Tac8+ 16. Sc3 Lc3: 17. bc Tc3:+ 18. Kb2 Tdc8! folgte und Schwarz durch Eindringen auf die zweite Reihe bald gewinnen konnte. 11. Td1 funktioniert auch nicht, da Schwarz einen klaren Vorteil erhält nach 11. ... Db6! 12. Db3 Sd4: 13. Db6: (13. Sd4: Ld4: 14. Db6: Lc3:! 15. bc ab mit einem erkennbaren Vorteil für Schwarz) 13. ... Sf3:+ 14. ef ab 15. Lc4 Ke7 16. Kd2 b5! in der Partie Mista – Bagirow, Tschechoslowakei 1973.
c) **8. Sh3** wird nur selten gespielt. In der Partie Kovačević – Jansa, Amsterdam 1973, spielte Schwarz nach 8. ... ed 9. Sf4 0–0! 10. g3 den Zug 10. ... Te8! verbunden mit der Idee, daß Weiß den Bauern d4 nicht mit e3 verteidigen kann wegen der Fesselung.
Danach folgte 11. Lg2 Sc6 12. 0–0 Sd4: 13. Sfd5: c6 14. Sf4 Lg4! 15. f3 Ld7 16. e4 Db6 17. Sa4 Da5 18. a3 Tad8 19. b4 Dg5 mit einem kleinen schwarzen Vorteil.

8.	...	h7–h6

9. Sg5–h3

Natürlich kann Weiß auch 9. Sf3 spielen. Der Textzug zielt auf das Feld d5 verbunden mit dem Versuch, Schwarz zu ...c6 zu zwingen.

9. ... e6×d5
10. Sh3–f4

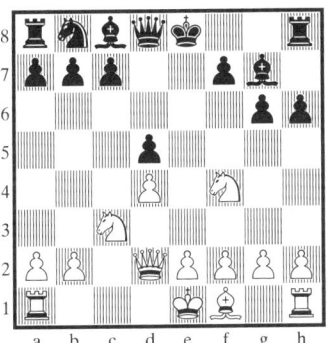

Falls 10. De3+ Kf8 11. Sf4 c5! geschieht, erhält Schwarz gute Konterchancen. Die Partie Ocampo – Najdorf, Buenos Aires 1968 ging danach weiter mit 12. dc d4 13. Dd2 Sc6 14. Se4 Le5! 15. g3 Lc7 (ein ungewöhnliches Motiv: 16. ... La5 droht) 16. 0-0-0 g5 17. Sd3 Dd5 18. Lg2 Da2: mit einem großen Plus für Schwarz. Auf den nur „stark aussehenden" Zug 12. Df3? kann Schwarz die Qualität opfern, und sofern Weiß das Opfer annimmt gewinnt Schwarz leicht nach 12. ... cd! 13. Sg6:+ Kg8 14. Sh8: dc 15. Sf7: cb 16. Tb1 Da5+.

10. ... 0-0!
11. g2–g3

a) **11. Sfd5:** c6 führt zu einem schwarzen Vorteil.

b) **11. e3** wurde gespielt in der Partie Pytel – Adorjan, Polanica Zdroj 1971. Danach folgte 11. ... c5! 12. dc d4 13. ed Dd4: 14. Dd4: Ld4: 15. Lb5?! Sa6! 16. Sfe2 Lc5: 17. 0-0 Sc7 18. La4 Lf5, wonach das Läuferpaar dem Nachziehenden ein leichtes Übergewicht verschaffte. Weiß hätte sich aber gleichwertige Aussichten sichern gekonnt mittels 15. Lc4!.

11. ... Sb8–c6

11. ... Te8!? verdient ernsthafte Beachtung, wie in der Partie Kovacević – Jansa in der Anmerkung c) zum achten Zug von Weiß erwähnt wurde.

12. e2–e3 Sc6–e7
13. Lf1–g2 c7–c5!

Erneut ist dieser Gegenangriff die höchste Trumpfkarte des Nachziehenden.

14. d4×c5

Die Variante 14. 0-0 cd 15. ed Sc6 16. Sce2 g5 17. Sh5 Lh8 18. f4 Lg4 19. Lf3 Lf3: 20. Tf3: g4 begünstigt Schwarz. Der Springer auf h5 nimmt eine unangenehme Randstellung ein.

14. ... d5–d4
15. Sc3–d1

15. Td1 Lg4 16. f3? trifft auf die Erwiderung 16. ... dc!. Ernsthafter Erwägung wert ist demgegenüber 15. 0-0-0!? dc 16. Dd8: cb+ 17. Kb1! Lf5+ 18. Dd3 Ld3:+ 19. Sd3:, wonach Schwarz einen Bauern opfern muß für die Initiative mittels 19. ... Tac8 20. Lb7: Tc7 21. Le4 Td8.

15. ... d4×e3
16. Sd1×e3 Dd8×d2+
17. Ke1×d2 Lg7×b2
18. Ta1–b1 Lb2–a3
19. Sf4–d3 Tf8–d8
20. Kd2–c3

20. Kc2?! wäre schwächer angesichts von 20. ... Sf5, und Schwarz gewinnt den Bauern zurück nach 21. Lb7: Sd4+ 22. Kc3 Lb7: 23. Tb7: Se6 24. c6 Lf8! 25. Tc1 Tac8, da 26. Ta7:?? unmöglich ist aufgrund von 26. ... Tc6:+ 27. Kd2 Tc1: mit Figurengewinn.

20. ... a7–a5
21. Th1–d1

Den Läufer a3 zum Tausch zu zwingen, würde möglich sein, aber man würde

sich dabei die Öffnung der a-Linie ein-
handeln. Konkret sieht es so aus: 21. Tb3
Lb4+ 22. Sb4: ab4:+ 23. Tb4: Ta2:
24. Lb7: Tf2:, und der Zug 25. c6? trifft
auf die starke Erwiderung 25. ... Tf3
26. Te4 Lb7: 27. cb Sf5! 28. Tb1 Tb8
29. Kd3 Sd6 30. Td4 Tb7:!.

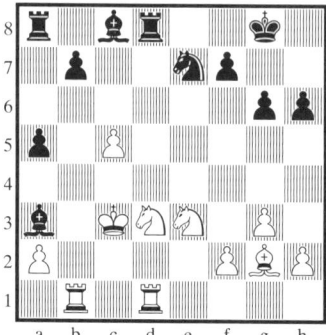

21.   ...   Lc8−e6!
Ein immer wiederkehrendes Mittelspiel-
motiv im Test: Schwarz läßt sich nicht
auf eine passive Verteidigung festna-
geln, sondern − selbst unter Inkauf-
nahme eines Bauernopfers − zielt er auf
ein aktives Figurenspiel ab. Freilich
kann die Berechnung der damit einher-
gehenden komplizierten Varianten dem
Nachziehenden auch viel Bedenkzeit
kosten.
22.   Lg2×b7
Auch Weiß will den Komplikationen
nicht aus dem Weg gehen. 22. Tb7:
Sd5+ 23. Sd5: Ld5: 24. Ld5: Td5: führt
nur zum Abtausch und zum Chancen-
gleichgewicht. Zum Beispiel 25. Kc4
Tad8 26. c6 Td4+ 27. Kb5 T8d5+
28. Kb6 Ld6.

22.	...	Ta8−b8
23.	c5−c6	La3−d6
24.	Se3−c4	Se7−d5+
25.	Kc3−b2	Sd5−e7!
26.	Kb2−c3	

Nach 26. Sa5:? Sc6:! 27. Sc6: Tb7:+
28. Ka1 Tb1:+ 29. Kb1: Tc8 bleibt
Schwarz zwar mit einem Bauern im
Rückstand, hat aber das viel aktivere Fi-
gurenspiel.
26.   ...   Se7−d5+
27.   Kc3−c2?!
Die Vermeidung des Zugwiederholung
kann nur durch die schwarze Zeitnot
gerechtfertigt werden. Indem Weiß dem
Remis ausweicht, pokert er mit hohem
Einsatz.

27.	...	Le6−f5
28.	a2−a3	Ld6−c7
29.	Tb1−b5	Sd5−e7
30.	f2−f3	

30. Sa5:? ist ein schlechter Zug, denn
nach 30. ... Sd4! droht Schwarz mit
31. ... La5: gefolgt von ...Tc4+.
30.   ...   h6−h5?
Die Fortsetzung 30. ... Td4! würde Weiß
vor schwere Probleme gestellt haben.
Sowohl nach 31. Se3? Tbd8! 32. Tb3 h5
als auch nach 31. Kc3 Tbd8 32. Scb2
h5 erlangt Schwarz ausgezeichnetes
Figurenspiel und eine überaus reich-
liche Kompensation für das Bauerndefi-
zit.

31.	Kc2−c3	Se7−d5+
32.	Kc3−b2	Sd5−e7
33.	Sd3−f2	Td8×d1
34.	Sf2×d1	h5−h4!

Das ist der Kernpunkt der schwarzen
Spielkonzeption! Der weiße Läufer auf
b7 ist nur noch ein teilnahmsloser Zu-
schauer, während der weiße Königsflü-
gel entblößt bleibt.

35.	g3×h4	Lf5−d3!
36.	Kb2−c3	Ld3−e2
37.	Sd1−e3	Le2×f3

Dieser Bauer ist bei weitem wichtiger als
sein Kollege auf h2.
38.   Sc4×a5

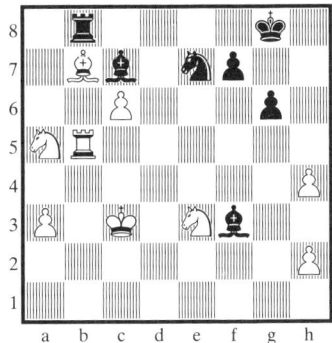

38. ... Lc7×a5??

Ein schwerer Zeitnotfehler und unwürdig des bisherigen schwarzen Spiels. Der Nachziehende sollte unmittelbar mit seinem f-Bauern laufen, der unter dem Schutz des Läuferpaars vorrücken und gefährlich werden könnte. Der Zug 38. ... f5! hätte Weiß in eine außerordentlich schwierige Lage gebracht.

| **39.** | **Tb5×a5** | **Se7×c6?** |

Dies war ein weiterer schlimmer Fehler. 39. ... Lc6: 40. Lc6: Sc6: bot immer noch Remischancen.

40.	**Ta5−a8!**	**Tb8×a8**
41.	**Lb7×a8**	**Sc6−e5**
42.	**La8×f3**	**Se5×f3+**
43.	**a3−a4**	**Sf3−e5**

1−0

Der Kampf gegen den entfernten gegnerischen Freibauern wäre jetzt vollkommen aussichtslos.

5 Das ruhige System

Gegen die Grünfeld Verteidigung wählt Weiß häufig den folgenden Plan: vor der Entwicklung der Läufer stärkt er das Zentrum mit e2–e3 und strebt nach Ergreifung der Initiative durch schnelle Aktionen am Damenflügel. In diesem Fall verzichtet er freilich auf jeden Anspruch eines Zentrumsvorteils. Wir empfehlen diese Art der Spielführung denjenigen Spielern, die ein ruhiges positionelles Manövrieren bevorzugen. Die Grundstellung entsteht auf folgende Art und Weise:

1.	d2–d4	Sg8–f6
2.	c2–c4	g7–g6
3.	Sb1–c3	d7–d5
4.	Sg1–f3	Lf8–g7
5.	e2–e3	

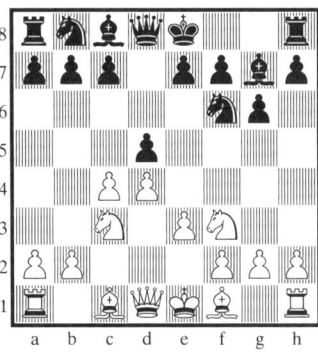

Schwarz kann nun zwischen zwei hauptsächlichen Plänen wählen.
Der eine besteht darin, 5. ... c6 zu spielen und nach der Vollendung der Entwicklung ...c5 oder ...e5 anzustreben. Diese Spielweise ist bekannt als das Schlechter System.

Im Rahmen des anderen, aktiveren Plans spielt Schwarz unmittelbar nach 5. ... 0–0 sofort c7–c5 selbst auf Kosten eines Bauernopfers. Diese Absicht wird dem Grundgedanken der Grünfeld Verteidigung besser gerecht, so daß wir diesen zweiten Plan in diesem Kapitel untersuchen wollen.
Nach 5. ... 0–0 gibt es folgende Hauptfortsetzungen:

6. Le2

6. Ld3

Indem Weiß einen dieser beiden Züge wählt, vollendet er seine Entwicklung, bevor er zu Aktionen auf dem Damenflügel greift. Beide Fortsetzungen sind für Schwarz harmlos, denn 6. ... c5 ist ein wirksames Gegengift dagegen.

6. Db2

6. Ld2 – (ein Vorschlag Opočenskis)

6. b4 – (die Makagonow Variante)

In allen diesen Fällen startet Weiß unmittelbare Damenflügelaktionen, aber das Aufsprengen des Zentrum mittels ...c5 sichert Schwarz dennoch seine Chancen.

6. cd – Keres Variante

Diese Variante wurde später ausgearbeitet als die anderen. Weiß klärt die Situation im Zentrum und öffnet die Stellung sofort.

Gemäß der heutigen Theorie und Turnierpraxis bereitet das sogenannte »Ruhige System« dem Schwarzspieler keine Probleme, denn er erreicht in jedem Fall vollwertigen Ausgleich. Darüberhinaus kann Schwarz im Falle eines weißen Fehlers – und sei es auch nur eine geringfügige Ungenauigkeit – selbst die Initia-

tive an sich reißen und zu einem takti-
schen Kampf zurückkehren. Darin liegt
der Grund, warum dieses System in
letzter Zeit an Popularität eingebüßt hat.
Neben Grünfeld, der bereits im voraus-
gehenden Zusammenhang Erwähnung
gefunden hat, sollte angemerkt werden,
daß Bagirow die Theorie dieser Variante
entscheidend bereichert hat. Die Ideen
dieser beiden Spieler fanden erfolgrei-
che Anwendung, wie Sie aus den Kom-
mentaren und Anmerkungen zu den
nachfolgenden Partien ersehen können.
Unter den Großmeistern der Weltelite
sind es Kapazitäten wie etwa Aljechin,
Botwinnik, Fischer und Karpow, die sich
als Schwarzspieler in diesen Partien
auszeichneten.

Partie Nr. 30
Weiß: Seregni – Schwarz: Kouatly
Bagni di Lucca 1981

1. d2–d4 Sg8–f6
2. c2–c4 g7–g6
3. Sb1–c3 d7–d5
4. Sg1–f3 Lf8–g7
5. e2–e3 0–0

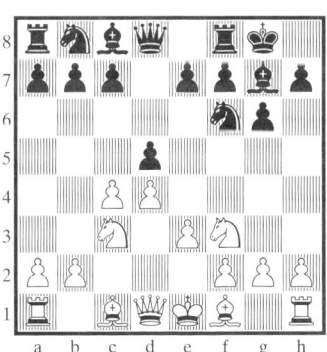

Das Schlechter System, 5. ... c6, wird
ebenfalls oft gespielt. Schwarz vertei-
digt das Feld d5 und nach ...Lg4 strebt

er ein späteres ...e5 an. In der heutigen
Zeit ist Ex-Weltmeister Smyslow der be-
rühmteste Anhänger dieser Variante.
Nichtsdestotrotz, wie wir schon in unse-
ren Vorbemerkungen gesagt haben,
paßt die Durchsetzung von ...c5 zum
frühest möglichen Zeitpunkt besser zur
Grundidee der Grünfeld-Verteidigung.

6. Lf1–e2

6. Ld3 erlaubt es dem Nachziehenden,
bequemen Ausgleich zu erreichen:
6. ... c5! 7. 0–0 cd 8. ed Sc6 9. Le3 dc
10. Lc4: Sa5 11. Le2 Le6 und Schwarz
hat gutes Spiel gegen den weißen Iso-
lani-Bauern.
Nicht besser für Weiß ist 7. dc dc 8. Lc4:
Da5 oder 7. Sd5: Sd5: 8. cd cd 9. e4 e6!
10. de Le6: 11. 0–0 Sc6 wie es in der
Partie K. Grigorjan – Mnazakanjan,
Armenische Meisterschaft 1964 ge-
spielt wurde.

6. ... c7–c5!

Wir sind davon überzeugt, daß das sel-
tener gespielte 6. ... dc nicht so gut ist:
7. ... Lc4: c5 8. d5! e6 9. de Dd1:+
10. Kd1: Le6: 11. Le6: fe 12. Ke2 lautete
die Fortsetzung in der 5. Wettkampfpar-
tie des WM-Matchkampfes Petrosjan –
Botwinnik, Moskau 1963, als Weiß mit
einem gewissen Vorteil aus dem Eröff-
nungskampf hervorging angesichts sei-
ner gesünderen Bauernstruktur.

7. 0–0

(Es soll hier der Korrektheit halber ange-
merkt werden, daß diese Stellung in der
Partie durch eine andere Zugreihenfolge
erreicht worden ist: 1. c4 Sf6 2. Sc3 d5
3. e3 g6 4. Sf3 Lg7 5. Le2 0–0 6. 0–0 c5
7. d4)
Die andere Möglichkeit von Weiß ist
7. dc, worauf Schwarz ausgleichen
konnte mittels 7. ... dc! 8. Dd8: Td8:
9. Lc4: Sbd7 10. c6 bc 11. Ld2 Sb6
12. Le2 Sfd5 13. Tc1 Le6 14. Sd1 Sf6
15. b3 Se4! in der Partie Nej – Ribli,
Zalaegerszeg 1969.

8. Da4 gibt Weiß keinerlei Vorteil, z.B.:
8. ... Sd5! 9. Ld2 (9. Sd5: Dd5: 10. Dc4:
Dc4: 11. Lc4: Sd7 12. c6 bc 13. 0–0 Sb6,
und die Stellung ist eher für Schwarz
günstig) 9. ... Sc3: 10. Lc3: Lc3:+ 11. bc
Dc7 12. Dc4: Sd7 13. c6 Dc6: 14. Dc6: bc
15. Sd4 Lb7, und das Spiel ist ausgegli-
chen.

7. ... c5×d4
8. e3×d4

Schwarz hatte eine überlegene Stellung
nach 8. Sd4: dc 9. Lc4: a6 10. Dd2 e5!
11. Sc2 e4 12. Sd4 b5 13. Lb3 Lb7
14. Td1 De7 in der Partie Bisguier –
Reschewsky, Buenos Aires 1970.

8. ... Sb8–c6

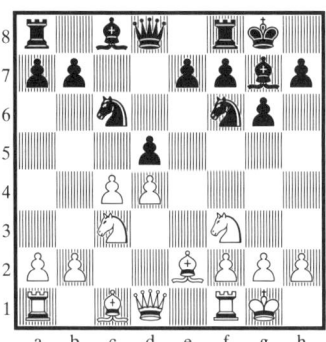

9. h2–h3

Andere Fortsetzungsmöglichkeiten an
dieser Stelle sind:
a) 9. Lf4 dc 10. d5 Sa5 11. Le5 Te8
12. Dd2 Lg4 mit einem kleinen Vorteil für
Schwarz in der Partie Pirc – Malich,
Budapest 1965.
b) 9. cd Sd5: 10. Lg5 h6 11. Lh4 Le6
12. Dd2 Tc8 und Weiß hat keine Kom-
pensation für seinen Isolanibauern,
Denker – Lehmann, Wijk aan Zee 1972.
c) 9. Le3 dc! 10. d5!? (auf 10. Lc4: kann
Schwarz den Vorteil an sich bringen mit
10. ... Sg4!, zum Beispiel 11. Tc1 Se3:
12. fe Sa5 13. Ld5 e6 14. Le4 Ld7)
10. ... Sa5 11. b4 cb 12. ab Lg4 13. b4

Tc8 14. Ld4 Sc4 und Schwarz hat die
aktivere Stellung.
d) 9. Te1 b6! wie in der Partie.

9. ... b7–b6!?

9. ... Lf5 ist auch ausreichend. Schwarz
bekam danach Vorteil mittels 10. Le3
dc! 11. Lc4: Tc8 12. Le2 Le6 13. Dd2
Da5 14. Lh6? Tfd8 in der Partie Bisguier
– Karpow, Skopje Olympiade 1972.

10. Lc1–f4 Lc8–b7
11. Ta1–c1 Ta8–c8
12. Tf1–e1

12. cd Sd5: 13. Lg3 hätte dem Nachzie-
henden ein minimales Stellungsplus
überlassen.

12. ... d5×c4
13. Le2×c4 Sc6×d4!
14. Lc4×f7+

Wenn jetzt 14. Dd4: Dd4: 15. Lf7:+ Tf7:
16. Sd4: erfolgt wäre, so hätte Schwarz
aus der Stärke seiner beiden Fianchetto-
läufer Kapital schlagen können mittels
16. ... Se4!, und nach 17. Le3 Sc3:
18. Tc3: Tc3: 19. bc3: Ld5! behält er
eine günstigere Stellung.

14. ... Tf8×f7
15. Sf3×d4

15. Dd4: würde einen Übergang in die
Variante der vorausgegangenen Anmer-
kung bedeuten.

15. ... Sf6–e4!
16. Lf4–e3?

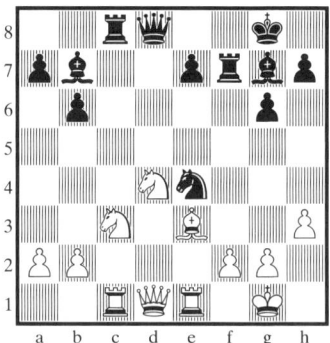

Man könnte den Eindruck haben, alles sei gedeckt, aber Weiß hat einen taktischen Einschlag des Gegners übersehen.

16. Se6 war nicht ausreichend wegen 16. ... Dd1: 17. Ted1: Lc3: 18. bc Sc3: 19. Td2 Tf6 20. Tdc2 Te6: mit Bauerngewinn für Schwarz, aber 16. Se4: Tc1: 17. Lc1: Dd4: 18. Dc2 Tf8 würde noch zur Erreichung einer etwa ausgeglichenen Stellung genügt haben.

16.   ...   Se4×f2!!
17.   Dd1–d2

Die Annahme des Opfers erlaubt die Mattfolge: 17. Lf2: Tf2:! 18. Kf2: Ld4:+ 19. Kg3 Dd6+ usw. (bzw. entscheidenden Materialgewinn für Schwarz). Weiß fährt aber mit dem Textzug auch nicht wesentlich besser.

17.   ...   Tc8×c3!
18.   b2×c3

Das Ende hätte sich noch länger hinauszögern lassen mittels 18. Tc3: Se4 19. Dd3 Sc3: 20. Dc3: Dd5 21. Te2 Da2:, wonach Weiß eben nur mit zwei Bauern in Rückstand geraten wäre.

18.   ...   Dd8–d5
19.   Sd4–f3   Sf2×h3+
20.   Kg1–h2

Auf 20. gh Df3: 21. Dh2 hätte Schwarz den Keulenschlag 21. ... Le5 gehabt, und wäre schnell zum Ziel gekommen.

20.   ...   Dd5–h5!
21.   Te1–f1

Nach 21. gh Tf3: 22. Dg2 gewinnt Schwarz mittels 22. ... Le5+, oder falls 22. Dd8+ Lf8 23. Dd7 geschieht, so wird es Matt durch 23. ... De5+ 24. Kg1 Dg3+ 25. Kh1 Tf1.

21.   ...   Lg7–e5+
22.   Sf3×e5

22. Kh1 hilft ebenfalls nicht wegen 21. ... Sg5+ 22. Kg1 Sf3:+ 23. gf Lf3: 24. Tf3: Df3:.

22.   ...   Sh3–f2+
23.   Kh2–g3(!)

Alles was Weiß noch tun konnte: sich das hübschere und gefälligere Mattbild aussuchen!

23.   ...   Sf2–e4 matt!

Partie Nr. 31
Weiß: Smyslow – Schwarz: Balaschow
UdSSR-Meisterschaft 1971

1.	**d2–d4**	**Sg8–f6**
2.	**c2–c4**	**g7–g6**
3.	**Sb1–c3**	**d7–d5**
4.	**Sg1–f3**	**Lf8–g7**
5.	**e2–e3**	**0–0**
6.	**Dd1–b3**	

Obgleich Weiß damit Druck auf das Zentrum ausübt, verstellt er sich damit gleichzeitig die Möglichkeit eines (Bauern-)Vorstoßes am Damenflügel.

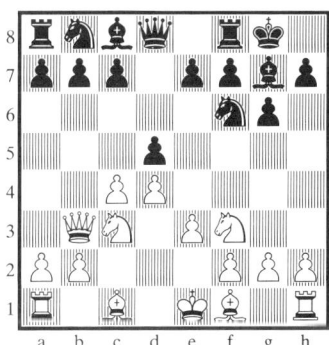

6.   ...   e7–e6!

Dieser Zug wurde von Botwinnik in Mode gebracht. An dessen Stelle wäre die Erwiderung 6. ... c5? inadäquat wegen 7. cd cd 8. Sd4: Sbd7 9. Le2 Sc5 10. Dc4 b6 11. b4!, wonach Weiß seinen Mehrbauern behauptet hat. Natürlich kann Schwarz auch 6. ... c6 spielen, was eine Überleitung zum Schlechter System darstellt.

Erwähnenswert ist auch ein interessanter Versuch von Ivkov. Er spielte 4. e3

anstelle von 4. Sf3 und nach 4. ... Lg7
5. Db3 e6 versuchte er die schwarze
Rochade zu verhindern mittels der
Forttsetzung 6. Da3!?. Schwarz kam
aber dennoch bequem zum Ausgleich
nach 6. ... b6 7. Sf3 Lb7 8. cd ed 9. Ld2
a6! 10. Tc1 Sbd7 11. Le2 Lf8! 12. Da4
Ld6 13. 0–0 0–0 14. Tfd1 De7 in der
Partie Ivkov – Taimanow, Amsterdam
1974.

7. Lf1–e2 b7–b6

Eine andere Idee wurde von Fischer in
die Tat umgesetzt in seiner Partie gegen
Gudmundson in Reykjavik 1960. Es
folgte dort 7. ... Sc6 8. Dc2 (besser ist
8. cd ed 9. Ld2, aber Schwarz hat dann
auch keine Probleme) 8. ... dc 9. Lc4: e5!
10. de Sg4 mit einem ausgeglichenen
Spiel. 10. Se5: Se5: 11. de Sg4 12. f4?
könnte gut beantwortet werden mittels
12. ... Se5: 13. fe Dh4+ gefolgt von
14. ... Dc4:.

8. 0–0 Lc8–b7
9. Lc1–d2

Auf 9. Td1 Sbd7 10. a4? kann Schwarz
10. ... c5! spielen, und nach 11. dc Sc5:
12. Da3 Sfe4 13. Se4: Se4: 14. cd Ld5:
würde er offensichtlich besser stehen.
11. cd Sd5: 12. dc Sc5: 13. Da3 kann
beantwortet werden durch 13. ... Sc3:!!,
wonach es eine einfache Gewinnfort-
setzung gibt, sofern die Dame geschla-
gen wird: 14. Td8:? Se2:+ 15. Kf1 Tfd8:
mit der Drohung ...La6.

9. ... Sb8–d7
10. c4×d5

10. Tfd1 c5! 11. Tac1 De7 ergibt für die
beiden Seiten ein ausgeglichenes Spiel.
Die Partie Polugajewski – Kortschnoi,
UdSSR-Meisterschaft 1958 ging weiter
mit 10. Tac1 Se4! 11. Tfd1 dc 12. Dc4:
Sd6 13. Db3 c5 14. Le1 cd 15. Sd4: Sc5
16. Da3 Dg5 mit den besseren Aussich-
ten für Schwarz.

10. ... e6×d5

Eine vollkommen korrekte Fortsetzung.
Dörys Idee, 10. ... Sd5:!?, sieht ebenfalls
gut aus. Natürlich darf Weiß dann nicht
11. e4? spielen wegen 11. ... Sc3: und
12. ... Le4:. 11. Tac1 kann beantwortet
werden mittels 11. ... c5! 12. Sd5: Ld5:
13. Da3 Db8 mit Ausgleich, während
nach 11. Sd5: Ld5: 12. Dc2 c5 13. e4
Lb7 Weiß nichts besseres hat als
14. Lg5 Lf6 15. Lh6 (oder 15. Lf6: Df6:
16. e5 Df4! mit einer guten Stellung für
Schwarz) 15. ... Lg7 16. Lg5 Lf6 mit Zug-
wiederholung. Der Läufertausch ergibt
keinerlei Vorteil: 16. Lg7: Kg7: 17. Tad1
Df6!.

Es ist interessant, daß die Stellung, die
nach 10. ... Sd5: entsteht, sehr ähnlich
ist mit einer Variante der Damenindi-
schen Verteidigung, die erreicht werden
kann mittels 1. d4 Sf6 2. c4 e6 3. Sf3 b6
4. Sc3 Lb7 5. a3 d5 6. cd Sd5: 7. e3 g6
8. Lb5+ c6 9. Ld3 Lg7 10. e4 Sc3: 11. bc
c5, wie in der Partie Kasparow – Kort-
schnoi, 1. Wettkampfpartie London
1983.

11. Tf1–d1

Und diese Stellung nun erinnert an das
Damengambit, aber mit einem bedeut-
samen Unterschied: Der dunkelfeldrige
Läufer des Weißen bleibt hier hinter der
eigenen Bauernkette und Weiß kann
auch keinen Minoritätsangriff starten.

In einer Partie, die heutzutage als ein Klassiker gilt, spielte Weiß 11. Tac1, aber nach 11. ... c6 12. Tfd1 Te8 13. Le1 Lf8 bekam Schwarz exzellentes Spiel (Gligorić – Botwinnik, Moskau 1947). Anstelle von 13. ... Lf8 kann Schwarz auch 13. ... De7 spielen, wie es in der Partie Golombek – Filip, Amsterdam Schacholympiade 1954 geschah, oder 13. ... Lh6 wie in Addison – Benkö, USA-Meisterschaft 1965.

| 11. | ... | Tf8–e8 |
| 12. | Ld2–e1 | c7–c6 |

Weiß hat Maßnahmen ergriffen, um den schwarzen Vorstoß ...c5 zu verhindern, aber der Nachziehende hat einen anderen aktiven Plan.

13.	Dd1–c2	Dd8–e7
14.	a2–a4	a7–a5!
15.	Sc3–a2	Sf6–e4
16.	Ta1–b1	De7–e6
17.	b2–b4	a5×b4
18.	Sa2×b4	c7–c5!

Jetzt wird der Läufer g7 auch eine aktive Rolle spielen.

19.	d4×c5	b6×c5
20.	Sb4–d3	Lb7–c6
21.	Sd3–f4	De6–d6
22.	Le2–b5!	Lc6×b5
23.	Tb1×b5	

Das Nehmen 23. Td5:? verliert wegen 23. ... La4:!.

23.	...	d5–d4
24.	Sf4–e2	Ta8–c8
25.	Se2–g3	

Remis

Das Spiel könnte etwa noch folgendermaßen weitergehen: 25. ... Sg3: 26. hg Se5 27. Se5: Le5: 28. ed Ld4: 29. Lc3 Df6 30. Ld4: cd 31. Db2 mit weiterhin ausgeglichener Stellung.

Partie Nr. 32
Weiß: Radoičić – Schwarz: Krnić
Jugoslawien 1979

1.	d2–d4	Sg8–f6
2.	c2–c4	g7–g6
3.	Sb1–c3	d7–d5
4.	Sg1–f3	Lf8–g7
5.	e2–e3	0–0
6.	Lc1–d2	

Dieser Läuferzug wurde von Opočensky empfohlen. Weiß strebt nach einer schnellen Damenflügelmobilmachung. Die energischste schwarze Antwort besteht wiederum in einem unmittelbaren Gegenschlag im Zentrum (selbst um den Preis eines Schein- oder wirklichen Opfers).

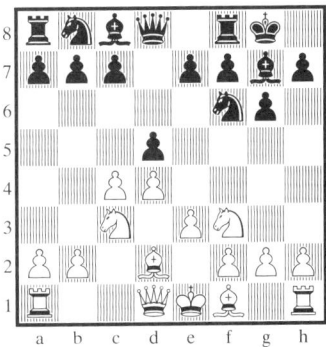

| 6. | ... | c7–c5! |
| 7. | d4×c5 | Sb8–a6 |

Der weiße Plan ließe sich realisieren nach 7. ... dc? 8. Lc4: Da5 9. Sb5!.

8.	c4×d5	Sa6×c5
9.	Lf1–c4	a7–a6
10.	b2–b4?!	

Besser und auch häufiger anzutreffen ist die Erwiderung 10. a4 (vgl. Diagramm):

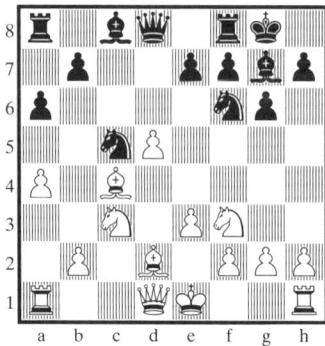

Eine Idee des Internationalen Meisters Miklos Kaposztas, die in allen Einzelheiten ausanalysiert wurde von Großmeister Adorjan, lautet jetzt 10. ... b6!?.
In der Praxis angewandt wurde bis heute nur der Zug 10. ... Lf5, nach welchem Schwarz zum Ausgleich gelangen kann, zum Beispiel 11. 0–0 Tc8 12. De2 Sfe4 13. Sd4 Sd2: 14. Dd2: Se4 15. Se4: Le4: 16. Db4 Ld5: 17. Ld5: Dd5: 18. De7: Ld4: 19. ed Tfe8, Marović – Ribli, Amsterdam 1973. Ivkov versuchte 15. De2 gegen Timman in Skopje 1976, aber 15. ... Sc3: 16. bc Le4 ergab für Schwarz Vorteil.
Wir denken trotzdem, daß 10. ... b6!? sogar noch stärker ist als 10. ... Lf5.
Diese unsere Überzeugung soll in ihrer Richtigkeit bestätigt werden durch die nachfolgenden Varianten:
a) **11. Sd4?** Lb7 12. Sc6 Dd6 13. b4 Sce4 14. b5 Sd2: 15. Dd2: Dc5! mit einer Gewinnstellung für Schwarz, da der Läufer c4 hängt und gleichzeitig noch 16. ... Sd5:! droht.
b) **11. De2** Lb7 12. e4 b5! 13. Ld3 e6! 14. 0–0 ed 15. e5 Sfe4 16. Le3 (16. ab Sd2: 17. Sd2: ab 18. Lb5: d4! mit einem beträchtlichen Vorteil für Schwarz) 16. ... b4 17. Sa2 Da5 und Schwarz hat eine beherrschende Stellung. Nicht besser ist auch 13. ab ab 14. Ta8: Da8: 15. Lb5:, da nach 15. ... Se4:! 16. Se4:

Se4: Weiß nicht dazu in der Lage ist zurückzuschlagen wegen der Schwäche seiner Grundreihe.
c) Schwarz gewinnt den Bauern bei günstigerer Stellung zurück nach **11. 0–0** Lb7 12. Le1 Tc8 13. Tc1 Dd6! gefolgt von ...Tfd8.
d) Nach **11. b4** Sce4 ist Weiß gezwungen, in ein Endspiel überzugehen mit 12. 0–0 Lb7 13. Tc1 Dd6 14. b5 a5! 15. Sd4 Sd2: 16. Dd2: Sd5: 17. Sd5: Ld5: 18. Ld5: Dd5:, welches ausgeglichene Chancen bietet, da 12. Se4:? Se4: 13. Tc1 Lb7 14. Db3?! b5 15. ab ab 16. Lb5: Ld5: 17. Dd3 Sd2: 18. Dd2: Ta2 19. Dd3 Da8! zum Vorteil von Schwarz ausfallen würde.
Der in der Partie geschehene Zug (10. b4) ist ein Fehler, aber er gibt uns eine günstige Gelegenheit, die exzellenten taktischen Chancen des Nachziehenden zu beleuchten.

10. ... b7–b5!
Stärker als 10. ... Sce4, was bis zum Bekanntwerden dieser Partie durchweg bevorzugt wurde. In der Begegnung Taimanow – Boleslawsky, Moskau 1964 ergab sich ein baldiges Remis nach 11. Tc1 Lg4 12. Se4: Se4: 13. 0–0 e6! 14. de Lf3: 15. gf Sd2: 16. e7 De7: 17. Dd2: Tad8 18. De1 Td6 19. Lb3 Dh4 20. Tc4 Dh3 21. De2 Le5 22. f4 Td2! 23. Dd2: Dg4+.

11. b4×c5
Die Annahme des Opfers war erzwungen, da nach 11. Le2 Sce4 12. 0–0 Lb7 Schwarz den Bauern bei besserem Spiel zurückgewinnt.

11. ... b5×c4
12. e3–e4
12. Da4? Sd5: 13. Dc4: Le6 erweist sich als unerträglich für Weiß, zum Beispiel 14. Sd4 Se3: 15. Se6: Sc4: 16. Sd8: Tfd8:.

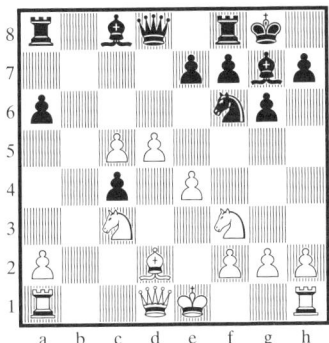

12.	...	e7–e6!
13.	d5–d6	Lc8–b7
14.	e4–e5	

Die Stellung von Weiß fällt auseinander nach 14. Tb1? Le4:! 15. Se4: Se4:.

14.	...	Sf6–d7
15.	0–0	Ta8–c8
16.	Sc3–a4	Sd7×c5
17.	Sa4×c5	Tc8×c5
18.	Ld2–b4	Tc5–b5

Der Textzug ist stärker als 18. ... Lf3: 19. Df3: Te5: 20. Tac1, wonach Weiß gleichzeitig mit 21. d7 und mit dem Schlagen des Bauern auf c4 droht.

| 19. | Lb4–c3 | |

Auf 19. a3 hätte Schwarz als beste Antwort 19. ... Da8!, da 20. d7 Td8 21. Le7 stark beantwortet werden kann durch 21. ... Td5, was den Bauern d7 gewinnt.

19.	...	Lb7×f3
20.	Dd1×f3	Lg7×e5
21.	Lc3×e5	Tb5×e5
22.	Tf1–d1	

Oder 22. Dc6 Dc8! 23. Dc8: Tc8: 24. Tfd1 Td5! 25. Td5: (25. Tac1 Kf8!) 25. ... ed 26. Td1 c3! (Krnić) und Weiß ist gezwungen seinen Turm für den c-Bauern einzutauschen aufgrund der schwachen Grundreihe. Die schwache Grundlinie wird Weiß freilich auch in zahlreichen anderen Varianten Probleme bereiten.

| 22. | ... | Dd8–a5 |
| 23. | Ta1–c1 | Da5–c5 |

24.	d6–d7	Tf8–d8
25.	Df3–f6	Dc5–c7
26.	Tc1×c4	Td8×d7!
27.	Td1–f1	

Erneut ist Schwarz obenauf nach 27. Tcc1 Ted5 28. Df3 (28. Te1? Dc1:!) 28. ... Dc2!! 29. Te1 (29. Dd5:? Td5:) 29. ... Da2:.

27.	...	Dc7×c4
28.	Df6×e5	Dc4×a2
29.	h2–h4	Da2–d5
30.	De5–b8+	Td7–d8
31.	Db8–b6	Dd5–d4!
32.	Db6×a6	Dd4×h4
33.	g2–g3	Dh4–f6
34.	Da6–a5	Td8–d5
35.	Da5–a8+	Kg8–g7
36.	Kg1–g2	h7–h5
0–1		

Partie Nr. 33
Weiß: A. Schneider – Schwarz: Adorjan
Ungarische Meisterschaft 1977

1.	d2–d4	Sg8–f6
2.	c2–c4	g7–g6
3.	Sb1–c3	d7–d5
4.	Sg1–f3	Lf8–g7
5.	e2–e3	0–0
6.	b2–b4	

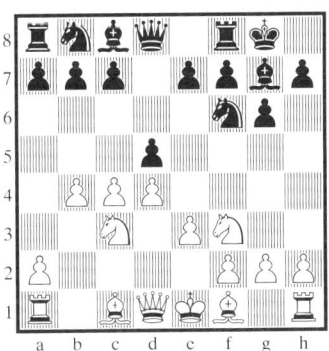

Die Idee der so frühzeitigen Mobili-
sierung des b-Bauern rührt von Maka-
gonow her. Dieser Zug zielt darauf ab,
Schwarz an der Durchsetzung von
...c5 zu hindern; gleichzeitig ist er bereits als
Einleitung eines Spiels auf dem Damen-
flügel zu betrachten. Nichtsdestotrotz
verliert Weiß durch dieses Unterfangen
Zeit, und Schwarz kann sich daher
schnell entwickeln und effektives Ge-
genspiel erreichen.

6.   ...   b7–b6!

Dies ist der beste Zug, der die Öffnung
des Zentrums vorbereitet. Nicht so gut
wäre die Fortsetzung 6. ... a5 7. b5 c5
8. bc Sc6: 9. La3 Sb4 10. Tc1 Lf5
11. Db3 dc 12. Lc4: Sd3+ 13. Ld3: Ld3:
14. Sb5 Le4 15. 0–0 mit einem leicht
besseren Spiel für Weiß in der Partie
Makagonow – Boleslawsky, UdSSR
Mannschaftsmeisterschaft 1951.
Neben dem Textzug verdient auch noch
der Zug 6. ... Se4 Beachtung.
Sofern Weiß das Bauernopfer annimmt,
erhält Schwarz eine gefährliche Initia-
tive. Die Partie Eperjesi – Szymczak,
Budapest 1977, ging jetzt weiter mit
7. Sd5:?! c6 8. Sf4? (das stärkere
8. Sc3! Sc3: 9. Dc2 Sd5 10. cd cd führt
zu beiderseitig chancenreichem Spiel)
8. ... e5! 9. Se2 (der Bauer auf e5 ist tabu
wegen Dd1:+ gefolgt von Sf2:+) 9. ... Lg4
10. Lb2 De7 11. Db3 Sd7 12. Seg1?
(12. h3 Lf3: 13. gf Sg5 14. Lg2 ed ist we-
niger passiv) 12. ... ed 13. Ld4: Ld4:
14. Sd4: c5! 15. bc Sdc5: 16. Dc2 Tfe8
17. Sgf3 Tad8 18. 0–0–0 (Weiß kann
seine Entwicklung nicht mit 18. Le2 fort-
setzen wegen der möglichen Entgeg-
nung 18. ... Sf2:!) 18. ... Ld7! 19. Sb5
Lb5: 20. cb Td1:+ 21. Kd1: Df6 und Weiß
gab auf, denn er fand keine Verteidigung
mehr gegen 22. ... Da1+ nebst ...Sc3.
Auf 6. ... Se4 kann Weiß 7. Lb2 Sc3:
8. Lc3: dc 9. Lc4: b6 10. Tc1 spielen,
während 7. ... c6 beantwortet werden

kann mittels 8. Le2 Sc3: 9. Lc3: Lg4
10. Db3 mit gleichen Chancen.

7.   Lc1–b2

Die Alternativmöglichkeiten sind:
a) 7. La3?!. Ein beharrliches Spiel zur
Verhinderung von ...c5, aber dennoch:
7. ... c5! 8. bc bc 9. Lc5: Sa6 10. La3
Da5 11. Lb2 Se4 12. Tc1 (12. Da4 Da4:
13. Sa4: Sb4 verbunden mit der Dro-
hung 14. ... Sc2+, was nicht mehr ein-
fach verhindert werden kann) 12. ... Tb8
13. La1 Sb4 14. Sd2 e5! und Schwarz
hat eine überwältigende Stellung ange-
sichts der nicht entwickelten weißen
Streitkräfte.
b) 7. b5?! c5 8. bc Sc6: 9. La3 (vgl. Dia-
gramm)

9. ... La6!. Dies ist eine Neuerung des
Coautors Adorjan. Wir sind davon über-
zeugt, daß es sich lohnen wird, wenn Sie
es ausprobieren! Die Partie Bagirow –
Michaltschischin, UdSSR 1981, ging
anstelle dessen weiter mit 9. ... Lb7
10. Tc1 a6! 11. c5 b5 12. Lb2 e5! 13. Le2
ed 14. Sd4: Tc8 15. 0–0 Se5 16. Sb3
Sc4 17. La1 Dd7, wonach Schwarz die
besseren Chancen hatte. Der Zug
9. ... La6! könnte aber noch weit kraft-
voller sein. Zum Beispiel: 10. cd Lf1:
11. dc Lg2: 12. Tg1 Lh3! 13. Se5 Lf5
14. Df3 b5! 15. Tc1 Se4! und die Stel-
lung sieht Schwarz im Vorteil. Nach dem

schwächeren 10. Da4? Sa5 11. Sd5:
Sd5: 12. cd Lf1: 13. Kf1: Dd5: 14. Le7:
Tfc8! hat Schwarz einen entscheiden-
den Entwicklungsvorsprung errungen.
c) 7. **Db3**. Dieser Zug steht in der näch-
sten Partie im Mittelpunkt unserer Be-
trachtungen.

| 7. | ... | c7−c5! |
| 8. | b4×c5 | |

8. b5?! cd 9. ed Lb7 10. c5 bc 11. dc
Se4! 12. Se4: Lb2: 13. Sed2 La1:
14. Da1: a6 15. c6 Lc8 16. Dc3 Dc7 und
Weiß hat keine hinreichende Kom-
pensation für die Qualität (Petrosjan –
Tukmakow, UdSSR-Meisterschaft
1969).
Die Öffnung der Diagonale a1−h8 gibt
Weiß keinerlei Vorteil: 8. **dc** bc! 9. bc
(9. Sd5:? Sd5: 10. Lg7: Se3:!) 9. ... Da5
10. Tc1 dc 11. Lc4: Dc5: und das Spiel
ist im Gleichgewicht.
Bellons Versuch, 8. **Db3**, soll hier auch
zur Erwähnung gebracht werden.
F. Garcia setzte in seiner Partie gegen
ihn (Torremolinos 1985) fort mit 8. ... dc
9. Lc4: cb 10. Db4: Sc6 11. Da3 Lb7
12. 0−0 a6! mit gutem Spiel für Schwarz.

| 8. | ... | b6×c5 |
| 9. | Ta1−c1 | |

Die Variante 9. Sd5: Sd5: 10. cd Dd5:
11. Le2 Sc6 12. 0−0 ist für Schwarz un-
problematisch, weil er mittels 12. ... Tb0!
ein gutes Gegenspiel bekommt.

| 9. | ... | c5×d4 |

Einer ernsten Überlegung wert ist auch
9. ... La6. Die Partie Taimanow – Zesch-
kowsky, UdSSR-Meisterschaft 1974,
ging weiter mit 10. dc dc 11. Dd8: Td8:
12. Sd4 Tc8 13. Sa4 Sbd7 14. Lc4: Lc4:
15. Tc4: Sb6! 16. Tb4 Sa4: (16. ... Sfd5?
17. cb) 17. Ta4: Se4 18. 0−0 Sc5:, was
zu einer ausgeglichenen Position führte.
Ein interessante Variante wäre 14. c6?!
Sb8 15. Sc5? c3! 16. Lc3: Lf1: 17. Kf1:
Sc6: mit einem leichten Vorteil für
Schwarz.

| 10. | Sf3×d4 | Lc8−b7 |

10. ... e5?! 11. Sb3 Lg4 12. Le2 dc
13. Dd8: Td8: 14. Lc4: Sc6 15. f3 gab
Weiß einigen Vorteil in der Partie Bagi-
row – Sax, Vrnjacka Banja, 1974.

| 11. | Dd1−b3 | |

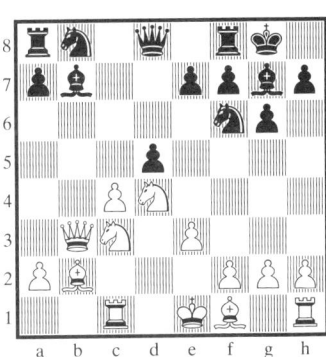

| 11. | ... | Dd8−b6! |

Schneider war überrascht über diesen
Zug, welcher als unzureichend galt we-
gen des nachfolgenden weißen Spiels.
Zu diesem Zeitpunkt bewertete die
Theorie, basierend auf einer Partie Tai-
manow – Schmidt, Albena 1974, den
Zug 11. ... Sc6 als den einzigen guten
Zug für Schwarz. Jene Partie ging weiter
mit 12. Db7: Sd4: 13. Da6 Se6 14. Sb5
dc 15. Lc4: Sc5 16. Da3 Sfe4 und wurde
danach schnell mit Remis beendet.

| 12. | c4−c5 | |

Schwarz hat einen leichten Vorteil nach
12. cd Sd5:! 13. Sd5: Ld5:.

12.	...	Db6×b3
13.	a2×b3	Sb8−c6
14.	Lf1−b5	

Minderwertig ist 14. Sc6:? Lc6: 15. b4
Se4 16. b5 Lb5:! 17. Lb5: Tab8 18. Lc6
Sc5:. Schwarz ist obenauf nach 19. La3
Sd3+ 20. Ke2 Sc1:+ 21. Tc1: Lc3:!
22. Tc3: Tfc8.

14.	...	Tf8−c8
15.	0−0	e7−e6!
16.	Lb2−a3	Sf6−d7

17. Sd4×c6

Der andere Versuch war 17. Tfd1, aber nach 17. ... Tab8 18. b4 Sde5! schlägt die Waagschale zugunsten von Schwarz aus.

17.	...	Lb7×c6
18.	Lb5−a6	Tc8−b8
19.	b3−b4	Lg7×c3!
20.	Tc1×c3	Sd7−e5?

Hier ließ Schwarz die Chance aus, den Vorteil mittels 20. ... Lb5! 21. c6 La6: 22. cd Lc4! zu ergreifen.

21.	f2−f4!	Se5−c4
22.	La6×c4	d5×c4
23.	Tf1−d1	Lc6−b5
24.	Td1−d6	

Remis

Das Remis war gerechtfertigt durch das Vorhandensein ungleichfarbiger Läufer. Mit seinem gedeckten Freibauern und dem Besitz der d-Linie steht Weiß scheinbar besser, aber Schwarz ist vollkommen gleichauf nach 24. ... a5!. Zum Beispiel 25. ba Ta5: 26. Tb6 Tb6: 27. cb La6. Demgegenüber wäre aber 25. Tb6? nicht stellungsgemäß, denn Schwarz käme in Vorteil mittels 25. ... Tb6: 26. cb a4.

Partie Nr. 34
Weiß: Bagirow − Schwarz: Tukmakow
UdSSR-Meisterschaft, Leningrad
1977

1.	d2−d4	Sg8−f6
2.	c2−c4	g7−g6
3.	Sb1−c3	d7−d5
4.	Sg1−f3	Lf8−g7
5.	e2−e3	0−0
6.	b2−b4	b7−b6
7.	Dd1−b3	

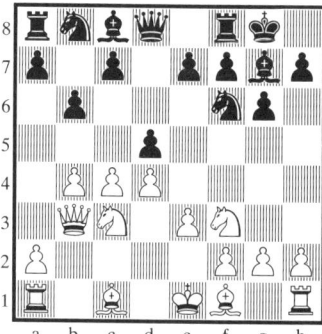

Mit seinem letzten Zug übt Weiß Druck aus auf den Punkt d5 und unterstützt gleichzeitig das Spiel am Damenflügel. Ungeachtet dessen kann Schwarz seinen Patentzug ...c5 auch jetzt in Form eines Scheinopfers anwenden.

| 7. | ... | c7−c5! |
| 8. | b4×c5 | |

Auf 8. cd kann Schwarz mit 8. ... cb 9. Db4: Sd5: 10. Sd5: Dd5: entgegnen unter Aufopferung eines Bauern. Danach ist es aber bereits Weiß, der sehr sorgfältig spielen muß, um die Stellung in der Balance zu halten. 11. De7: Sc6 12. Da3 (12. Dg5? De4 mit der Drohung ...Sb4) 12. ... Lg4 13. Le2 Tfe8 14. Lb2

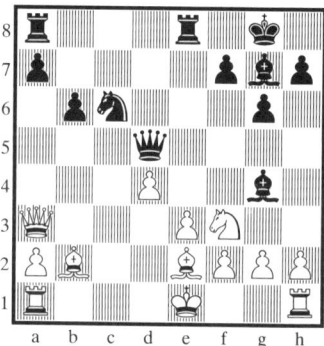

(14. 0−0? Sd4:! 15. Sd4: Le2: und der Springer kann nicht zurückschlagen

wegen des hängenden Turms auf a1. Wenn aber 14. Tb1 geschieht, wird Weiß ausgezählt mittels 14. ... Sd4: 15. ed Te2:+ 16. Ke2: De4+ 17. Le3 Dc2+ 18. Ld2 Te8+. Ein weiterer erwähnenswerter Punkt ist, daß auch 14. Lb2 mit demselben Springeropfer beantwortet wird) 14. ... Sd4:! 15. Ld4:! (15. ed? Db5! 16. 0–0 Te2: mit einer überwältigenden schwarzen Stellung; auf 15. Sd4: sichert sich Schwarz seinen Vorteil mittels 15. ... Ld4: 16. Ld4: Le2: 17. Db2 La6 18. Lh8 Da5+ 19. Lc3 Dh5) 15. ... Lf3: 16. Lf3: (16. gf? Ld4: 17. ed Dc4 18. Db2 Te2:+ 19. De2: Dc3+ und Schwarz gewinnt) 16. ... Dd4: 17. 0–0 Dc5! mit einem ausgeglichenen Spiel.

8.	...	b6×c5
9.	c4×d5	Sb8–a6!
10.	Lf1–e2	

Aus der Fortsetzung 10. Ld2 können komplizierte und interessante Varianten entspringen, aber in der Hauptsache solche, die dem Nachziehenden die besseren Chancen überlassen. Nach 10. Ld2 Tb8 11. Da4 Sb4 12. Tc1 Ld7! 13. Dd1: cd 14. Sd4: Sfd5: hat Schwarz einen kleinen Vorteil. 13. Da7: wäre ein Fehler angesichts von 13. ... cd 14. Sd4: Ta8 15. Dc5 Sa2: 16. Sa2: Ta2:. 13. Da3? ergibt ein völliges Debakel nach 13. ... Lf5 14. dc Sc2+ 15. Tc2: Lc2:. Obwohl Weiß zwei Bauern für die Qualität besitzt, gerät er mit der Entwicklung in Rückstand. Das Spiel könnte weitergehen: 16. Lc4 (nach 16. Sd4 Sd5:! 17. Sc2? Sc3: 18. Lc3: Lc3:+ 19. Dc3: setzt Schwarz sogar Matt mittels 19. ... Tb1+ 20. Ke2 Dd1) 16. ... Sd5: 17. Sd5: (17. Ld5:? verliert wegen 17. ... Lc3: 18. Dc3: Tb1+ 19. Ke2 Dd5:!) 17. ... Tb1+ 18. Lc1 e6! (Schwarz machte einen gravierenden Fehler in der Partie Bagirow – Krnić, Vrnjacka Banja 1974, indem er 18. ... Lb2? spielte, was durch den Zug 19. Db2:! widerlegt wurde)

19. 0–0 ed, und Schwarz hat einen signifikanten Vorteil.

10.	...	Ta8–b8
11.	Db3–a4	Sa6–b4
12.	0–0	Sf6×d5
13.	Lc1–d2	Lc8–d7

13. ... Sb6 wurde versucht in der Partie Bagirow – Michaltschischin, UdSSR 1977, aber nach 14. Da5! cd 15. Db4: dc 16. Lc3: Lc3: 17. Dc3: Le6 18. Da3! erhielt Weiß einen kleinen Vorteil. Eine Empfehlung von Sax verdient mehr Beachtung: 13. ... Sc3:!? 14. Lc3: Sd5 15. La5 Dd7 16. Da3?! cd 17. Sd4: Ld4:! 18. ed Lb7 19. Lf3 Sf4! mit einer günstigeren Position für Schwarz.

| 14. | Da4×a7 | Tb8–a8 |
| 15. | Da7×c5 | Ta8–c8 |

16. Sc3×d5!?

Weiß gibt sich nicht zufrieden mit der Zugwiederholung, die nach 16. Da7 Ta8 usw. entstehen würde, denn er bekommt hinreichende Kompensation für die Dame.

| 16. | ... | Tc8×c5 |
| 17. | Sd5×e7+ | Kg8–h8! |

Nach 17. ... De7:? 18. Lb4: Tfc8 19. Tab1! nebst Lb4×c5 hätte Weiß materiellen Vorteil zu verzeichnen.

18.	Ld2×b4	Tc5–c2
19.	Le2–d3	Tc2–b2
20.	Lb4–a3	Tb2–b8

21. Se7–d5

In einer Partie Bagirow – Radew, Wroclaw 1976 wurde gespielt 21. Tfc1 Te8 22. Sd5 Lc6?, wonach Weiß mittels 23. Tc6: Dd5: 24. Tac1 die besseren Chancen erhielt. Auf das objektiv stärkere 22. ... Lg4! schlägt Bagirow vor: 23. Sc3 Lf3: 24. gf Dg5+ 25. Kh1 Te3:! 26. fe De3: 27. Le4 Ld4: 28. Tab1 Tb1: 29. Sb1: f5 30. Tc8+ Kg7 31. Tc7+ Kf6 32. Tc6+ mit Dauerschach. Auch nach 21. Sd5 ist es der Nachziehende, der zu genauem Spiel gezwungen ist, um die Stellung im Gleichgewicht zu halten.

21.	...	Tf8–e8
22.	Sd5–f4	Ld7–b5!
23.	La3–c5	Dd8–a5
24.	Tf1–c1	Lb5×d3
25.	Sf4×d3	Da5–a4
26.	Lc5–d6	Tb8–b6
27.	Ld6–c5	Tb6–b8
28.	Lc5–d6	

Remis

Partie Nr. 35
Weiß: Plachetka – Schwarz: Tukmakow
Decin 1977

1.	d2–d4	Sg8–f6
2.	c2–c4	g7–g6
3.	Sb1–c3	d7–d5
4.	Sg1–f3	Lf8–g7
5.	e2–e3	0–0
6.	c4×d5	Sf6×d5
7.	Lf1–c4	

Diese Fortsetzung wurde mit großem Erfolg von Keres gespielt, und die Theorie hat dieser Variante daher seinen Namen gegeben.

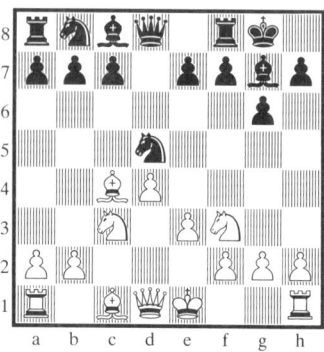

Schwarz hat nun die Wahl zwischen 7. ... Sc3: und 7. ... Sb6. Wenn Schwarz sehr genau spielt, dann kann Weiß in keinem der beiden Fälle einen Vorteil für sich verbuchen. Indem wir dem Eröffnungsrepertoire Adorjans folgen, betrachten wir die erstgenannte Möglichkeit näher.

7. ... Sd5×c3

Durch diesen Abtausch kann Schwarz der Grundidee von Grünfeld am besten Rechnung tragen: Angriff gegen das Zentrum in Verbindung mit schneller und aktiver Figurenentwicklung.

8.	b2×c3	c7–c5
9.	0–0	Dd8–c7

Dieser Zug ist präziser als 9. ... Sc6, wonach Weiß den Bauerntausch im Zentrum erzwingen kann und somit die Öffnung der c-Linie erreicht. Dies geschah etwa in der Partie Rubinstein – Aljechin, Wien 1922, welche danach weiterging mit 10. La3 cd 11. cd a6 12. Tc1 b5?! 13. Lf7:+ Tf7: 14. Tc6: Lb7 15. Tc5, wonach Weiß einen kleinen Vorteil vorweisen konnte.

Auf 9. ... b6 ist die beste Antwort 10. La3!, was den Nachziehenden dazu zwingt, auf d4 zu schlagen, da Weiß nach 10. ... Dc7 obenauf wäre, man sehe: 10. La3 Dc7? 11. dc dc 12. Ld5 Lb7 13. Tb1!.

| 10. | Lc4–e2 | |

110

Nach 10. De2 hat Schwarz zwei gute Antwortmöglichkeiten:
a) **10. ... Lg4** 11. La3 Sd7 12. Tac1 Da5! 13. Lb2 Tac8 mit einem ausgeglichenen Spiel, Najdorf – Kortschnoi, Hastings 1971/72. 11. ... Lf3: ist schwächer wegen 12. Df3: cd 13. Ld5! Sc6 14. cd Dd7 15. Tfc1, wonach Weiß eine günstigere Position innehat, Keres – Pachmann, Marianske Lazne 1965.
b) **10. ... Sc6** 11. La3 Sa5 12. Ld3 b6 13. Tac1 Td8 14. Tfd1 Lb7 mit ausgeglichenen Chancen in der Partie Bobozow – Padevsky, Varna 1968.

10.	...	b7–b6
11.	a2–a4	Sb8–c6
12.	Sf3–d2	Tf8–d8
13.	Sd2–c4	

Weiß spielt auf den Bauernvorstoß a4–a5, aber mit seiner feinen Antwort wird der Nachziehende dieser Drohung gerecht.

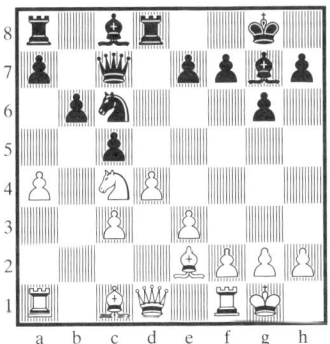

| 13. | ... | Lc8–a6! |

Schwarz droht 14. ... cd 15. cd Sd4: mit Bauerngewinn. Dies kann nicht abgewendet werden durch 14. Dc2? wegen 14. ... cd 15. cd Ld4:!!. Daher ist der weiße Springerrückzug mehr oder minder erzwungen.

14.	Sc4–a3	Lc8–b7
15.	Lc1–b2	Sc6–a5

Auf das sofortige 15. ... e5? könnte Weiß 16. d5! e4 17. Tb1 spielen und den Bauern d5 in nächsten Zug mittels c4 decken.

| 16. | Le2–f3 | e7–e5! |

Schwarz hat die bessere Entwicklung und ergreift nun die Initiative.

17.	d4–d5	e5–e4!
18.	Lf3×e4	Dc7×e5
19.	Dd1–c2	Lb7×d5
20.	Le4×d5	De5×d5
21.	Ta1–d1	

21. Tfd1 wird stark beantwortet mittels 21. ... Db3 22. Db3: Sb3: 23. Tab1 Sd2!, während der Zug 21. c4 auf die Erwiderung 21. ... Dd3 22. Dd3: Td3: 23. Lg7: Kg7: 24. Tfd1 Tad8 trifft – in beiden Fällen mit klarem Vorteil für Schwarz. Beide Varianten sind charakteristisch für die Schwäche der hellen Felder im Lager des Weißen.

| 21. | ... | Dd5–a2! |

Stärker als 21. ... Db3, da die Fortsetzung 22. Db3: Sb3: Weiß ein Extratempo überläßt (der Turm a1 hat bereits gezogen und so kann er die Zeit nutzen für Sc4).

22.	e3–e4	Sa5–c4
23.	Sa3×c4	Da2×c4
24.	f2–f3	

Auf 24. f4? beabsichtigte Tukmakow 24. ... Td4! 25. Tfe1 Da4: mit Bauerngewinn. Weiß könnte nicht 25. Td4:? spielen, wegen 25. ... Ld4:+, was unmittelbar gewinnt. Der Textzug erlaubt es dem Schwarzen, seine Bauernübermacht am Damenflügel zu mobilisieren.

24.	...	a7–a6
25.	h2–h3	b6–b5
26.	a4×b5	a6×b5
27.	Td1×d8+	Ta8×d8
28.	Tf1–f2	

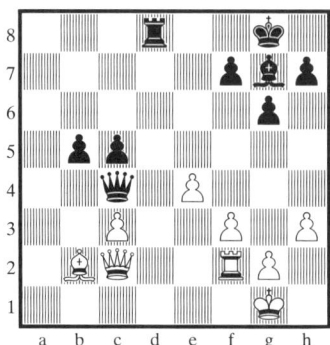

28.   **...**   **Dc4–d3!**
29. **Dc2×d3**

Weiß hat bereits keine Wahl mehr. Zum Beispiel überläßt 29. Db3 b4 dem Nachziehenden einen entscheidenden Vorteil.

29.   **...**   **Td8×d3**
30. **Tf2–c2**   **g6–g5!**
31. **Kg1–f2**

31. c4? Lb2: 32. Tb2: b4 33. Tc2 Tc3! gewinnt schnell.

31.   **...**   **c5–c4**
32. **Kf2–e2**   **h7–h6**

Schwarz droht damit, die weißen Bauern auf dem Königsflügel für alle Zeiten festzulegen und dann mit dem König auf den Damenflügel zu marschieren. Weiß entschließt sich, dem Untergang nicht tatenlos entgegenzusehen.

33. **Tc2–d2**   **Lg7×c3**
34. **Lb2×c3**   **Td3×c3**
35. **Td2–b2**   **Tc3–b3!**
36. **Tb2×b3**   **c4×b3**

Nach diesem erzwungenen Abtausch ist der Gewinn für Schwarz vollkommen problemlos geworden.

37. **Ke2–d2**   **Kg8–g7**
38. **g2–g3**

Oder 38. Kc3 Kf6 39. Kb3: Ke5 40. Kb4 Kf4 –+.

38.   **...**   **Kg7–f6**
39. **f3–f4**   **g5×f4**
40. **g3×f4**   **Kf6–e6**
41. **Kd2–c3**   **Ke6–d6**
42. **Kc3×b3**   **Kd6–c5**
    0–1

Das Spiel könnte nun zu Ende gehen mit 43. Kc3 h5 44. h4 b4+ 45. Kd3 f6! 46. e5 fe 47. fe Kd5. Ein feiner Sieg, der mit positionellen Mitteln erreicht wurde.

6 Das Fianchetto-System

Weiß hat zwei grundsätzliche Möglichkeiten für die Entwicklung seines Läufers auf dem Königsflügel. Eine davon besteht darin, daß Weiß nach 1. d4 Sf6 2. c4 g6 3. Sc3 d5 4. cd Sd5: mit 5. g3 fortfährt gefolgt von Lg2. Schwarz hat nun die Wahl zwischen einer Fortsetzung im Geiste der klassischen Grünfeld-Idee mit Sc3: gefolgt von ...c5, oder dem Streben nach ...e5 nach den vorbereitenden Zügen ...Sb6 und ...Sc6. Beide Pläne sind für Schwarz zufriedenstellend. Wir wollen das System mit ...Sc3: empfehlen, welches ein Bestandteil des Eröffnungsrepertoirs Adorjans ist. Eine andere Möglichkeit für Weiß besteht darin, Lg2 ohne Sc3 zu spielen. Das heißt also etwa 1. d4 Sf6 2. c4 g6 3. g3. In diesem Fall kann Schwarz einen Übergang in Königsindische Gefilde herbeiführen (wie es Adorjan auch sehr oft gemacht hat) mittels ...Lg7, ...d6 und ...Sc6. Auf das sofortige 3. ... d5 kann Weiß den Springer vertreiben in Richtung b6 oder b4, indem er folgendermaßen fortsetzt 4. Lg2 Lg7 5. cd Sd5: 6. e4, wonach sich Weiß eines starken Bauernzentrums erfreut, ohne daß Schwarz die Möglichkeit zu Sc3: eingeräumt gewesen wäre. Dies ist der Grund, weswegen wir eine andere, vermutlich sicherere Methode vorschlagen, in welcher der Zug ...d5 zurückgestellt wird bis zunächst ...c6 geschehen ist. Wenn man so verfährt, dann kann man mit dem Bauern c6 auf d5 zurückschlagen und dadurch gute Ausgleichschancen erhalten.

Dieser Aufbau wurde häufig von Botwinnik und von Fischer gewählt. In jüngster Zeit wurde er hauptsächlich von Smyslow, Uhlmann und Kortschnoi gespielt.

Partie Nr. 36
Weiß: Kuntschewitsch – Schwarz: Estrin
UdSSR   Fernschachmeisterschaft
1971/72

1.	d2−d4	Sg8−f6
2.	c2−c4	g7−g6
3.	Sb1−c3	d7−d5
4.	c4×d5	

Dies ist die präziseste Zugfolge. Nach 4. g3 kann Schwarz auf c4 schlagen, wonach Weiß Zeitverlust für verfrühte Damenzüge auf sich nehmen muß, um den Bauern zurückzugewinnen. Wir wollen einige diesbezügliche Beispiele unter die Lupe nehmen.

4. g3?! dc! 5. Da4+ Sfd7! 6. Lg2 Lg7 (vgl. Diagramm)

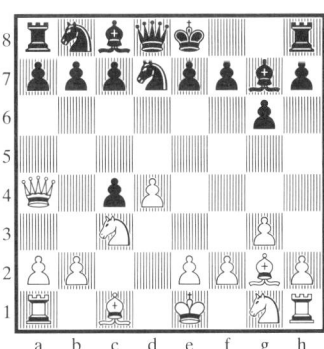

Einige Parteibeispiele ausgehend von der Diagrammstellung:
a) 7. Sf3 Sc6 **8. Le3** Sb6 **9. Dc2** Lf5 **10. Dd2** 0–0 **11.** 0–0 Dd7 **12. Tfd1** Tfd8 **13. Tac1** Tab8, Ragozin – Bronstein, Moskau 1947.
b) 7. Le3 0–0 **8. d5** Sb6 **9. Lb6:** cb **10. Dc4:** Ld7 **11. Sf3** b5! **12. Df4** Sa6 **13. Dd2** Sc5 **14. Sd4** Db6 **15. e3** b4 **16. Sce2** a5, Kuzminich – Dubinin, Leningrad 1949.
c) 7. d5 0–0 **8. Dc4:** Sb6 **9. Dh4** c6! **10.** dc Sc6: **11. Sf3** e5 **12. Lg5** f6 **13. Lh6** g5 **14. Dh5** Lf5 **15. Lh3** Lg6 **16. Le6+** Kh8 **17. Dh3** Lh6: **18. Dh6:** e4 **19. Sd2** De7 **20. Lb3** e3, Flohr – Aronin, UdSSR-Meisterschaft 1951.
d) 7. e3 0–0 **8. Dc4:** c5! **9. Sge2** Sc6 **10.** dc Sde5 **11. Dd5** Sd3+ **12. Kf1** Le6!, Quinteros – Gligorić, Nizza Schacholympiade 1974.
In all diesen Partien erzielte Schwarz einen klaren Vorteil.

4.	**...**	**Sf6×d5**
5.	**g2–g3**	**Lf8–g7**
6.	**Lf1–g2**	

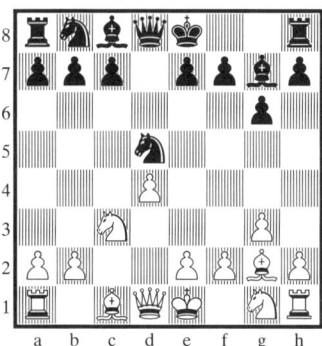

6. ... **Sd5×c3**
Es gibt noch eine weitere Fortsetzung, die Schwarz hinreichende Chancen einräumt und zwar ist dies 6. ... Sb6. Wir haben unser Eröffnungsrepertoire aber vornehmlich auf die typischen Stellun-

gen, die nach ...Sc3: und ...c5 entstehen, abgestellt.

7.	**b2×c3**	**c7–c5**
8.	**e2–e3**	

8. Sf3 sieht weniger harmonisch aus. Die Partie Kupchik – Torre, New York 1925, ging weiter mit 8. ... Sc6 9. Lb2?! (9. Le3 0–0 10. 0–0 cd 11. Sd4: führt zu Ausgleich) 9. ... Db6 10. Db3 Le6 11. Db6: ab 12. a3 0–0 13. 0–0 Ld5 14. Tfd1 Tfd8 15. e3 Sa5 16. Sd2 Lg2: 17. Kg2: e5 mit den besseren Aussichten für Schwarz.

8.	**...**	**Sb8–c6**

In der Stellung, die jetzt entstanden ist, beruht der aktivste weiße Plan auf der Idee La3 und Abtausch des c-Bauern, wonach der Läufer seine volle Wirkungskraft entfalten könnte. Aus diesem Grunde heraus sieht 8. ... Da5!?, was 9. Ld2 erzwingt, genauer aus, wenn man in Betracht zieht, daß 9. Se2 stark mit 9. ... cd beantwortet werden könnte und der c-Bauer kann nicht zurückschlagen. In der Partie Peev – S. Garcia, Cienfuegos 1973 spielte Weiß 9. Dd2 und nach 9. ... 0–0 10. Se2 Sc6 11. 0–0 Td8 12. Db2 Ld7 13. Tb1 (13. Db7:?? Tab8 fängt die Dame) 13. ... Tac8 14. Da3 b6 15. dc e5 16. cb ab 17. Db3 erhielt er Vorteil, aber Schwarz könnte ausgeglichenes Spiel erreichen mittels 11. ... cd.

9.	**Sg1–e2**	**0–0**

Der Zug 9. ... Ld7, mit welchem ein anderer Plan verfolgt wird, steht in der nachfolgenden Partie zur Besprechung an.

10.	**0–0**	**Dd8–a5**
11.	**Lc1–d2?!**	

Wie oben bereits erwähnt wurde, hätte Weiß besser daran getan, 11. a4 mit der Idee La3 zu spielen.

11.	**...**	**Tf8–d8**
12.	**Se2–c1**	**Da5–c7!**
13.	**Sc1–b3**	

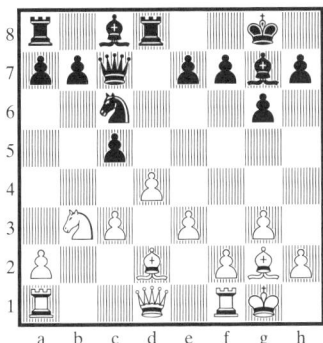

Auf 13. Tb1 Le6 14. Da4 Tac8 15. Sd3
Lutikow – Beljawsky, Riga 1975, hätte
15. ... b6! dem Nachziehenden einen
klaren Vorteil eingebracht. Neben der
Drohung ...Lf5, wird nach ...Sa5 auch
die Schwäche des Feldes c4 evident.
16. Sf4 Ld7 17. Sd5 ist harmlos wegen
17. ... Dd6.

13. ... b7–b6!

Dieser Zug legt den Springer b3 so
ziemlich aufs Eis. Gleichzeitig stellt er
aber auch ein Bauernopfer dar, welches
gute Aussichten bietet, wie sich in der
Partie Lilienthal – Lechtinsky, Decin
1977 erwies. Dort folgte: 13. ... b6!
14. dc Lb7! 15. cb ab 16. Sd4 Se5
17. Lb7: Db7: 18. f4 Sc4 19. De2 Ta4!
20. Tfd1 De4!, wonach die schwarze
Blockade der hellen Felder eine überaus
große Kompensation für den Bauern
bedeutete.

14. Dd1–e2?!

Nach diesem Zug fällt es dem Nachzie-
henden leicht, die Initiative zu ergreifen:
14. d5!? schafft ein sehr verwickeltes
Spiel, zum Beispiel: 14. ... c4! 15. dc bc
16. ab (16. De2? Le6! 17. ab Lb3: 18. Db5
Lc2 19. Db2 Ld3! 20. Tfc1 Lc4 21. Le1
Ld5 erbrachte für Schwarz einen Mehr-
bauern und eine überwältigende Stel-
lung in der Partie Saidy – Tompa, Decin
1974) 16. ... Le6! (16. ... Lc3: 17. Lc3:!
Td1: 18. Tfd1: Le6 19. Td4! mit aus-

reichender Kompensation für die Dame)
17. Ta2 Ld5 18. Ld5: Td5: 19. Df3 Tad8
20. Le1 a5 ist günstig für Schwarz.
Wenn Weiß hier abweicht mittels 15. Sc1
Sa5 16. d6?! wird die Stärke der
schwarzen Stellung deutlich. Eine typi-
sche Variante lautet: 16. ... Dd6: 17. La8:
Dd2: 18. Se2 Lg4 19. Dd2: Td2: 20. Sd4
e5 21. Sc6 Sc6: 22. Lc6: Le2 23. Tfc1 f5
24. a4 Lf8 25. a5 Lc5 26. ab Lb6: mit
einem schwarzen Übergewicht wegen
der Drohung 27. ... f4 und seiner extrem
aktiven Figurenstellung.

14. ... a7–a5!

Mit der Drohung 15. ... La6 und gleich-
zeitig 15. ... a4. Weiß versucht auf die
Schwäche des Bauern c5 zu spielen.

15. De2–b5 Sc6–a7
16. Db5–c4 Lc8–e6
17. Dc4–e2

17. d5? b5 18. Dc5: Dc5: 19. Sc5: Ld5:
führt zu einem entscheidenden positio-
nellen Vorteil für Schwarz. So kehrt die
Dame nach dem Verlust mehrerer
Tempi vollkommen erfolglos von ihrer
Odyssee zurück.

17. ... Ta8–c8
18. d4×c5

Die Drohung war 18. ... cd gefolgt von
19. ... Lc4 und es gab hier kaum eine
Möglichkeit für Weiß, etwas Sinnvolles
dagegen zu tun.

18. ... b6×c5
19. c3–c4 Sa7–c6
20. Ta1–c1

Nach 20. Lc6:? Dc6: wären sowohl
21. La5: Lh3 22. f3 Lf1: als auch 21. Sa5:
Da4 22. Tad1 Ta8 23. Sb7 Lc4: 24. Dg4
f5 aussichtslos.
Das Qualitätsopfer 20. Sc5: La1: 21. Se6:
fe 22. Ta1: bringt Weiß nichts wegen
22. ... Se5, wonach 23. Lh3? mit
23. ... Td2:! beantwortet wird (Estrin).
Demnach war es logisch, den Turm
wegzuziehen.

20. ... Dc7–b6

115

21.	Tc1–b1	Db6–a7

22. Lg2×c6

In einer schwierigen Stellung verliert Weiß die Geduld, oder vielleicht sucht er Trost für die schlechte Stellung in einem Mehrbauern.

22.	...	Tc8×c6
23.	Ld2×a5	Tf8–b8
24.	Tf1–d1	Tc6–a6

24. ... Tb3:? wäre ein Fehler angesichts von 25. Td8+ Lf8 26. Tb3: Da5: 27. Tbb8 mit Gewinn des f8-Läufers.

25.	Td1–d8+	Tb8×d8
26.	La5×d8	Ta6×a2

Das materielle Gleichgewicht ist wieder hergestellt, aber die positionellen Vorteile von Schwarz bleiben erhalten. Das Fehlen des Schutzläufers vor dem eigenen König wird sich für Weiß in den nächsten Zügen sehr schmerzhaft bemerkbar machen.

27.	Ld8–b6	Da7–a8
28.	De2–f1	Le6–f5
29.	Tb1–d1	

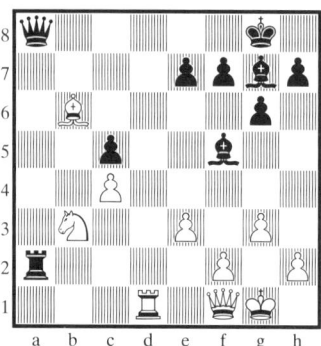

29.	...	Da8–f3!

Weiß droht ganz prosaisch 30. ... Le4 (was nicht mit 31. Sd2 wegen 31. ... Td2: pariert werden kann); von der Drohung 30. ... Lh3! ganz zu schweigen.

30.	Td1–d8+	Lg7–f8
31.	Df1–g2	Df3–e2
32.	Dg2–f1	De2–c2!

33. Sb3–d2

Auf 33. Lc5: entscheidet Schwarz die Angelegenheit mit 33. ... Lh3!, da nach 34. De1 De4 seine Drohungen allzu zahlreich sind, um noch abgewehrt zu werden.

33.	...	Dc2–c3

Der Springer steht zum Schlagen bereit, und 34. ... Ta1 droht.

34.	e3–e4	Lf5–e6!

Der direkte Königsangriff ist noch stärker als der mögliche Damengewinn.

35.	Df1–d3	Ta2–a1+
36.	Kg1–g2	Dc3–c1
37.	Dd3–f1	

37. Sf1 Lc4: wäre das Ende.

37.	...	Dc1–b2
38.	Df1–d3	Db2×b6
39.	Td8×f8+	Kg8×f8
40.	Dd3–c3	

Droht Matt auf h8 und gleichzeitig ist der Turm a1 bedroht. Aber Schwarz hat weitergerechnet.

40.	...	Le6–h3+!
41.	Kg2×h3	Db6–f6
0–1		

Mit der Qualität im Rückstand ist weiterer Widerstand aussichtslos.

Partie Nr. 37
Weiß: Iskov – Schwarz: Jansa
Svendborg 1981

1.	d2–d4	Sg8–f6
2.	c2–c4	g7–g6
3.	Sb1–c3	d7–d5
4.	c4×d5	Sf6×d5
5.	g2–g3	Lf8–g7
6.	Lf1–g2	Sd5×c3
7.	b2×c3	c7–c5
8.	e2–e3	Sb8–c6
9.	Sg1–e2	

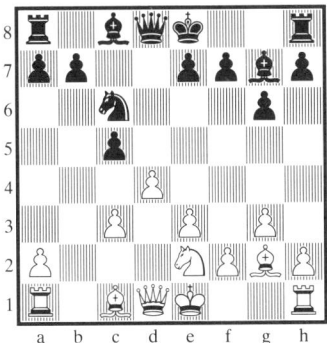

9. ... Lc8–d7!?
Ein selten gespielter aber bemerkenswerter Zug. Schwarz beabsichtigt ein schnelles Ta8–c8, um den Turm aus dem Diagonalfeuer des g2-Läufers zu entfernen.

10. 0–0 Ta8–c8
11. Se2–f4
Andere bekannte Fortsetzungen versprechen dem Anziehenden keinerlei Vorteil:

a) 11. Tb1 b6 12. dc bc 13. c4 Sa5 14. Dc2 0–0 15. Lb2 Lf5 16. Le4 Le6, Kirillow – Suetin, Sotschi 1961.

b) 11. a4 Sa5 12. e4 0–0 13. d5 e6! 14. Ta2 ed 15. ed Te8, Gligorić – Kortschnoi, UdSSR – Jugoslawien, 1967.

c) 11. La3 Da5 12. Db3 Da6 13. Sf4 b6 14. Tfe1 Sa5 15. Dd1 Sc4 16. Lc1 Da4!, Geller – Bronstein, Amsterdam 1956.

In allen diesen Partien löste Schwarz seine Eröffnungsprobleme und bekam ein bequemes Spiel.

Der weiße Verstärkungsversuch kann dem Nachziehenden auch hier keine Angst einjagen.

11. ... 0–0
12. Ta1–b1 c5×d4
12. ... b6?! 13. dc bc 14. Tb7 Tc7? verliert wegen 15. Lc6:! (Jansa).

13. c3×d4
13. Tb7: e5 14. Sd5 Le6! ist zu Gunsten von Schwarz.

13. ... b7–b6
14. Lc1–d2

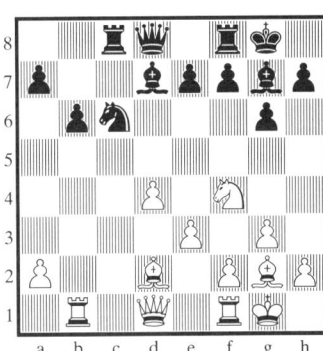

14. ... e7–e5!
Nach dem thematischen Gegenschlag wird die Diagonale des Läufers g7 geöffnet, und die schwarze Stellung ist danach bestimmt die attraktivere.

15. d4×e5 Sc6×e5
16. Ld2–b4 Tf8–e8
17. Sf4–d5 a7–a5!
Ein notwendiger Zwischenzug aus der Erkenntnis heraus, daß das offensichtlich scheinende 17. ... Lg4 18. f3 Le6 widerlegt werden könnte durch 19. Se7+ mit Qualitätsgewinn.

18. Lb4–c3
Es gibt bestimmte besonders unklare Stellungen, bei denen die Maxime lauten konnte: Beide Spieler stehen schlecht. Hier ist es genau andersherum: beide Seiten haben ideal postierte Figuren – beide Spieler stehen gut. Schwarz ist jedoch derjenige, der ein konkretes Angriffsziel ausmachen kann.

18. ... Ld7–g4
19. f2–f3
Dieser Schwächungszug kann nicht vermieden werden, weil nach 19. Db3 Le2 Schwarz mit 20. ... Lc4 droht, wohingegen 19. Da4 auf die starke Erwiderung 19. ... Tc4 trifft.

19. ... Lg4–e6

20. Lc3×e5

In dieser Stellung ist der Verzicht auf das Läuferpaar offensichtlich ungünstig, aber 20. f4? würde mit einigen taktischen Feinheiten widerlegt werden, man sehe: 20. ... Sc4 21. Lg7: Ld5:! 22. Dd5: Dd5: 23. Ld5: Se3: 24. Tfe1 Sd5:! 25. Te8:+ Te8: 26. Ld4 Td8! (26. ... Tb8 27. Tb5) 27. a4 f6 28. Tb5 Td6 mit Vorteil für Schwarz. Gut für ihn ist auch 22. Ld5: Se3:!.

20.	...	Dd8×d5
21.	Le5×g7	Kg8×g7
22.	a2−a4?	

22. Tb6: Dd1: 23. Td1: La2: 24. Td2! hätte mehr Remischancen ergeben, obgleich nach 24. ... Tc1+ 25. Kf2 Lc4 Schwarz mit dem Vormarsch des a-Bauern droht.

22.	...	Dd5−c5
23.	Dd1−d4	Dc5×d4
24.	e3×d4	Te8−d8
25.	Tb1×b6	

Der Bauer d4 war nicht mehr zu verteidigen angesichts der Drohung ... Tc4.

25.	...	Td8×d4
26.	Tf1−a1	

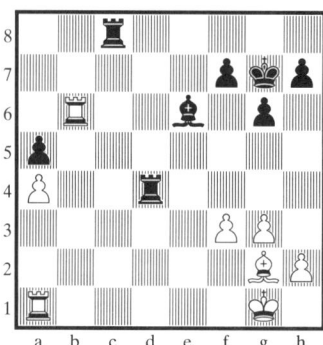

26. ... Tc8−c2!?

Schwarz löst seine Aufgabe auf taktischem Wege, indem er die Möglichkeit der Besetzung der zweiten Reihe mit dem Turm ausnutzt.
26. ... Ld7 27. Ta6 Tc5 gewinnt ebenfalls.

27.	f3−f4	Le6−d5
28.	Lg2−f1!	

Nach dem Abtausch der Läufer würde das Eindringen der Türme die Sache entscheiden.
Jetzt muß Schwarz einen Vorbereitungszug einschalten, um 29. Td6 zu verhindern.

28.	...	Ld5−e4
29.	Ta1−e1	Td4×a4

Weiß könnte bereits aufgeben.

30.	Tb6−a6	Le4−d5
31.	Te1−e5	Tc2−d2
32.	f4−f5	

Falls 32. Td6, dann folgt 32. ... Tad4 und der a-Bauer rückt vor.

32.	...	Ta4−a1
33.	f5−f6+	Kg7−h6
34.	Te5×d5	

Was sonst? Schwarz antwortet auf 34. Ta7 mit der starken Entgegnung 34. ... Tg2+!.

34.	...	Td2×d5
35.	Kg1−f2	Td5−f5+
0−1		

Partie Nr. 38
Weiß: Tukmakow − Schwarz: Uhlmann
Szirák 1985

1.	d2−d4	Sg8−f6
2.	c2−c4	g7−g6
3.	g2−g3	c7−c6

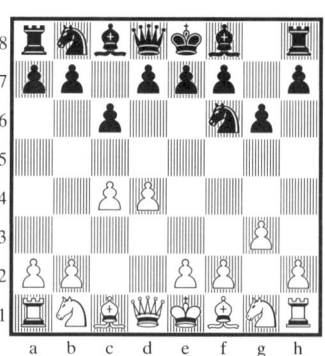

Wenn Weiß den Zug Sc3 zurückstellt, dann kann Schwarz ...d5 in der Art vorbereiten, daß er bei einem etwaigen Abtausch auf d5 mit dem c-Bauern zurückschlagen kann.

4. d5?! wäre jetzt keinesfalls zu empfehlen wegen der Erwiderung 4. ... b5!, wonach Schwarz die Initiative ergreifen würde.

4.	Sg1−f3	Lf8−g7
5.	Lf1−g2	d7−d5
6.	Dd1−b3	

Nach 6. 0−0 0−0 hat Weiß verschiedene Möglichkeiten:

Die wichtigsten sind die folgenden:

a) 7. Sbd2 Lf5 (7. ... a5 ist auch gut. Die Partie Kaplan − Keene, Hastings 1967/68 ging dann weiter mit 8. b3 Se4 9. Lb2 a4! 10. ba Da5 11. cd Sd2: 12. Sd2: cd 13. Sb3 Dd8 14. a5 Sc6 15. Lc3 e6 16. Tc1 b6! 17. ab Ta2:, und nach Rückgewinn des b6-Bauern hatte Schwarz ein bequemes Spiel) 8. b3 Se4 9. Lb2 Sd7 10. Sh4 Sd2: 11. Dd2: Le6 12. e4 de 13. Le4: Lh3 14. Te1 Te8 15. Lh1 Dc7 mit gleichen Chancen in Vukić − Pietzsch, Sarajevo 1967.

b) 7. b3 a5 8. Sc3 Se4 9. Lb2 Sc3: 10. Lc3: Lf5 11. Tc1 Le4 12. Dd2 Sd7 13. Tfd1 a4 mit Gegenspiel in der Partie Ivkov − Uhlmann, Rovinj/Zagreb 1970.

c) 7. Da4 Se4! 8. Sc3 Sd7 9. cd Sc3: 10. bc cd 11. Db4 Te8 12. Lf4 Sb6 13. a4 Sc4 14. e4 e6 mit einer soliden Stellung, Panno − Andersson, Las Palmas 1973.

d) 7. Sc3. Jetzt kann Schwarz den Bauern nehmen, und für Weiß wird es nicht einfach sein, ihn zurückzugewinnen. Dies bewies der Urheber der Eröffnung Grünfeld selbst in seiner Partie gegen Colle in Meran 1924. Jenes Spiel ging weiter mit 7. ... dc! 8. e4 Sbd7 9. De2 Sb6 10. Td1 h6 11. Se5 Le6 12. d5 cd 13. ed Lf5 14. Sc4: Sc4: 15. Dc4: Dd7 mit guten Perspektiven für Schwarz.

e) Zum häufigsten Zug an dieser Stelle **6. cd** vergleiche man die Partien R. Byrne − Fischer und Browne − Kavalek.

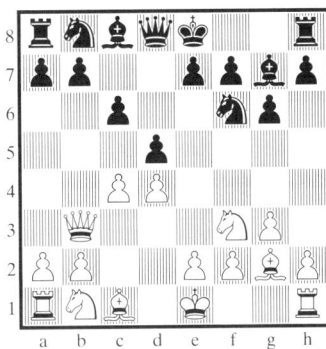

6. ... a7−a5!?

Dies ist ein neuer Zug in dieser Stellung. 6. ... Db6 war gebräuchlich vor dieser Partie. Zum Beispiel: 6. ... 0−0 7. 0−0 Db6 8. Sc3 Le6 9. Sa4?! (9. c5 Da6! führt zu Ausgleich) 9. ... Db3: 10. ab Sa6 (10. ... dc? 11. Sb6!) 11. Sg5 Lf5 12. Lf4 Tfd8, Petrosjan − Stean, Buenos Aires Olympiade 1978, oder 8. ... Td8 9. Td1 Db3: 10. ab3: Lf5 11. Se1 Sa6, Portisch − Hort, Tilburg 1979. Beide Fortsetzungen ergaben ausgeglichenes Spiel.

Nach dem Textzug kann Weiß ...a4 nicht verhindern mittels 7. Sc3?, denn nach 7. ... a4! 8. Sa4: dc4: könnte die Dame nicht auf c4 den Bauern schlagen wegen der drohenden Gabel b7−b5.

7.	Lc1−f4	a5−a4
8.	Db3−b4	Sb8−d7
9.	0−0	Dd8−b6!

Die Rochade hat keine Eile. Der Kampf um das Feld c4 hat eine höhere Priorität. Nach dem Damentausch hat Schwarz offensichtlich bereits Ausgleich erreicht.

| 10. | Db4×b6 | Sd7×b6 |
| 11. | c4−c5 | Sb6−c4! |

Dieser Zug gewinnt zwar genauen Analysen zufolge keinen Bauern, aber er ist doch wesentlich aktiver als die Alternative 11. ... Sbd7.

| 12. | Sf3–e5! | Sc4×b2 |
| 13. | Sb1–a3 | |

Andernfalls spielt Schwarz a4–a3, womit er die Position des Springers b2 erheblich verstärken könnte.

13.	...	Sf6–d7
14.	Ta1–b1	Sd7×e5
15.	Lf4×e5	Lg7×e5
16.	d4×e5	Sb2–c4
17.	Sa3×c4	d5×c4
18.	Tf1–c1	Ke8–d8!

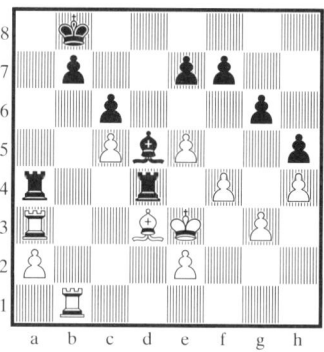

Mit diesem Königsmanöver verteidigt Schwarz den Bauern b7, so daß er damit seinem Läufer die Möglichkeit zur Entwicklung verschafft.

| 19. | Tc1×c4 | Kd8–c7 |
| 20. | Lg2–e4 | |

Die Festlegung des a-Bauern mittels 20. a3 könnte gut beantwortet werden mittels 20. ... Le6 21. Tc3 Thd8, und falls 20. Tcb4? dann folgt 20. ... Lb3! nach, wonach die Schwäche des c5-Bauern evident würde.

20.	...	Th8–d8
21.	Le4–d3	Lc8–e6
22.	Tc4–c2	a4–a3
23.	f2–f4	h7–h5
24.	h2–h4	Td8–d4
25.	Kg1–f2	Ta8–a4!
26.	Tc2–c3!	Kc7–b8

26. ... La2: 27. Ta1 Ld5 28. Tca3: Ta3: 29. Ta3: erleichtert die Situation für Weiß.

| 27. | Kf2–e3 | Le6–d5 |
| 28. | Tc3×a3? | |

Weiß läßt sich auf eine inkorrekte Kombination ein, wobei er aber einen interessanten Zwischenzug übersehen hat. Er sollte besser 28. Kf2 spielen, wonach erst einmal der Nachziehende seine Karten offen auf den Tisch legen müßte.

| 28. | ... | Td4×f4! |
| 29. | Ta3–b3 | |

Ein Zug, der stark aussieht, denn nach 29. ... Lb3:? 30. ab würden beide schwarzen Türme hängen, und Weiß geht mit den besseren Chancen aus der Abwicklung hervor. Um dem Zug noch mehr Nachdruck zu verleihen, droht er auch noch mit dem vernichtenden Einschlag auf b7.

| 29. | ... | Tf4–e4+!! |

Diese Möglichkeit wurde von Weiß nicht in Betracht gezogen. Die Pointe lautet 30. Le4: Te4:+ 31. Kd3 Lb3: 32. Ke4: Lc2+, und Schwarz gewinnt eine Figur. Wenn Weiß aber seinerseits auf b3 schlägt, dann bleibt Schwarz ähnlich wie in der Partie mit einem Mehrbauern und einer Gewinnstellung in Vorteil.

30.	Ke3–f2	Ld5×b3
31.	a2×b3	Ta4–b4
32.	Ld3×e4	Tb4×e4
33.	Kf2–f3	Te4×e5

Schwarz hat einen Mehrbauern und die bessere Bauernstruktur zudem. Der Gewinn ist also nur noch eine reine Routineangelegenheit.

34.	b3–b4	Te5–d5
35.	Kf3–e3	Kb8–c7
36.	Tb1–a1	e7–e5
37.	Ta1–a8	Td5–d8
38.	Ta8–a3	Td8–d4
39.	Ta3–b3	Kc7–d7

Der aktive König bringt die Sache zum Abschluß. 40. b5 funktioniert nicht, weil nach 40. ... Tc4 ein weiterer weißer Bauer dahingeht.

40.	**Ke3–f3**	**Kd7–e6**
41.	**e2–e4**	**f7–f5**
42.	**e4×f5**	**Ke6×f5**
0–1		

Auf 43. Ke3 wäre die schwarze Antwort 43. ... Kg4, wonach weitere Zugeständnisse nicht mehr vermieden werden können.

Partie Nr. 39
Weiß: R. Byrne – Schwarz: Fischer
New York 1963

1.	**d2–d4**	**Sg8–f6**
2.	**c2–c4**	**g7–g6**
3.	**g2–g3**	**c7–c6**
4.	**Lf1–g2**	**d7–d5**
5.	**c4×d5**	**c6×d5**
6.	**Sb1–c3**	**Lf8–g7**
7.	**e2–e3**	

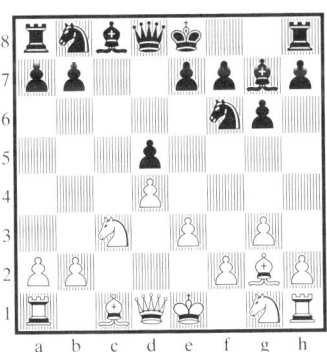

Weiß vermeidet das gebräuchlichere 7. Sf3 0–0 8. 0–0 Se4 bzw. 8. Se5. Die erstgenannte Fortsetzung wird Gegen-

stand der Analyse in der nachfolgenden Partie sein. Für die Bekämpfung der zweitgenannten Möglichkeit, empfehlen wir den Aufbau, der in der Partie Dzindschischaschwili – Henley, USA 1980 gespielt wurde, d. h. also 8. Se5 Sc6 9. Sc6: bc 10. 0–0 e5!? 11. de Sg4 12. Sa4 Se5: 13. Le3 Da5 14. Ld4 Te8 15. Tc1 Lf5 mit aktivem Spiel für Schwarz, der nach dem arglosen Zug 16. b3? eine starke Initiative entwickelte mittels 16. ... Sd3!! 17. ed Ld4: 18. Tc6: Te5.

7.	**...**	**0–0**
8.	**Sg1–e2**	**Sb8–c6**
9.	**0–0**	**b7–b6**
10.	**b2–b3**	

Weiß hätte besser 10. Sf4 spielen sollen, um 10. ... e6 zu erzwingen, was ausgeglichene Chancen geboten hätte.

10.	**...**	**Lc8–a6**
11.	**Lc1–a3**	**Tf8–e8**
12.	**Dd1–d2?**	

Wegen des zu erwartenden ...e5 war 12. Tc1 augenscheinlich besser und dringend anzuraten.

12.	**...**	**e7–e5!**

Schwarz ergreift die Initiative unmittelbar. Nach einem Bauerntausch auf e5 werden sich die beiden weißen Türme in einer peinlichen Lage befinden, da sie sich dem Diagonalfeuer der weitreichenden schwarzen Läufer ausgesetzt sehen.

13.	**d4×e5**	

Dies ist Wasser auf die Mühle des Schwarzen: der Bauer d5 wird nicht genommen.

Die Verteidigung der Stellung mittels 13. Tfe1 gefolgt von Tac1 wäre sicherer gewesen.

13.	**...**	**Sc6×e5**
14.	**Tf1–d1?**	

121

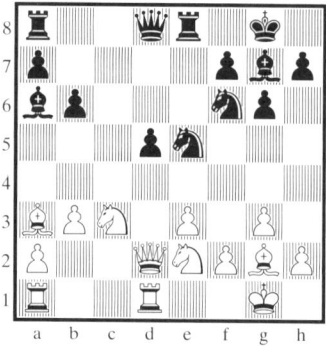

Stellungen von dieser Art beinhalten immer eine Frage: wo ist der richtige Platz für die Türme? In dieser Partie traf Weiß eine unglückliche und falsche Wahl. Der richtige Zug wäre nach Fischers Meinung 14. Tad1!, worauf Schwarz mit 14. ... Dc8! geantwortet hätte mit folgenden Fortsetzungsmöglichkeiten:

a) 15. Sd5: Sd5: 16. Ld5: Td8 17. f4 Td5:! 18. Dd5: Lb7 19. Dd8+ Dd8: 20. Td8:+ Td8: 21. fe Le5: mit einem besseren Endspiel.
In dieser Variante ist 19. Dd2?! riskanter – 19. ... Dh3 20. Sd4 Sg4 21. Sc2! (21. Tfe1 Se3:!) 21. ... h5! und Schwarz hat einen außerordentlich starken Angriff.
b) 15. Dc1 Se4! 16. Sd5: Le2:! 17. Le4: Kh8 18. Dc8: Tac8: 19. Se7 Tc7 20. Tc1 Td7 21. Tfe1 Lf3! zumindest mit Qualitätsgewinn. Zum Beispiel 22. Lb1 kann stark beantwortet werden mittels 22. ... Lf6 und nach 23. Sc8 Lb7 24. Sd6 Sf3+ 25. Kf1 La6+ 26. Kg2 kann der Turm e1 mit Schach geschlagen werden.
c) 15. Tc1 Dd7 16. Tcd1 Tad8 und, nach dem Gewinn eines wichtiges Tempos hat Schwarz seinen Bauern d5 verteidigt und hat eine aktive Stellung inne.
d) Relativ das beste ist **15. Lb2**, was beantwortet werden kann mittels 15. ... Df5

mit einer aktiveren Stellung, da der Bauer d5 immer noch tabu ist.

| 14. | ... | Se5–d3 |
| 15. | Dd2–c2 | |

Sowohl 15. Sd4 Se4 16. Se4: de 17. Lb2 Tc8 als auch 15. Sf4 Sc4 16. Se4: de 17. Tab1 Tc8 überläßt Schwarz einen klaren Vorteil.
Fischer gibt uns eine interessante Illustration des letzteren: 18. Sd3: Lc3! 19. De2 Ld3: 20. Dg4 f5 21. Dh3 Lb1:! 22. Td8: Ted8: 23. Lf1 Td1 24. Kg2 Ld3! 25. Ld3: ed mit einer Gewinnstellung.
Auf 15. f3 spielt Schwarz 15. ... Lh6 und erzwingt 16. f4 und nach 16. ... Lg7 hat er dann wieder die starke Drohung ...Se4.
Der Textzug freilich erlaubt es dem Schwarzen, den gegnerischen Königsflügel auseinanderzubrechen.

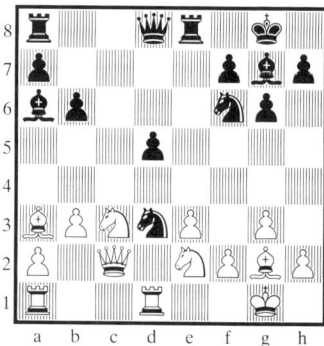

15.	...	Sd3×f2!
16.	Kg1×f2	Sf6–g4+
17.	Kf2–g1	

17. Kf3? führt zu einem Matt in drei Zügen nach 17. ... Te3:+ 18. Kg4: Lc8+ 19. Kf4 Lh6.

| 17. | ... | Sg4×e3 |
| 18. | Dc2–d2 | Se3×g2! |

Natürlich nicht 18. ...Sd1:?, da sich Weiß nach 19. Td1: gut verteidigen kann.
Nachdem der Läufer g2 verschwunden ist, entscheidet Fischer den Kampf durch die Öffnung der Diagonale h1–a8.

19.	Kg1×g2	d5–d4!
20.	Se2×d4	La6–b7+
21.	Kg2–f1	

Wenn **21. Kg1** Ld4:+ 22. Dd4: Te1+
23. Kf2 Dd4:+ 24. Td4: Ta1: mit entscheidendem Materialvorteil.
Auf **21. Kf2** gewinnt Schwarz mittels
21. ... Dd7 22. Tac1 (22. Sf3 Dc6 gewinnt eine Figur) 22. ... Dh3 23. Sf3 Lh6
24. Dd3 Le3+ 25. De3: Te3: 26. Ke3:
Te8+ 27. Kf2 Df5.

| 21. | ... | Dd8–d7! |

0–1

Wie Fischer ausführte, könnte die Partie
jetzt sehr hübsch enden nach 22. Df2
Dh3+ 23. Kg1 Te1+! 24. Te1: Ld4: oder
22. Sdb5 Dh3+ 23. Kg1 Lh6.

Partie Nr. 40
Weiß: Browne – Schwarz: Kavalek
Buenos Aires 1980

1.	d2–d4	Sg8–f6
2.	c2–c4	g7–g6
3.	g2–g3	c7–c6
4.	Lf1–g2	d7–d5
5.	c4×d5	c6×d5
6.	Sg1–f3	Lf8–g7
7.	0–0	0–0
8.	Sb1–c3	

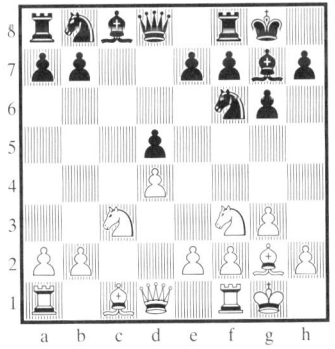

Dies ist eine der Grundstellungen des
Systems. Schwarz kann die Symmetrie

aufrechterhalten mittels 8. ... Sc6, wonach nach 9. Se5! Weiß die Initiative ergreifen kann, indem er seinen Anzugsvorteil nutzt. In der Partie Botwinnik –
Smyslow, 11. Wettkampfpartie, Match
1957 folgte dann 9. ... Lf5 10. Sc6: bc
11. Sa4 Sd7 12. b3 e5 (12. ... c5 13. Lb2
cd 14. Ld4: e6 15. Tc1 mit den günstigeren Aussichten für Weiß – Botwinnik/
Estrin) 13. de Le5: 14. Lh6 Te8 15. Tc1
Tc8 16. Dd2, was Weiß einen leichten
Vorteil überließ.
Ebenfalls nicht in der Lage dazu, zum
Ausgleich zu kommen, war Schwarz in
der Partie Schmidt – Uhlmann, Havanna
Schacholympiade 1966 nach 9. ... Se5:
10. de Sg4 11. Sd5: Se5: 12. Db3 e6
13. Sc3 Da5 14. Td1 Tb8 15. Ld2.

| 8. | ... | Sf6–e4 |
| 9. | Lc1–f4?! | |

Dies stellt den Versuch dar, die üblicheren Fortsetzungen zu vermeiden, die
folgendermaßen aussehen:
a) 9. Se5 Sc3: 10. bc Sc6 11. Sc6: bc
12. Da4 (12. e4 Le6 13. La3 de 14. Le4:
Ld5 mit Ausgleich) 12. ... Db6 13. La3
Da6 14. Da6: La6: 15. Tfb1 (15. Tfe1
Tfe8 16. Lf1 Lf8 mit annäherndem Ausgleich, Schmidt – Timman, Wijk aan Zee
1975) 15. ... Le2: 16. Le7: Tfb8 mit einer
vollkommen symmetrischen Stellung
nach 16 Zügen(!), Smejkal – Mariotti,
Mailand 1975.
b) 9. Se4: de und nun:
b1) 10. Sg5 Dd4: 11. Dd4: gibt Weiß keinen Vorteil. Nach 11. ... Ld4: 12. Se4:
Sc6 13. Sc3 Td8 14. Td1 Le6 15. Le3
Le3: 16. fe Se5! war es bereits Schwarz,
der besser stand in der Partie Donner –
Botwinnik, Wijk aan Zee 1969.
11. Se4: Sc6 12. Db3 Lf5 13. Sc3 Db6
14. Db6: ab führte zu einem schnellen
Remis in der Partie Petrosjan – Geller,
UdSSR-Meisterschaft 1958.
b2) 10. Se5 und dann:
b21) 10. ... Db6!? (vgl. Diagramm)

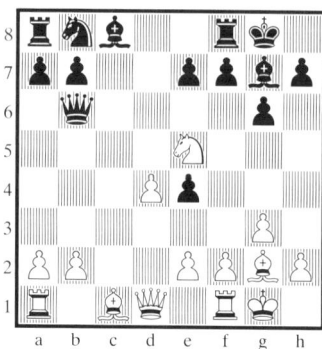

Eine wichtig erscheinende Neuerung, die aus der Partie Marović – Mariotti, Rom 1982, stammt. Das Spiel ging weiter mit 11. Sc4 (11. Le4: Td8!) 11. ... Da6 12. b3 Td8 13. Lb2 Sc6 14. e3 f5 15. De2 e5 16. de Se5: 17. Le5: Le5: 18. Tfd1 Le6 und Schwarz erhielt eine exzellente Stellung.

b22) 10. ... f6 ist schwächer, wie sich herausstellte in der Partie Pfleger – Ghitescu, Hamburg 1965, wo nach 11. Db3+ e6 12. Sc4 Sc6 13. e3 f5 14. f3! Weiß einen Vorteil innehatte.

b23) 10. ... Dd5 ist ebenfalls unzulänglich. Nach 11. b3 f6 12. Sc4 Sc6 13. Lb2 f5 14. f3! Sd4: 15. fe Dc5 16. e3 Sb5 17. Lg7: Kg7: 18. ef ging Weiß mit einer vorteilhaften Stellung aus der Eröffnungsphase heraus, Sawon – Ribli, Debrecen 1970.

9.   ...   Se4×c3

In der Partie Böhm – Van der Sterren, Niederlande · Hilversum 1984, spielte Schwarz 9. ... Sc6. Die Zugfolge, die zu dieser Stellung führte, war von einigem Interesse: 1. d4 Sf6 2. g3 d5 3. Lg2 g6 4. Sf3 Lg7 5. 0–0 0–0 6. Lf4 c5 7. c3 cd 8. cd Sc6 9. Sc3 Se4. Dieselbe Stellung kann auch erreicht werden mittels 1. g3 c5 2. Lg2 Sc6 3. Sf3 g6 4. c3 Lg7 5. d4 cd usw.

Das oben genannte Spiel ging weiter mit 10. Tc1 Le6 11. Sb5?! Tc8 12. Da4 Db6

13. e3 a6 14. Sa3 h6, und Schwarz hatte eine ausgezeichnete Stellung erreicht.

10.   b2×c3   Sb8–c6
11.   Ta1–c1   Sc6–a5
12.   Tf1–e1   Lc8–f5

Mit diesem Aufbau versucht der Nachziehende, den Gegner an den Zentralvorstößen c4 und e4 zu hindern. Sofern Schwarz diesen Plan erfolgreich in die Tat umsetzen kann, wird er über einen Vorteil verfügen aufgrund der Schwächen der Felder c4 und c3.

13.   Sf3–d2   Ta8–c8
14.   Dd1–a4   b7–b6
15.   Sd2–b3?

Weiß sollte sich lieber zu 15. e4 entschließen, um seine Figuren zu aktivieren nach 15. ... de 16. Se4:, wenngleich nach 16. ... Dd7! die schwarze Stellung bereits den Vorzug verdient.

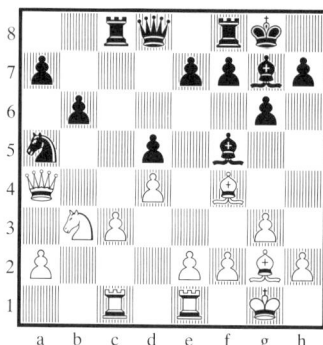

15.   ...   Lf5–d7!
16.   Da4–a3?

Weiß übersieht, daß Schwarz durch einen stillen Zug die Dame fangen kann. Nach 16. Db4 Tc4 17. Da3 Ta4 18. Db2 Le6 konnte die Dame noch entkommen, und Weiß müßte dafür nur einige positionelle Zugeständnisse in Kauf nehmen.

16.   ...   Sa5–c4
17.   Da3×a7

Wenn Weiß 17. Db4?? versucht, schlägt Schwarz der Dame die Türe vor der

Nase zu mittels 17. ... a5, wonach es keinen Ausweg mehr gibt.

| 17. | ... | Ld7–c6! |

Dies hatte Weiß vermutlich übersehen. Schwarz droht nun 18. ... e5! gefolgt von ...Ta8 mit Damenfang, und es gibt kein Gegenmittel dagegen. Somit hat Weiß keine andere Wahl als auf taktische Verwicklungen auszugehen.

| 18. | e2–e4 | e7–e5! |
| 19. | d4×e5 | |

19. ed Ta8 hätte das sofortige Ende bedeutet.

19.	...	Tc8–a8
20.	Sb3–d4	Ta8×a7
21.	Sd4×c6	Dd8–a8
22.	e4×d5?!	

22. Sa7: Da7: 23. ed Te8 ist hartnäckiger, aber ebenfalls auf lange Sicht aussichtslos.

| 22. | ... | Ta7×a2 |
| 23. | e5–e6 | Da8–a3! |

Deckt gleichzeitig die Felder d6 und e7 und ist mit Angriff auf a3 verbunden.

24.	e6–e7	Tf8–e8
25.	Sc6–b4	Lg7×c3
26.	Sb4×a2	Lc3×e1
27.	Tc1×e1	Te8×e7

Dies ist das einfachste.

28.	Te1–c1	Da3×a2
29.	d5–d6	Te7–d7
30.	Lg2–d5	b6–b5
31.	Tc1–e1	Da2–a5
0–1		

7 Selten gespielte Varianten

Neben den Fortsetzungen, die bislang diskutiert wurden, hat Weiß einige weitere Möglichkeiten. In diesem Kapitel werden wir diese in folgender Reihenfolge besprechen:

A

1.	d2–d4	Sg8–f6
2.	c2–c4	g7–g6
3.	Sb1–c3	d7–d5
4.	Sg1–f3	Lf8–g7
5.	c4×d5	Sf6×d5
6.	Lc1–d2	

Dies ist die Smyslow-Variante. Weiß strebt danach, den Damenflügel so schnell als möglich zu mobilisieren, ohne e2–e4 zu spielen, und nach Ta1–c1 beabsichtigt er, Vorteil durch Druckausübung entlang der c-Linie zu erreichen. Das schwarze Gegenspiel mit ...c5 kann aber dennoch nicht verhindert werden. Wenn Schwarz Abtausch zu vermeiden wünscht und ein komplizierteres Spiel aufziehen möchte, dann kann er auch ...Sc6 spielen in Verbindung mit dem Befreiungsvorstoß ...e5, wie beispielsweise in der Partie Nr. 41 Martinović – Timman zu sehen.

B

1.	d2–d4	Sg8–f6
2.	c2–c4	g7–g6
3.	Sb1–c3	d7–d5
4.	Sg1–f3	Lf8–g7
5.	c4×d5	Sf6×d5
6.	Dd1–b3	

Auch in dieser Variante spielt Weiß nicht e2–e4. Er strebt statt dessen an, den Springer durch den Damenzug zu vertreiben und gleichzeitig mit einem Seitenblick nach b7 zu schielen, wodurch die Entwicklung des Läufers c8 in vielen Fällen zunächst verhindert werden kann. Schwarz seinerseits hat darauf zwei gute Fortsetzungen, von denen eine in der Partie Nr. 42 Smejkal – Ribli zur Sprache kommen wird.

C

1.	d2–d4	Sg8–f6
2.	c2–c4	g7–g6
3.	Sb1–c3	d7–d5
4.	Sg1–f3	Lf8–g7
5.	Dd1–a4+	

Dies ist die Flohr-Variante. Weiß möchte die gegnerische Entwicklung durcheinanderbringen, aber der Nachziehende seinerseits kann nach 5. ... Ld7! 6. Db3 durchaus aus dem Tempogewinn (im Vergleich zum Db3-System) Kapital schlagen.

Das Damenschach auf a4 kann natürlich sowohl mit Einbeziehung des Zugpaars Sf3 Lg7 als auch ohne dieses vorkommen. Während der Analyse der Partie Nr. 43 Kengis – Ubilawa werden wir diese beiden Möglichkeiten berühren.

D

1.	d2–d4	Sg8–f6
2.	c2–c4	g7–g6
3.	f2–f3	

Dieser Zug ist augenblicklich nur ein sehr seltener Gast in den Turniersälen, obgleich schon Aljechin ihn zu spielen pflegte.

In jüngster Zeit wurde er gelegentlich von Gheorghiu und Kortschnoi zur An-

wendung gebracht (Kortschnoi ist wohlbekannt als ein Spieler, der gerne ausgetretene Pfade vermeidet). Unser Beispiel, Partie Nr. 44, wurde vor gar nicht allzu langer Zeit zwischen diesen beiden Großmeistern ausgetragen.
Im Gegensatz zu den drei vorerwähnten Varianten baut Weiß hier ein starkes Bauernzentrum auf, welches durch den Bauern f3 eine zusätzliche Stützung erfährt. Aber dieser Zug kann natürlich gleichzeitig Schwächungen für Weiß hervorrufen in manchen Fällen. In dieser weniger ausanalysierten Variante ist es zudem viel leichter möglich, noch eigenständig neue Ideen und Züge aufzuspüren.
Es soll noch erwähnt werden, daß der Zug f2–f3 dem Nachziehenden den Übergang in die Königsindische Verteidigung mittels 3. ... Lg7 4. e4 d6 (Sämisch System) erlaubt.

Diese oben angeführten Varianten zählen nicht zu den aktivsten und thematischsten Fortsetzungen für Weiß. Bei korrektem Spiel kann Schwarz bequem zum Ausgleich gelangen und darüberhinaus ein Mittelspiel mit guten Aussichten herbeiführen. In sehr vielen Fällen ist anzunehmen, daß Weiß diese Varianten nur deshalb spielt, weil er die gut ausanalysierten Hauptvarianten zu vermeiden oder den Gegner zu überraschen sucht.

Partie Nr. 41
Weiß: Martinović – Schwarz: Timman
Amsterdam 1985

1. Sg1–f3 Sg8–f6
2. d2–d4 g7–g6
3. c2–c4 Lf8–g7
4. Sb1–c3 d7–d5
5. c4×d5 Sf6×d5

6. Lc1–d2
Weiß verteidigt seinen Springer nochmals, macht sich auf ein künftiges Gegenspiel c7-c5 gefaßt und schafft die Möglichkeit zu einer frühzeitigen Mobilmachung am Damenflügel verbunden mit baldigem Tac1.
Diese Fortsetzung ist nichtsdestotrotz eine ziemlich harmlose Variante, und Schwarz hat gleich zwei gute Erwiderungen dagegen.

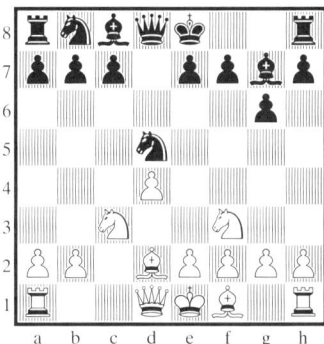

6. ... 0–0
Zu vollkommenem Ausgleich führt hier 6. ... c5, aber es gehen Vereinfachungen damit einher. Zum Beispiel: 6. ... c5 7. Tc1 Sc3: (7. ... cd4: verliert eine Figur wegen 8. Sd5:, wonach plötzlich der Läufer c8 zum Angriffsziel wird.) 8. Lc3: cd4: 9. Sd4: 0–0 10. e3 Dd5 11. Sb5 Dd1:+ 12. Td1: Sc6 13. Lg7: Kg7:, Petrosjan – Fischer, UdSSR gegen Rest der Welt, Belgrad 1970.

7. Ta1–c1 Sd5–b6
Dies ist die häufigste Entgegnung. Ein anderer guter Plan ist 7. ... Sc6. In der Partie Cholmow – Platonow, UdSSR Meisterschaft 1970, erhielt Schwarz nach 7. ... Sc6 8. e3 e5! 9. Sd5: Dd5: 10. Lc4 Dd6 11. d5 Se7 12. e4 c6 13. dc Sc6: 14. Lc3 Sd4 ein exzellentes Spiel.

8. Ld2–g5

Nach dem weniger aktiven 8. e3 kann Schwarz 8. ... Sc6 spielen, wonach der ...e5 Gegenschlag nicht mehr durch 9. Lb5 unterbunden werden kann, man sehe: 8. ... Sc6 9. Lb5 e5 10. Lc6: ed! 11. Sd4: Ld4: (11. ... bc ist schwächer wegen 12. Sce2!, Mikenas – Doroschkewitsch, UdSSR Meisterschaft 1970, nun folgte 12. ... Dd5 13. 0–0 Da2: 14. b3! Da6 15. Tc6: Lb7 16. Tc7:, wonach Schwarz nicht genug Kompensation für den Bauern hatte) 12. ed bc droht 13. ... La6 und ist zudem mit einer Bedrohung des Bauern d4 verbunden (Analysen von Botwinnik und Estrin). 11. Le4 wurde ebenfalls schon versucht, aber nach 11. ... dc 12. Lc3: Lc3:+ 13. Tc3: De7 14. Dc2 Te8 15. Sd2 c6 16. 0–0 Le6 konnte Weiß keinen Vorteil vorweisen.

Das ruhige 9. Le2 erlaubte Schwarz mühelos auszugleichen in Tisdall – Sax, Hastings 1977/78, nach 9. ... e5! 10. de Se5: 11. Se5: Le5: 12. 0–0 Le6.

8.   ...   h7–h6
9.   Lg5–f4

9.   ...   Sb8–c6!

Der Grund, weshalb Weiß mit Lg5 einen scheinbaren Tempoverlust in Kauf genommen hat, wird nach 9. ... c5? enthüllt. Tschereschewsky – Nekrassow, UdSSR 1964 ging weiter mit 9. ... c5?

10. dc S6d7 11. e4 Sc6 12. Dd2 Sc5: 13. De3! Da5 14. Lh6: Lh6: 15. Dh6: Se4: 16. Lc4 Lf5 17. 0–0 Sf6 18. Sg5, und Weiß entwickelte einen außerordentlich kraftvollen Angriff.

10.   e2–e3   g6–g5!

Der Zug 10. ... Lg4 erwies sich als unzureichend in der Partie Tukmakow – Azmajparaschwili, UdSSR 1983. Die Fortsetzung 11. Le2 Lf3:? 12. Lf3: e5 13. de Se5: 14. Le5: Le5: 15. Lb7: beließ Weiß mit einem Bauern mehr. 11. ... Sb4 12. 0–0 S4d5 13. Lg3 c6 wäre geringfügig besser gewesen mit einer lediglich passiven, aber stabilen Stellung.

11.   Lf4–g3   g5–g4
12.   Sf3–d2

Dem Zug 12. Sh4?! kann ebenfalls mit 12. ... e5! begegnet werden, wonach der Springer in einer unangenehmen Lage am Rand des Brettes befindlich ist sowohl nach 13. de Se5: 14. Le2 Lf6! als auch nach 13. d5? Sb4 14. e4 Lf6.

12.   ...   e7–e5!

Dieser thematische Sprengungszug führt nun schon nicht mehr nur zum Ausgleich, sondern bereits zu einem schwarzen Vorteil.

13.   d4×e5   Sc6×e5
14.   Dd1–c2   Sb6–d5
15.   Lg3×e5

Wollte sich Weiß nun einen Bauern unter den Nagel reißen mittels **15. Sd5: Dd5: 16. Dc7:?** dann würde nach 16. ... Td8 17. Sb3 (17. Dc2? Le6 18. b3 Tac8 19. Dd1 Tc1: 20. Dc1: Sd3+ 21. Ld3: Dd3: und Weiß ist ganz und gar gebunden, und auf 22. Sb1, was 22. ... Lc3 noch pariert, gewinnt 22. ... Lb2 sofort) 17. ... Le6 18. Dc5 Sd3+ 19. Ld3: Dd3: Schwarz einen unbestreitbaren Vorteil innehaben.

15. a3 (um 15. ... Sb4 zu verhindern) 15. ... Sc3: 16. bc Dd5 oder De7 überläßt dem Schwarzen ebenfalls das bessere Spiel.

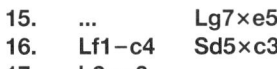

15.	...	Lg7×e5
16.	Lf1–c4	Sd5×c3
17.	b2×c3	

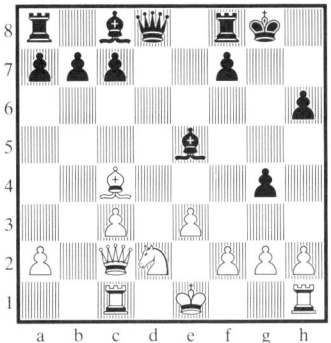

17. ... Dd8–d6!

Dies überläßt dem Gegner eine schwere Entscheidung. **18. g3** würde die Diagonale a8-h1 ernsthaft schwächen, und gerade aus diesem Grunde entschließt sich Weiß, die Verbindung der beiden Türme durch einen Königszug herzustellen. Somit muß der weiße Monarch aber im Zentrum ausharren und er liefert später ein gutes Angriffsziel für Schwarz. **18. Se4?** kann natürlich mit 18. ... Dc6 beantwortet werden, und 19. Ld3 f5! ist dann sehr unangenehm für Weiß.

18.	Ke1–e2	Tf8–d8
19.	Th1–d1	Dd6–c6
20.	Lc4–b3	b7–b6

Selbstverständlich nicht 20. ... Dg2: wegen 21. Dg6+.

21. Sd2–e4

Nach 21. De4?? gewinnt Td2:+! sofort.

21.	...	Lc8–a6+
22.	Ke2–e1	Kg8–g7!

Es ist zweckmäßig, den König auf ein dunkles Feld zu führen. Nun droht f7-f5.

23.	f2–f4	g4×f3 e.p.
24.	g2×f3	f7–f5!
25.	Dc2–g2+	Kg7–h8
26.	Td1×d8	Ta8×d8
27.	Tc1–d1	

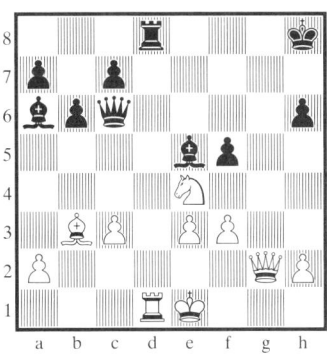

27. ... Td8–e8!

So spielt man schon aus prinzipiellen Erwägungen heraus, um nicht die gegnerische Verteidigung zu erleichtern. Die Entscheidung, die Türme auf dem Brett zu behalten, war aber auch ganz konkret aus den Stellungserfordernissen heraus berechtigt: zum einen durch die Notwendigkeit der Deckung des Feldes g8 und zum anderen durch die weiterhin exponierte Stellung des weißen Königs.

28.	Lb3–d5!	Dc6–b5
29.	c3–c4	Db5–b4+
30.	Se4–d2	

Auf 30. Dd2? hat Schwarz die ganz starke Antwort 30. ... Da3!, und falls der Springer sich bewegt 31. ... Lc3.

30.	...	Le5–g7
31.	e3–e4	

Traurige Notwendigkeit. Sowohl 31. Kf2 Dc5 32. Te1 f4 als auch 31. Df2 Dc3 32. e4 Df6! lassen eine für den Anziehenden schrecklich unangenehme Lage entstehen. In letzterer Variante würde 31. ... Ld4? einen Fehler darstellen wegen 32. Dh4!, und nach 32. ... Te3:+ 33. Kf1 könnten die beiden Drohungen 34. Dh6:+ und 34. Dd8+ nicht gleichzeitig pariert werden.

31.	...	Db4–d6
32.	Dg2–g3	f5–f4
33.	Dg3–h4	c7–c6

34.	Ld5–f7	Te8–d8
35.	Ke1–f2	Td8–f8
36.	Lf7–h5	Dd6–d3
0–1		

In einer bereits verlorenen Stellung überschritt Weiß die Bedenkzeit. Es gab aber keine Abwehr gegen die Drohungen 35. ... Ld4+ 36. Kg2 De2+ mit Turmgewinn oder einfach 35. ... Lc4:!.

Partie Nr. 42
Weiß: Smejkal – Schwarz: Ribli
Budapest 1975

1.	d2–d4	Sg8–f6
2.	c2–c4	g7–g6
3.	Sb1–c3	d7–d5
4.	Sg1–f3	Lf8–g7
5.	c4×d5	Sf6×d5
6.	Dd1–b3	

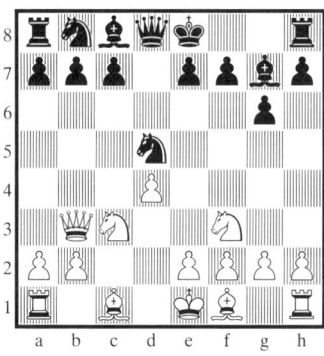

Mit dem Damenzug möchte Weiß den gegnerischen Springer vom Feld d5 vertreiben oder den Gegner dazu zwingen, das passive c7–c6 zu spielen. Die Stellung der Dame auf b3 gibt Schwarz aber andererseits die Gelegenheit zu einem Tempogewinn, so daß man die Lage als ausgeglichen betrachten kann.

| 6. | ... | Sd5×c3 |

Schwarz läßt sich selbstverständlich nicht zu 6. ... c7-c6 bewegen, was seine aktive Entwicklung behindern würde. Eine gute Alternativfortsetzung stellt jedoch 6. ... Sd5–b6 dar. Diese Alternative ist ebenso gut spielbar wie der Textzug, führt jedoch zu anderen Stellungsbildern. Die Situation ist vergleichbar mit derjenigen aus Partie 35 Plachetka – Tukmakow nach dem siebenten Zug. Wieder wollen wir die Fortsetzung Sd5×c3 zum Gegenstand unserer Analyse machen, doch zunächst bringen wir ein interessantes und theoretisch bedeutsames Beispiel für 6. ... Sb6 zur Kenntnis: Die Partie Tisdall – Jansa, Aarhus 1983, ging weiter mit 7. Lg5 h6 8. Lh4 Le6 9. Dc2 Sc6 10. Td1 Sb4! 11. Db1 0–0 12. e3 (nach 12. d5? Lc3:+! 13. bc S4d5: 14. Dc1 De8 15. Dh6: f6! und Schwarz hat einen gewaltigen Entwicklungsvorsprung zu verzeichnen.) 12. ... Lf5 13. e4 Lg4 14. d5 g5 15. Lg3 f5! mit gutem schwarzem Gegenspiel.

| 7. | b2×c3 | 0–0 |
| 8. | e2–e3 | |

Der Zug ...c5 kann nicht einmal jetzt unterbunden werden. 8. La3 Sd7 9. e3 c5 10. Le2 b6 11. 0–0 Sf6! 12. Tfd1 (12. dc?! kann nicht empfohlen werden angesichts von 12. ... Se4! 13. Tad1 Dc7 14. cb ab 15. c4 Sc3 16. Td2 Le6 und auf 17. Tc1 kann Schwarz 17. ... Se2:+ 18. Te2: b5! mit besserem Spiel fortsetzen.) 12. ... Dc7 13. Tac1 Lb7 14. Lb2 Tfd8 und Schwarz glich aus in der Partie Henley – Tukmakow, Hastings 1982/83.

| 8. | ... | c7–c5 |
| 9. | Lf1–e2 | |

9. La3 b6! 10. Td1 Dc7 11. Le2 Sd7 12. 0–0 Lb7 13. c4 cd 14. ed Tfe8 15. Tfe1 e5! endet auch mit gleichen Spielchancen in der Partie Pribyl – Smejkal, Bratislava 1983.

| 9. | ... | b7–b6 |

9. ... Sc6 ist ebenfalls gut, was sich erwies in der Partie Pachmann – Gutman, Netanya 1983. Dort folgte 10. 0–0 Sa5 11. Db5 b6 12. La3 Ld7 13. Dd3 Le6! 14. e4 Lc4 15. De3 Dc8 mit gutem Spiel für Schwarz. Nach weiterem 16. dc? Da6! 17. Tfe1 Le2: 18. De2: De2: 19. Te2: Sc4 20. Lc1 Lc3: 21. Tb1 Tfd8 22. Lf4 b5! hatte der Nachziehende bereits einen signifikanten Vorteil vorzuweisen.

10. 0–0 Sb8–c6!
11. Lc1–a3

Genau zu dieser Stellung kamen (auf dem Wege einer Zugumstellung) auch Goglidze – Botwinnik in ihrer Partie UdSSR 1935. Dort spielte Weiß aber das schwächere 11. a4?! und nach 11. ... Sa5 12. Da3 Dc7 13. Sd2 Lb7 14. Sb3 cd 15. cd (15. Sa5: d3! 16. Ld3: ba mit Vorteil für Schwarz) 15. ... Sc4 16. Db4 Tfc8 17. a5 e5! stand Weiß mit nachteiligen Chancen da.

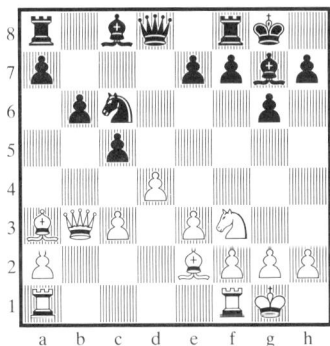

11. ... Sc6–a5

Wie bereits zuvor erwähnt und in einigen der Anmerkungen gezeigt, kann der Nachziehende ein entscheidendes Tempo gewinnen, indem er die exponiert stehende weiße Dame bedroht.

12. Db3–c2 Dd8–c7
13. Ta1–c1 Lc8–b7
14. d4×c5 b6×c5

15. c3–c4 Tf8–d8
16. Tf1–d1

Die konsequente und folgerichtige Fortsetzung wäre 16. Lb2 gewesen.

16. ... Ta8–c8
17. Sf3–d2 Dc7–c6!
18. Le2–f3 Dc6–a6

Schwarz droht 19. ... Lf3:, weil 20. Sf3: einen Bauern verliert (20. ... Sc4:).

19. Dc2–a4 Td8–d6!

Ein notwendiger Zug zur Verteidigung der Dame.

20. Sd2–e4?

In einer schwierigen Lage unterliegt Weiß einem Irrtum. 20. Sb3? Sb3: 21. Da6: Ta6:! 22. Lb7: Ta3: 23. ab Tb8 würde dem Schwarzen einen Mehrbauern überlassen haben und 20. Lb7: Sb7: 21. Da6: Ta6: 22. Sb1 Sd6 würde dem Nachziehenden das bessere Endspiel einräumen. Die letztgenannte Möglichkeit würde aber natürlich beträchtlich besser sein als der Partiezug.

20. ... Td6×d1+
21. Tc1×d1 Lb7–c6!

Dieser Zwischenzug wurde von Weiß vermutlich übersehen. Der Bauer auf c4 geht nun verloren.

22. Da4–c2 Sa5×c4
23. Lf3–e2

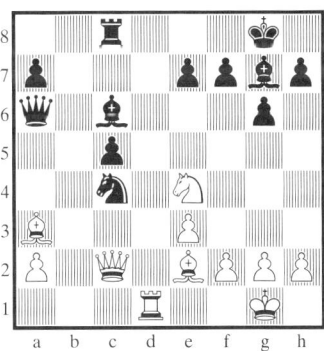

Die Alternative 23. Lc5: La4: überläßt Schwarz einen Qualitätsgewinn, und

131

23. Sc5: Sa3: sogar einen Figurenge-
winn. Aber auch nach dem Partiezug
kann Schwarz in ein leicht gewonnenes
Endspiel abwickeln.

23.	...	Sc4×a3
24.	Le2×a6	Sa3×c2
25.	La6×c8	Lc6×e4
26.	Lc8−a6	Sc2−a3
27.	Td1−d7	c5−c4

Angesichts seines materiellen Vorteils
opfert Schwarz bereitwillig einige Bau-
ern, um den Vormarsch des Kollegen
auf der c-Linie zu beschleunigen.

28.	Td7×e7	Le4−b1
29.	Te7×a7	c4−c3
30.	Ta7−a8+	Lg7−f8
31.	Ta8−c8	c3−c2
32.	Ke1−f1	

Oder 32. Ld3 c1D+ 33. Tc1: Ld3: mit ei-
nem entscheidenden Materialvorteil.

32.	...	Lb1×a2
33.	Kf1−e2	La2−e6!

Als Antwort auf das sofortige 33. ... Sc4?
hätte Weiß noch 34. Lc4: c1D 35. Lf7:+
gehabt.

34.	Tc8−c7	Sa3−c4
0−1		

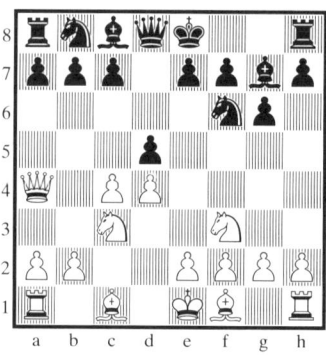

Weiß will entweder 5. ... c6 oder 5. ... Sc6
provozieren, um das schwarze Gegen-
spiel mit c7-c5 zu verhindern. Im Falle
von 5. ... Ld7 hofft Weiß, daß Schwarz
sich durch diesen Zug in seiner natür-
lichen Entwicklung beeinträchtigt sieht.
Die Theoriewerke weisen hinsichtlich
des Zuges 5. Da4+ auf Salo Flohr als
dessen Urheber hin, der ihn mit einigem
Erfolg in seiner Spielpraxis angewandt
hat.

5.	...	Lc8−d7!

Dies ist die stärkste Erwiderung.
Auf 5. ... Sc6?!, Kavalek – Westerinen,
Venedig 1971, folgte 6. Lg5! Se4 7. cd
Sc3: 8. bc Dd5: 9. e3 0−0 10. Db5! Le6
11. Sd2 mit einem kleinen weißen Vor-
teil. Schwarz fand keine Gelegenheit
entweder zu ...e5 noch zu ...c5 zu kom-
men, während Weiß mit dem Damen-
tausch drohte und mit nachfolgendem
e4 und falls ...Le6 dann d5 mit Gabel.
Nach 5. ... c6 könnte die Partie weiter-
gehen mit 6. cd Sd5: 7. e4 Sb6 8. Dc2
(8. Dd1 ist nicht so gut, Uhlmann –
Timman, Amsterdam, ging weiter mit
8. ... Lg4 9. Le3 0−0 10. Le2 S8d7 11. a4
a5, und Schwarz erhielt vollkommen zu-
friedenstellendes Spiel) 8. ... Lg4 9. Se5
Le6 10. Le3 0−0 11. Td1 S8d7 12. Sf3
Tc8 13. Le2 Lc4 14. 0−0 Dc7 15. b3 Le2:
16. Se2: mit Vorteil für Weiß, Lilienthal –
L. Steiner, Stockholm 1948.

Partie Nr. 43
Weiß: Ubilawa – Schwarz: Kengis
UdSSR 1984

1.	d2−d4	Sg8−f6
2.	c2−c4	g7−g6
3.	Sb1−c3	d7−d5
4.	Sg1−f3	Lf8−g7
5.	Dd1−a4+	

6.　Da4–b3

Im Vergleich zu dem System mit 5. Db3 (siehe Kapitel 2) hat Schwarz ein Tempo mehr, nämlich Lc8-d7. Auf der anderen Seite hängen nun seine beiden Bauern auf d5 und b7. Die Frage stellt sich unverändert, ob Weiß die gegnerische Entwicklung wirklich so stark beeinträchtigen kann, daß das Extratempo dadurch aufgewogen wird.

6.　...　d5×c4

7.　Db3×c4

Die Alternative 7. Db7:? gestattet es dem Nachziehenden, weiteren Zeitgewinn zu erzielen, und ist somit offensichtlich schlecht für Weiß. Die Partie Kovacs – Paoli, Wien 1949, ging danach weiter mit 7. ... Sc6 8. Lf4 Tb8 9. Dc7: Dc7: 10. Lc7: Tb2: 11. e3 (11. 0–0–0 Tb7 12. Le5 0–0 13. e3 Tc8 führt zu einem signifikanten Vorteil für Schwarz) 11. ... 0–0 12. Tc1 Tc8 13. Lg3 Sb4 14. Se5 Le6 mit einer überwältigenden Stellung für Schwarz.

Es sollte hier angemerkt werden, daß 5. cd Sd5: 6. Da4+ vorgekommen ist, um die Möglichkeit dc4: zu vermeiden. In diesem Fall ist die aktivste schwarze Antwort 6. ... Sc6!. In der Partie Tschistjakow – Faibisowitsch, Sotschi 1965, ergab die Fortsetzung 7. Sd5: Dd5: 8. e3 0–0 9. Ld2 e5 10. Lc4 De4 11. de Le6! (falls 11. ... Sc5:? oder 11. ... Lh3?, dann gewinnt 12. Lf7:+) 12. Tc1 Se5: eine viel bessere Stellung für Schwarz, aber nach 12. Lb5 Da4: 13. La4: Se5: 14. Se5: Le5: können wir die Stellung ebenfalls als besser für Schwarz einschätzen.

Das Thema Da4+ (nach cd5: Sd5:) kam auch vor in der Partie Kortschnoi – Tukmakow, Rest der Welt – UdSSR, 1984. Die Partieeröffnung war: 1. d4 Sf6 2. c4 g6 3. Sc3 d5 4. cd Sd5: 5. Da4+ Sc6! 6. e3 Sb6 7. Dd1 Lg7 8. f4?! (oder 8. Sf3 0–0 9. Le2 e5 10. d5 Sa5 11. e4 c6 mit exzellenten Konterchancen) 8. ... Sb4

9. a3 S4d5 10. Se4 Sf6! 11. Ld3 (11. Sf6: ef! ist zu schwarzen Gunsten) 11. ... Se4: 12. Le4: c5! 13. dc Dd1:+ 14. Kd1: Sd7 15. c6 bc 16. Lc6: Tb8, und Schwarz erhielt sehr gute Spielchancen als Gegenwert für den Bauern.

7.　...　0–0

8.　e2–e4

In der Partie Sideifzade – Dorfman, UdSSR 1980, spielte Weiß nach 1. d4 Sf6 2. c4 g6 3. Sc3 d5 den Zug 4. Da4+, so daß er nach 4. ... Ld7 5. Db3 dc 6. Dc4: Lg7 7. e4 0–0 in der Lage war 8. e5 zu spielen, indem er den Zug Sf3 einsparte. Aber auch das gab für ihn keinen Vorteil. Die Partie ging weiter mit 8. ... Se8! (8. ... Le6 wäre ein Zug zweifelhaften Wertes aufgrund des typischen Damenopfers 9. ef!? Lc4: 10. fg Kg7: 11. Lc4: Dd4: 12. Lb3) 9. Sf3 Sa6! 10. Le2 c6 11. 0-0 Le6 (Weiß wird erneut für seinen verfrühten Damenausfall bestraft) 12. Da4 Sac7 13. Se4 Ld5 14. Sc5 Dc8 15. Le3 Se6, und Schwarz hatte eine komfortable Stellung erreicht.

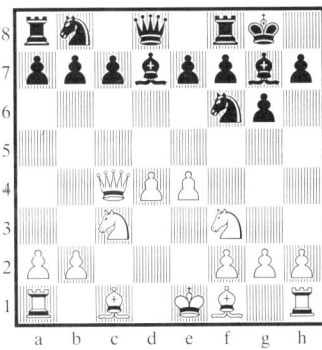

8.　...　b7–b5!?

Dies ist der Versuch, aus dem zur Verfügung stehenden Extratempo Nutzen zu ziehen. Derselbe Zug war auch bereits in früheren Partien zur Anwendung gekommen, doch diesmal hat Schwarz eine neue Idee im Sinn.

9. Dc4–b3

Die Annahme des Bauernopfers ist allzu riskant. 9. Sb5:? Se4: (9. ... Lb5: 10. Db5: Se4: ist auch spielbar, und falls 11. Db7, so geschieht 11. ... c6 12. Da8: Dc7 mit der Drohung 13. ... Sd7, was die Dame fängt) 10. Sc7: (10. Dd5 c6 11. De4: Lb5! gibt Schwarz einen großen Vorteil) 10. ... Sc6 11. Sa8: Da5+ 12. Ld2 Sd2: 13. Sd2: Sd4: überläßt Schwarz eine machtvolle Initiative. Der Springer kann nicht entkommen, da 14. Sc7 Tc8 15. Tc1 De5+ 16. Le2 Tc7: unmittelbar für Schwarz gewinnt.

Wenn aber der Bauer b5 tabu ist, dann ist das Extratempo Lc8-d7 aber unzweifelhaft für Schwarz von Vorteil.

9. ... c7–c5!
10. d4×c5

10. Lb5:?! Lb5: 11. Sb5: Se4: 12. 0–0 cd 13. Dc4 Sd6 14. Dd5 Sd7 15. Sbd4: Sb6 16. Db3 Sbc4 17. Td1 Dd7 gab Schwarz einen Vorteil in der Partie Anikajew – Malischauskas, UdSSR 1983.

10. ... Sb8–a6
11. e4–e5

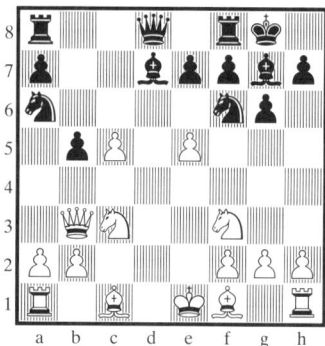

11. ... Sf6–g4!

In der Stammpartie dieser Variante, Moisejew – Honfi, Moskau 1970, geschah 11. ... Sc5: 12. Db4 Sa6 13. Dd4 (falls 13. Da3 dann kann Schwarz auch

13. ... b4 14. Da6: bc 15. ef Lf6: mit Vorteil spielen) 13. ... Da5 mit kompliziertem Spiel.

12. h2–h3

Auf 12. e6 bekommt Schwarz einen Vorteil durch 12. ... Le6:! 13. Db5: Sc7!. Falls 12. Lb5:? folgt, dann befindet sich Weiß nach 12. ... Tb8 in ernsthaften Schwierigkeiten.

12. ... Sg4×e5
13. Sf3×e5 Lg7×e5
14. Lc1–e3

14. Lb5:? funktioniert auch jetzt nicht. Der einfachste Weg zur Erzielung eines Vorteils für Schwarz ist dann 14. ... Lc3:+ 15. bc Sc5: 16. Dc4 Lb5: und Weiß verliert das Rochaderecht (ganz gleich, ob er auf b5 oder c5 schlägt).

14. ... Ta8–c8
15. Ta1–d1 Sa6×c5
16. Db3–a3?!

16. Dd5 Ld6 17. Lb5: Lb5: 18. Sb5: Da5+ 19. Sc3 war geringfügig besser, obwohl Schwarz seinen Vorteil behalten kann mittels 19. ... Da6!. Es sollte jedoch erwähnt werden, daß nach 19. ... Tfd8? 20. 0–0! Lh2:+ 21. Kh2: Td5: 22. Sd5: Weiß die günstigeren Aussichten hätte (Kengis).

16. ... Sc5–a4
17. Sc3×b5

17. Lb5: Sc3: 18. Td7: Sb5: 19. Td8: Sa3: 20. Tc8: Tc8: 21. ba Tc3 führt zu einem sicheren Vorteil für Schwarz, obgleich er auch viel abenteuerlustiger fortsetzen kann mittels 17. ... Lc3:+!? 18. bc Lb5: 19. Td8: Tfd8: 20. Ld4 a6! mit Gewinnchancen (ein Vorschlag von Kengis).

17. ... Sa4×b2
18. Td1–d5

Weiß macht damit den Versuch, die Fesselung in der d-Linie aufrecht zu erhalten. Aber der weiße Entwicklungsrückstand bietet dem Gegner die Möglichkeit zu einigen taktischen Finessen.

18. ... Tc8–c2

Jetzt droht 19. ... Lb5: und falls dann
20. Td8: Tfd8: 21. Lb5: geschieht, folgt
21. ... Td1 matt. Der Läufer e5 kann
demnach wegen des Mattmotivs nicht
geschlagen werden.
Auf 19. Db3 mit Angriff auf den Turm c2
gibt Kengis eine zwingende Variante an:
19. ... Da5+ 20. Ld2 Td2:! 21. Td2: Lf4
22. Db2: Lb5: 23. Lb5: Ld2:+ 24. Dd2:
Db5: mit schwarzer Gewinnstellung.

19.	**Sb5–d4**	**Le5×d4**
20.	**Td5×d4**	**Dd8–c7**
21.	**Lf1–e2?**	

In einer bereits verlorenen Stellung be-
schleunigt Weiß noch die Niederlage.
21. La6 e5 22. Lh6! Te8 23. Td7: Dd7:
24. 0–0 hätte länger gedauert, obgleich
auch dann nach 24. ... e4! nicht mehr der
geringste Zweifel am Ergebnis auf-
kommt.

21.	**...**	**e7–e5!**
22.	**Td4–d6**	**Tc2×e2+!**
23.	**Ke1×e2**	**Ld7–b5+**
24.	**Ke2–f3**	**Sb2–c4**
25.	**Da3–c5**	**e5–e4+**

Weiß gab auf!

26. Ke4: Sd6:+ oder 26. Kg3 Dd6:+ be-
deutet in beiden Fällen Turmverlust mit-
tels Schachgebot.

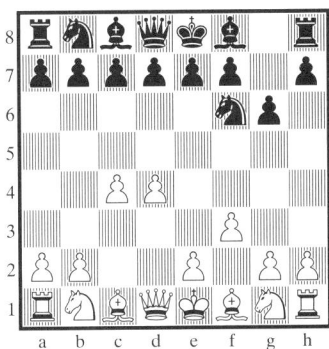

Dies ist ein anderer Weg zur Vermei-
dung der Hauptvarianten der Grünfeld-
Verteidigung.
Sofern jetzt 3. ... d5 folgt, kann Weiß sein
starkes Bauernzentrum etablieren, aber
zur gleichen Zeit hinterläßt der Zug f2–f3
auch gewisse Schwächungen im weißen
Lager (Feld e3). Alles zusammenge-
nommen dürfte Schwarz jedenfalls in
der Lage sein, ein hinreichendes Ge-
genspiel aufzuziehen.

3.	**...**	**d7–d5**
4.	**c4×d5**	

Das weniger erprobte 4. Sc3 verdient
ebenfalls Beachtung. In der Korrespon-
denzpartie Singleton – Wright 1972,
spielten sich besonders aufregende
Dinge ab: 4. Sc3 c5!? 5. dc d4 6. Sb5 Sc6
7. Lf4 (7. e3!?) 7. ... e5 8. Lg5 Lc5: 9. Lf6:
Lb4+ 10. Kf2 Df6: 11. Sc7+ Kf8 12. Sa0:
e4 13. g3 und nun schlägt Stean anstelle
des geschehenen Zuges 13. ... e3+ die
Alternative 13. ... Se5 vor, zum Beispiel:
14. Db3 Sg4+ 15. Kg2 Se3+ mit Dauer-
schach oder 14. Kg2 Sc4: mit der glei-
chen Drohung wie zuvor.

4.	**...**	**Sf6×d5**
5.	**e2–e4**	**Sd5–b6**
6.	**Sb1–c3**	**Lf8–g7**
7.	**Lc1–e3**	**0–0**

Nicht so gut ist 7. ... Sc6?! 8. d5 Se5
9. Ld4 0–0 10. f4 Lg4 11. Le2 Le2:
12. De2:! und nach dem vollzogenen

Partie Nr. 44
Weiß: Gheorghiu – Schwarz: Kortschnoi
Zürich 1984

1.	**d2–d4**	**Sg8–f6**
2.	**c2–c4**	**g7–g6**
3.	**f2–f3**	

Abtausch der schwarzfeldrigen Läufer wird der weiße Vorteil im Zentralbereich für Schwarz außerordentlich unangenehm.

8. f3–f4!?

8. Dd2 lautet die Alternative dazu. Die Fortsetzung 8. ... Sc6 9. 0–0–0 (9. d5 Se5 10. Lg5 c6! 11. Td1 cd 12. ed Lf5 13. g4?! Ld7 14. d6 f6 15. Lh6 Lc6 mit einem deutlichen Vorteil für Schwarz in der Partie Aljechin – Bogoljubow, Bled 1931) 9. ... e5! 10. d5 Sd4 11. Sb5 (11. f4 c5! 12. fe Lg4! 13. Te1 Le5: 14. h3 Ld7 15. Sf3 Sf3: 16. gf De7 ergab in ihrem Ergebnis ein kompliziertes Spiel in der Partie Enevoldsen – Bolbochan, Dubrovnik Schacholympiade 1950. Steans Vorschlag 14. ... Dh4!? kommt in Betracht, da dadurch die Entwicklung des weißen Königsflügels erschwert wird.) 11. ... Sb5: 12. Lb5: Ld7 13. Ld3 c6! 14. dc Dc7 ergab gleichwertige Chancen in der Partie Padevski – Pachmann, Moskau 1956.

8. ... Sb8–c6
9. d4–d5 Sc6–a5

Dies ist aktiver als 9. ... Sb8, wonach 10. a4 c6 11. a5 S6d7 12. Sf3 cd 13. Dd5: mit positionellem weißen Vorteil geantwortet werden kann.

10. Le3–d4

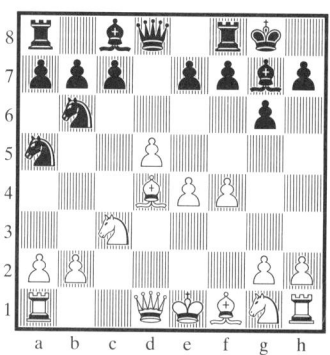

10. ... Lc8–g4!

Dies ist stärker als 10. ... e5, wonach Weiß nach 11. Le5: Le5: 12. fe De7 13. Sf3 Lg4 14. Dd4 die besseren Chancen erhielt in der Partie Rabar – Pinzon, Dubrovnik, Schacholympiade 1950.

11. Dd1–d3!

Auf 11. Sf3 folgte 11. ... Lf3: 12. gf e5! 13. fe Sac4 14. Lc4: Sc4: 15. De2 Se5: 16. 0–0–0 Dh4 mit etwa ausgeglichenem Spiel in der Partie Rabar – van Scheltinga, Utrecht 1950.

11. ... e7–e5!

Damit läßt sich aktives Gegenspiel erreichen.

12. f4×e5

Der Springer am Brettrand kann nicht mittels 12. Lb6: ab 13. b4 in Verlegenheit gebracht werden angesichts der Entgegnung 13. ... Sb3!, wonach er im nächsten Zug bereits auf d4 auftaucht.

12. ... Sa5–c4
13. Dd3–g3! h7–h5!

Eine Verbesserung gegenüber der Partie Gheorghiu – Jansa, Warschau, Zonenturnier 1979, welche folgendermaßen weiterging: 13. ... Dg5 14. Sf3 Dh5 15. 0–0–0! c5!? (nach 15. ... Lf3: 16. gf Se5: 17. f4 wäre der weiße Vorteil offensichtlich) 16. Lc5: Tfc8 17. Ld4 Se5: 18. Le2 Sbc4 19. Kb1 b5 20. h3! und Schwarz hat keine Kompensation für den geopferten Bauern.

14. Sg1–f3

Auf 14. h3? würde die energische schwarze Antwort 14. ... c5! lauten, wobei nach 15. Lc5: Le5: 16. Df2 Db8! sich Weiß Problemen gegenübersieht.

14. ... Dd8–e7
15. 0–0–0

Ebenfalls ein zweischneidiger Kampf resultiert aus der alternativen Zugfolge 16. Lc4: Sc4: 17. 0–0 Lf3: 18. gf Se5:.

15. ... Lg4×f3?!

Eine wesentlich bessere Empfehlung von Spassky lautet 15. ... c5! Zum Bei-

spiel 16. d6 De6 17. Lc5: Lf3: 18. gf Le5:
19. Df2 Tfd8 und der Bauer d6 kann
nicht mehr gerettet werden.

16.	g2×f3	c7−c5
17.	d5×c6	b7×c6
18.	f3−f4?	

Nach Gheorghiu wäre 18. Lb6:! Sb6:
(18. ... Le5:? 19. f4 Lc3: 20. Lc4: ge-
winnt) 19. f4 zu seinen Gunsten gewe-
sen.

| 18. | ... | De7−b4! |
| 19. | Dg3−f2 | |

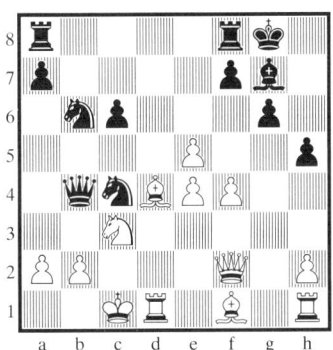

| 19. | ... | Lg7−h6! |

Damit nutzt Schwarz die bedrängte
Lage der weißen Dame aus, die jetzt
gleichzeitig die Felder f4 und b2 be-
wachen muß.

| 20. | Ld4−c5 |
| Remis | |

Dieses Ergebnis ist verständlich ange-
sichts der Variante 20. ... Lf4:+ 21. Kb1
Sa3+ 22. Ka1 Sc2+ 23. Kb1 Sa3+ mit
Dauerschach.

Das Dauerschach kann nicht gut ver-
mieden werden mit 23. Dc2:? wegen der
Entgegnung 23. ... Dc5:. Und auch nach
20. Lb6:? Lf4:+ 21. Kb1 Db6:+! hätte
Schwarz nach dem erzwungenen Da-
mentausch das bessere Endspiel er-
reicht.

8 Das Anti-Grünfeld System

Wenn Sie die Grünfeld Verteidigung spielen, dann müssen Sie auch auf die Zugfolge 1. d4 Sf6 2. c4 g6 3. d5 vorbereitet sein. Auf diese Art und Weise kann Weiß uns daran hindern, d7–d5 zu spielen und damit die Grünfeld Verteidigung herbeizuführen.

Es ist freilich zweifelhaft, ob sich diese Variante für Weiß auszahlt. Der Zug d4–d5 kostet nicht nur ein Tempo, sondern er öffnet auch freiwillig die Diagonale a1–h8, die Schwarz dann bereitwillig besetzen wird.

Sicherlich muß Schwarz unmittelbar darum bemüht sein, das gegnerische Zentrum zu zerstören. Neben dem gewöhnlichen Gegenzug 3. ... c6 hat Schwarz eine effektvolle Gambitvariante mit 3. ... b5, welche wir in unserer Beispielpartie zur Vorstellung bringen.

Unseres Erachtens erhält Schwarz ein hervorragendes Figurenspiel und eine hübsche Initiative für den Bauern, so daß das Anti-Grünfeld-System mit 3. d5 zumindest von fragwürdigem Wert ist. Das seltene Auftreten dieses Systems ist also leicht erklärbar, und dennoch wird es nichts schaden, wenn Sie sich auch für eine solche Überraschung gewappnet zeigen.

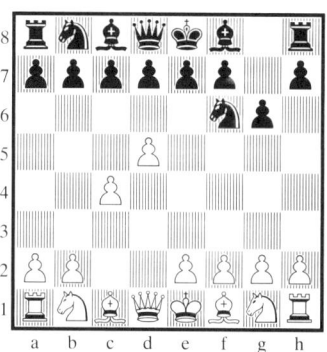

3.   ...   b7–b5

Schwarz erlaubt es dem Gegner nicht, einen Raumvorteil mittels Sc3 und e4 zu etablieren, sondern er übernimmt sogleich selbst die Initiative, indem er im Geiste einer Gambiteröffnung fortfährt. Als Normalzug galt zunächst 3. ... c6, was selbstverständlich auch eine ausreichende Fortsetzung ist. Die Partie Rukavina – Stanciu, 1973 nahm folgenden Fortgang: 4. Sc3 cd 5. cd d6 6. g3 Lg7 7. Lg2 0–0 (7. ... Da5!?) 8. Sf3 b5! 9. a3 Ld7 10. 0–0 a5 11. Le3 Sg4! mit guten Gegenchancen. 6. e4 würde Schwarz nicht viel Mühe bereitet haben, wie in der Partie Quinteros – Smejkal, Ljubljana 1973 unter Beweis gestellt wurde. Dort folgte: 6. ... Lg7 7. Sf3 0–0 8. Ld3 (8. Le2!?) 8. ... Lg4 9. h3 Lf3: 10. Df3: Sbd7 11. De2 Da5 12. 0–0 Se5 13. Lc2 Tfc8 14. Lb3 Da6!, wonach der Nachziehende ein aktives Spiel erhielt. 4. g3 cd 5. cd Da5+ 6. Sc3 b5!? 7. Lg2 d6 8. a3 b4 9. Sa2 ba+ 10. Ld2 Dd8 11. Da4+ Dd7 12. Da3: Lg7 gab dem Schwarzen ebenfalls ausreichende

Partie Nr. 45
Weiß: Dzindschischaschwili –
Schwarz: Adorjan
Amsterdam 1978
1.   d2–d4   Sg8–f6
2.   c2–c4   g7–g6
3.   d4–d5?!

Chancen in der Partie Kortschnoi – Uhlmann, Sarajevo 1969.

4. c4×b5

Auf 4. Sc3 würde man sich nicht für 4. ... bc4:? entscheiden wegen der Erwiderung 5. e4, sondern vielmehr für 4. ... b4 5. Sb1 c6! mit einem leichten schwarzen Vorteil.

4. ... a7–a6!

Schwarz spielt weiterhin im Gambitstil.

5. b5×a6

Weiß nimmt den Fehdehandschuh auf und akzeptiert die Annahme des Gambitbauern.

Spassov – Ribli, Camaguey 1974, zeigt uns eine andere weiße Fortsetzung mit dem vorsichtigeren 5. e3, doch trotzdem entwickelten sich die Ereignisse aufregend: 5. ... Lg7 6. Sf3 0–0 7. Sc3 Lb7 8. Le2 (8. ba Sa6: 9. Lc4 c6 10. 0–0 [10. d6 Sc5 11. 0–0 Sfe4] 10. ... cd 11. Sd5:! Sd5: 12. Ld5: Dc7 mit ausreichender Kompensation für den Bauern in beiden Varianten) 8. ... ab5: 9. Lb5: Sd5: 10. Sd5: Ld5: 11. Dd5: c6 12. Lc6: Sc6: 13. 0–0 Dc7 14. Td1 und jetzt sollte Schwarz anstelle des Partiezuges 14. ... d6?! besser mit 14. ... Tfb8! fortsetzen, was den Weißen in eine ganz unangenehme Lage versetzt, denn er kann seine Entwicklung nicht ohne Materialverlust zum Abschluß bringen. Andererseits verliert 15. Dd7:?? unmittelbar wegen 15. ... Td8!.

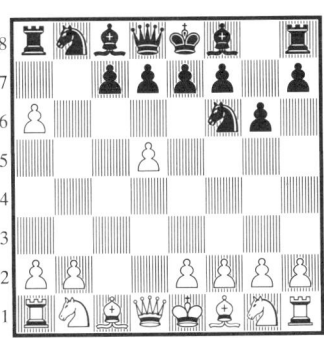

5. ... c7–c6!

Hiermit wird das gegnerische Bauernzentrum sofort und für alle Zeit liquidiert.

6. d5×c6

Nach 6. Sc3? cd5: 7. Sd5: Da5+ 8. Sc3 Lg7 9. Ld2 La6:! hätte Weiß bereits ernsthafte Probleme zu lösen.

6. ... Sb8×c6

7. e2–e3

Weiß hat bis zu diesem Zeitpunkt ausschließlich Bauernzüge gemacht. Nach dem Verschwinden des Bauern a6 wird der schwarze Entwicklungsvorsprung dem Nachziehenden hinlängliche Kompensation für das geopferte Material bescheren.

7. ... Lf8–g7

8. Sg1–f3 0–0

9. Lf1–e2

Schwarz schiebt das Nehmen des Bauern a6 natürlich solange hinaus, bis der Läufer f1 sich von seinem Ursprungsfeld wegbewegt hat.

9. Sc3 kann stark beantwortet werden mit 9. ... Da5 10. Ld2 La6: und der Springer auf c3 hat wiederum keinen anständigen Zug. Zum Beispiel: 11. Sb5?! Db6 12. a4 Se4! und die Stellung ist für Schwarz günstig, während 11. La6: Da6: 12. De2 auf die Erwiderung 12. ... Tfb8! trifft, wonach die weißen Schwierigkeiten nicht durch Damentausch verringert werden können, zumal 13. Da6: Ta0. 14. Tb1 (14. 0–0–0 Sg4! 15. Thf1 Sb4 ist für Weiß unerträglich) 14 ... Sb4 den Bauern bei besserem Spiel zurückgewinnt.

9. ... Lc8×a6

10. Le2×a6

Oder 10. Sc3 Da5 11. 0–0 Tfb8 und Schwarz kommt besser ins Spiel.

10. ... Dd8–a5+

11. Sb1–c3

Nach 11. Ld2 Da6: 12. De2 (bei 12. Sc3? Sb4 gefolgt von ...Sd3+ müßte die weiße Majestät ihren Platz räumen)

12. ... Se4 kommt Schwarz zu einer klar vorteilhaften Stellung. Einige typische Varianten:
a) 13. Sc3 Sd2:! 14. Sd2: Tfb8 und sowohl 15. Sb3? Lc3:+ 16. bc Tb3:! als auch 15. Sc4 Tb2:! 16. Db2: Dc4: 17. Tc1 Sb4 bieten für Weiß sehr bedrückende Aussichten.
b) 13. Da6: Ta6: 14. Sc3 Sd2:! (14. ... Sc3: 15. Lc3: Lc3:+ 16. bc Tfa8 17. Sd4 Ta2: 18. Ta2: Ta2: 19. 0–0 Se5 mit einem leicht überlegen stehenden Endspiel für Schwarz) 15. Kd2:! Tb8 16. b3 Sb4! mit der Drohung 17. ... Sa2: ebenso wie 17. ... Td6+. Wenn Weiß 16. Thb1 versucht, dann sichert 16. ... Sb4 17. Sd4 e5 oder auch der Zug 16. ... d5 dem Nachziehenden eine langfristige Initiative.

11.	**...**	**Sf6–e4**
12.	**0–0**	**Se4×c3**

12. ... Lc3:? 13. Ld3 Sc5 14. bc Dc3: 15. Dc2 Da1: 16. Dc5: hätte in einem materiellen Nachteil für Schwarz geendet. Nach dem Textzug jedoch werden dauerhafte, strukturelle Schwächen im weißen Lager in Erscheinung treten.

13.	**b2×c3**	**Ta8×a6**
14.	**Lc1–d2**	**Tf8–a8**
15.	**Dd1–c2**	**Da5–d5**

15. ... Dc5!? in Verbindung mit den Drohungen 16. ... Sb4 und 16. ... Dc4 verdient ebenfalls Beachtung. Zum Beispiel, 16. Tfb1 Dc4 17. Tb7?! Ta2: 18. Ta2: Ta2: 19. Db1 Lc3:! 20. Lc3: Dc3: verschafft Schwarz einen Mehrbauern, da der Turm auf a2 nicht geschlagen werden kann wegen der Schwäche der weißen Grundreihe. Das stärkere 17. Tb3 kann beantwortet werden durch 17. ... Ta4! mit Erneuerung der Drohung ...Sb4 und unter weiterer Aufrechterhaltung des Druckspiels.

16.	**Tf1–b1**	**Ta6×a2**
17.	**c3–c4**	

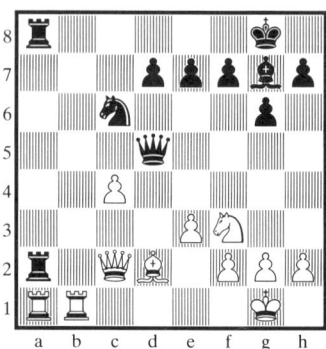

17.	**...**	**Dd5–a5!**

Mit diesem taktischen Kniff gewinnt Schwarz seinen Bauern zurück und erreicht ein besseres Endspiel. Andererseits würde 17. ... La1: 18. Da2: Ta2: 19. cd Se5 nur zum Ausgleich reichen.

18.	**Ta1×a2**	**Da5×a2**
19.	**Dc2×a2**	**Ta8×a2**
20.	**Kg1–f1**	**g6–g5!**
21.	**Ld2–e1**	

21. Ke1? würde zu einer hoffnungslos passiven Lage nach 21. ... g4 22. Sg1 f5! 23. Se2 Se5! führen, denn Weiß kann sich jetzt nicht mittels 24. Lc3? befreien im Hinblick auf 24. ... Sd3+ 25. Kf1 Lc3: 26. Sc3: Tf2:+. Auf der anderen Seite könnte Weiß den Versuch **21. g4!?** durchaus riskieren, wenngleich nach 21. ... h5! 22. h3 f5 23. Le1 hg 24. hg fg 25. Sg5: Le5 die schwarze Stellung die aktivere ist.

21.	**...**	**g5–g4**
22.	**Sf3–d4**	

Weiß gibt lieber einen Bauern her als sich auf die Fortsetzung 22. Sd2 Lc3 23. Se4 Le1: 24. Te1: Tc2 einzulassen, wonach er eine total ramponierte Stellung hat und den peinlichen Drohungen ...f5 und ... Se5 begegnen muß.

22.	**...**	**Lg7×d4**
23.	**e3×d4**	**Ta2–c2!**

23. ... Sd4: läßt den Vorteil entgleiten wegen 24. Td1! e5 25. Lc3.

24.	Tb1–b7	Tc2×c4
25.	Tb7×d7	Tc4×d4
26.	Td7×d4	Sc6×d4
27.	Le1–c3	Sd4–f5
28.	h2–h3	g4–g3!
29.	Kf1–e2	

Wenn Weiß 29. f3 f6! 30. Ke2 spielen würde, müßte er zusätzlich noch die Schwäche des g2-Bauern ins Kalkül ziehen. Zum Beispiel, 30. ... Kf7 31. Kd3 Ke6 32. Ke4 Sh4 33. Kf4 (33. Le1? oder 33. f4? kann stark beantwortet werden mit 33. ... f5+!) 33. ... Sg2:+ 34. Kg3: Se3 und der schwarze König kann das Feld f5 erreichen, da 35. Kf4?? unmöglich ist angesichts von 35. ... Sd5+.
In dieser Variante wäre 31. f4? ein Fehler wegen 31. ... Ke6 32. Kf3 h5 33. Le1 Kd5! 34. Lg3: Sg3: 35. Kg3: Ke4 und Schwarz gewinnt das Bauernendspiel.
Der Textzug freilich erhöht die schwarzen Aussichten, denn der e-Bauer wird nun zu einem Freibauern.

29.	...	g3×f2
30.	Ke2×f2	f7–f6
31.	Kf2–f3	Kg8–f7
32.	g2–g4	Sf5–d6
33.	Lc3–b4	Kf7–e6
34.	Kf3–f4?	

Der Zug 34. h4!, um auf 34. ... Kd5 mit 35. g5 zu antworten und Materialreduzierung zu erreichen, hätte Weiß noch mehr Chancen eingeräumt. Aber die weiße Zeitnot machte genaue Kalkulationen bereits unmöglich.

34.	...	Ke6–d5
35.	g4–g5?	e7–e5+
36.	Kf4–g4	f6–f5+!
37.	Kg4–h5	Sd6–f7
38.	g5–g6	h7×g6+
39.	Kh5×g6	f5–f4!
40.	h3–h4	f4–f3?

Dies läßt den forcierten Gewinn aus, der auf folgendem Wege zu realisieren war:
40. ... e4! 41. Kf7: f3 42. Le1 e3 43. h5 f2 44. Lf2: ef 45. h6 f1D+ – und Schwarz

kommt gerade zum rechten Zeitpunkt ans Ziel.

41.	Lb4–e1	e5–e4
42.	Le1–f2	Sf7–e5+
43.	Kg6–f5	Se5–d3
44.	Lf2–e3	f3–f2
45.	Le3×f2	Sd3×f2
46.	h4–h5	e4–e3

Die Bauernumwandlung in eine Dame kann nicht mehr verhindert werden.
46. ... Sd3 47. h6 Se5 48. h7 Sf7 49. Kf6 Sh8 50. Kg7 führt zu einem Remis.

47.	h5–h6	e3–e2
48.	h6–h7	e2–e1D
49.	h7–h8D	

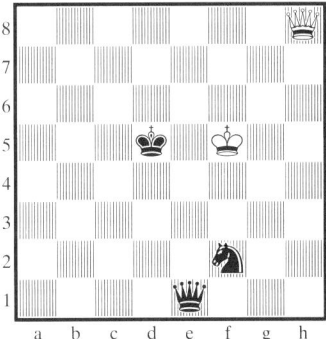

Schwarz hat zwar einen Springer mehr und kann auch mit dem Schachbieten anfangen, doch zum Sieg reicht es für ihn dennoch nicht.

49.	...	De1–e4+
50.	Kg4–g5	De4–g2+
51.	Kg5–f4	Sf2–h3+
52.	Kf4–e3	

Natürlich nicht 52. Kf5?? Dg5 matt.

52.	...	Dg2–f2+
53.	Ke3–d3	Sh3–f4+
54.	Kd3–c3	Sf4–e2+
55.	Kc3–d3	Se2–c1+
56.	Kd3–c3	Df2–c5+
57.	Kc3–d2	Sc1–b3+
58.	Kd2–d3	Dc5–c4+
59.	Kd3–e3	Dc4–c1+

| 60. | Ke3–f2 | Dc1–f4+ |
| 61. | Kf2–g2 | Sb3–d4 |

Jetzt ist Weiß daran, mit dem Schachbieten zu beginnen.

62.	Dh8–a8+	Kd5–c4
63.	Da8–a4+	Kc4–d3
64.	Da4–a3+	Kd3–d2

65.	Da3–b4+	Kd2–e3
66.	Db4–a3+	Ke3–e2
67.	Db3–b2+	Ke2–d1
68.	Db2–b1+	Kd1–d2
69.	Db1–b4+	Kd2–e3
70.	Db4–a3+	Sd4–b3

Remis

Index der Varianten (mit Angabe der ersten bzw. wichtigsten Fundstelle)

7.	**...**	**c7−c5**
8.	**Lc1−e3**	

8.	**...**	**Dd8−a5**
9.	**Dd1−d2**	**0−0**
10.	**Ta1−c1**	**c5×d4**
11.	**c3×d4**	**Da5×d2+**
12.	**Sf3×d2**	**Sb8−c6**

Systeme mit Db3

4.	**Sg1−f3**	

4.	**...**	**Lf8−g7**
5.	**Dd1−b3**	**d5×c4**
6.	**Db3×c4**	**0−0**
7.	**e2−e4**	**a7−a6**
8.	**Dc4−b3**	

8.	**...**	**b7−b5**
9.	**e4−e5**	**Sf6−g4** . . . . vgl. Partie Nr. 10

Systeme mit Lf4

4.	**Lc1−f4**	**Lf8−g7**
5.	**e2−e3**	

5.	...	c7–c5!?
6.	d4×c5	

6.	...	Dd8–a5
7.	Ta1–c1	

7.	...	Sf6–e4!?
8.	c4×d5	Se4×c3
9.	Dd1–d2	Da5×a2
10.	b2×c3	

Systeme mit Lg5

4.	Sg1–f3

4.	...	Lf8–g7
5.	Lc1–g5	Sf6–e4
6.	c4×d5	

6.	...	Se4×g5
7.	Sf3×g5	c7–c6

8.	d5×c6

8.	...	Sb8×c6

Das ruhige System

4.	Sg1–f3	Lf8–g7
5.	e2–e3	0–0

Teil II

Großmeister Lew Gutman kommentiert

die Grünfeldindischen Partien aus dem

WM-Kampf Karpow – Kasparow

Sevilla 1987

„Der theoretische Disput um die »Sevilla-Variante« zwischen Karpow und Kasparow ist die größte Schachattraktion der Jahre 1987/88. Niemand erwartete, daß Karpow während der WM so riskant spielen würde."

Dieses Zitat (vgl. S. 156) macht deutlich, welche herausgehobene Rolle der Welt meisterschaftskampf von Sevilla für die Theorie der Grünfeldindischen Verteidigung spielt.

Die Kommentierungen von Großmeister Lew Gutman beschränken sich aber nicht darauf allein. Mit seiner großen Erfahrung als Meister der Spitzenklasse und mit der Sachkenntnis eines langjährigen Eröffnungsspezialisten geht der Autor des zweiten Teils daran, den gesamten aktuellen Theoriestand bis einschließlich Frühjahr 1989 fundiert aufzuarbeiten und zu beleuchten.

Auf der Grundlage des Theoriewissens, welches der Teil I vermittelt hat, bietet sich hier die Gelegenheit, die tiefgründigen Gedanken der beiden Kontrahenten um die Weltmeisterschaft nachzuvollziehen und zu bewerten.

Die Tatsache, daß die Grünfeldindische Verteidigung in neun der vierundzwanzig Matchpartien in Sevilla auf der Tagesordnung gestanden hat, macht zudem deutlich, welch hoher Stellenwert dieser Eröffnung in der gegenwärtigen Spielpraxis zufällt.

1. Partie · 12. 10. 1987
Karpow − Kasparow

1. d2−d4	Sg8−f6
2. c2−c4	g7−g6
3. g2−g3	c7−c6
4. Sg1−f3	Lf8−g7
5. Lf1−g2	d7−d5
6. c4×d5	c6×d5

Mit dieser symmetrischen Bauernstruktur im Zentrum kann Weiß nicht auf großen Vorteil spielen; aber Karpow konnte oft schon kleine Vorteile, die das Mehrtempo des Anzugsvorteils gibt, verwerten.

7. Sb1−c3	0−0
8. Sf3−e5!	

Zuerst kümmert sich Weiß um die Kontrolle der zentralen Punkte und schiebt daher die Rochade etwas auf.

8. ...	e7−e6

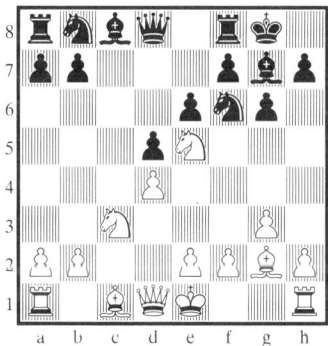

9. 0−0
In letzter Zeit versucht es Weiß öfter mit
9. Lg5!? [möglicherweise !].
Schwarz hat dann zwei Möglichkeiten:
9. ... h6?! (I) und
9. ... Db6 (II).

(I) 9. ... h6?!
Nun muß Weiß sich entscheiden zwischen:

10. Lf4 (A) und
10. Le3! (B).

(A)
10. Lf4 Sfd7 11. Dd2 g5!
Nach 11. ... Se5: 12. Le5: Sc6 13. Lg7: Kg7: 14. 0−0 steht Weiß besser.
In der Partie Miles − Andersson, London, 1980, folgte 14. ... Df6 15. Tad1 Td8 16. Tfe1 Kh7 17. e4! de4: 18. Se4: Dg7 19. Df4 f5 20. d5! g5 21. Dc1 ed5: 22. Sc5 Df7 23. Dd2 Se7 24. De3 Sg8 25. Db3 Sf6 26. Te5 b6 27. Tde1 Kg8 28. Sd3 mit Angriff [38, 1:0].
12. Sd7: Ld7:! 13. Le3 b5 14. h4 b4 15. Sd1 Db6 16. hg5: hg5: 17. Lg5: Dd4: 18. Dc2 f5 19. Th4 Db6 20. Lh6 Sc6 21. Dd2, Kharitonow − Glek, UdSSR, 1988, und nun war (laut Glek) richtig 21. ... Lf6! 22. Lf8: Lh4: 23. Lh6 Lf6 24. Ld5: Td8! 25. Lg2 Se5! mit unklarem Spiel.

(B)
10. Le3! Db6
M. Wahls spielte gegen mich, Berlin, 1988, 10. ... Sbd7 mit der Idee von J. Nunn − Sf6−e8−d6.
Nach 11. 0−0 [11. f4!?] 11. ... Se8 12. Dd2 Kh7 13. Tac1!? Sd6 14. b3 Sf5 15. f4 [ich wollte mit f2−f4 abwarten, um Gegenspiel mit f7−f6−f5 zu vermeiden] 15. ... Sc5: 16. fe5: Se3: 17. De3: Ld7 18. h4 f5 19. ef6: Tf6: 20. Dd3! Db6 21. Tf6: Lf6: könnte Weiß 22. e3! mit der Idee 23. h5 und klarem Vorteil spielen.
11. Dd2 Kh7 12. 0−0 Sc6 13. Tfc1! Ld7 14. Sa4 Dc7 15. Sc5 Tad8 16. b4! Db6 17. b5! Se7 18. a4, und Weiß steht auf Gewinn, Gutman − Zuse, Biel, 1988.

(II)
9. ... Db6 10. Dd2

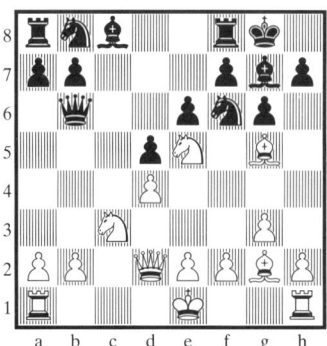

(Analysediagramm)

Das Spiel gliedert sich weiter auf:
10. ... Sc6 **(A);**
10. ... Sbd7 **(B)** und
10. ... Sfd7 **(C).**

(A)

10. ... Sc6 11. Sc6: bc6:
Nach 11. ... Dc6: kann Weiß 12. 0–0! Dd7 [12. ... b6? 13. Lf6: Lf6: 14. e4] 13. Lf6: Lf6: 14. e4 de4: 15. Tfd1 Tfd8 16. Se4: mit Initiative spielen.
In der Partie Cwitan – Zysk, Berlin 1988, geschah 12. Tc1?! Dd7 13. 0–0 b6 14. Lh6 Lb7 15. Tc2 Tac8 16. Tfc1 Se4 17. Se4: de4: 18. Lg7: Kg7: 19. h4 h5 20. De3 Tc2: 21. Tc2: Td8 22. Le4: mit Remis.
12. 0–0 Sd7 13. Tfd1 Tb8 14. b3 f6
Kharitonov gibt 14. ... e5 [oder 14. ... c5 15. dc5: Sc5: 16. Le3] 15. de5: Se5: 16. Le3 mit der Idee Ld4 an, mit Vorteil für Weiß.
15. Lh6
Auch 15. Le3!? war interessant, Kharitonov.
15. ... Lh6: 16. Dh6: c5 17. Sa4,
und Weiß steht etwas besser.
In der Partie Kharitonov – Iwantschuk, UdSSR, 1988, folgte 17. ... Dd6? [17. ... Db4!? oder 17. ... Da5 war besser] 18. dc5:?! [Weiß spielt logisch, aber

stärker war 18. e4! mit Vorteil] 18. ... Sc5: 19. Sc5: Dc5: 20. Tac1 Dd6?! [20. ... Db6!] 21. Dd2 f5 22. Dd4 Tf7 23. e3 La6 24. Tc5 mit besseren Chancen für Weiß.

(B)

10. ... Sbd7 11. h3!
In der Partie Nikolić – Nunn, OHRA 1988, geschah 11. Le3?! Se8! 12. f4 Sd6 13. b3 f6 14. Sd3 f5 15. Se5 Sf6 16. h3 Ld7 17. g4 Tfd8 18. 0–0 Le8 19. Kh2 Tac8 20. Tac1 Tc7 mit Remis.
11. ... h6
Was sonst? Nach 11. ... Se5: [11. ... Se8? 12. Le7] 12. de5: Sd7 13. Le3! nebst f4 steht Weiß besser.
12. Le3
und Schwarz hat seine Eröffnungsprobleme nicht gelöst.

(C)

10. ... Sfd7 11. Le3!
Nach 11. Sf3 Sc6 12. Td1 kann Schwarz 12. ... Db4! 13. 0–0 Sb6 14. b3 Ld7 mit gleichen Chancen spielen, Awerbach – Gufeld, UdSSR, 1966.
Laut A. Karpow gibt 12. ... Sf6?! 13. 0–0 Se4! [aber nicht 13. ... Ld7?! 14. Lf6:! Lf6: 15. e4 Da5, Karpow – Timman, Bugojno 1986, 16. ed5:! (in der Partie folgte 16. Df4) 16. ... ed5: 17. Se5! Se5: 18. Sd5:! Dd2: 19. Sf6:+ Kg7 20. Td2: Sc4: 21. Sd7: Sd2: 22. Td1 Tfd8 23. Lb7: mit klarem Vorteil für Weiß, Karpow] 14. Se4: de4: 15. Se5! Se5: [oder 15. ... Sd4: 16. Dd4: Dd4: 17. Td4: Le5: 18. Te4: Lb2: 19. Tb4] 16. de5: Le5: 17. Le4:! Db2: 18. Db2: Lb2: 19. Tb1 Weiß einen kleinen Vorteil im Endspiel.
11. ... Sc6!
Nach 11. ... Se5:?! 12. de5: Da5 13. f4 Sc6 14. 0–0 Td8 15. Lf2 Ld7, Nikolić – Nunn, Swift, 1988, war 16. Tfd1! richtig [16. ... Da6 17. Lf1], und Weiß steht besser.

12. Sc6:
Nichts bringt 12. f4 wegen 12. ...Sde5:!
13. fe5: f6!, Kortschnoi.
12. ... bc6:
In der Partie Shpilker – A. Kuzmin,
UdSSR, 1986, folgte 12. ... Dc6:?!
13. Lh6 Lh6:?! [13. ... Sf6] 14. Dh6: Dd6
15. h4! mit weißer Initiative.

Analysediagramm (nach 12. ... bc6:)

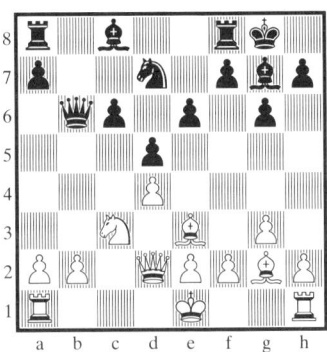

Wir haben eine kritische Stellung er-
reicht.
13. Tc1!
Nach 13. h4?! gibt V. Kortschnoi
13. ... Tb8! 14. Tb1 [aber nicht 14. b3?
c5! 15. dc5: Db4] 14. ... c5! 15. Sa4
[15. dc5: Db4] 15. ... Db5 16. Sc5:
[16. b3? Da4:!] 16. ... Sc5: 17. dc5: d4!
mit besserem Spiel für Schwarz an.
In der Partie Nikolić – Kortschnoi, OHRA
1988, geschah 13. ... a5 14. h5 La6
15. Td1? [richtig war 15. hg6: hg6:
16. Th4! Tfb8 17. Tb1 Lf6 18. Tf4 Dd8 19.
Kf1 mit einer komplizierten Stellung,
Kortschnoi] 15. ... Tfb8 16. hg6: hg6:
17. b3 Db4 18. Kf1 c5 mit Vorteil für
Schwarz.
**13. ... a5 14. 0–0 La6 15. Tfd1 Tab8
16. Tc2**
und, meiner Meinung nach, steht Weiß
besser.

Nun, zurück zur Partie!

9. ... Sf6–d7!
Laut Kasparow führen andere Fortset-
zungen zu Stellungen, in denen sich das
weiße Mehrtempo bemerkbar macht.
10. f2–f4!
Die prinzipielle Entscheidung.

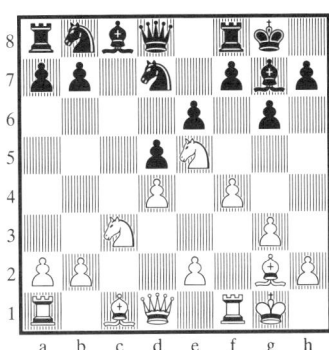

10. ... Sb8–c6!
Die anderen Möglichkeiten an dieser
Stelle sind:
10. ... Se5: (I) und
10. ... f6 (II)

(I)
10. ... Se5: 11. fe5:
In der Partie Portisch – Nunn, Brüssel,
1986, folgte 11. de5:?! Db6+! [nach
11. ...Sc6 folgt 12. Le3! (auch 12. e4!? d4
13. Sb5 ist interessant, Pachmann), z.B.
12. ... d4?! 13. Lc6: de3: 14. Lg2, und
Weiß steht besser] 12. Kh1 Sc6 13. b3
Ld7 14. Sa4 Db5 15. La3 Tfd8 16. Dd2
b6 17. Sc3 Da5 18. Lb2 Tac8 19. Tfd1
Le8 20. Tac1 Lf8 21. a3 mit Remis.
11. ... Sc6
Weiß hat zwei Möglichkeiten:
12. e4 (A) und
12. Le3! (B)

(A)
**12. e4 de4: 13. Le3 f5 14. ef6: Tf6:
15. Se4!?**

In der Partie Sweschnikow – Michaltschischin, Lwow, 1983, geschah 15. Tf6:?! Lf6: 16. Se2 Sb4 [16. ... Db6!? war interessanter] 17. Le4: Sd5 18. Lf2 Ld7 19. Sc3 Lc6 mit Ausgleich.
15. ... Tf1:+ 16. Df1: Ld4:!
Aber nicht 16. ... Sd4:? 17. Td1 e5 18. Sg5 und Schwarz gab auf, Kasparow – Nunn, Brüssel, 1986.
Es könnte folgen: 18. ... De7 19. Ld5+ Le6 20. Td4:! ed4: 21. Le6:+ Kh8 22. Sf7+ und s.o., Hjort – M. Andersson, Fernpartie 1986.
In der Partie Lukow – Tomaszewski, Halle 1987, folgte 16. ... h6?! 17. Td1 Se7 18. Sf6+ Kh8 19. Sg4 Sf5 20. Lf4 Db6 21. Le5 Ld7 22. Df4 Td8? 23. Lc7 und Schwarz gab auf.
17. Ld4: Sd4:! 18. Te1 e5! 19. Df6

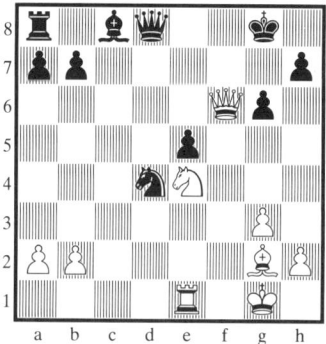

Laut Kasparows Aussage, hat er diese Stellung bei seiner Vorbereitung zum WM-Revanchekampf 1986 analysiert, aber ...
19. ... Db6!
Kasparow gibt 19. ... Df6:?! 20. Sf6:+ Kg7 21. Se8+ Kf8 22. Te5: an, mit Vorteil im Endspiel.
20. Db6:
oder 20. Kh1 Ld7! 21. De5: Tf8 22. Sg5 Lc6.
20. ... ab6: 21. Sf6+ Kg7 22. Se8+ Kf8
mit Ausgleich.

(B)
12. Le3! f6 13. ef6: Tf6:
In der Partie Makarow – Glek, UdSSR, 1986, folgte 13. ... Lf6:?! 14. Dd2 Ld7 15. Kh1 Tf7 16. Lg1 Le8 17. Tad1 Lg7 18. Tf7: Lf7: 19. e4 mit Vorteil für Weiß.
14. Dd2 Ld7 15. Kh1!
Mit der Idee Lg1 und e2-e4.
15. ... Tf1:+ 16. Tf1: De7
Es gibt nichts besseres, z.B. 16. ... Db6?! 17. Lg1 Sd4:? 18. Tf4.

Analysediagramm (nach 16. ... De7)

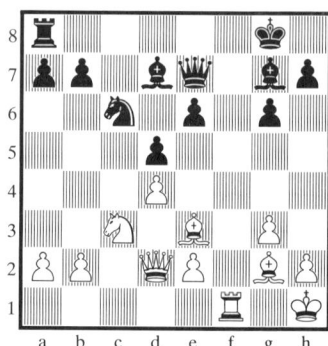

17. Td1!?
So spielt Karpow, obwohl 17. Lg1!? logischer aussieht.
In der Partie Ribli – Nunn, Dortmund, 1987, folgte 17. Lg1!? Td8!? [Nunn gibt 17. ... Tf8 18. Tf8:+ Df8: 19. e4 de4: 20. Se4: Lc8?! 21. d5! ed5: 22. Sg5 mit Vorteil für Weiß an, auch 17. ... Db4 18. a3 Dc4 19. Df4 ist günstig für Weiß, Pigusow] 18. a3 Kh8? [Richtig war 18. ... Lc8 19. Le3 Tf8 und Weiß steht etwas besser, Nunn] 19. e4! de4: 20. Se4: Lc8 21. Le3 Tf8 22. Tf8:+ [Auch 22. Te1!? war nicht schlecht] 22. ... Df8: 23. b4 mit Vorteil für Weiß.
17. ... Tc8
Nach 17. ... Kh8 18. a3 Tc8 19. Lg5! Df8 [19. ... Lf6 20. Lf6: Df6: 21. e4], Illescas – Ochoa, Bilbao, 1987, gibt A. Karpow 20. Sb5! mit der Idee 21. Tf1 an.

18. a3
Laut Karpow war 18. Lg1 schwächer wegen 18. ... Db4!.
18. ... Lf6
Es verliert 18. ... Sa5? 19. Sd5:! ed5: 20. Lg5 Sc4 21. Le7: Sd2: 22. Ld5:+ Kh8 23. Td2:, aber etwas besser war 18. ... b6!?.
19. Lg1 Lg5?!
Nach 19. ... Dg7!? 20. e4 de4: geht 21. Se4:? nicht wegen 21. ... Ld4:! 22. Ld4: Dd4: 23. Dd4: Sd4: 24. Td4: Tc1+ 25. Lf1 Lb5 [Karpow], aber Weiß kann 21. d5! spielen.
20. De1 Sd8 21. e4 de4: 22. De4: b6 23. d5 Lf6 24. Ld4 Ld4: 25. Dd4: Dg7 26. Dh4!
und Weiß steht klar besser, Karpow – Timman, Amsterdam, 1987.

(II)
10. ... f6
So spielte Kasparow in der 13. Partie der WM-Revanche 1986.

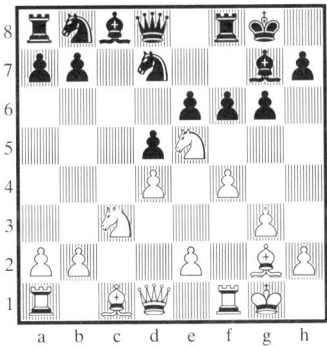

(II) Nun hat Weiß zwei Möglichkeiten:
11. Sf3 (A) und
11. Sd3 (B)

(A) 11. Sf3 Sc6 12. Le3
Laut Kasparow führt 12. e4 de4: 13. Se4: Sb6 14. Le3 Sd5 15. Lf2 b6 zu zweischneidigem Spiel.

Aber ich habe in einigen Partien den Läufer auf a3 entwickelt, wo er mindestens nicht schlechter steht als auf f2. z.B. 12. b3!? f5 [12. ... Sb6 13. La3 Te8 14. Dd2 (nicht bringt 14. e4 de4: 15. Se4: f5 16. Sd6 wegen 16. ... Lf8) f5 15. Tac1] 13. La3 Te8 14. e3 und mir gefällt die weiße Stellung.
12. ... Sb6 13. Lf2 f5
13. ... Sc4? geht nicht wegen 14. e4! Sb2: 15. De2 Sc4 16. ed5: ed5: 17. Sd5:!, und 13. ... Ld7 gefällt Kasparow nicht wegen 14. e4!.
14. Se5 Ld7 15. Dd2 Sc8!?
Nach 15. ... De7 16. b3 Tfc8 17. Tac1 leistet der Springer auf b6 nichts.
16. De3 Kh8
Aber nicht 16. ... Sd6? 17. Sc6: bc6: 18. Sa4 mit Vorteil für Weiß.

Analysediagramm (nach 16. ... Kh8)

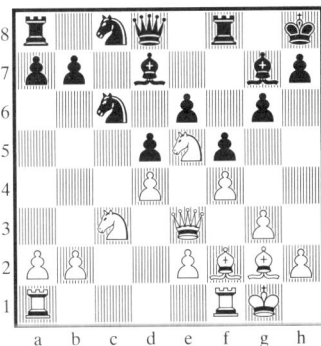

17. Tfc1!?
In der 13. Partie der WM-Revanche, Leningrad 1986, geschah 17. Tfd1 [laut Kasparow, Karpow glaubt – ein/zwei Tempo in dieser Stellung spielen keine große Rolle] 17. ... Sd6 18. b3 Tac8 19. Tac1 Le8 20. Le1 Lf6 21. Sa4 b6 22. Sb2 Se4 23. Sd3 [nach 23. h4 Tg8 mit der Idee Tg7–c7 bekommt Schwarz die c-Linie] 23. ... g5! 24. Sc6: Lc6: mit genügend Gegenspiel für Schwarz.
17. ... Sd6 18. b3

Nichts bringt 18. Sc6: wegen 18. ... Lc6:! 19. De6:? Te8 20. Df7 Sd6.

18. ... Tac8 19. Le1

mit dem Plan: Sa4–b2–d3, Sc6:, Sd3–e5 und Lb4, und Weiß steht besser, Kasparow.

(B) 11. Sd3

Dies ist eine andere interessante Möglichkeit.

11. ... Sc6 12. e3!

Nun ist 12. Le3 weniger logisch.

In der Partie Nikolić – Nunn, Linares 1988, folgte 12. ... Sb6 13. b3 Ld7 14. Sc5 Tb8 15. Dd2 f5 16. Tfc1 Sc8 17. Lf2 Sd6 18. e3 Tc8 19. Lf1 De7 20. a4 Le8 21. a5 h6 22. Sd3 Kh7 23. Se5 Ld7 24. Le1 Tfd8 25. Db2 Lf8 26. Sd3 mit Remis.

Analysediagramm (nach 12. e3!)

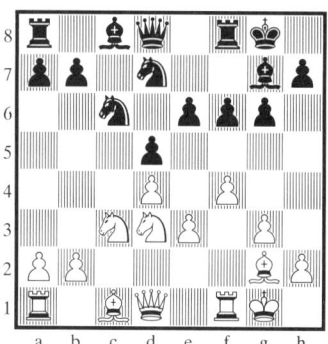

12. ... f5!?

In der Partie Andersson – Nunn, Swift 1988, folgte 12. ... Sb6 [?, Nunn] 13. b3 Ld7 14. La3! [Sicher, der Läufer auf a3 steht viel aktiver als auf f2] 14. ... Te8 15. Dd2 Se7 16. Sc5 Tb8 17. Tfe1! f5 18. Lf1 Sec8 19. Tac1 Lc6 20. Sd3 Sd6 21. Se5 Lf8 22. Db2! [nach 22. Sc6: bc6: 23. Sb1 gibt Nunn 23. ... Tc8 24. La6 Tc7 mit der Idee Se4 und g6–g5 an.] 22. ... Te7 23. Tc2 Tc7 24. Tec1 Tbc8, und nun war, laut Nunn, 25. Lc5! richtig mit der Idee 26. Da3!, und Weiß steht klar besser.

13. Ld2

Auch hier sieht 13. b3 Sf6 14. La3 Te8 15. Dd2 Ld7 16. Tfc1 nicht schlecht aus.

13. ... Sf6 14. Tc1 Ld7 15. Se5

mit besseren Aussichten für Weiß.

In der Partie Hulak – H. Olafsson, Wijk aan Zee, 1987, folgte 15. ... Te8 16. h3 Se5?! 17. de5: Se4 18. Se4: de4: 19. Db3 Lc6 20. Lb4, und Weiß steht besser.

Nun zurück zur Partie

Diagramm nach 10. ... Sc6!

11. Lc1–e3

Unlogisch sieht 11. Sc6: bc6: 12. Le3 aus, z.B.: 12. ... La6 13. Dd2 Da5 14. Tfc1 Tfc8 15. Tab1 Tab8 16. b3, Gauglitz – Malishauskas, Eger, 1987, 16. ... c5! mit gutem Spiel für Schwarz.

Nach **11. e4?!** kann Schwarz **11. ... de4:!** [11. ... Sb6 12. ed5: Sd5: 13. Sd5: ed5: 14. Le4 wäre schwächer] **12. Sc6: bc6: 13. Le4: Sb6** spielen.

11. ... Sd7–b6

Nach **11. ... f6** kann Weiß **12. Sf3!** spielen, mit dem Übergang zu Variante 10. ... f6 11. Sf3.

Die Enzyklopädie gibt **12. Sc6: bc6: 13. Tc1** mit etwas besseren Aussichten für Weiß an, aber das ich nicht so klar.

In der Partie Georgadse – Huzman, UdSSR, 1987, geschah 13. ... Db6

14. Dd2 La6 15. Tc2 Tfc8 16. Tfc1 Lf8
17. Lf2 f5! 18. Lf3 Db4 19. De3 Dd6
20. Sa4 Lb5 21. Sc5 Sc5: 22. Tc5: a5
23. Le1 Dd7 24. T5c2 a4 25. a3 Tab8
26. Kg2 Ld6, und Schwarz steht etwas
besser.

12.   Le3–f2

Eine andere Möglichkeit ist **12. b3 Ld7
13. Dd2.**
Typisch ist für diese Stellung 13. ... Se7
14. Lf2 Lc6 15. Tfc1 Sbc8! 16. Sd1 Sd6,
Landenbergue – Gobet, Biel (II), 1988.
In der Partie Portisch – Kortschnoi, Reg-
gio Emilia, 1987/88, folgte 13. ... Te8
14. Tfc1 [14. Lf2!?] 14. ... f6 15. Sd3
[15. Sf3!?] 15. ... Te7 16. Kh1 Le8 mit
Remis.

12.   ...   Lc8–d7

In der dritten Partie spielte Kasparow
12. ... Se7!?, um 13. e2–e4 zu vermeiden.

**13.   e2–e4   Sc6–e7
14.   Se5×d7?!**

Andere Möglichkeiten waren:
14. ed5: (I) und
14. a4! (II)
(I) 14. **ed5:** Sbd5: 15. Sd5: Sd5:
16. Db3 Lc6 17. Tac1 Da5 18. Te5
Da6 mit Remis, Drasko – Z. Nikolić,
Vrnjacka Banja 1987.
(II) 14. **a4!** de4: 15. a5 Sbd5 16. Se4:
Tb8 17. Db3

Analysediagramm (nach 17. Db3)

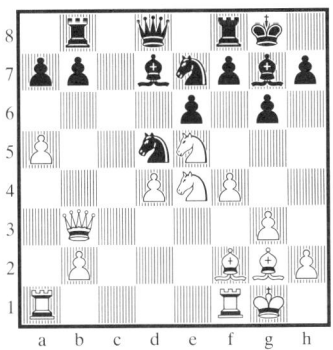

17.   ... Le8
Nach 17. ... Lc6 kann Weiß 18. Sc5! Sc7
19. Lc6:! spielen.
In der Partie Andersson – Hulak, Wijk
aan Zee, 1987, geschah 18. Tfc1 a6
[18. ... Sc7!] 19. Tc4 [19. Sc5!] 19. ... Sc7!
20. Sc3 Lg2: 21. Kg2: Scd5 mit Aus-
gleich.
18. Tfc1 Sc6 19. Da3 Scb4 20. Sc3!
mit Vorteil für Weiß.
20. Tc4?! Sa6 21. Sd6 Sac7 22. Tac1
Sb5 23. Sb5: Lb5: 24. Tc5 Le8 25. b4 b6
bringt nichts, Nikolic – Hulak, Zagreb
(izt) 1987.

**14.   ...   Dd8×d7
15.   e4–e5**

Interessant war 15. Db3!? de4:! [15. ... Tfd8
16. a4!] 16. Se4:

Analysediagramm (nach 16. Se4:)

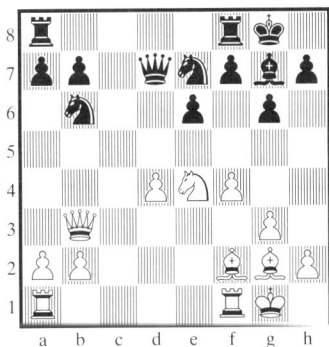

Meiner Meinung nach muß Schwarz
16. ... Sbd5! [zu passiv wäre 16. ... Sed5
17. Sc5 De7 18. Tfe1 Tfd8 19. Lh3]
17. Sc5 Dc8! [nach 17. ... Dc7 18. Tfc1
Tfc8 19. Lf1! b6 20. Se6: Dc1: 21. Tc1:
Tc1: 22. Sg7: Kg7: 23. Le3 Ta1: 24. Ld2
Sf6 25. Kg2 steht Weiß etwas besser]
18. Tfc1 b6 19. Sd3 Db7 20. Lf1 Tfc8 mit
Ausgleich spielen.

**15.   ...   Tf8–c8!
16.   Ta1–c1**

Nach **16. g4?! Lh6! 17. Lh4** [17. f5 gf5: 18. gf5: Sf5:] 17. ... Sc6! kann nur Weiß Probleme haben.

16. ...   Lg7–f8!

34 (!) Minuten, aber gut gespielt! Andere Fortsetzungen wären schwächer, z.B.:

(I) 16. ... **Tc7** 17. g4! Lh6 18. Lh4 Sc4 19. De2 Tbc8? 20. Le7: De7: 21. Ld5:.

(II) 16. ... a6 17. b3 Tc7 18. g4 Lh6 19. Le3 T8c8 20. Dd2 mit der Idee 21. f5!.

17.   Lg2–f3!

Nach 21 Minuten. Wieder ist 17. g4?! Lh6! 18. Lh4 Sc6! günstig für Schwarz.

17. ...   Tc8–c7!

Er darf keine Zeit verlieren! Nach 17. ... a6 wollte Karpow 18. Le2 Tc7 19. g4! Lh6 20. Dd2 spielen mit der Idee 20. ... Sc4? 21. Lc4: Tc4: 22. Se4!

Diagramm nach 17. ... Tc7!

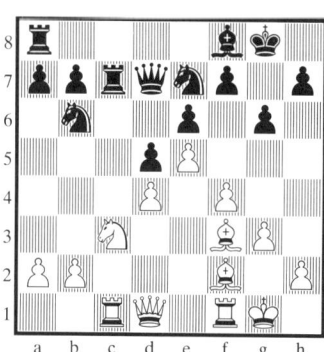

18.   b2–b3

23 Minuten. Karpow gibt den Plan mit g3–g4 auf, denn nun ist 18. Le2 Tac8 19. g4 Lh6 20. Dd2 Sc4 21. Lc4: Tc4: nicht so günstig.

18. ...   Ta8–c8
19. Dd1–d2   Se7–c6
20. Dd2–b2

Aber nicht 20. Sb5? wegen 20. ... Se5:!.

20. ...   a7–a6

21. Lf3–e2	**Dd7–e7**
22. Sc3–b1	

Es drohte 22. ... Da3.

22. ...	**Sc6–b4**
23. Sb1–c3	**Sb4–c6**
24. Sc3–b1	**Sc6–b4**
25. Tc1–c5	

Die letzte „Demonstration" in gleicher Stellung.

25. ...	**Sb6–d7**
26. Tc5×c7	**Tc8×c7**
27. Sb1–c3	**Sb4– c6**
28. Sc3–b1	**Sc6–b4**
29. Sb1–c3	**Sb4–c6**
30. Sc3–b1	

Remis

3. Partie · 16. 10. 1987
Karpow – Kasparow

1. d2–d4	**Sg8–f6**
2. c2–c4	**g7–g6**
3. g2–g3	**c7–c6**
4. Lf1–g2	**d7–d5**
5. c4×d5	**c6×d5**
6. Sg1–f3	**Lf8–g7**
7. Sb1–c3	**0–0**
8. Sf3–e5	**e7–e6**
9. 0–0	**Sf6–d7**
10. f2–f4!	**Sb8–c6!**
11. Lc1–e3	**Sd7–b6**
12. Le3–f2	**Sc6–e7!?**

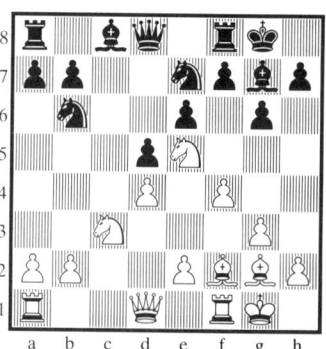

154

Genauer als 12. ... Ld7, weil Schwarz nun nach 13. e4?! de4: 14. Le4: Sbd5 15. Db3 b6 keine Schwierigkeiten hat.

13. a2–a4

Ich würde gerne einmal 13. Dd3 Ld7 14. g4!? Lc6 15. Lh4 versuchen.

13. ... a7–a5
14. Dd1–b3?!

Interessante Möglichkeiten waren:
14. Dd3 (I) und
14. e4!? (II).

(I) 14. Dd3 Ld7 15. g4 Lc6
15. ... f6 16. Sd7: Dd7: 17. e4 sieht gut für Weiß aus.
16. Lh4!
und Weiß steht aktiver, z.B.: 16. ... f6 17. Sc6: bc6: 18. e4.

(II) 14. e4!? de4: 15. Le4: Sbd5 16. Db3
und trotz der „Schwäche" auf b4 steht Weiß etwas besser.
In der Partie A. Greenfeld – Birnboim, Tel Aviv 1988, folgte 16. ... f6 17. Sc4 Kh8 18. Tfe1 Sb4 19. Tad1 Sed5 20. Se3 Ta6?! 21. Ld5: ed5: 22. Sed5: Lg4 23. Td2 Te6 24. Sb4: Te1:+ 25. Le1: ab4: 26. Db4: Te8 27. Lf2, und Weiß steht auf Gewinn.

14. ... Lc8–d7!

Hat Karpow diese Möglichkeit übersehen?

15. Tf1–c1

Es gibt kaum etwas Besseres, z.B.:
1) **15. g4 Lc6 16. Lh4 f6 17. Sc6: bc6:,** und Schwarz steht gut;
2) **15. Sd7: Sd7: 16. Db7:**
Oder 16. e4 de4: 17. Le4: Sb6 18. Tfd1 Sbd5 18. Tac1 Ta6! mit gutem Spiel für Schwarz.
16. ... Tb8 17. Da6: Tb2: 18. Tfb1 Sb8! 19. Dd3 Tb1:+ 20. Tb1: Sbc6
nebst Sf5.
und Schwarz hat genügend Gegenspiel.

15. ... Ld7–c6

16. Sc3–b5 Sb6–c8!
33 Minuten; der weiße Springer b5 muß getauscht werden.
17. e2–e3 Sc8–d6
18. Sb5×d6 Dd8×d6

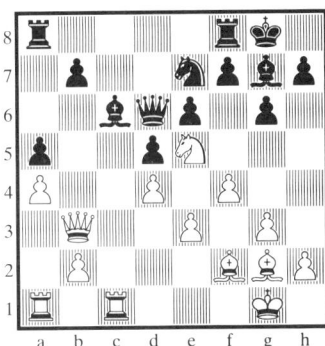

19. Lf2–e1
Nichts bringt **19. Sc6: bc6: 20. Tc5 Tfb8 21. Dc3**, wegen 21. ... Tb4! [21. ... Tb2: 22. Ta5: Tab8 23. Dc5 ist günstig für Weiß] **22. Le1 Tab8**, z.B.: 23. Ta5: Tb2: 24. Dc5 Dc5: 25. Tc5: Sf5 26. Lf2 Sd4:! 27. ed4: Tf2:! und Schwarz gewinnt.
19. ... Tf8–b8!
20. Lg2–f1
Laut Dorfman war 20. Da3 Da3: 21. Ta3: mit Ausgleich vorsichtiger.
20. ... f7–f6
21. Se5–f3
21. Sd3 b5 oder **21. Sc6:?! bc6: 22. Da3 Da3: 23. ba3: Tb3** [23. ... e5!?] 24. Ld2 e5 war günstiger für Schwarz, Dorfman.
21. ... Dd6–d7
22. Db3–c2 Se7–f5
23. Lc1–d2 Sf5–d6
24. b2–b3 Tb8–c8?!
Laut Dorfman war 24. ... Te8! 25. Ld3 Sf7 mit der Idee e6–e5 und besserem Spiel für Schwarz der richtige Weg.
25. Dc2–d1 h7–h6
26. Ld2–e1
Dorfman gibt 26. De1!? an.

155

| 26. | ... | g6–g5 |
| 27. | Ta1–a2! | Dd7–e8 |

27. ... g4?! 28. Sh4 f5 29. h3 h5 30. hg4: hg4: 31. Sg6, Dorfman.

| 28. | Ta2–c2 | Lg7–f8 |
| 29. | Lf1–d3 | g5–g4 |

Remis

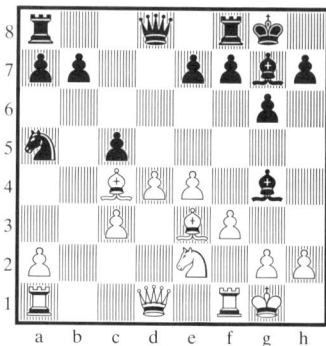

5. Partie · 23. 10. 1987
Karpow – Kasparow

1.	d2–d4	Sg8–f6
2.	c2–c4	g7–g6
3.	Sb1–c3	d7–d5
4.	c4×d5	Sf6×d5
5.	e2–e4	Sd5×c3
6.	b2×c3	

Zum erstenmal in seiner Schachkarriere läßt sich Karpow auf die Hauptvariante der Grünfeldindischen Verteidigung ein.

6.	...	Lf8–g7
7.	Lf1–c4	c7–c5
8.	Sg1–e2	Sb8–c6
9.	Lc1–e3	0–0
10.	0–0	Lc8–g4

In diesem Fall glaubt Kasparow seinem Freund Adorjan nicht und möglicherweise zu unrecht.

| 11. | f2–f3 | Sc6–a5 |

Eine Idee von Jan Timman: „Das Aufschieben des Tauschs auf d4 hat eine zweifache Bedeutung:

einmal kann Weiß seinen Königsläufer nun nicht mit Ta1–c1 decken und

zweitens wird die Variante Lc4–d5 für Weiß weniger erstrebenswert, da die c-Linie geschlossen bleibt." schrieb er in seinem Buch zur Partie Spassky – Timman, Montreal 1979.

12. Lc4×f7+!

Der theoretische Disput um die „Sevilla-Variante" zwischen Karpow und Kasparow ist die größte Schachattraktion der Jahre 1987/88. Niemand erwartete, daß Karpow während der WM so riskant spielen würde, weil laut Theorie auch nach 11. ... cd4: 12. cd4: Sa5 13. Lf7:+ [was wegen der offenen c-Linie noch günstiger für Weiß sein müßte] nur Weiß Probleme haben kann.

Aber Karpow und Igor Saitzew [Karpows langjähriger Sekundant] haben eine „gut versteckte" positionelle Idee entwickelt:

„nicht Materialgewinn, sondern eine Schwächung des schwarzen Königsflügels und/bzw. den Versuch, den schwarzen Königsläufer außer Spiel zu bringen" schrieben L. Pachmann und S. Gligorić.

Ein Jahr später, in der 55. UdSSR-Meisterschaft 1988, in der Partie gegen Karpow verzichtete Kasparow auf Grünfeld und spielte Nimzowitsch-Indisch.

„Ich weiß, daß diese Variante [Sevilla-Variante] nicht gut sein kann, aber ich kann sie noch nicht widerlegen.", sagte er in einem Interview mit der „64".

Meiner Meinung nach muß Weiß nach 12. Lf7:+! besser stehen, aber wir können nur abwarten.

12.	...	Tf8×f7
13.	f3×g4	Tf7×f1+
14.	Kg1×f1	

In der Partie Kamyschew – Flohr, UdSSR 1950, geschah [unter Einschaltung der Züge 11. ... cd4: 12. cd4:] 15. Df1:?!, und nach 15. ... Sc4 16. Df3 Db6 17. Lf2 Db2 18. Tc1 Da2: hatte Schwarz Vorteil.

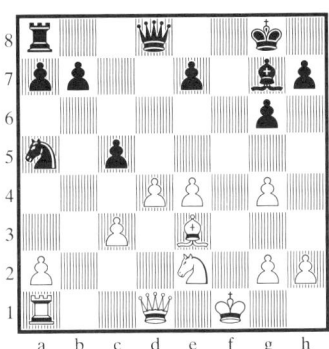

Laut Theorie gewinnt Weiß zwar einen Bauern, erhält dafür aber eine schlechte Bauernstruktur und erlaubt dem Schwarzen ein aktives Spiel.

14. ... Dd8–d6!?

Nach 64(!) Minuten Bedenkzeit gespielt. Sicher erinnerte er sich an die Partie Tschernin – Gawrikow, Lwow 1987, in der nach **14. ... Dd7 15. dc5:!** [15. Kg1 Dg4: 16. Dd3 bringt nichts wegen 16. ... cd4: 17. cd4: Tf8, auch 15. h3 Db5! 16. Kg1 Td8 17. d5? Dc4 sieht gut für Schwarz aus] **15. ... Tf8+!?** [15. ... Dg4. 16. Sf4!] **16. Kg1 Dg4: 17. Sf4! Dd1:+** [aber nicht 17. ... Tf4:? 18. Lf4: Df4: 19. Dd8+] **18. Td1: Lc3: 19. Sd5** [M. Gurewitsch gibt an 19. Se6 Tc8 20. Td7 Kf7 21. Sg5+ Ke8 22. Td3 Lb4, nicht besser sieht 19. Td7 Sc4 20. Se6 Tf6 21. Lh6 g5! aus] **19. ... Lf6** 20. Lh6?! Te8 21. Sf6:+ ef6: 22. Td7 Te4: 23. Tg7+ Kh8 24. Tc7 Schwarz Remis erreicht, aber meiner Meinung nach war **20. g4!** richtig mit der Folge 20. ... Te8 21. Tb1 a6

22. Kf2 mit der Idee Ke2 und Ld2; die schwarze Stellung ist nicht erstrebenswert.
Meiner Meinung nach verspricht **15. g5!** weniger.

Analysediagramm (nach 14. ... Dd7 15. g5)

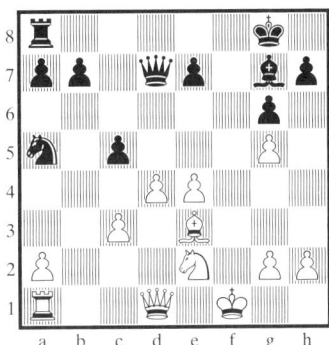

In der Partie Gligorić – Popović, Jugoslawische Meisterschaft 1988, folgte **15. ... Td8!** [nach 15. ... De6 16. e5 Dc4 17. Kg1 Td8 18. De1 Sc6 19. Lf2 steht Weiß besser, Karpow – Gawrikow, Gijon 1988] **16. Kg1** e6?! 17. Tb1 Sc4 18. Lf2 b5 19. Dd3 a6 und nun gibt Gligorić 20. h4! Se5 21. Dh3 mit Vorteil für Weiß an.
Richtig war **16. ... cd4: 17. cd4: Kh8!** [mit der Idee 18. ... Sc4 19. Lf2 Dg4] **18. Dd3 Sc6 19. Td1 Sd4:! 20. Sd4: e5.** Ein interessantes Detail: In der Partie Portisch – Kortschnoi, Reykjavik, 1988, Weltcup, geschah **14. ... Dc8 15. Da4?!** [warum nicht 15. dc5: Dg4: 16. Sf4!] 15. ... cd4: 16. cd4: Sc4 17. Lf4 a6 18. g5!? [18. e5!? b5 19. Db3 Dg4: 20. Df3] 18. ... b5 19. Db3 e5! 20. de5: Dc6 21. Td1 Tf8! 22. Td5 Dd5! 23. ed5: Sd2+ 24. Ke1 Sb3: 25. ab3: Td8 26. d6 Kf7 27. Kd2 [27. Sd4 Td6:! 28. ed6: Ld4:] 27. ... Te8 28. d7 Ta8 29. Sd4 Ke7 30. Kd3 Kd7: und Schwarz hat dieses Endspiel gewonnen [72, 0:1].

157

15. e4–e5!

Nun werden die weißen Felder etwas schwach, aber der weiße Plan ist, den schwarzen Lg7 [den „Riesen", laut E. Gufeld] unbeweglich zu machen. Später versuchte Karpow auch 15. Kg1.

15. ... Dd6–d5

10 Minuten Bedenkzeit; interessante Varianten entstehen nach 15. ... De6.

Analysediagramm (nach 15. ... De6)

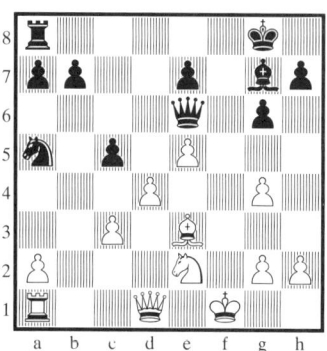

Und nun:
(I) 16. g5?! Sc4 17. Lf2 [Saitzew gibt nur 17. Dd3? Df5+! an] 17. ... Tf8 18. Kg1 Df7! 19. De1 Sa3 20. Tc1 Da2: mit schwarzem Vorteil.
(II) 16. Sg3 Sc4 17. Lf2 Tf8 18. Kg1 Lh6 19. Dd3 Tf2:! 20. Kf2: Le3+ 21. Ke1 cd4: 22. cd4: Dd5 mit Initiative für Schwarz;
(III) 16. h3 Td8!
In der Partie Makarow – Hodko, UdSSR 1988, folgte 16. ... Sc4?! 17. Dd3! Td8 18. De4! Dc6 19. Dc6: Se3:+ 20. Kf2 Sg4:+ 21. hg4: bc6: 22. Tb1 und das Endspiel ist etwas günstiger für Weiß.
(IV) 16. Sf4! [der richtige Weg] 16. ... Dc4+ [16. ... Tf8 17. Kg1 Dc4 18. Sd3] 17. De2! [aber nicht 17. Sd3? wegen 17. ... Le5:! 18. de5: Td8] 17. ... Tf8 18. Dc4:+ Sc4: 19. Ke2 und Weiß behält seinen Vorteil.

16. Le3–f2!

Hier ist 16. Sf4?! nicht gut wegen 16. ... Tf8 17. Kg1 De4. Nach 16. Sg1?! wird es Weiß nicht gelingen den Springer nach f3 zu führen: 16. ... Sc4 17. Lf2 cd4: 18. cd4: Le5:! 19. de5: Sd2+ 20. Ke1 De5:+ usw.

16. ... Ta8–f8

12 Minuten Bedenkzeit; 16. ... Td8 mit der Idee 17. ... Le5: sieht etwas besser aus [siehe 7. Partie], aber Kasparow will auf Angriff spielen.

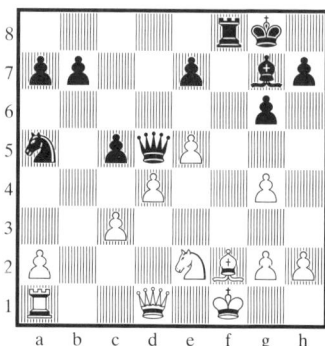

17. Kf1–g1?!

Nach 17. g5! erreicht nämlich Weiß sein strategisches Ziel: der Läufer g7 bleibt langfristig passiv" schrieb L. Pachmann. Schwarz hat folgende Möglichkeiten:
(I) 17. ... Sc4 18. Kg1 De4 19. Sg3 Df4 20. De2 b5 21. Se4 mit Vorteil für Weiß;
(II) 17. ... De4 18. Sg1! [aber nicht 18. Kg1?! Df5 19. Le3 Sc4] 18. ... Sc4 19. Sf3 Se3+ 20. Le3: De3: 21. Db3+ Kh8 22. Te1! und nach 22. ... Tf3:+!? 23. gf3: Df3:+ 24. Kg1 Dg4+ 25. Kf2 Dh4+ 26. Ke2 Dg4+ 27. Kd2 Dg5:+ 28. Kc2 hat Schwarz keine ausreichende Kompensation;
(III) 17. ... Df7! [die beste Chance] 18. De1 Df5 [18. ... Sc4 19. Sg1! nebst Sf3] 19. Sg3! [19. h4 Dg4 gibt Schwarz gutes Spiel] 19. ... Dg5: 20. Se4 Df4

21. Kg1 cd4: 22. cd4: Sc6 23. Tb1!
mit besseren Aussichten für Weiß.

17. ... Lg7–h6!
Nun kommt der schwarze Läufer ins
Spiel.

18. h2–h4
Nach 18. h3 [Fedorowicz gibt 18. ... Sc4
19. Db3 b5! 20. a4 a6 21. ab5: ab5:
22. h4 De4 23. Sg3 Dg4: 24. Db5: Se3
25. De2 cd4: an.

18. ... Dd5–f7!
19. Lf2–g3 Lh6–e3+
20. Kg1–h2 Df7–c4!
Schwächer war 20. ... Sc4?! 21. Dd3 Dd5
22. a4!.

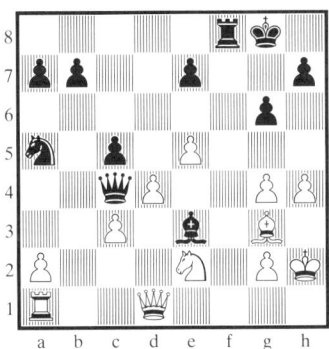

21. Ta1–b1!?
Nach 33 Minuten gespielt. Karpow sucht
ein Gegenspiel und aktiviert seinen
Turm, weil 21. ... Da2:? 22. Ta1 Db3
23. Db3: [Saitzew gibt 23. Dd3 Sc4
24. Tb1 Da2 25. Tb7: an] 23. ... Sb3:
24. Ta7: für Weiß günstig wäre.
Könnte Weiß besser spielen?
21. d5?! Dg4: 22. d6 Lf2 23. de7: Lg3:+
24. Sg3: Dh4:+ 25. Kg1 De7: sieht nicht
gut aus, eine Variante von Saitzew.
In der Partie Lerner – Pribl, Mladi 1988,
[die beiden setzen großes Vertrauen in
K–K] geschah **21. dc5: Dg4:** [mit Aus-
gleich(?) laut Saitzew] 22. Sd4 Dd1:
23. Td1: Td8 24. e6 Td5 25. Kh3 h5

26. Tb1 Tc5: 27. Sf3 Tc6! 28. Te1 Tc3:
29. Td1 Sc6 30. Td7 b5, und Schwarz
steht auf Gewinn [50, 0:1].

21. ... b7–b6
Nach 21. ... b5 ist 22. d5! möglich, z.B.
22. ... Dg4: 23. d6 Lf2 24. de7: Lg3:+
25. Sg3: Dh4:+ 26. Kg1 De7: 27. Dd5+
Df7 28. Df7: Tf7: 29. Tb5: mit Vorteil.

22. Tb1–b2
I. Saitzew gibt 22. dc5: bc5: 25. Sg1!?
Lf2 24. Sf3 Lg3:+ 25. Kg3: Df4+ 26. Kh3
Sc4 27. Dd5+ Kh8 28. Dc5: h5 29. gh5:
Df5+ [oder 29. ... Se3 30. Dd4] 30. Kh2
Db1: 31. Dc4: gh5: 32. De6 mit etwa glei-
chen Chancen an, aber Schwarz kann
23. ... Kh8! spielen.

22. ... Dc4–d5!
Nun kommt auch der schwarze Sprin-
ger ins Spiel.

23. Dd1–d3 Sa5–c4
24. Tb2–b1

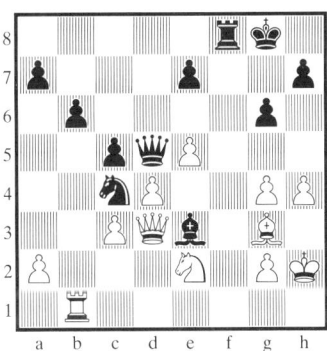

Die kritische Stellung. Schwarz hat
mehrere Möglichkeiten, aber nur 20 Mi-
nute für 17 Züge.

24. ... b6–b5!?
Nur ein „schöner" Ablenkungszug.
24. ... Tf2!? 25. Lf2: Se5: sieht gut aus,
aber 26. c4! [26. De3:? Sg4:+ 27. Kg1
Se3: 28. Le3: De4 und Schwarz gewinnt]
26. ... Dd7! 27. De3:! [27. De4 Sg4:+
28. Kg1 Lf2:+ 29. Kf1 Sf6! gibt Schwarz

159

gute Angriffschancen] 27. ... Sg4:+
28. Kg1 Se3: 29. Le3: De6 30. Tb3 Dc4:
31. Kf2 cd4: 32. Sd4: e5 führt laut I. Sait-
zew zu einer unklaren Stellung, z.B.
33. Sf3 Dc2+ 34. Sd2 Da2: 35. Tc3, und
die weißen Figuren kann gefährlichen
werden.
Laut Kasparow hätte er diese Partie
durch 24. ... g5!! [um nach 25. ... Lf2 die
Möglichkeit 26. Sf4 zu vermeiden] ent-
scheiden können.

Analysediagramm (nach 24. ... g5!!)

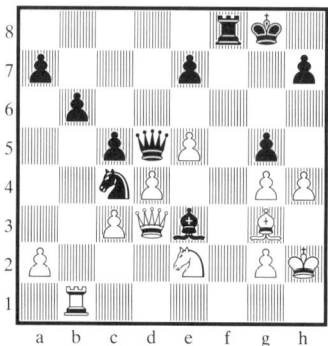

I. Saitzew gibt ihm Recht und dazu gibt
er eine lange Variante von einzigen Zü-
gen: 25. Td1! gh4: 26. Lh4: Lf2 27. Dh3!
De4! 28. Le7:! Tf7! 29. Lf6! Se3! 30. g5!
Sg4+! 31. Kh1 Ld4:! 32. Sg3! Df4
33. Dh5! Dg3: 34. cd4: Sf2+ 35. Kg1
Sd1: 36. Dd1: De3+ 37. Kh1 Dd4:
38. Dh5 Dd2! 39. g6 [39. e6 De1+]
39. ... Td7! und Schwarz gewinnt.

25. Kh2−h3?!
Sofort verliert 25. Tb5:? wegen 25. ... Sd2!
[aber nicht 25. ... Se5: 26. Tc5: (26. Le5:?
Tf2) 26. ... Sg4:+ 27. Kh3 Dd7 28. Dc4+
Kh8 29. Dd5 Sf2++ mit Dauerschach]
26. Kh3 [26. Tc5: De6] 26. ... Tf1!, z.B.
27. Tc5: [27. De3: Th1+] 27. ... Th1+
28. Lh2 Sf1.
Ich glaube, daß es richtig gewesen wäre,
sofort **25. Sg1!** zu spielen. Nach

25. ... cd4: 26. cd4: Ld4:! 27. Kh3!
[27. Sf3? Lg1+] nebst Sf3 könnte Weiß
ohne Probleme Remis erreichen.

25. ...   a7−a6?!
Nur 1 Minute; aktiver war **25. ... b4!**
[I. Saitzew gibt 25. ... Sd2 26. Td1! an],
26. cb4: cd4: mit Vorteil für Schwarz,
z.B. 27. Sc3 De6 28. Se4 h5! 29. Sg5
hg4:+ 30. Kh2 Lg5: 31. hg5: Se3.

26. Se2−g1!   c5×d4
11 Minuten, d.h. Kasparow verbleiben
nur noch sechs bis zum 40. Zug.
26. ... Lg1: 27. Tg1: Td8 [27. ... cd4:
28. Dd4:] gefiel ihm nicht wegen 28. h5!.

27. Sg1−f3!
Besser als 27. cd4: Lg1:! 28. Tg1: Td8
29. Te1 Dd4:; auch mit seinen sechs Mi-
nuten könnte Kasparow ohne Risiko auf
Gewinn spielen.

27. ...   Tf8−d8
27. ... Tf3:? 28. gf3: Df3: [28. ... Sd2
29. Td1!, I. Saitzew] 29. cd4: gibt
Schwarz keine Angriffschancen.

28. a2−a4!   d4×c3
1 Minute, laut L. Pachmann steht Weiß
nach 28. ... ba4:?! 29. Tb4 Tc8 30. Ta4:
a5 [30. ... Sb2 31. Da6] 31. cd4:! Sb2
32. De3: Sa4: 33. Da3 klar besser.

29. Dd3×c3   Dd5−e6
1 Minute; nach 29. ... Ld2 30. Db3! oder
29. ... Dd3 [mit der Idee 30. Dd3: Td3:
31. ab5: Sa3] 30. Db4! Lc5?! 31. Dc5:
Db1: 32. De7: wäre es schwer für
Schwarz, mit 4 Minuten gegen Karpows
18 zu spielen.

30. Kh3−h2?!
Nur 2 Minuten; Karpow versucht auf Ka-
sparows Zeitnot zu spielen. Richtig war
30. ab5: h5 31. Kh2 hg4: 32. Sg5 Lg5:
33. hg5: ab5: 34. Tb5: mit etwa gleichen
Chancen.

30. ...   b5×a4?
1 Minute; 30. ... Dg4: 31. ab5: ab5:
32. Tb5: Sd2 33. Sd2: Ld2: 34. Dc5!,

oder 30. ... Td5 31. ab5: ab5: 32. Ta1 ge-
fiel Kasparow nicht.
Aber nach **30. ... Sd2!** 31. Sd2: Ld2:
nebst b4 steht Schwarz wieder etwas
besser dank seines starken b-Bauern.

31. Tb1–b4   Sc4–d2
32. Tb4×a4   Sd2–f1+?

1 Minute; noch zwei übrig! 32. ... Sf3:+
33. gf3: Ld2 reichte noch für Aus-
gleich.

33. Kh2–h3   Td8–d1

1 Minute; 33. ... h5 34. Da1! [I. Saitzew
gibt nur 34. Dc4 mit Ausgleich an.]
34. ... Sd2 35. Sh2! sieht besser für
Weiß aus, besonders in Zeitnot.

34. Dc3–c2!

7 Minuten. Sicher könnte Karpow nach
34. Ta6: Da6: 35. Db3+ Kg7 36. Dd1: mit
einem Mehrbauern verbleiben, aber
reicht das zum Gewinn? Er will mehr.

34. ...   Td1–c1
35. Dc2–e2?

Richtig war **35. Dd3!**, denn nach 35. ... h5
36. Le1 Ta1 37. Te4 hg4: 38. Tg4: Ta4
gewinnt 39. Dg6:+! sofort, eine Variante
von Dlugy.

35. ...   h7–h5
36. Lg3–e1

36. Se1?! bringt nichts wegen 36. ... Dc6.

36. ...   De6–d7?

Nach 36. ... Ta1! [ein phantastischer
Ablenkungszug] 37. Dc4! [aber nicht
37. Tc1? hg1:+ 38. Tg4: Ta4!; auch
37. Sg5 hg4:+ 38. Tg4: Lg5: 39. hg5: Ta4
bringt nichts] 37. ... hg4:+! [37. ... Dc4:
38. Tc4: Kf7 39. gh5: gh5: 40. g4! hg4:+
41. Tg4: Ta2 42. Tg2 sieht nicht gut für
Schwarz aus] 38. Dg4: Dg4:+ 39. Tg4:
Kf7 40. g3 [mit der Idee Kg2] Ta2 könnte
sich Schwarz trotz der Abseitsstellung
des Springers f1 im Endspiel retten.

37. De2×a6

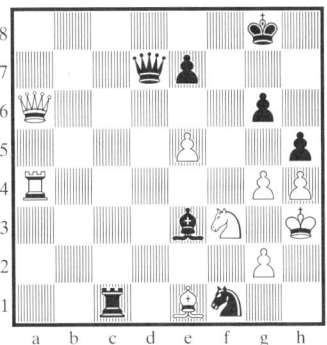

37. ...   Tc1–a1??

Zu spät ... Zeit, Zeit – alles kann passie-
ren, wenn die letzten Sekunden laufen.
Nach 37. ... Kg7 38. e6 Dc6 39. gh5:!
gh5: 40. Dc6: Tc6: 41. Te4 hat Weiß mit
einem Mehrbauern und dank der Ab-
seitsstellung des Sf1 Gewinnchancen,
aber auch Schwarz hat gute Chancen
auf Remis.

38. Da6×g6+
Schwarz gab auf.

7. Partie · 30. 10. 1987
Karpow – Kasparow

1.	d2–d4	Sg8–f6
2.	c2–c4	g7–g6
3.	Sb1–c3	d7–d5
4.	c4×d5	Sf6×d5
5.	e2–e4	Sd5×c3
6.	b2×c3	Lf8–g7
7.	Lf1–c4	c7–c5
8.	Sg1–e2	Sb8–c6
9.	Lc1–e3	0–0
10.	0–0	Lc8–g4
11.	f2–f3	Sc6–a5
12.	Lc4×f7+!	Tf8×f7
13.	f3×g4	Tf7×f1+
14.	Kg1×f1	Dd8–d6

Nach 14 Minuten gespielt.

| 15. | e4–e5 | Dd6–d5 |

16. Le3–f2   Ta8–d8!
Weitere 21(!) Minuten; Gesamtzeitverbrauch: Karpow 13 Minuten, Kasparow 46 Minuten.

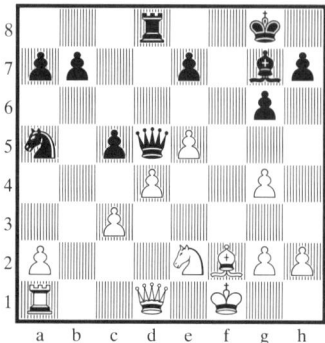

Zu dieser Zeit die kritische Stellung.

17.   Dd1–e1
Nach 14 Minuten. Es drohte 17. ... Le5:, aber gibt es nichts Besseres?
Die anderen Möglichkeiten sind:
17. Sf4 (I);
17. Dc2 (II) und
17. Da4! (III).

(I)
17. Sf4 Dc4+! [Mir gefällt 17. ... Df7 nicht wegen 18. Sh3! (I. Saitzew gibt 18. Df3 Sc4 19. Kg1 cd4: 20. cd4: Se5: 21. de5: Le5: 22. Tf1 Df4: 23. Df4: Lf4: 24. La7: g5 mit Ausgleich an)] **18. Dd3 Dd3:+ 19. Sd3: cd4: 20. cd4: Sc6 21. Sc5** [oder 21. Tc1 Sd4: 22. Tc7 b6 23. Te7: Sc6 24. Tc7 Td3: 25. Tc6: Le5:] 21. ... Sd4: 22. Sb7: Td5 mit remislichem Endspiel.

(II)
17. Dc2
So spielte Karpow gegen Kasparow in Amsterdam 1988.
17. ... Dc4 18. Db2 [nach 18. De4?! kann Schwarz 18. ... Td5! antworten mit der Idee 19. ... Te5: oder 19. ... cd4: 20. cd4: Tb5] **18. ... Lh6** 19. h4 Df7! [Eine

typische Methode; Weiß hat nun nicht die Zeit zu g4–g5] 20. Kg1 Tf8 21. Sg3 Sc4 22. De2 Df2:+! 23. Df2: Le3 24. De3: Se3: 25. dc5: Tc8 laut Karpow mit etwas gleichen Chancen [mir gefällt Schwarz etwas besser].
In der Partie Ljubojević – Timman, Linares, 1989, versuchte Weiß 19. Kg1 Tf8 [durch Zugumstellung] 20. Td1 [mit der Idee 20. ... Df7 21. Sg3 Df2:+ 22. Df2: Le3 23. Se4! Tf4 24. Td3] 20. ... Da4! 21. Te1, und nun war 21. ... Sc4! richtig [in der Partie folgte 21. ... cd4:? 22. Sd4:! Dc4 23. h3 b6 24. Sf3 und Weiß steht besser] 22. Db3 Db3: 23. ab3: Sb2! mit Vorteil für Schwarz.

(III)
17. Da4!
Ein weiterer Versuch mit der richtigen Idee, den schwarzen b-Bauern zuerst nach b6 zu bringen, wurde unternommen in Karpow – Kasparow, Belfort 1988.

Analysediagramm (nach 17. Da4!)

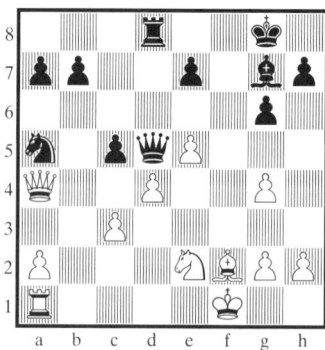

17. ... b6
Nach 17. ... Sc4 18. g5! [aber nicht 18. Sf4 Df7 19. g3 Sd2+ 20. Kg2 g5 oder 18. Da7: Tf8 19. Kg1 Df7 20. Lg3 Se3 21. Lf4 Dc4] 18. ... Tf8 [nichts bringt 18. ... cd4: 19. cd4: b5 20. Dc2! Le5:?

162

21. de5: De5: 22. Td1! ein] 19. Kg1 Df7
[nach 19. ... Sd2 folgt 20. Sg3 (oder
20. Dd1) aber nicht 20. Dc2? Df7]
20. Lg3 Se3 21. Lf4 Sd5 22. Tf1 und der
schwarze Läufer ist nichts wert.
Interessanter sieht 17. ... Tf8!? 18. Kg1
[aber nicht 18. Sg3 Lh6 19. Kg1 Sc4 mit
weißer Initiative] 18. ... Df7 aus.

Analysediagramm (nach 18. ... Df7)

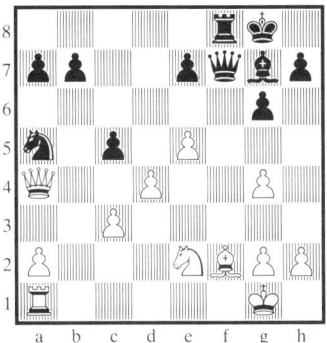

Und nun? 19. Lh4! [Die Hauptidee –
Kampf gegen den Lg7, schlecht wäre
19. Tf1?! Sc4 20. Db3 Lh6 21. Sg3 Se3]
19. ... Sc4 [besser als 19. ... Lh6 20. g5
Lg5: 21. Lg5: Df2+ 22. Kh1 De2: 23. Tg1
Sc6 24. Db3+ mit Vorteil für Weiß]
20. Db3! Lh6 21. g5 Lg5: 22. Lg5: Df2+
23. Kh1 De2: 24. h3 und Weiß steht bes-
ser.

18. Dc2 Tf8

Nach **18. ... Dc4 19. De4!** [Samarian gibt
19. dc5:(?) bc5: 20. Td1 Tf8 21. Dd3 Le5:
22. Dd5+ Dd5: 23. Td5: Ld6 24. Kg1 an,
aber nach 19. ... b5! 20. Td1 Tf8 21. Kg1
Le5: kann Schwarz sehr zufrieden sein]
19. ... Tf8 [nichts bringt 19. ... Lh6 20. h4
Ld2 21. Dc2, nach 19. ... Td5? 20. Kg1
Le5: (die versteckte Idee von 17. Da4 b6
18. Dc2 kann man nun verstehen –
20. ... Te5:? 21. Da8+!) 21. Sf4 Lf4:
22. Df4: steht Weiß auf Gewinn] 20. Kg1!
[aber nicht 20. g5?! wegen 20. ... cd4:
21. cd4: Sc6! 22. Kg1 Se5:!] 20. ... Lh6

[20. ... Sc6 21. Lg3, auch 21. De3 Lh6
22. Dh6: De2: 23. De3 Dg4: 24. dc5:
sieht nicht schlecht aus] 21. Lh4! hat
Schwarz seine Probleme nicht gelöst.
In der Partie Lputjan – Dschangschgawa,
Simferopol, 1988, geschah **18. ... Tc8!?**
19. Dd1 (nach 19. Dd2 Tf8 [19. ... Le5:?
20. Dg5) 20. Dg5 (aber nicht 20. Kg1?
Le5: 21. Td1 Lh2:+ und Weiß gab auf,
Schulze – Filipowicz, Bad Wörishofen
1989) 20. ... Df7 21. Dh4 Lh6! 22. Kg1
Sc4 steht Schwarz gut, M. Gurewitsch)
19. ... Td8 20. Dc1 Tf8 21. h3 Df7 22. De1
Lh6 23. Sg3 Sc4 24. e6 Dg7 25. Se4 Le3
26. De2 b5 27. Kg1 Lf2: 28. Sf2: cd4:
29. cd4: Dd4: 30. Tc1 g5 31. Tc2 Se3
32. Td2 Da1+ 33. Sd1 Tf1+ 34. Kh2
De5+ 35. g3 De4 36. Td8+ Kg7 37. Db2+
Kh6 und Weiß gab auf. Sieht schlimm aus!
Aber Lputjan hätte etwas mehr Vertrauen
in Karpows Ideen haben müssen und
nun dank b7–b6 wäre 20. De1! richtig.

Analysediagramm (nach 20. De1!)

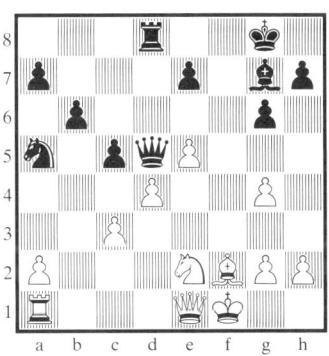

In der kritischen Variante 20. ... De4
21. g5 Df5 22. Sg3! Dg5: 23. De2 cd4:
24. cd4: kann Schwarz nicht 24. ... Sc6?
spielen [25. Dc4+] und Weiß steht bes-
ser.

19. Kg1 Dc4

19. ... Lh6 20. h4 Df7 21. Sg3 oder
19. ... Sc4 20. h4! bringt nichts.

20. Dd2!?

163

Nun will Karpow andere Möglichkeiten prüfen; gut genug war 20. De4 mit dem Übergang zur Variante 18. ... Dc4 19. De4!.
20. ... De6
Nach 20. ... Lh6 gibt Karpow 21. Le3 an, aber auch 21. Dh6: De2: 22. De3 Dg4: 23. dc5: Sc4 24. Dd4 sieht nicht schlecht aus.
21. h3 Sc4 22. Dg5! h6 23. Dc1 Df7
23. ... h5 24. Dg5!
24. Lg3
Aber nicht 24. De1? Sa3!.
24. ... g5
24. ... Dd5 25. Sf4 De4 26. Se6 wäre günstig für Weiß, aber was ist nun mit dem Lg7?
25. Dc2! Dd5 26. Lf2 b5 27. Sg3
mit klarem Vorteil für Weiß.

Nun aber zurück zur 7. Partie.

17.	...	**Dd5–e4**
18.	**g4–g5**	**De4–f5!**

Viel besser als **18. ... Sc4** 19. Sg3 Df4 20. Kg1 cd4: 21. cd4: Dg5: 22. Se4 mit Druckspiel für Weiß.
Auch **18. ... Dg4** 19. Sg1! Dg5: 20. Sf3 wäre günstig für Weiß.
19. h2–h4
Das schwächt, aber nun sieht 19. Sg3 [19. Sg1 Dd3+!] 19. ... Dg5: 20. De2 cd4: 21. cd4: Sc6! 22. Td1 Df4 nicht gut für Weiß aus.

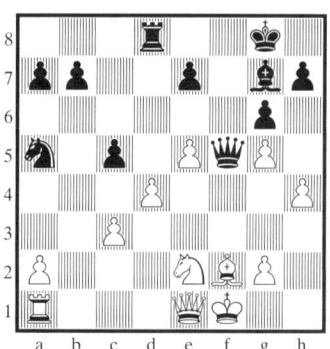

19. ... Sa5–c4?!
Richtig war **19. ... Sc6! 20. Kg1 De4!** und es ist für schwer für Weiß, einen vernünftigen Zug zu machen.
20. Kf1–g1?!
Nach **20. Sg3!** Dd3+ 21. Kg1 cd4: 22. Td1! Dc2 23. cd4: Da2: 24. Ta1 Dc2 [oder 24. ... Db2 25. Tb1] 25. Ta7: Le5: 26. Tb7: könnte Weiß den Fehler von Schwarz nutzen.
20. ... Df5–g4?!
Interessant war 20. ... b5!?, um das weiße Gegenspiel zu vermeiden, z.B. 21. a4 ba4: 22. Ta4: Sb2 23. Ta1 Sd3 24. Df1 Tf8 25. Lg3 De4! [aber nicht 25. ... Df1:+? 26. Tf1: Tf1:+ 27. Kf1: a5 28. Sf4 Sf4: 29. Lf4: cd4: 30. cd4: Kf7 31. Ld2 Ke6 32. Ke2 Kd5 33. Kd3 a4 34. Lb4 und Weiß gewinnt – der Lg7 hat keine Zukunft] 26. Dd1 De3+ und die schwarze Initiative kann gefährlich werden.

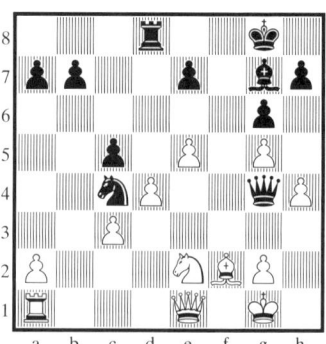

21. a2–a4!
Karpow findet einen Gegenspielplan mit der Fesselung des Springers c4.
21. ... h7–h6!
22. Ta1–a2!
Mit der Idee 23. Db1; nach 22. gh6:? Lh6: steht Schwarz sehr gut [I. Saitzew gibt noch 23. Sg3 cd4: 24. cd4: Td4: dazu an].

22. ...   h6×g5
23. De1−b1!

20 Minuten. Nichts bringt 23. hg5: Dg5:
24. Sg3 Dg4.

23. ...   g5×h4!

17 Minuten; nun bleiben Kasparow nur
noch 31 Minuten.
Nach 23. ... cd4: 24. cd4: gh4: 25. Db3
Tc8 26. Tc2 h3 27. Lg3! Kh7 28. gh3: hat
Schwarz keine „Tricks" mehr, gibt Sait-
zew an, die „Europe Echecs" setzt fort
mit 28. ... De6 29. Kh2! Db6 30. Da2!
Db4 31. Sf4 Sb6 32. Tg2 Dc4 33. Db1.
Aber was wäre nach 23. ... Kh7 pas-
siert?

Analysediagramm nach (23. ... Kh7)

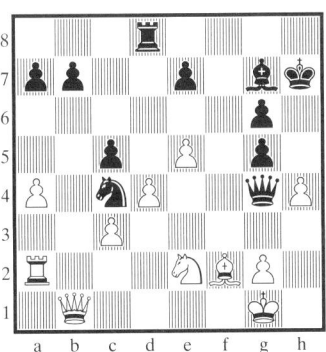

I. Saitzew gibt 24. hg5: Dg5: 25. Dd3
Sa5 [25. ... Sb6 26. Tb2 De5: 27. a5 Sc8
28. Tb7: cd4: 29. Tb5] 26. Dh3+ Lh6
27. De6 Tf8 28. Tb2 mit der Initiative für
Weiß an; meiner Meinung nach steht
Schwarz nach 24. ... b6! besser, z.B.
25. Db3 Sa5 26. Df7? Tf8 27. De7: Df5.
Richtig wäre 24. h5! Dh5: 25. Db3
[I. Saitzew gibt nur 25. De4? Se5: an]
25. ... Sb6 26. De6! g4 27. De7: mit Vor-
teil für Weiß.

24. Db1−b3!

Sicher nicht 24. Db7:? wegen 24. ... Se5:!
25. De7: [25. de5: Td1+ 26. Kh2 Le5:+]

25. ... Sf3+ 26. Kf1 Tb8 und Schwarz ge-
winnt.

24. ...   Dg4−e6
25. Se2−f4!

25. Lh4:? Lh6! ergibt Vorteil für Schwarz,
z.B. 26. Db7: [oder 26. Le7: Le3+ 27. Kh2
Td7 28. Lc5 Th7+] 26. ... Le3+ 27. Kh1 g5
28. Lg3 Se5:!, eine Analyse von Dlugy.

25. ...   De6−f7
26. Sf4×g6

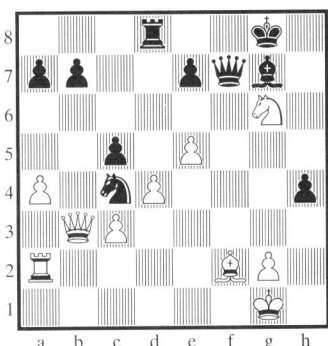

26. ...   Df7×g6

4 Minuten Bedenkzeit. Könnte sich
Schwarz durch **26. ... Se5!?** ins Endspiel
retten?
Nach 27. Df7:+ [27. Se7:+ Kf8 28. Df7:+
Kf7: 29. Lh4:!? (aber nicht 29. de5:?
Td1+ 30. Kh2 Le5:+ 31. Kh3 Ke7: 32.
Lc5: Ke6 33. La7:? Kf5!) bringt nichts
wegen 29. ... Sg4!] 27. ... Sf7: 28. Se7:+
Kh7 29. Sf5 Lf6 30. dc5: Td1+ 31. Kh2
Le5+ 32. Kh3 steht Weiß etwas besser
und kann, laut Saitzew, noch auf Ge-
winn spielen.

27. Db3×c4+ Kg8−h8
28. Ta2−b2!

Nach **28. Lh4:** gibt Saitzew 28. ... Db1+
29. Kh2 cd4: 30. cd4: De4 31. Lg3 Dd4:
32. Dd4: Td4: 33. a5 mit Ausgleich an.

28. ...   c5×d4!?

6 Minuten, es verbleiben noch 15.

„Kasparow ärgerte sich, nicht **28. ... h3!** gespielt zu haben", schrieb das Bulletin. Nach **29. Df1!** [aber nicht 29. g3? wegen 29. ... Le5:! 30. Df1 (30. de5:? Td1+ 31. Kh2 Th1+! 32. Kh1: Dc6+) 30. ... cd4: 31. Dh3:+ Kg8 mit Vorteil für Schwarz] ergibt sich eine kritische Position.

Analysediagramm (nach 29. Df1!)

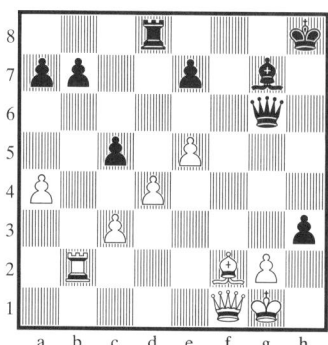

Und nun:

(I) **29. ... Le5:?** 30. de5: Td1+ [Saitzew gibt dazu 30. ... hg2: 31. De2! Tg8 32. e6 Dh6 33. De5+ Tg7 34. Dh2 an] 31. Le1 und Weiß gewinnt;

(II) **29. ... Tf8** 30. g3 Dg4 [nichts bringt 30. ... h2+ 31. Kh2: Tf5 32. Kg1 Th5 33. Te2] 31. Kh2 Tf5 32. De2 De2: 33. Te2: Tf3 34. Tc2 cd4: 35. cd4: Ta3 36. Kh3: Ta4: 37. Tc7 und die schwarze Lage ist kritisch;

(III) **29. ... hg2:** 30. Dg2: Dg2:+ 31. Kg2: b6 32. Kf3! cd4: 33. cd4: Td5 34. Ke4 Ta5 35. Tc2 mit klarem Vorteil für Weiß

(IV) **29. ... De4!** Meiner Meinung nach die einzige Möglichkeit mit der Idee 30. g3? Le5:! 31. Dh3:+ Kg7 oder 30. gh3:? Tg8. **30. Te2! hg2:! 31. Te4: gf1:D+ 32. Kf1: cd4: 33. cd4: Td5** führt zum Ausgleich.

29. c3×d4   Dg6–g4

Mit der Idee 30. ... Le5:; nun wäre 29. ... h3 30. Df1 De4 nicht so gut wegen 31. Tb3!

30. Dc4–f7! Nach 30 De2 Td4:! 31. Ld4: Dd4:+ 32. Kh1 [32. Df2 Dd1+] 32. ... Le5: hat Schwarz keine Probleme.

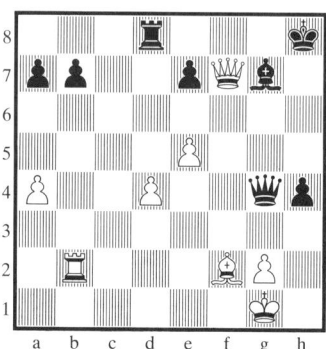

30. ...   Td8×d4? 8 Minuten, noch 7 verbleiben Kasparow. War das Qualitätsopfer erzwungen? I. Saitzew gibt **30. ... Lh6!** an mit der Idee **31. De7: Dd1+ 32. Kh2 Lf4+ 33. Kh3 Lg5!** 34. Db7: [34. Dg5: Dh1+ 35. Kg4 Tg8] 34. ... Dh1+ 35. Kg4 Tg8 36. Kf5 h3 [oder 36. ... Dc1!?] 37. g3 Dd1 mit schwarzer Initiative; Weiß mußte 33. g3! Lg3:+! [33. ... hg3:+ 34. Kg2] 34. Lg3: hg3:+ 35. Kg2 Dd4: 36. Df6+ Kg8 37. Kh3!? Db2:! 38. Dd8:+ mit Ausgleich spielen.

Auch nach **30. ... h3?** 31. Df3 Td4: 32. Ld4: Dd4:+ 33. Tf2! hat Schwarz keine Kompensation.

31. Lf2×d4   Dg4×d4+ Etwas besser sieht **31. ... Dd1+ 32. Kh2 Dd4: 33. Dh5+ Kg8** aus. I. Saitzew gibt weiter an: 34. Te2 Df4+ 35. Kg1 Dc1+ 36. Kf2 Df4+ 37. Df3 Dd4+ 38. Kf1 Le5: mit gleichen Chancen, aber Weiß kann **34. Tb3! Le5:+ 35. Kh3** spielen mit gewonnener Stellung.

| 32. | Tb2–f2 | Dd4×e5 |
| 33. | Tf2–f5? | |

Nur 2 Minuten; Karpow hat noch 25 Minuten!

Nach 33. Df4! hatte Schwarz keine Chancen, aber „Karpow spielt auf Mattdrohungen, die sich als Fata Morgana erweisen" schrieb L. Pachmann.

33.	...	De5–e1+
34.	Tf5–f1	De1–e5
35.	Kg1–h1?	

Richtig war 35. Df4 Dc5+! 36. Kh1 Lf6 37. Db8+ Kg7 38. Db7: Dc4 39. Db5 mit Vorteil.

35.	...	b7–b6
36.	Df7–f4	De5–h5!
37.	Df4–f5	

Nach 37. Db8+ Kh7 38. Da7: h3 [oder 38. ... De2!?] 39. De7: hg2:+ 40. Kg2: Dg4+ 41. Kh2 Da4:! kann Weiß nicht mehr gewinnen; aber möglich war **37. Tf3! Lf6 38. Db8+ Kg7 39. Da7: Dc5 40. Da6.**

| 37. | ... | Dh5–e2 |
| 38. | Tf1–c1? | |

Richtig war **38. Dc8+!** Kh7 39. Tc1! [mit der Idee Dc2+] Dh5 40. Dc2+ Kh8 41. Dd1! und Weiß gewinnt leicht.

38.	...	Lg7–f6!
39.	Df5–g6	De2–e6
40.	Tc1–d1	De6–c8
41.	Td1–f1	Dc8–d7

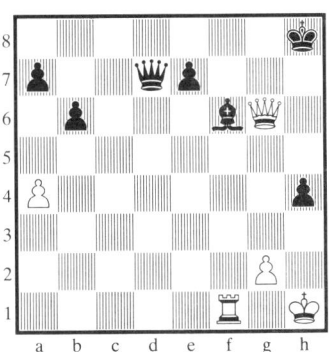

| 42. | Dg6–h5+ | |

Das war der Abgabezug. Weiß kann noch den Damentausch erzwingen, aber nun kommt der schwarze König zur rechten Zeit, um den Damenflügel zu verteidigen.

42.	...	Kh8–g7
43.	Tf1–f4	Dd7–d2
44.	Tf4–g4+	Kg7–f8
45.	Dh5–f5	Dd2–c1+
46.	Kh1–h2	Dc1–c7+
47.	Df5–f4	

Nach **47. Kh3** mit der Idee den König in den Angriff zu bringen [Kh3-g4-h5] gibt l.Saitzew 47. ... Dc1 48. Tf4 Kg7! 49. Kg4 Dd1+ 50. Tf3 h3! 51. gh3: Da4:+ mit Ausgleich an.

| 47. | ... | Dc7×f4+ |
| 48. | Tg4×f4 | |

Jetzt muß Weiß versuchen:

1) den Abtausch des a-Bauern zu vermeiden;
2) eine Zugzwangstellung zu erreichen, um den schwarzen h-Bauern zu gewinnen.

48.	...	Kf8–e8
49.	Kh1–g1!	a7–a6
50.	Kg1–f2	Ke8–d7
51.	Kf2–e2	Kd7–d6
52.	Ke2–d3	Kd6–c5
53.	Tf4–c4+	Kc5–d5
54.	Tc4–c7	a6–a5
55.	Tc7–c4	

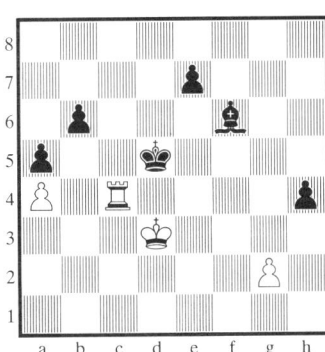

55. ...　　e7−e5!?

Passive Verteidigung nach **55. ... Lg5**
56. Te4 Lf6 57. Tg4 Kc5 58. Tf4! führt
zum Zugzwang: 58. ... Kd5 59. Tf5+ Kc6
60. Kc4 und Weiß gewinnt.

56. Tc4−g4　　Lf6−e7
57. Tg4−g7?

Der letzte und entscheidende Fehler.
Laut S. Makaritschew könnte Weiß
durch 57. Tg6! Lc5 58. Th6 e4+ 59. Ke2
ein Tempo und die Partie gewinnen.

57. ...　　e5−e4+
58. Kd3−e3

Oder 58. Ke2 Lf6 59. Tg6 Ld4.

58. ...　　Le7−c5+
59. Ke3−e2　　Lc5−d4
60. Tg7−g5+

Nach 60. Th7 Kc4 61. Th4: b5! 62. ab5:
a4 gewinnt Weiß nicht mehr.

60. ...　　Kd5−c4
61. Tg5−f5!?　　Kc4−c3!

Aber nicht 61. ... Kb4? 62. Tf4! b5
63. Te4: Kc3 64. ab5: a4 65. Td4: Kd4:
66. b6 a3 67. b7 a2 68. b8D a1D
69. Dh8+ +−.

62. Tf5−h5　　Kc3−c4
63. Th5−f5　　Kc4−c3
64. Tf5−g5　　Kc3−c4
65. Tg5−h5　　Ld4−f6
66. Th5−b5　　Lf6−d4
67. Tb5−h5　　Ld4−f6
68. Th5−h6　　Lf6−d4
69. Th6×h4　　b6−b5!
70. a4×b5　　a5−a4
71. Th4×e4　　a4−a3
72. b5−b6　　a3−a2
73. Te4×d4+　　Kc4×d4
74. b6−b7　　a2−a1D
75. b7−b8D　　Da1−a6
76. Ke2−f2　　Da6−f6
77. Kf2−g1　　Kd4−e4
78. Db8−b4+　　Ke4−f5
79. Db4−e1　　Df6−d4+

Remis.

9. Partie · 4. November 1987
Karpow − Kasparow
1. d2−d4　　Sg8−f6
2. c2−c4　　g7−g6
3. Sb1−c3　　d7−d5
4. c4×d5　　Sf6×d5
5. e2−e4　　Sd5×c3
6. b2×c3　　Lf8−g7
7. Lf1−c4　　c7−c5
8. Sg1−e2　　Sb8−c6
9. Lc1−e3　　0−0
10. 0−0　　Lc8−g4
11. f2−f3　　Sc6−a5
12. Lc4×f7+!　　Tf8×f7
13. f3×g4　　Tf8×f1+
14. Kg1×f1　　c5×d4

Nach 8 Minuten. Stefan Kindermann
gab zu: „Eine gewisse Ironie schwingt
mit, weil gerade die Unterlassung die-
ses Abtausches bisher von Experten
als besondere Feinheit gepriesen
wurde.“

15. c3×d4

15. Ld4: sieht unlogisch aus, z.B.
15. ... e5 16. Lf2 Dc8! 17. h3 Dc4 mit
Vorteil für Schwarz.

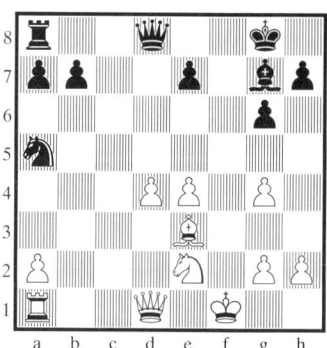

15. ...　　Dd8−b6!?

Ein neuer Versuch.
Andere Möglichkeiten sind:
15. ... e5　(I) und
15. ... Dd7　(II).

(I)
15. ... e5 Eine Idee von L. Pachmann.
16. d5 [Auch 16. Tc1!? ed4: 17. Sd4:
sieht nicht schlecht für Weiß aus]
16. ... Sc4 17. Lf2 Lh6 18. Dd3 mit bes-
serer Stellung für Weiß.

(II) 15. ... Dd7 16. h3!
16. Kg1 Dg4: 17. Dd3 bringt nichts we-
gen 17. ... Tf8 18. Tf1 Tf1:+ 19. Kf1: Dc8
20. d5 Dc4. Nach 16. g5 kann Schwarz
das Feld g4 nutzen, z.B.: 16. ... Td8
17. Kg1 Kh8!? [mit der Idee 18. ... Sc4
19. Lf2 Dg4] 18. Dd3 Sc6 19. Td1 Sd4:!
20. Sd4: e5.
16. ... De6!?
Sinnlos ist nun 16. ... Td8 17. Kg1 e6
18. Tc1 Sc6 19. Lg5!.
Interessanter sieht 16. ... b5!? aus, aber
nach 17. Kg1 [aber nicht 17. Dd3?! Sc4
18. Tb1? Tf8 19. Lf2 Ld4:! 20. Td1 Lf2:!
und Schwarz gewann, Korzow – Ble-
chin, UdSSR 1986, oder 17. Lf2 Tf8!
(17. ... Sc4? 18. Sg1! nebst Sf3) 18. g5
De6 mit der Idee Df7] 17. ... Sc4 18. Lf2
steht Weiß besser.
17. Dd3 Dc4
Nach 17. ... Sc4 spielt Weiß 18. Kg1!
[aber nicht 18. Lf2?! Lh6! 19. Kg1 Tf8].
18. Dc4:+!
Besser als 18. Dd2 Da6! mit der Idee Sb3.

Analysediagramm nach (18. ... Da6!)

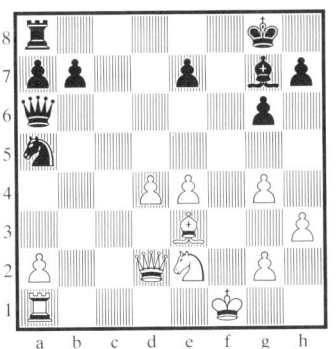

Diese Stellung wurde erprobt in der Par-
tie Spasski – Kortschnoi, UdSSR
1955(!). Dort folgte: 19. Dc2 Sc4 20. Db3
Kh8 21. Kg1 Sd2?! [besser war 21. ... Tf8!]
22. Ld2: De2: 23. Le3 Tf8 24. e5 b5
25. Tc1 [Richtig war 25. Kh1! Tc8 26. Lg1
Tc2 27. Df3] 25. ... a5 26. Lg5? [26. a3!]
26. ... h6? [26. ... Df2+ 27. Kh1 Dd4:
28. Le7: Le5: mit Ausgleich] 27. Le7: a4
28. Dd1 De3+ 29. Kh1 Tf2 30. Dg1! Df4
31. a3 und Weiß gewann [Anmerkungen
nach G. Fridstein]. Dazu ein neues Bei-
spiel: In der Partie Schroer – Kudrin,
Bermuda open, 1989, geschah 20. Lf2
Tf8 21. Kg1 Lh6 22. h4 Sd2 23. Sc3 Tf2:!
24. Kf2: Df6+ 25. Kg3 Le3! 26. Dd3 Dd4:
27. Db5 Lf4+! 28. Kf4: Df2+ 29. Ke5
Df6+ 30. Kd5 Dd6 Matt.
18. ... Sc4: 19. Lg5!?
Sehr gut ist auch das sofortige 19. Lc1!?.
19. ... h6
Laut Enzyklopädie hat Schwarz gute
Kompensation nach 19. ... e6 20. Td1
[warum nicht 20. Tb1!] 20. ...b5 21. e5
[gut genug sieht 21. d5 h6 22. Lc1 ed5:
23. Td5: aus] 21. ...h6 22. Lc1 g5 23. Sc3
b4 24. Se4, was schwer zu glauben ist.
20. Lc1!
Aber nicht 20. Le7:?! Te8 21. Lb4 [21. Lh4
Sd2+] 21. ... Te4: 22. Tc1 b5 und Schwarz
ist okay.
20. ... e5
Oder 20. ... Tc8 21. Ib1!
21. d5 Lf8
Auch 21. ... Sd6 22. Sc3! Tc8 23. Ld2 ist
gut für Weiß.
22. Tb1 b6 23. Sc3 Lc5 24. Ke2
mit klarem Vorteil für Weiß.

Nun zurück zur 9. Partie.
16. Kf1–g1!
Die Idee von 15. ... Db6 war zu sehen
nach **16. Dd3?! Tf8+ 17. Kg1 Db2!** oder
16. h3?! Sc4 17. Lf2 Db2! 18. Kg1 Tf8
19. Tb1?! Da2: 20. Tb7: Lh6! mit Initia-
tive für Schwarz.

16. ... Db6−e6

Nun kann Weiß nach 16. ... Sc4 17. Lf2 Db2 die Fortsetzung 18. Sf4! Tf8 19. Sd3 spielen.

17. Dd1−d3!

1 Minute! Weiß will den g4-Bauern zurückgeben, um einen Positionsvorteil zu erreichen.

Karpows Zug ist viel stärker als **17. Sg3?!** Td8 18. Tc1 [oder 18. Tb1 Ld4: 19. Ld4: Sc6 20. Se2 Sd4: 21. Sd4: Dc4] 18. ...Db6 19. Se2 Sc6 20. Tb1 Sd4:! 21. Tb6: Sf3+ 22. Kf2 Td1: 23. Tb7: Sh2: 24. g5 Sg4+ 25. Kf3 Se5+ mit Remis, Alfejevski − Werner, Fernschach 1984.

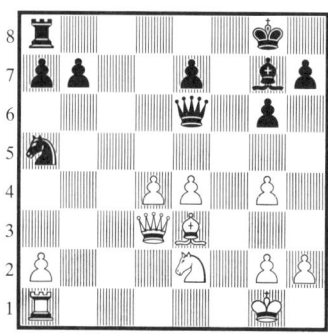

17. ... De6×g4

Andere Möglichkeiten sind:
17. ... Dc4 (I) und
17. ... Td8 (II).

(I)
17. ... Dc4 18. Dd2!?

Das Endspiel nach 18. Dc4:+!? Sc4: 19. Lf2 e5 [durch Zugumstellung] versucht Kasparow in der 11. Partie zu spielen.

18. ... Da6 19. Dc2 Sc4

19. ... Dc4 20. Tc1!

20. Lf2 Lf8

Oder 20. ... Lh6 21. h4!

21. g5 mit Vorteil für Weiß.

(II)
17. ... Td8 18. g5!

Nur Zeitverlust wäre 18. h3?! wegen 18. ... Dc4! 19. Dc4:+ Sc4: 20. Lf2 e5 21. d5 Lh6 22. h4 [22. a4 Sd6!] 22. ... Ld2 23. a4 Sd6! [Tschernin gibt 23. ... b6?! 24. Ta2 La5 25. Tc2 mit Vorteil für Weiß an] mit gutem Endspiel für Schwarz.

18. ... Sc4 19. Lf2

Laut M. Gurewitsch bringt 19. Sf4 Df7 20. Sd5 Se3: 21. De3: e6 22. Tf1 Dd7 nichts.

19. ... b5 20. h3! mit besseren Chancen für Weiß.

In der Partie Tschernin − Malischauskas, Lwow 1987, folgte 20. a4?! [noch ungerechtfertigte Aktivität] 20. ... ba4:! 21. Sf4 Df7 22. Sd5 Tf8! 23. Lg3 Sb6 24. h4!? [nach 24. Sb6: kann Schwarz 24. ... Db3! spielen, z.B. 25. Db3:+ ab3: 26. e5 ab6: 27. Tb1 Td8 28. Tb3: (28. Lf2 Tc8!) Td4: 29. Tb6: Te4 30. Tb5 Kf7 mit Ausgleich, M. Gurewitsch] 24. ... Sd5: 25. ed5: Dd5: 26. Ta4: e5 27. Kh2 ed4: 28. Ta7: Le5: 29. Le5: De5:+ 30. Dg3 mit Remis.

18. Ta1−f1!

4 Minuten; schwächer wäre 18. Tc1 Tc8!.

18. ... Ta8−c8

8 Minuten; die Türme zu tauschen wäre nach 18. ... Tf8?!+ 19. Tf8: Lf8: [oder 19. ... Kf8:] 20. d5 b6 21. Sd4 ungünstig für Schwarz.

19. h2−h3!

13 Minuten; 19. d5 Sc4 20. Ld4 wäre zu früh wegen 20. ... Se5 21. Le5: Le5: 22. h3 Dg5!.

19. ... De6−d7
20. d4−d5 Sa5−c4
21. Le3−d4!

23 Minuten; 21. Sd4 Se3: 22. De3: erlaubt 22. ... Tc4! 23. Se6 De6: 24. de6: Ld4 25. Dd4: Td4: 26. Tf7 Te4: 27. Te7: b5 mit remislichem Endspiel.

21. ... e7−e5!?

Eine schwere Entscheidung nach 34 Minuten. **21. ... Se5 22. Le5:!** [aber nicht 22. Dg3 Dd6 23. Kh1 Tc4] **22. ... Le5: 23. Sd4** kann nicht gefallen, z.B.: 23. ... Ld4:+ 24. Dd4: b6 25. e5 Dc7 26. Dg4!, T. Georgadse.

22.	**d5×e6**	**Dd7×e6**
23.	**Ld4×g7**	**Kg8×g7**
24.	**Se2–f4**	**De6–d6!?**

Besser als 24. ... Db6+ 25. Kh1 Se5 26. Dg3.

    25. Dd3–c3+

Analysediagramm (nach 26. Sd3!)

Nun muß Schwarz etwas gegen Sd3–f2–g4 unternehmen, laut S. Makaritschew sollte Weiß nach 26. ... Sb6 27. Dd2+ Kg7 28. Db2+ Kg8 29. Db3+ Kh8 30. Tf7 gewinnen.

26.	**...**	**Dd6–e5**
27.	**Dc3–d3**	

Nach 8 Minuten; die andere Möglichkeit war 27. De1.

Laut I. Saitzew bringt **27. Db4** nichts wegen **27. ... De4:!** [aber nicht 27. ... Sd6 28. Se3!] 28. Sf6 a5!, z.B. 29. Db5 Dd4+ 30. Kh1 Se3 31. Db7: Sf1: 32. Sg4+ Kg5 33. De7+ Kf4 34. Df7+ Kg3 35. Df1: h5 36. Df3+ Kh4 37. g3+ Kh3: 38. Sf2+ Df2:! 39. Df2: Tc1+ und Schwarz(!) gewinnt.

27.	**...**	**Kh6–g7!**
28.	**Sd5–f6**	**De5–d6!**

Weiß steht noch etwas besser, weil die Lage des schwarzen Königs nicht sicher ist; aber es gibt keinen direkten Weg zur Verstärkung der Initiative.

Karpow hat noch 50 Minuten Bedenkzeit; Kasparow 1 Stunde – diesmal kommt Zeitnot also nicht in Frage.

29.	**Dd3–c3**	**Dd6–e5**
30.	**Dc3–d3**	**De5–d6**
31.	**Dd3–c3**	**Dd6–e5**
32.	**Dc3–b3!?**	**Tc8–c7!**

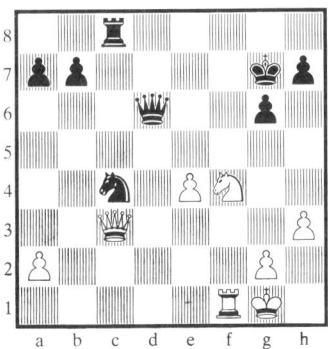

    25. ...   **Kg7–h6!**

Der einzige Zug!

25. ... De5? verliert wegen 26. Se6+! Kh6 [26. ... Kg8 27. Dc4: Tc4: 28. Tf8∓] 27. Dc1+ g5 28. Tf5; nach **25. ... Kg8** 26. Sd5 Sb6 27. Sf6+ Kh8 28. Db2 Dc5 29. Kh2 Dc3 30. Se8! Sd7 [30. ... Db2:? 31. Tf8matt] 31. Dc3: Tc3: 32. Tf7 ergibt sich ein für Weiß gewonnenes Endspiel.

    26. Sf4–d5?

Erlaubt Kasparow sich zu retten. Richtig war 26. Sd3!

Schlecht wäre 32. ... b6? 33. Da4! oder
32. ... Sd6? 33. Sd7!.

33. Df3–d3

Weiß hat 33. ... Dd6?? wegen 34. Se8+
verhindert und will nun 34. Dd8! spielen.

33.	...	Tc7–f7!
34.	Dd3×c4	Tf7×f6
35.	Tf1–d1	

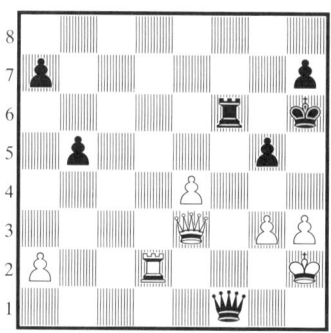

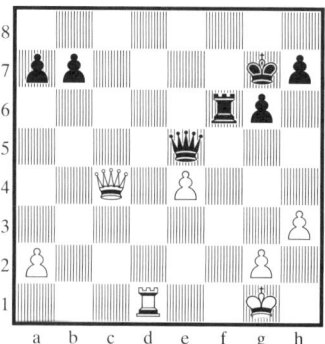

35. ...   **b7–b5?**

7 Minuten; will Schwarz auf Gewinn
spielen?
Richtig war **35. ... Te6!** [35. ... Tf7 36.
Td5!] mit Ausgleich, z.B. 36. Td7+ Te7
37. Te7:+ De7: 38. Dd4+ Kf7 39. Da7:
De4:.

36.	Td1–d7+	Kg7–h6
37.	Dc4–e2	

Nun steht Weiß wieder etwas besser.

37.	...	De5–c5+
38.	Kg1–h2	Dc5–e5+
39.	g2–g3	De5–c3
40.	Kh2–g2	Dc3–c4
41.	De2–e3+!	g6–g5
42.	Td7–d2	Dc4–f1+
43.	Kg2–h2	

Die Abbruchstellung.

43.	...	Df1–f3
44.	De3–d4	Tf6–e6
45.	e4–e5	Df3–f5
46.	Td2–e2	a7–a5!

Eine aktive Verteidigung! I. Saitzew gibt
46. ... Df7 47. Tc2 Df5 48. Tc5 Df3
49. Dd2 De4 50. Df2 Kg6 51. Tc7 mit
Vorteil an.

47. Dd4–d5

Die Pointe ist – das Endspiel nach
47. Kg2 b4 48. g4 Df4! [aber nicht
48. ... Df7 49. Dd5 a4 50. Tf2 De7 51. Tf5
b3 52. ab3: ab3: 53. h4! mit Angriff]
49. Df4: gf4: 50. Kf3 a4 51. Kf4: b3
52. ab3: ab3: 53. Kf5 Tb6 54. Tb2 Kg7
55. g5 Kf7 56. h4 Kg7 57. h5 Kf7 kann
Weiß nicht gewinnen.

47.	...	b5–b4
48.	Dd5×a5	Df3–d3
49.	Te2–g2!	Dd3–d4
50.	Da5–a8	

I. Saitzew gibt 50. Da4 Te5: 51. a3 Te1
52. ab4: Tb1 53. Da6+ Kg7 54. Da5 h6
55. Dc7+ Kh8 56. Dc2 Tb4: 57. Td2 Tc4
58. Da2 Ta4 mit Ausgleich an.

50.	...	Dd4×e5
51.	Da8–f8+	Kh6–g6
52.	Df8×b4	h7–h5
53.	h3–h4	

Der letzte Versuch auf Gewinn zu spielen könnte 53. a4 h4 54. Df4! sein [eine schöne Idee von I. Saitzew], aber A. Karpow gibt dazu an 54. ... hg3:+! 55. Dg3: Kh5! 56. Ta2 Dg3:+ 57. Kg3: Te3+ 58. Kg2 Kh4 59. a5 g4 mit Remis.

53.	...	g5×h4
54.	Db4×h4	Te6−d6
55.	Dh4−c4	Td6−d4
56.	Dc4−c6+	Kg6−g7
57.	Dc6−b7+	Kg7−h6
58.	Db7−c6+	Kh6−g7
59.	Tg2−c2	Td4−h4+
60.	Kh2−g2	De5−e4+!

Das Turmendspiel ist Remis; nun gibt es noch eine kleine „Kraftdemonstration".

61.	Dc6×e4	Th4×e4
62.	Tc2−c7+	Kg7−g6
63.	Tc7−a7	Te4−e3
64.	Kg2−h3	Te3−c3
65.	Ta7−a8	Tc3−c4
66.	a2−a4	Kg6−g5
67.	a4−a5	Tc4−a4
68.	a5−a6	Kg5−h6
69.	Kh3−g2	Ta4−a3
70.	Kg2−f2	Kh6−g7
Remis		

11. Partie · 9. November 1987
Karpow − Kasparow

1.	d2−d4	Sg8−f6
2.	c2−c4	g7−g6
3.	Sb1−c3	d7−d5
4.	c4×d5	Sf6×d5
5.	e2−e4	Sd5×c3
6.	b2×c3	Lf8−g7
7.	Lf1−c4	c7−c5
8.	Sg1−e2	Sb8−c6
9.	Lc1−e3	0−0

10.	0−0	Lc8−g4
11.	f2−f3	Sc6−a5
12.	Lc4×f7+	Tf8×f7
13.	f3×g4	Tf7×f1+
14.	Kg1×f1	Dd8−d6

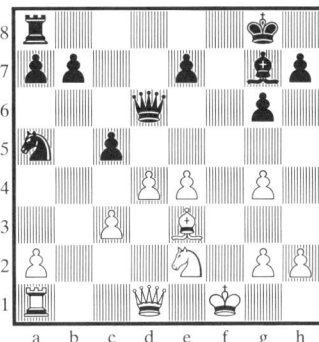

15. Kf1−g1?!

Karpow, überzeugt von seiner Eröffnungsstrategie in der 9. Partie, ändert seine strategische Konzeption. Statt mit 15. e5! den Läufer g7 einzuengen, will er nach 15. ... De6 den g4-Bauern zurückgeben und 16. Dd3 cd4: 17. cd4: Dg4: 18. Tf1 spielen.

15. ... Dd6−e6

15. ... Td8!? sieht nicht schlecht aus. In der Partie Polaijer − Anka, Dortmund 1988, folgte 16. Da4 [oder 16. Dc2 Sc4 17. Db3 b5!] 16. ... Da6! 17. Te1 Dd3 18. Lf2 Sc4 19. Db5 Tf8 20. Db1 Dd2 21. Db3 b5 22. Db5: Se3 23. h3 und nun war 23. ... Lh6! mit Vorteil für Schwarz sehr stark.
Aber nach **16. Dd3! De6 17. g5!** steht Weiß besser.

16. Dd1−d3 De6−c4!
17. Dd3×c4+

Nichts bringt 17. Dd2 wegen 17. ... De6.

17. ... Sa5×c4
18. Le3−f2

Der andere Weg wäre 18. Lg5!?.

173

Analysediagramm (nach 18. Lg5!?)

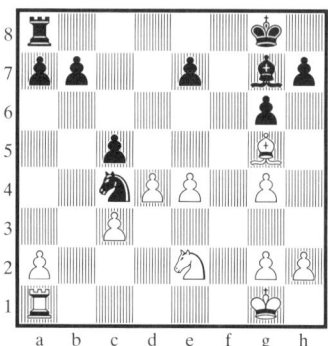

Schwarz hat drei Möglichkeiten:
18. ... h6 (I);
18. ... e5 (II) und
18. ... cd4:! (III).

(I) 18. ... h6
Wir folgen der Partie Seirawan – Lputjan, St. John Open-Turnier, 1988.
19. Le7: cd4:
Kritisch wäre 19. ... Te8 20. Lc5:! b6 21. Lb6: ab6: 22. e5

Analysediagamm (nach 22. e5)

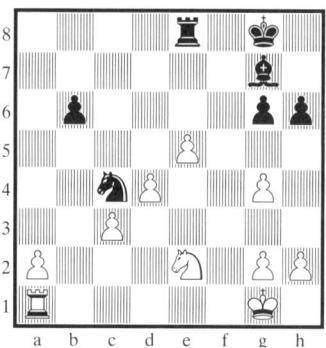

Aber nach Meinung von Seirawan/ Lputjan steht Weiß mit vier Bauern für den Läufer besser.
Ich glaube, sie haben Recht.

In einer Blitzpartie Seirawan – Kasparow, 1988, hat Weiß gewonnen nach **22. ... Ta8 23. Kf2 Lf8** 24. Kf3 La3 25. Ke4 Lb2 26. Th1 Ta2: 27. h4, aber **24. Sg3! La3 25. Ke2! Lb2 26. Tb1 Ta2: 27. Kd3 b5 28. Se4 nebst Tf1** sieht logischer aus.
Drei Monate später spielte Lputjan diese Variante als Weißer [gegen K. Hansen, Dortmund, 1988], aber sein Gegner wählte einen anderen Weg.
20. cd4: Te8 21. Tc1! Sa5
21. ... Te7: 22. Tc4: Te4: 23. Kf2 Tg4: 24. Tc8+ Kh7 25. Tc7 h5 26. Tb7: sieht nicht besser aus.
22. Tc7 Sc6 23. Lc5 Te4: 24. Kf2! Ld4:+
Oder 24. ... Sd4: 25. Tg7:! Kg7: 26. Ld4: Kf7 27. Kf3 Te6 28. La7: Ta6 29. Le3 Ta2: 30. Lh6: b5 31. Sc1, S. Lputjan.
25. Sd4: Sd4: 26. Tb7: Sc6 27. h3
mit klarem Vorteil für Weiß [58, 1:0].

(II) 18. ...e5 19. d5 b5
19. ... b6 20. Sg3; und 19. ... h6 20. Lc1 gibt Weiß Spiel gegen das Feld f5 mittels h2–h4–h5.
20. Tb1! Tb8
S. Lputjan erwähnt 20. ... a6 21. a4! ba4: 22. Ta1 Sb6 23. Sg3 mit der Idee Sg3–f1–d2 und Vorteil für Weiß.
21. a4!
In der Partie Lputjan – K. Hansen, Dortmund 1988, folgte 21. Kf2?! a5 22. Sc1 h6 23. Le3 und hier verpaßte Schwarz die Möglichkeit 23. ... Sd6! 24. Kf3 Tf8+ 25. Ke2 c4 26. Ke1 Se4: 27. Tb5: Sc3: 28. Ta5: Td8 mit Ausgleich, laut Lputjan.
21. ... b4 22. cb4: cb4:
22. ... Tb4: 23. Sc3 Sd6 24. Te1 mit der Idee Le7.
23. Sc1 Lf8 24. Sb3 Sd6 25. Sd2 b3 26. Le3 a6 27. Kf1! Tb4
Oder 27. ... b2 28. Ke2.
28. Lc5 Ta4: 29. Ld6: Ld6: 30. Tb3: mit Vorteil für Weiß, Analyse von Lputjan.

(III) 18. ... cd4: 19. cd4: e5! 20. Tc1

Nach 20. d5 gibt Hort 20. ... Sd6 21. Sg3
Tc8 an, aber auch 20. ... Lf8!? sieht gut
aus.

20. ... b5 21. de5:

21. d5 Lf8! mit guter Kompensation für
den Bauern.

21. ... Le5: 22. Td1 Te8! mit Ausgleich.
In der Partie Seirawan – Hort, Lugano
1988 folgte 22. ... Tc8?! 23. Lf4! Lg7
24. Td5 a6 25. Kf2 Te8 26. Kf3 Kf7
27. h4! Se5+! 28. Le5: Te5: 29. Td3! b4!
30. Sf4 Ta5 31. Td7+ Kg8 32. Td8+ Kf7
33. Td7+ Kg8 34. Sd5 mit etwas besse-
ren Chancen für Weiß.

Zurück zur 11. Partie:

18. ... c5×d4?!

Meiner Meinung nach die korrekte Ant-
wort war 18. ... e5!

Analysediagramm nach 18. ... e5!

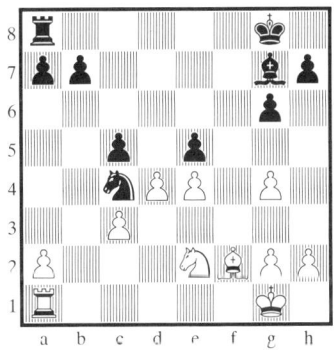

Nach **19. dc5:** [oder 19. d5 b6 20. g5 Tf8]
19. ... Td8 20. g5 Lf8 erhält Schwarz
ausreichendes Gegenspiel.
Nun gerät Kasparow unter Druck.

19. c3×d4 e7–e5

19. ... b5 20. Tb1! sieht gut für Weiß aus.

20. d4–d5

20. Tc1 Sd6 21. de5: Le5: bringt nichts.

20. ... Lg7–h6!
21. h2–h4 Lh6–d2

22. Ta1–d1!

Verhindert 22. ... Sd6 23. Sg3 Lf4.

22. ... Ld2–a5!?

29 Minuten. Nach 22. ... b5 war 23. Sc1!
[mit der Idee Sb3] sehr stark.

Analysediagramm (nach 23. Sc1!)

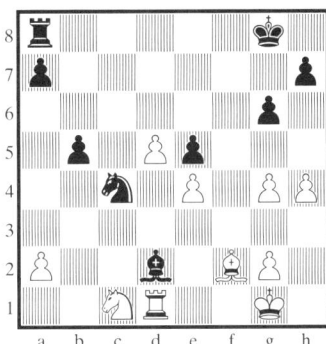

Wir folgen einer Analyse von H. Wirthen-
sohn:

23. ... a5 [oder 23. ... Lc1: 24. Tc1: Sd6
25. Te1 a6 26. Lg3 Te8 27. Kf2] **24. Sb3
Lb4** [24. ... Lc3 25. d6 a4 26. d7 Td8
27. Sc5 Sb6 28. Td6] **25. Lc5 Lc5:
26. Sc5: Tc8** [26. ... Sd6 27. Sd7 Se4:
28. Se5: Sd6 29. Tc1] **27. Sb7 Tc7
28. d6 Td7 29. Td5 Sb6 30. Sc5** und
Weiß gewinnt.

23. Td1–c1 h7–h5

20 Minuten. GM M. Taimanow schrieb,
Schwarz mußte ohne b7–b5 auskom-
men [das Feld c6!].
Aber **23. ... Sd6 24. Sg3 Lb6 25. Lb6:
ab6: 26. Tc7 Ta4** reicht nicht aus wegen
27. Te7 Se4: 28. Se4: Te4: 29. d6 Kf8
30. Th7: Ke8 31. h5 mit gewonnenem
Endspiel.

24. Tc1–c2 Sc4–d6
25. Se2–g3 Sd6–c4
26. Sg3–f1 Sc4–d6

15 Minuten; Kasparow muß abwarten;
er spielt nicht **26. ... a6**, um den Turm a8

ins Spiel zu bringen, weil er sich die Möglichkeit Lb6 ofenhalten will.
Auf sofort **26. ... Lb6?!** folgt **27. a4! Lf2:+ 28. Kf2: Sd6 29. Sd2** mit Vorteil.

27. Sf1–g3   Sd6–c4
28. g4–g5!

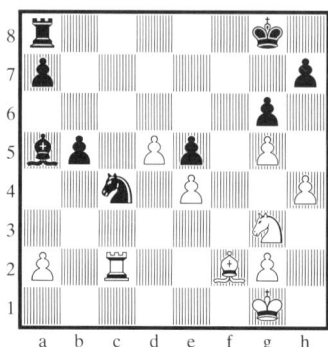

28. ...   Kg8–f7!!

„Das Endspiel hat Remischarakter... In Zeitnot macht Schwarz nutzlose Züge mit seinem König..." schrieb S. Gligorić in seinen Kommentaren.
Kasparow verbrauchte 38 Minuten [von den 79] für diesen genialen Zug.
Hatte Schwarz besseres?
(I) 28. ... Lb6 29. a4! Sa3 30. Tb2! ba4: 31. Ta2 mit Vorteil.
(II) 28. ... a6 29. Sf1! und nun:
a) 29. ... Tc8 30. Se3 Sd6 31. Tc8:+ Sc8: 32. Sg4 Sd6 33. Sf6+ Kg7 34. Lc5;
b) 29. ... Tf8 30. Se3 Sd6 31. Tc6 Se4: 32. Sg4 Sf2: 33. Sf2: Tf4 34. Sd3 Td4 35. Se5: Td5: 36. Sg4;
c) 29. ... Sd6 30. Tc6! Se4: 31. Sg3 Sc3 32. d6! Kf7 [32. ... Sa2:? 33. d7 Td8 34. Ta6:] 33. d7 Td8 34. Lc5! Td7: 35. Tf6+ Kg8 36. h5 gh5: 37. Sh5: Td8 38. Ta6: Lc7 39. Sf6+ mit klarem Vorteil für Weiß in allen Varianten.

29. Sg3–f1   Sc4–d6

30. Sf1–g3
Die Idee von 28. ... Kf7 können wir nach nach 30. Tc6? Se4: 31. Sg3 Sc3 [32. d6? Ke6!] sehen.

30. ...   Sd6–c4
31. Kg1–f1!   Kf7–e7
V. Kortschnoi gibt hier **31. ... Lb6** 32. Lb6: [32. Ke2 Lf2: 33. Kf2: Ke7 nebst Tf8–f4] 32. ... ab6: 33. Ke2 Ta4 mit genügend Gegenspiel an, aber Weiß kann stärker fortsetzen: 32. a4! Sa3 33. Tb2 ba4: 34. Ta2 mit Vorteil.

32. Lf2–c5+   Ke7–f7

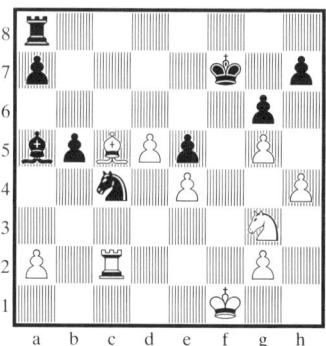

Eine kritische Postion, in der Karpow nicht die richtige Entscheidung trifft.
33. Tc2–f2+?!
Der korrekte Weg war **33. Ke2! Lb6** [Nach 33. ... a6 34. Sf1 Tc8 35. Lf2 Sd6 36. Tc8: Sc8: spielt Weiß 37. Lc5! Sb6 (37. ... Lb6 38. Lb4) 38. Se3] **34. a4 Lc5: 35. ab5: Tb8** und nun gibt Karpow **36. Kd3** [Ich glaube, daß auch 36. Tc4: Tb5: 37. Sf1 gut genug wäre] **36. ... Tb5: 37. Kc4: Tb7 38. Sf1 Sd6 39. Sd2** mit Gewinn an.
33. ...   Kf7–g7
34. Tf2–f6?!
Richtig war **34. Tc2.**
Nichts bringt **34. h5?!** wegen 34. ... Ld2! [oder 34. ... Lb6!?] 35. Le7 Lf4. Eine schöne Variante ergäbe sich nach

34. ... Tc8? 35. h6+ Kg8 36. Le7 Lb6
37. Tf6 Le3 38. Te6! Te8 39. Ke2 Lf4
40. Sf5! gf5: 41. ef5: und Schwarz hat
keine Verteidigung gegen die „Lawine"
von weißen Bauern.

34. ... La5−b6!

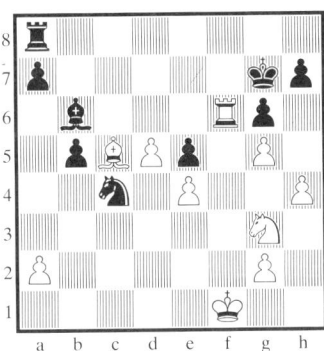

35. Tf6−c6??
1 Minute(!) und ein Fehler, der die Quali-
tät und die Partie verliert.
Richtig war **35. Le7!** [nach 35. Lf2 Tf8!
36. Lb6: Sb6: 37. Tf3 Sa4 38. Se2 Sc5
39. Sg3 Tf4 steht Schwarz etwas bes-
ser] **35. ... Te8 36. d6 Ld8 37. Ld8: Td8:
38. Te5 Td7** mit Ausgleich.

35.	**...**	**Sc4−a5!**
36.	**Lc7×b6**	**Sa5×c6**
37.	**Lb6−c7**	**Ta8−f8+**

Laut S. Makaritschew war **37. ... Tc8!**
38. Ld6 Td8 39. Lc5 Sa5 40. La7: Ta8
nebst Sc4 genauer.

38.	**Kf1−e2**	

38. Sf5+ gf5: 39. dc6: fe4:+ 40. Ke2 Tc8
41. Le5:+ Kg6 42. c7 a5 wäre hoff-
nungslos.

38.	**...**	**Tf8−f7**
39.	**Lc7−d6**	**Tf7−d7**
40.	**Ld6−c5**	**Sc6−a5**
41.	**Sg3−f1**	**Td7−c7!**

Das war der Abgabezug.
Laut Karpow hätte auch **41. ... Sc4** ge-
wonnen. Seine Analyse lautet: 42. Se3

Se3: 43. Ke3: Kf7 44. Kd3 a5 45. Lb6
Ke8 46. Lf2 Tc7 47. Lg3 Te4 48. Le5:
Ta4 49. Lf6 Ta3+ 50. Kd4 Ta2: 51. e5
Td2+ 52. Kc5 b4 53. e6 a4 54. Kb4: Td5:
55. Ka4: Td6 56. e7 Te6! 57. Kb4 Te7:.

42.	**Lc5−d6**	**Tc7−c2+**
43.	**Ke2−d3**	**Tc2×a2**
44.	**Sf1−e3**	**Kg7−f7**
45.	**Se3−g4**	**Sa5−c4**
46.	**Sg4×e5+**	**Sc4×e5**
47.	**Ld6×e5**	**b5−b4**
48.	**Le5−f6**	**b4−b3**
49.	**e4−e5**	**Ta2×g2**
50.	**e5−e6+**	**Kf7−f8**

Weiß gab auf.

13. Partie · 13. November 1987
Karpow − Kasparow

1.	**d2−d4**	**Sg8−f6**
2.	**c2−c4**	**g7−g6**
3.	**Sb1−c3**	**d7−d5**
4.	**Sg1−f3**	**Lf8−g7**
5.	**c4×d5**	**Sf6×d5**
6.	**e2−e4**	**Sd5×c3**
7.	**b2×c3**	**c7−c5**
8.	**Ta1−b1**	

Eine Überraschung! Zum ersten Mal
spielt Karpow diese Variante – eine Idee
von L. Schamkowitsch und früher Lieb-
lingsvariante von Kasparow.

8.	**...**	**0−0**
9.	**Lf1−e2**	**c5×d4**
10.	**c3×d4**	**Dd8−a5+**

Kasparow wählt eine moderne Verteidi-
gungsmethode, welche Adorjan emp-
fiehlt, und die V. Kortschnoi in einigen
Partien mit Erfolg spielte.

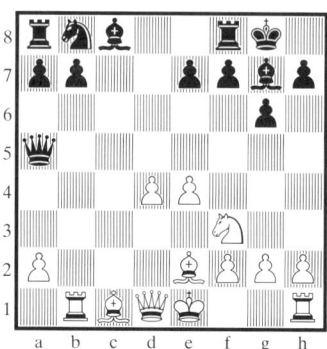

11. Dd1–d2

Eine solide Fortsetzung.
Eine kritische Position ergibt sich nach
11. Ld2 Da2: 12. 0–0! [laut Pribyl ist
12. d5?! e6 13. Lb4 Td8 14. Le7 Te8
15. d6 Sc6 16. Lb5 Ld7 17. 0–0 a6
18. Lc6: Lc6: 19. d7 Te7: 20. d8D+ Td8:
21. Dd8:+ Te8 günstig für Schwarz, der
mehr als ausreichende Kompensation
für die Qualität besitzt].

Analysediagramm nach 12. 0–0!

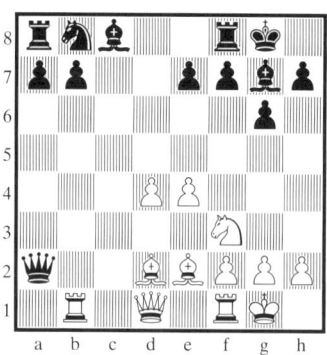

Wir untersuchen vier Möglichkeiten:
12. ... Sc6 (I);
12. ... Sd7 (II);
12. ... b6 (III) und
12. ... De6! (IV).

(I)
12. ... Sc6 13. d5 Se5 14. Sd4!
Nach 14. Se5: Le5: 15. Lb4 Ld7! 16. Le7:
La4 steht Schwarz nicht schlechter.
**14. ... Lg4 15. f3 Sc4 16. Lg5 Sd2
17. Ld2: Ld4:+ 18. Kh1**
mit besseren Chancen für Weiß, Ana-
lyse von V. Kortschnoi.

(II)
12. ... Sd7 13. Lb4
Nichts bringt 13. Ta1 De6 14. Db1 we-
gen 14. ... b6! [aber nicht 14. ... Db6?!
15. Dd3 Dd8 16. Tfc1 Sb6 17. h3 h6
18. Lf4 Le6 19. De3 Kh7 20. Lc7, Nemet
– Bichsel, Sivaplana, 1988] 15. Tfc1
Lb7.
13. ... Sb6!?
Eine Empfehlung von V. Kortschnoi.
In der Partie Short – Moraza, Schach-
olympiade 1986, geschah 13. ... De6?!
14. Dc2 Sb6 15. Lb5 Ld7 16. d5 Dg4
17. h3 Df4 18. Ld7: Sd7: 19. Le7: Tfe8
20. d6 mit Vorteil für Weiß.
14. Dd3!
Nur zum Ausgleich führte 14. Le7: Te8
15. Lc5 Te4: 16. Ld3 Te8 17. Ta1 Db2
18. Tb1 Da2 mit Zugwiederholung, Kort-
schnoi.
Auch nach 14. Lb5 Ld7 15. Ld7: Sd7:
16. Le7: Te8 17. Ld6 Te4:! hat Schwarz
keine Probleme. Aber in der Partie Rie-
mersma – Conquest, Dordrecht, 1988
folgte 17. ... b5?! [Schwarz will auf Ge-
winn spielen] 18. Te1 a6 19. Te2 De6
20. Lc7 a5 21. d5 Da6 22. Sd4 b4
23. Sc6 und mir gefällt die weiße Stel-
lung besser.
14. ... Te8 15. Sg5! Le6
Nach 15. ... Ld4: gibt Khalifman 16. Ld1!
an, z.B.: 16. ... Td8 [16. ... Le6 17. Dd4:
Db1: 18. Se6: fe6: 19. Lc3] 17. Lb3 Lf2:+
18. Kh1! Td3: 19. La2: und Weiß ge-
winnt.
16. d5 Ld7! 17. Df3 f5!

Schwarz muß den einzigen Zug finden, 17. ... f6? verliert wegen 18. Ta1 Dc2 19. Tfc1 Db2 20. Lc3 Db3 21. Tcb1 Dc2 22. Tb2, Khalifman.

18. Ld3 Lf6! 19. ef5:
Laut Gawrikow ist auch 19. Se6!? stark.

19. ... Lg5: 20. fg6: Dd5!
Nach 20. ... Tf8 21. Dh5 h6 22. h4! Tf2:!? [22. ... Lf4 23. Le7: Dd5 24. Dd5: Sd5: 25. Lf8: nebst Tb7:, Khalifman] 23. Tf2: Le3 24. De2 Lf2:+ 25. Df2: Df2:+ 26. Kf2: Sd5: 27. Lc4 Lc6 28. Le7: steht Weiß etwas besser.

21. Le4 De6

Analysediagramm nach 21. ... De6

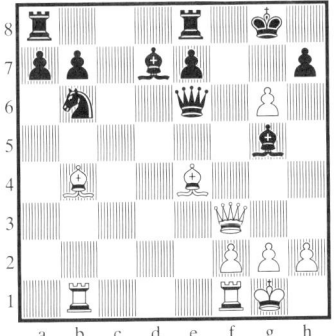

22. Ld2!!
Sehr schön gespielt, nach 22. ... Ld2: kommt 23. Tb6:! ab6: 24. Ld5 Lh6 25. Df5! mit Gewinn.

22. ... hg6:! 23. Lg5: Lc6 24. Lc6: Dc6: 25. Dh3 Dd5
Wir folgen der Partie Khalifman – Gawrikow, 55. Meisterschaft der UdSSR 1988, laut Khalifman, nach 26. Dh6! Df7 27. Le3! steht Weiß besser.

(III)
12. ... b6 13. Dc1!
Schwarz hat nun zwei Möglichkeiten:
13. ... De6 (A) und **13. ... Lb7 (B).**
Laut V. Kortschnoi kommt 13. ... La6? nicht in Betracht wegen 14. Ta1 Da1: 15. Da1: Le2 16. Tc1.

(A) 13. ... De6 14. Lc4! De4:
Nach 14. ... Dd7?! 15. Se5! Le5: 16. de5: La6!? [in der Partie Juhnke – Soltau, Bundesliga 1981/82 geschah 16. ... Lb7? 17. Lh6 Tc8 18. e6! und Weiß gewann] ist 17. e6! [aber nicht 17. Lh6?! wegen 17. ... Lc4: 18. Lf8: De6! 19. Dh6 De5:, Petursson – Ftačnik, Tallin 1981] 17. ... fe6: 18. Lh6! sehr stark.

15. Te1!
Weniger verspricht 15. Lf7:+ Tf7: 16. Dc8:+ Tf8 17. Dc4+ e6 18. Tb5! Dc6 19. Db3! Sa6 20. Tc1 Dd7 21. Se5 Le5: 22. Te5: Sc7 mit etwa gleichen Chancen, Nemet – Kouatly, Norgen, 1986. Nichts bringt 15. Lh6 wegen 15. ... Lf5! [aber nicht 15. ... Lb7 16. Lg7:! Kg7: 17. Te1 Dg4 18. h3 Dh5 19. Tb5 Dh6 20. Sg5 mit Angriff, Kapengut]. 16. Tb5 Dc2!

15. ... Db7
In der Partie Brenninkmeijer – Langner, Arnheim 1987/88, folgte 15. ... Df5?! 16. Tb5! Dd7 17. Se5 De8 [17. ... Dd4:? 18. Sf7: Tf7: 19. Lf7:+ Kf7: 20. Dc8: Dd2: 21. De6+ Kf8 22. De7:+] 18. Tb3! Lb7 19. Lh6! Le5: 20. Te5: Dc6 21. Tf3 La6 22. Tc3! Tc8 23. Te7: und Schwarz gab auf.

16. Lb4!
Laut Dorfman kommt auch 16. Lh6!? in Frage.

Analysediagramm (nach 16. Lh6!?)

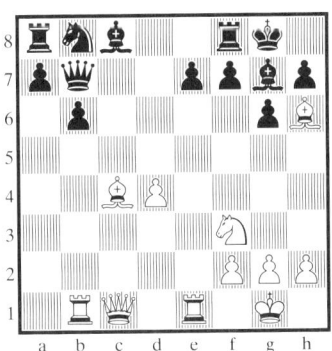

A. Kapengut gibt dazu 16. ... Lf5 [16. ... e6?! 17. Tb5! Sd7 18. Th5! Sf6 19. Th4] 17. Tb5 e6!? [aber nicht 17. ... Tc8? wegen 18. Tf5:! Tc4: 19. Tf7:! Tc1: 20. Tg7:+ Kh8 21. Tc1: Sd7 22. Sg5] 18. Sh4 Dd7! 19. Lg7: Kg7: 20. d5 Tc8 mit guten Angriffschancen für Weiß.

Ich glaube, daß Weiß nach 16. ... a6! [um die Möglichkeit Tb1-b5 zu vermeiden] nicht genügend Kompensation hat, z.B.: 17. Lg7: Kg7: 18. Da3 Ta7!

16. ... Le6
Nach 16. ... Lf6 ist 17. Se5! stark. Es kann etwa folgen 17. ... Le6 [oder 17. ... Lf5 18. Tb3 Sd7 19. Sc6!] 18. Sg6:! hg6: 19. Te6:! fe6: 20. Dh6 Kf7 21. Te1! Dc6!? 22. Le6:+ Ke8 23. d5! Db7 [23. ... Dc4: 24. Tc1] 24. d6 mit entscheidendem Angriff, A. Kapengut.

17. Te6:!
Dorfman gibt 17. Le6: fe6: 18. Te6: Dd5 19. Te7: Sc6 20. Tg7:+ Kg7: 21. Lf8:+ Tf8: 22. De3 mit Ausgleich an.

17. ... fe6: 18. Sg5 Kh8!?
Es gibt nichts Besseres, z.B: 18. ... Lh6 19. Le6:+ Kh8 20. d5 Sa6 21. Lc3+ Lg7 22. Lg7:+ Kg7: 23. Sh7:! Kh7: 24. Tb3 oder 18. ... Sc6 19. Se6:! Kh8 20. Lc3 Lf6 21. Dh6 Tg8 22. Te1 b5 23. Te3! Tg7 24. Th3 Tag8 25. Sf4 e6 26. Le6: und Weiß gewinnt, Analyse von A. Kapengut.

19. Tb3!
Laut Kapengut verspricht auch 19. De3!? bessere Chancen für Weiß, aber 19. Tb3! sieht viel „sympathischer" aus.

In der Partie Gelfand – Dorfman, Minsk 1986, geschah 19. Se6:? Sd7! 20. Le7:? [besser war 20. Sf8: Sf8: 21. De3 Lf6 22. d5 mit bestimmter Kompensation] 20. ... Tfc8 21. Sg7:? [auch nach 21. Sg5 Se5! 22. de5: De7: 23. Sf7+ Df7: 24. Lf7: Tc1: 25. Tc1: Le5: steht Schwarz besser] aber nun konnte Schwarz sofort durch 21. ... De4! gewinnen.

19. ... Tc8

In der Partie Waiser – Andrianow, UdSSR 1988, folgte 19. ... Sd7 20. Th3 **Sf6** 21. Db1! [mit Gewinn, Kapengut] 21. ... Sh5 22. Th5: Tf6 23. Th7:+ Kg8 24. Db3 Dc6 25. Dh3, und Schwarz gab auf.

Nach **20. ... h5** 21. Db1! Tf5 22. Sf7+ Kh7 23. Le6: Sf6, Konjaskin – Titljanow, UdSSR 1988, kann folgen 24. g4! [aber nicht 24. Lf5: gf5: 25. Df5:+ Kg8 26. Dg6 De4! 27. Sh6+ mit Remis] 24. ... Sg4: 25. Lf5: gf5: 26. Df5:+ Kg8 27. De6 Dc8 28. Sh6++ und Weiß gewinnt.

Analysediagramm nach 19. ... Tc8

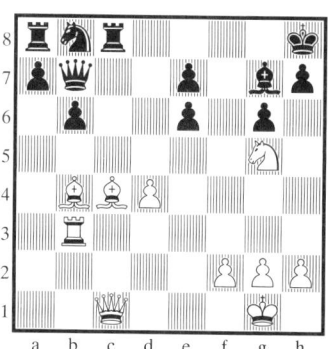

20. Lc5!!
A. Kapengut gibt nur 20. Th3 Tc4:! [aber nicht 20. ... h5? 21. Th5:+ gh5: 22. Dc2] 21. Th7:+ Kg8 22. Df4 [22. Dc4: Dc6] 22. ... Lf6 23. Th8+! Kg7 24. Th7+ mit Dauerschach an.

Nach 20. Lc5!! gewinnt Weiß, denn Schwarz hat keine Verteidigung gegen mehrere Drohungen.

(B) 13. ... Lb7 14. Lc4 Da4 15. Lb5 Da2 16. Te1!?
Nach **16. d5** Tc8 17. Dd1 Sa6! 18. Lg5 Se5! steht Schwarz nicht schlecht, Khalifman.

Auch **16. De1?** ist falsch wegen 16. ... Dc2! 17. d5! La6 18. De3 [oder

18. De2 Lb5: 19. Db5: De4: 20. Tbe1 Df5 21. Te7: a6!] 18. ... Lb5: 19. Tb5: Sa6 20. Tbb1 Sc5 21. Lb4 a5! mit Vorteil für Schwarz, Jusupow – Kortschnoi, Reykjavik, 1988.
Aber interessant ist auch 16. Tb2!? De6 17. Te1 Tc8 18. Tc2! Sa6 Brenninkmeijer – Vahneste, OHRA 1988, 19. h3 nebst Lf4, und für Schwarz wäre es nicht leicht zu spielen.

16. ... Tc8 17. Dd1 e6

Nun verliert 17. ... Sc6? wegen 18. Te2!, Khalifman. In der Partie Wells – Pribyl Bundesliga 1988/89 folgte noch 18. ... e6 19. d5 ed5: 20. Le1 Da3 21. ed5: Td8 22. dc6: Lc6: 23. Db3 Db3: 24. Tb3: und Schwarz kann aufgeben.

Khalifman gibt 17. ... Dc2 18. De2 Dc7 19. Tbc1 Dd8 20. Tc8: Dc8: 21. Tc1 Dd8 22. Lf4 an, mit Druckspiel für Weiß.

18. De2 Sc6 19. De3! Td8

19. ... Sa5?! 20. Df4 mit Initiative. Auch nach 19. ... e5 20. d5 Sd4 21. Sd4: ed4: 22. Df4, Khalifman – Episin, Vilnius 1988, behielt Weiß die bessere Chancen.

20. Ta1 Db2 21. Lc6:! Lc6: 22. Lc3! Db3

Nach 22. ... Db5 kann 23. d5 Lc3: 24. Dc3: Ld7 25. Df6! ed5: 26. Se5 Le6 27. h4! folgen.

23. Teb1 Dc2 24. Sd2 Lh6: 25. Dh6: De3: 26. Sf3 f6 27. Tc1 Db2 28. Df4! Kg7 29. Dc7 Ld6, Episin – Zeitlin, Leningrad, 1988, und nun war richtig 30. Tcb1! De2 31. Te1 Db5 32. Ta7: Ta7: 33. Dd8: Le8 34. e5 Tf7 35. h3 mit klarem Vorteil für Weiß, Episin.

(IV)
12. ... De6!

Analysediagramm (nach 12. ... De6!)

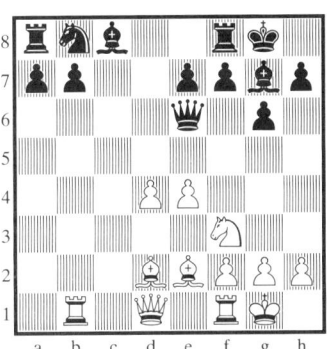

13. Dc2

Eine interessante Möglichkeit ist 13. Sg5!?.
In der Partie Davis – Harrison, Gosford 1988 (Australian championship) folgte 13. ... Dd7 14. Le3 b6 [nicht besser sieht 14. ... h6 15. Sf3 b6 16. Dd2 Kh7 17. Lb5! aus, z.B. 17. ... De6? 18. d5! De4: 19. Tb4 Df5 20. Lh6:! Lh6: 21. Th4] 15. Lb5! Dd8 16. Df3 Lb7 [oder 16. ... La6 17. e5 Lb5: 18. Tb5: Sa6 19. e6!] 17. Lc4 e6? [17. ... De8 18. Dg4! (mit der Idee 18. ... h6? 19. Sf7: Tf7: 20. Dg6:) Sc6 19. e5 mit klarem Vorteil für Weiß] 18. Dh3 h6 19. Sf7:! De7?! [Rogers gibt 19. ... Tf7 20. De6: Df6 21. De8+ Lf8 22. Lh6: Sa6 23. Df7:+ Df7: 24. Lf7:+ Kf7: 25. Lf8: Kf8: 26. f3 Td8 27. Ttd1 Sc/ 28. d5 mit Vorteil für Weiß an] 20. Sh6:+ Lh6: 21. Le6.+ Tf7 22. Lh6: und Schwarz gab auf.
Ich glaube, daß Schwarz 13. ... Dd6! spielen muß, z.B.: 14. Le3 [14. d5 Sd7 nebst Sc5] 14. ... Sc6 15. e5 [15. d5 Sb4! nebst a7–a5, b7–b6] 15. ... Dd8 16. f4 h6 17. Sf3 a5! mit der Idee Sc6–b4 und genügend Gegenspiel.
Nach 13. Dc2 hat Schwarz folgende Möglichkeiten:
13. ... Dc6 (A)
13. ... b6 (B);

13. ... Dd7 (C) und
13. ... Dd6! (D).

(A) 13. ... Dc6?! 14. Dd3 b6 15. Tfc1
Dd7 16. Da3 e6 17. Lf4 Sc6 18. Lb5 Lb7
19. Se5 De7 20. De7: Se7:, Nemet – van
Mil, Dieren 1988, 21. d5! [mit der Idee
Tc7] 21. ... g5?! 22. Lg5: und Weiß steht
auf Gewinn.

(B) 13. ... b6 14. Lc4! Dd7 15. Se5 Le5:
16. de5: La6 17. e6! fe6: 18. Lh6 und
wieder befindet sich Schwarz in einer
schwierigen Lage.

(C) 13. ... Dd7 14. d5 b6 15. Da2 Dd8
16. Le3 Sd7 17. Sd4 [laut Kortschnoi
gibt auch 17. Lb5!? a5 18. Ld7: Dd7:
19. Tb6: bessere Chancen für Weiß]
17. ... Lb7, Conquest – Kortschnoi, Lu-
gano 1986, 18. Tfd1 Sf6 19. Lf3 mit
Druckspiel für Weiß, Kortschnoi.

(D) 13. ... Dd6! 14. d5
In der Partie Gelfand – Zeschkowski,
UdSSR 1987, geschah 14. Lc4?! Lg4!
15. Dd3 Lf3: 16. Ld5! Dd7!? [16. ... Sc6
17. gf3: Sd4: 18. Tb7: a5 19. Tfb1! war
weniger klar] 17. Tb7:, Remis!. Laut
Lisenko hatte Zeschkowski keine Zeit
mehr, nach 17. ... Dg4 18. Df3: Df3:
19. gf3: e6 nebst Lg7–d4: hat Weiß kei-
nen vollen Ausgleich.
14. ... b6 15. Lb4
15. Da2 Sd7 nebst Sc5.
15. ... Dd8 16. Da2 a5 mit der Idee
Sb8–a6.
Meiner Meinung nach kann Schwarz zu-
frieden sein.
Somit können wir feststellen: Karpow
wählte den richtigen Weg, und nun zu-
rück zu der Partie.

    11. ...   Da5×d2+
    12. Lc1×d2   e7–e6
Diesen Zug bevorzugt V. Korschnoi, im
Gegensatz zu Ftačnik, welcher in der

Enzyklopädie **12. ... b6** für stärker hält.
**Mir gefällt diese Stellung überhaupt
nicht – meiner Meinung nach muß
Weiß besser stehen,** aber ich versuche
objektiv zu sein.

Analysediagramm (nach 12. ... b6)

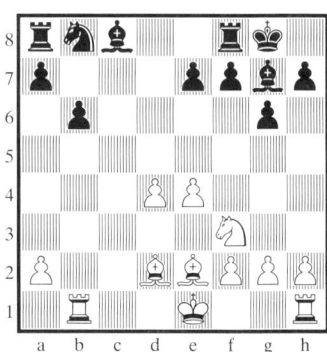

Nach **12. ... b6** hat Weiß folgende Mög-
lichkeiten:
13. Ld3?! (I);
13. d5 (II);
13. Tc1 (III);
13. 0–0! (IV).

(I)
13. Ld3?! Td8 14. Le3 Sc6!
Lputjan gibt 14. ... Lg4 15. d5 e6 16. Lc4
Sd7 17. de6: Le6: 18. Le6: fe6: 19. Sg5
Te8 mit Ausgleich an.
15. d5 e6 16. Lb5!?
Laut Lputjan steht Schwarz auch nach
16. Lg5 f6 17. Lf4 ed5: 18. ed5: Sa5 et-
was besser.
**16. ... Sa5! 17. Lg5 f6 18. Ld2 ed5:
19. La5: de4:! 20. Sd2 ba5: 21. Lc6
La6! 22. La8: Ta8:**
mit Vorteil für Schwarz, Nowikow –
Lputjan, UdSSR 1985.

(II)
13. d5 Sa6 14. Lb5!?
14. Le3?! Lc3+ 15. Ld2 Ld2:+ 16. Sd2:
Sc5 17. f3 e6! ist für Schwarz günstig,

Pieterse – Tschiburdanidse, OHRA 1986.

14. ... Lb7 15. 0–0 Sc5 16. Tfe1 e6 17. Lc4 ed5: 18. ed5:, Cebalo - Wagner, Paris 1988, 18. ... Tfe8 mit Ausgleich.

(III)
13. Tc1 Lb7
Aber nicht 13. ... La6? 14. Tc7 mit klarem Vorteil für Weiß.
14. Ld3
In der Partie Pavlović – Michaltschischin, Trnava 1988, hat Weiß mittels 14. d5 Sa6 15. Lg5!? versucht, aktiver zu spielen, aber es folgte 15. ... Tfc8! 16. 0–0 Kf8 17. e5 h6! 18. Lh4 g5 19. Lg3 Tc1: 20. Tc1: Sc5 21. d6 Td8! [aber nicht 21. ... ed6: 22. ed6: f5 wegen 23. Le5!] 22. h4 ed6: 23. ed6: Se4 24. Tc7 Sg3: 25. fg3: Lf3: mit Remis.
14. ... Td8!
Nach 14. ... e6? wäre 15. Tc7! stark. In der Partie Petursson – Zeschkowski, Schacholympiade 1986, folgte 15. ... La6 16. Ke2 Td8 17. La6: Sa6: 18. Tc4 e5?! [oder 18. ... Td7 19. a4 Tad8 20. Le3] 19. de5: Te8 20. Lf4 mit Vorteil für Weiß.
Logischer sieht 14. ... Sa6 15. Ke2 Tfc8 aus [15. ... Tac8 16. a4 e6 17. g4!] – eine Idee von A. Michaltschischin.
In der Partie Waiser – Kuzman, UdSSR 1987, geschah 16. a4 Sc7 [16. ... Tc1: 17. Tc1: Tc8 ist schwächer wegen 18. Lc4! Sc7 19. Lf4 e6 20. a5! b5?! 21. Ld3] 17. Le3 e6 18. g4! [aber nicht 18. Se5?! Sa6! 19. f3 Sb4 20. Lb5 Sa2 21. Tc8:+ Tc8: 22. Ta1 Sb4! 23. Lf2 Tc2 und Schwarz besitzt bessere Chancen, De Boer – Michaltschischin, Cascais, 1986] 18. ... Se8 [Waiser gibt 18. ... f5?! 19. gf5: ef5: (19. ... gf5:?! 20. ef5: Sd5 21. Thg1! Tc1: 22. Lc1:) 20. Lc4+ Kf8! (20. ... Kh8 21. Sg5!) 21. ef5: gf5: 22. Thg1 mit Vorteil für Weiß an] 19. Sd2 Tc1: 20. Tc1: Tc8, und, laut Waiser, steht Weiß nach 21. Ta1! etwas besser.

15. Le3
Nichts bringt 15. Tc7 wegen 15. ... Td7.
15. ... Sc6 16. d5 Sb4 17. Lb1 La6, und Schwarz steht besser, Petursson – Conquest, Hastings, 1986/87.

(IV) 13. 0–0! Lb7
In der Partie Sarno – Lputjan, Genf 1986, folgte 13. ... Td8?! 14. Tbc1! La6 [auch nach 14. ... Lb7 15. d5 Sa6 16. La6: La6: 17. Te1 steht Weiß besser, Lputjan] 15. La6: Sa6: 16. Tc4! mit Vorteil für Weiß.
13. ... e6 führt durch Zugumstellung zur Fortsetzung in der Partie.
14. d5 La6 15. Tfe1!
Eine kritische Stellung ergibt sich nach 15. La6: Sa6: 16. Le3.

Analysediagramm (nach 16. Le3)

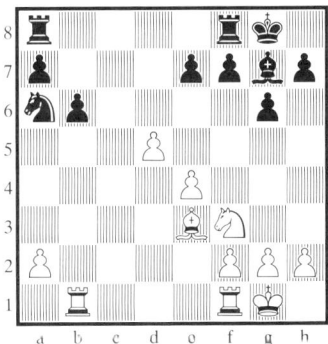

Die richtige Strategie hat Schwarz demonstriert in der Partie Gaprindaschwili – Lewitina, Smed. Palanka (izt) 1987: 16. ... f5! [Zu passiv sieht 16. ... Tfe8 17. Sd4 Ld4: 18. Ld4: e6 19. de6: Te6: 20. f3 Td8 21. Le3 aus, und Weiß steht etwas besser, Schmidt – Banas, Türnau, 1986] 17. e5 f4 18. Lc1 Tad8 19. Td1 Sc7 20. d6 ed6: 21. ed6: Tf5 22. Lf4 Sd5 23. Lg5 Td6: 24. Tbc1 Td7 25. Tc8+ Tf8 26. Tc2 Tff7 27. Tcd2 Sf6 28. Se5 Td2: 29. Td2: Se4! mit Ausgleich.

183

15. ... Le2: 16. Te2: Sa6 17. Le3 f5
In der Partie Khalifman – Zeschkowski, Minsk 1985, geschah 17. ... Tfe8 18. Sd4 Ld4: 19. Ld4: e6 20. de6: Te6: mit Remis [?!, Weiß steht etwas besser]. Aber ich würde vorschlagen 18. Tc2! mit der Idee 18. ... e6 19. d6 e5 20. Tc4! nebst Ta4.
18. Ld4!
Nur zum Ausgleich führt 18. Lg5 fe4: 19. Te4: Tf5 20. Te7: Td5: 21. Le3 Lf8 22. Tb7 Sc5 23. Lc5: Lc5:, Lputjan – Zeschkowski, UdSSR-Meisterschaft 1986.
18. ... fe4: 19. Te4: Lf6 20. Se5! mit besserem Spiel für Weiß.

13. 0–0!
Andere Möglichkeiten sind:
13. Lc4 (I) und
13. Tc1 (II).
13. h4?! [Paulsen] kommt nicht in Betracht wegen 13. ... Sc6.

(I) 13. Lc4
Eine Idee von W. Schmidt, um Sb8–c6 zu vermeiden.
13. ... b6
Nach 13. ... Sc6 14. d5! ed5: 15. Ld5: Se7 16. Lc4 b5?! 17. Lb5: Le6 18. a4 a6 19. Ld3 Sc6 20. Tb6, Schulte – Foguenne, Oakham, 1986, steht Weiß auf Gewinn.
14. d5 La6 15. La6: Sa6: 16. de6: fe6: 17. Ke2 Tfc8!
W. Schmidt gibt 17. ... Sc5 18. Lb4 Tfc8 19. Lc5: (?!) Tc5: 20. Thc1 Tac8 21. Tc5: Tc5: 22. Td1 Ta5!? an, aber nach 19. e5! steht Weiß besser.
18. Thc1 Tc5!
Das ist besser als 18. ... Sc5 19. Tc4! Sb7 20. Tc8:+ Tc8: 21. Tc1 Tc1: 22. Lc1: Sc5 23. e5 Sd7 24. Lb2 h6 25. Ld4 Kf7, Sygulski – W. Schmidt, Polanica Zdroj, 1985, und, laut Schmidt, wäre Weiß nach 26. h4! nebst g2–g4, h4–h5 im Vorteil.
19. Tc5:

Nach 19. Sg5 könnte Schwarz 19. ... Lf6 20. h4 Tac8 spielen.
19. ... Sc5: 20. Tb4 b5! 21. Tb5: Se4: 22. Tb7 a5
Mit Ausgleich, Gaprindaschwili – Jasnikowski, Polanica Zdroj, 1986.

(II) 13. Tc1 Sc6!
In der Partie De Boer – Kortschnoi, Niederlande 1986, geschah 13. ... b6?! 14. Ld3 La6 15. Ke2 Td8 16. Lg5?! f6 17. Le3 Ld3:+ 18. Kd3: Sd7 19. Ke2 Tac8 20. a4 Lf8 mit Ausgleich, aber durch 16. La6: Sa6: 17. Tc4! könnte Weiß in Vorteil kommen [De Boer gibt dazu 17. ... b5 18. Tc6 Sb8 19. Tc5 Sa6 20. Tb5: Ld4: 21. Sd4: Td4: 22. Ta5! Sc7 23. f3 an].
14. d5 ed5: 15. ed5: Se7!
Dies ist stärker als 15. ... Se5 [oder 15. ... Sd4 16. Sd4: Ld4: 17. 0–0] 16. Lf4 Te8 17. 0–0 und Weiß steht etwas besser.
In der Partie Gurewitsch – Gawrikow, UdSSR-Meisterschaft, 1985, folgte 17. ... Lg4 18. Lb5! Lf3:!? [18. ... Ld7 19. Ld7: Sd7: 20. Tc1 Sf6 21. Td1] 19. Le8: Sd3 20. gf3: Sf4:! [aber nicht 20. ... Sc1: (20. ... Te8 21. Lc7!) 21. Tc1: Te8: 22. d6 Td8 23. d7! Lf6 24. Td1] 21. Tce1 Sd5 und, laut Tukmakow, hat Schwarz nach 22. La4! mit der Idee Lb3 keine genügende Kompensation für die Qualität.

Analysediagramm nach 15. ... Se7!

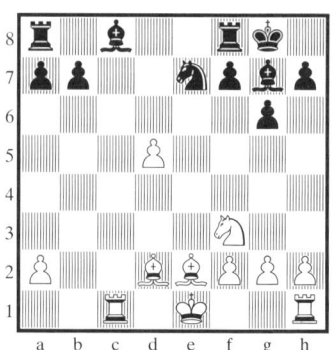

16. d6!?

Nach 16. Lb4 Te8 17. Lb5 Sd5:! 18. Le8: Sb4: 19. Lb5 Sa2: 20. Tc7 Le6 21. Tb7: Sc3 steht Schwarz etwas besser, Kortschnoi.

16. ... Sf5 17. Lf4 Te8!

Schwächer wäre 17. ... Td8 18. 0–0, z.B. 18. ... Sd6: 19. Tfd1 Lf8 20. Tc2! mit der Idee 21. Tcd2.

18. Tc7 Te4 19. g3!?

In der Partie Winants – Kortschnoi, Brüssel, 1986, geschah 19. Lg3 h6! 20. Kd2 [20. d7 Ld7: 21. Td7: Tae8 22. Sg1 Sd4] 20. ... Le6 21. Tb7 Ta4 22. Thb1 Ta2:+ und Schwarz gewann schnell.

19. ... Sd6:! 20. Ld6: Lg4 21. Sg1 Tae8 22. Tc2

Oder 22. f3 Lf3: 23. Sf3: Te2:+ 24. Kf1 Ta2:

22. ... Lf5!

mit der Idee 23. ... T4e6, und Schwarz steht auf Gewinn, weil der weiße Läufer d6 kein gutes Feld hat.

13. ... b7–b6
14. Tf1–d1

Andere Möglichkeiten sind:
14. Tfe1 (I);
14. Tbc1 (II); und
14. Tfc1 (III).

(I) 14. Tfe1?!

Ein Zug ohne Idee.

14. ... Lb7 15. Lc4 Sd7 16. d5 ed5: 17. ed5: Sf6 18. d6 Ld5! 19. Ld5: Sd5: und Schwarz steht etwas besser.

In der Partie Balicki – Pribyl, Wroclaw, 1985, folgte 20. Tb5 Sf6 21. Se5 Tfd8 21. Lb4 Tac8 23. f4?! [besser wäre 23. g4!? a6! 24. Tb6: Sd5 25. Tb7 Sb4: 26. Tb4: Td6:] 23. ... Lf8 24. Td1 Se4! 25. d7 Tc7 26. Lf8: Kf8: 27. Tb4 und nun gewinnt, laut Pribyl, 27. ... Sc3! 28. Td2 f6 29. Sg4 Ke7 30. Tb3 Se4 –+.

(II) 14. Tbc1 Lb7 15. Lb4!

Aber nicht 15. Tc7? Le4: 16. Lb4 Td8 17. Sg5 [oder 17. Le7 Te8 18. Lb5 Sc6:] 17. ... Ld5 mit Vorteil für Schwarz, Szupulski – Schmidt, Wroclaw, 1985.

15. ... Td8

Nach 15. ... Tc8 16. Tc8:+ Lc8: 17. Tc1 La6 18. Kf1 Le2:+ 19. Ke2: Sa6 20. Ld6 Konikowski – Bouton, Korrespondenzpartie 1987, muß sich Schwarz mit einer langfristigen Verteidigung abfinden, z.B. 20. ... Lf8 21. Lf8: Kf8 22. g4! und s.o.

16. Lb5

Nun ergibt sich eine kritische Position.

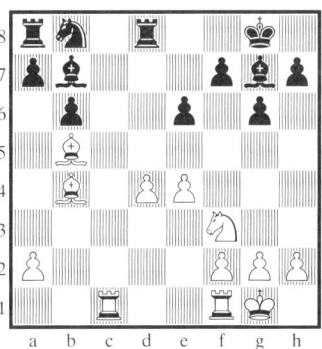

Droht 17. Le7, wir untersuchen folgende Fortsetzungen:
16. ... a6 (A);
16. ... Sa6 (B);
16. ... La6 (C) und
16. ... Lf8! (D).

(A) 16. ... a6?! 17. Le7 Tc8 18. Tc8:+ Lc8: 19. Tc1 Ld7 20. Ld7: Sd7: 21. Tc7 mit Vorteil für Weiß, Lputjan.

(B) 16. ... Sa6 17. Le7 Tdc8 18. d5

S. Iwanow gibt 18. Tc8:+ Tc8: 19. d5 ed5: 20. ed5: Sb8 21. d6 Ld5! 22. Td1 [22. d7 Sd7: 23. Ld7: Tc7] 22. ... Le6 23. h3 Ld7 mit Ausgleich an.

18. ... ed5: 19. ed5: Tc1:

Meiner Meinung nach gibt das Qualitäts-
opfer 19. ... Sc7 20. Ld7 Sd5: 21. Lc8:
Lc8: 22. Ld6 keine ausreichende Kom-
pensation nach dem Abtausch der
schwarzfeldrigen Läufer.
20. Tc1: Tc8 21. Tc8:+ Lc8: 22. Sg5 Lf8
Nach 22. ... Sc5 S. Iwanow gibt 23. Le8!
f6 24. Lf7:+ Kh8 25. Se6 mit Vorteil an.
23. d6 Sc5
Oder 23. ... Sc7 24. Lc6 Se6 25. Se4.
24. Sh7:! Kh7: 25. Lf8:
mit einem Mehrbauern für Weiß, S. Iwa-
now – Baikow, UdSSR, 1986.

**(C) 16. ... La6 17. a4 Lb5: 18. ab5: a6
19. ba6:!**
In der Partie Petursson – Lputjan,
Hastings 1986/87, folgte 19. d5?! ed5:
20. ed5: Lf6! [besser als 20. ... ab5:
21. Le7 Te8 22. d6 b4 23. Sd2 Lf8]
21. Sd2 [Lputjan gibt 21. Tfe1 ab5:
22. Le7 Le7: 23. Te7: b4 oder 21. Tfd1
ab5: 22. Sd4? Ld4: 23. Ld4: Se6 mit Vor-
teil für Schwarz an] 21. ... ab5: 22. Se4
Lh4! mit Vorteil für Schwarz.
**19. ... Sa6: 20. Lc3 Tac8 21. Ld2! Sb8
22. Lg5 f6 23. Lf4 Kd7 24. Lc7**
und Weiß steht besser, Whitehead –
Kudrin, USA-Meisterschaft 1987.

(D) 16. ... Lf8! 17. Lf8: Tf8
Aber nicht 17. ... Kf8: 18. Tc7 Le4: 19. Sg5.
18. Tfe1
Nun bringt 18. Sd2 [oder 18. e5 a6!]
nichts wegen 18. ... a6 19. La4 b5.
18. ... a6 19. La4 b5 20. Lb3
Das Endspiel nach 20. Tc7 Le4: 21. Te4:
ba4: 22. d5 ed5: 23. Ta4: a5 kann Weiß
nicht gewinnen.
20. ... Sc6 21. d5 ed5: 22. Ld5: Sa5
und Schwarz kann sich verteidigen.

(III) 14. Tfc1!?
Sieht logisch aus, weil in einigen Varian-
ten [z.B.: II D] der Turm auf b1 günstig
sein kann.

14. ... Lb7
Nach 14. ... La6 15. La6: Sa6: 16. Tc4
Tfc8 17. Tbc1 Tc4: 18. Tc4: h6 19. h4
Td8 20. a4 Kh7 21. Lf4 Lf6 22 g3 steht
Weiß klar besser, Gaprindaschwili –
Erenska, Schacholympiade 1986.
15. Lb4 Td8 16. Lb5 Lf8!
In der Partie Pieterse – Pribyl, Kecske-
met, 1988, folgte 16. ... Le4:? 17. Le7!
Lb1: 18. Ld8: Le4 19. Lg5 a6 [19. ... Lb7
20. Tc7 La6 21. Le8] 20. Tc8+ Lf8
21. Le8! a5 22. Lf6 Sa6 23. Sg5! Ta7 24.
Se4 Tc7 25. Sg5! und Schwarz gab auf.
17. Lf8 Tf8:

Analysediagramm

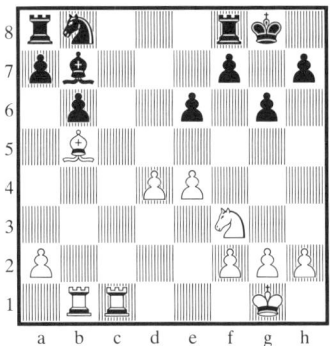

Eine kritische Stellung.
18. e5
Interessant ist 18. Sd2!? Td8 19. Tc7.
Nach 19. ... a6! [19. ... Td4:? 20. Tb7:
Td2: 21. Tc1 oder 19. ... La6 20. a4 Lb5:
21. ab5: sieht kritisch für Schwarz aus]
20. La4 b5 21. Tb7: ba4: 22. d5 Sd7!
[aber nicht 22. ... ed5:? 23. ed5: Sd7 24.
Se4] 23. de6: fe6: hat Schwarz genü-
gend Gegenspiel, zum Beispiel 24. Tc7
Tac8.
18. ... Le4!
In der Partie Haba – Tomaszewski, Halle
1987, geschah 18. ... Sa6?! 19. Sd2 Tfc8
[oder 19. ... Tfd8 20. Sc4! Td4: 21. Sd6
Sc5 22. Tc5: bc5: 23. Sb7: Tb8 24. Lc6
mit Gewinn, Haba] 20. Sc4 Sc7 21. Sd6

Sb5: 22. Sc8: Sd4: 23. Se7+ Kf8 24. Tc7
Tb8 25. f3 Ke8 26. Sg8! h5 27. Sf6 und
Schwarz gab auf.

19. Tb2 a6 20. Le2 Sc6!
Aber nicht 20. ... Sd7 21. Tc7.
**21. Tb6: Lf3: 22. Lf3: Sd4: 23. La8:
Se2+ 24. Kf1 Sc1: 25. Ta6: Td8**
Meiner Meinung nach hat Schwarz ge-
nügend Gegenspiel für Remis, z.B.:
26. Lf3 Td2 27. a4 Ta2! [27. ... Sd3?
28. Td6].

14.	...	Lc8–b7
15.	d4–d5	e6×d5
16.	e4×d5	Sb8–d7

Sicher nicht 16. ... Ld5:? 17. Lb4 Td8
18. Lc4 und Weiß gewinnt.

| 17. | | Ld2–b4! |

In der Partie Djuric – Jansa, Niš, 1985,
geschah 17. Lb5 Sc5 18. Lb4 Tfd8
19. Lc5: bc5: 20. Lc4 Td7 21. Sg5 Ld4
22. Se4 Kg7 23. Sd6! Td6: 24. Tb7: mit
Remis.

| 17. | ... | Tf8–c8 |

Schwarz muß die c-Linie kontrollieren;
nach 17. ... Tfe8? gibt Adorjan 18. Lb5
Tad8 19. Tbc1 a6 20. Tc7! ab5: 21. Tb7:
mit klarem Vorteil für Weiß an.

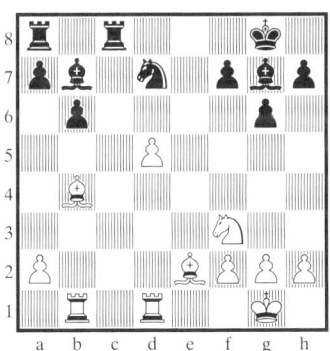

Eine kritische Stellung.
18. Le7!
Diesen Zug gibt Tukmakow in seiner
Analyse an. Weiß hat noch zwei interes-
sante Möglichkeiten:

18. Sd4 (I) und
18. Lb5 (II).

(I) 18. Sd4 Sf6 19. d6 Td8 20. Lf3 Lf3:
21. gf3:!? Td7 und Schwarz hat keine
Probleme;

(II) 18. Lb5 Sf6 19. d6 Sd5 (Diagramm)

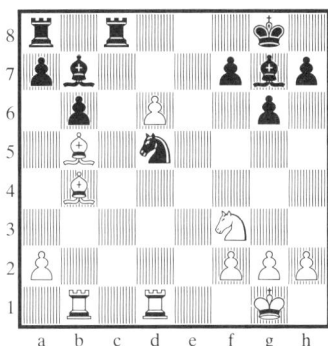

Diese Stellung ist viel komplizierter: der
weiße d-Bauer sieht gefährlich aus, aber
wie geht es weiter?
In der Praxis konnte Weiß seinen Vorteil
nicht beweisen ...
Folgende Möglichkeiten kommen in Be-
tracht:

20. d7 **(A);**
20. La6 **(B);**
20. Sd4 **(C).**

(A) 20. d7 Td8 21. Td5!? Ld5: 22. Le7
h6! 23. a4 Le6 24. Td1 f5 25. Ld8: Td8:
26. Sd2 a6 27. La6: Td7: und der d-
Bauer ist weg, mit Ausgleich, Miralles –
Kortschnoi, Cannes 1986.

(B) 20. La6
Eine Idee von De Wit.
20. ... La6: 21. Td5: Lb7
Ftáčnik gibt in der Enzyklopädie
21. ... Lc4 22. Td2 a5 [22. ... Td8!, Gut-
man] 23. d7 ab4: an, aber 24. Tb4:!
[stärker als 24. dc8:D+ Tc8: 25. Tbd1

Tf8! 26. Sd4 b5, und Schwarz hat genügend Kompensation] 24. ... Td8 [24. ... Lc3? 25. Tc4:] 25. Tc4: steht Weiß klar besser.

22. Td2 Td8!
Aber nicht 22. ... Lf6? 23. d7 Tc4 [23. ... Tc7 24. Te1] 24. Se5 Te4 25. Lc3, mit Vorteil für Weiß, Kortschnoi.
Nach 22. ... Td8! steht Schwarz nicht schlechter, z.B. 23. d7?! Lc6 24. Tbd1 La4!.

(C) 20. Sd4 Sb4: 21. Tb4:
In der Partie Lputjan – Tukmakow, UdSSR-Meisterschaft 1985, folgte 21. d7 Tc5! 22. Tb4: [22. Se6? geht nicht wegen 22. ... fe6: 23. d8D+ Td8: 24. Td8:+ Lf8 25. Tb4: Tc1+ 26. Lf1 La6] 22. ... Td5 23. La4 Td8 24. Te1 Lf6! 25. Te8+ Kg7 26. h3 T8d7: [als Alternative gibt Tukmakow 26. ... Td6! mit der Idee a7–a6 an] 27. Ld7: Td7: 28. Sf3? Td1+ 29. Kh2 Lf3:! 30. gf3: Td2 mit Vorteil für Schwarz.

21. ... Lf8 22. Sf3!
Schwächer wäre 22. Sb3 wegen 22. ... Td8 23. Tbd4 a6 24. Le2 Td7.

22. ... Tc5! 23. a4 Td8 24. Tbd4
W. Schmidt – Kouatly, Türnau 1986, und nun könnte Schwarz nach 24. ... Tf5! einen kleinen Vorteil erreichen.
Nun zurück zur Partiestellung nach 18. Le7! (vgl. Diagramm)

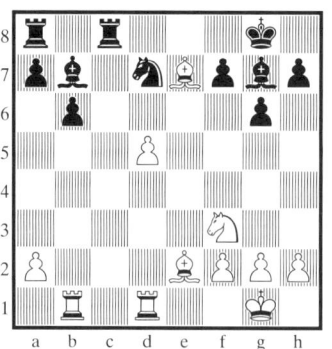

18. ... Lg7–f6!?
Nach 36 Minuten gespielt.
Andere Möglichkeiten waren:
18. ... Tc2 (I), aber diesen Zug analysiert Adorjan im Buch, und Karpow hat bestimmt etwas gefunden;
18. ... Lf8 (II).

(I) 18. ... Tc2?! 19. Lb5 Sc5 20. d6!
Adorjan gibt 20. Lc6?! Lc6:! 21. dc6: Se6 22. Tbc1 Tc1: 23. Tc1: Tc8 24. Ld6 Lf8 mit Vorteil für Schwarz an.
20. ... Lf3: 21. gf3: Lf8 22. Lc6 Tb8 23. Tcb1!
Stärker als 23. Lf6 Lg7, Adorjan.
23. ... Tc1: 24. Tc1: mit Vorteil für Weiß.
24. ... Tc8? geht nicht wegen 25. Tc5:! bc5: 26. d7, weißer Plan ist f3–f4–f5, und nach f7–f5 folgt Te1 mit der Idee d6–d7.

(II) 18. ... Lf8 19. d6 Le7:
Nach 19. ... a6? 20. Sd4! [aber nicht 20. Te1? Le7: 21. de7: Te8 22. Lc4 Tac8 23. Tbd1 Tc4: 24. Td7: Lf3: 25. gf3: f5 mit Ausgleich, Whitehead – Dlugy, USA (ch) 1987] wird die schwarze Stellung kritisch, weil wegen der Schwäche auf b6 der Springer d7 sich nicht bewegen kann, z.B. 20. ... Le7:?! 21. de7: Te8 22. Sf5.
20. de7: Sf6 21. Te1!
In der Partie Wells – Wolff, Oakham, 1986, folgte 21. Lb5 Kg7 [21. ... a6 22. Ld7 Tc7! (aber nicht 22. ... Sd7:? 23. Td7: Lf3: 24. gf3: Te8 25. T1d1 nebst Td8) 23. Se5 Kg7!] führt zur Zugumstellung] 22. Se5 a6 23. Ld7 Tc7 24. g4!? [24. Tb6: Sd7: 25. Sd7: Te8 mit Ausgleich] 24. ... Le4! 25. Tbc1 Tc1: 26. Tc1: Sd7: 27. Sd7: Te8 mit Ausgleich.
21. ... Kg7
Es geht nicht 21. ... Le4 22. Tbd1 Te8 wegen 23. Td6! Kg7 24. Lb5 Te7: 25. Sd2 und Weiß gewinnt.
22. Sd2!?

188

Nichts bringt 22. Tbd1 wegen 22. ... a6!
23. Td6 Te8! 24. Tb6: Te7: mit Ausgleich.
mit Druckspiel für Weiß.

19.   d5–d6   Kg8–g7!

Kasparow gibt 19. ... Tc5 20. Lb5 Lc6
21. Lc6: Tc6: 22. Lf6: Sf6: 23. Se5 Tc5
24. d7 Td8 25. Tbc1! Kf8 26. Tc5: bc5:
27. Kf1 an, und Weiß gewinnt.

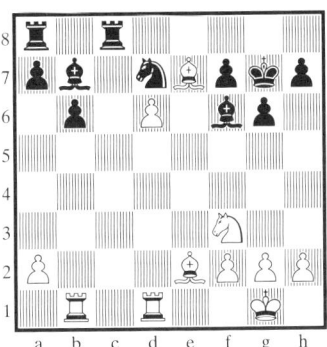

20.   Td1–e1!?

Nach 50 Minuten!
Andere Möglichkeiten sind:
20. Lb5   (I);
20. Lf6:+   (II);
20. Sd4!   (III).

(I)
20. Lb5 Lc6 21. La6
21. Lc6: Tc6: 22. g4 Te8.
21. ... Te8 22. Sd4 Le4 23. Lb5 Lb1:
24. Ld7: Le7:! und Weiß hat nichts erreicht, z.B.: 25. Le8: Ld6:! 26. Lc6?! Tc8
27. Tb1: Lc5 28. Ld7 Tc7 29. Td1 Ld4:!
mit Vorteil für Schwarz, S. Agdestein.

(II)
20. Lf6:+ Kf6:!
Aber nicht 20. ... Sf6:? 21. d7 Td8 22.
Se5.
21. Sd4
21. Lb5 Lf3: 22. gf3: Td8 sieht gut für
Schwarz aus.

21. ... Tc5 22. Sb5
Nichts bringt 22. Lg4?! Se5 23. Lh3 g5!.
22. ... Te8 23. Lf1 a5
mit genügend Gegenspiel, Analyse von
Stefan Kindermann.

(III)
20. Sd4! Le4!
Kasparow gibt 20. ...Le7:? 21. de7: Te8
22. Lb5 Te7: 23. Ld7: Td7: 24. Se6+ und
Weiß gewinnt, auch 20.... Sc5?! 21. Sb5!
Le7: 22. de7: Te8 23. Sc7 Te7:: 24. Sa8:
Te2: 25. Sc7 Ta2: 26. Ta1! [26. Se8+ Kf8
27. Sd6, Kasparow] 26. ... Ta1: 27. Ta1:
verspricht Schwarz keinen Ausgleich.
21. Tb4! a5 22. Tc4!
Kasparow analysiert nur 22. Se6+ fe6:
23. Te4: Le7: 24. de7: Sc5 25. Ted4 Kf6
26. Td6 Tab8 27. Tb1 Se4 28. e8D! Te8:
29. Tdb6: Tb6: 30. Tb6: Tc8 31. g3 Tc2
32. Ld3 Tc1+ 33. Kg2 Sc5 mit Ausgleich.

Analysediagramm (nach 22. Tc4!)

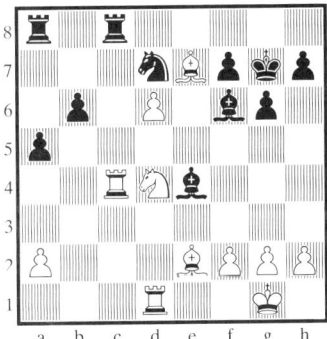

Meiner Meinung nach behielt Weiß bessere Chancen, z.B.: 22. ... Tc4: 23. Lc4:
Le7:?! 24. de7: Te8 25. Lb5 [25. ... Te7:?
26. Ld7: Td7: 27. Se6+.

20.   ...   Tc8–c5!

Kasparow will ohne Schwächen auskommen, nach **20. ... a6?!** könnte Weiß

21. Lf6:+ Kf6: [21. ... Sf6:? 22. Tb6:]
22. Sd2 Te8 23. Sc4 spielen.
21. Le2–b5   Lb7–c6
21. ... Lf3:?! 22. gf3: Se5 23. Te3! a6
24. Lf1 b5 25. f4 sieht nicht gut für
Schwarz aus.
22. Lb5×c6
Zum Ausgleich führt 22. Lf6:+ Sf6:
23. Sd4 Lb5: 24. Sb5: Td8.
22. ...   Tc5×c6
23. Tb1–d1
Unlogisch ist 23. g4?! wegen 23. ... Le7:
24. de7: Te8 25. Sd4 [aber nicht 25. Tbd1
Tc7!] 25. ... Tc5 26. Sb5 Te5 und das
Endspiel ist etwas günstiger für Schwarz.
23. ...   Lf6–c3!
24. Te1–e3
Karpow gibt 24. Te4 f6 25. g4 g5 26. h4
h6 27. Td5 an, aber Schwarz könnte
24. ... b5! 25. g4 b4 spielen.
24. ...   f7–f6!?
24. ... b5 25. Sg5!, aber möglich war
24. ... h6.
25. g2–g4!   g6–g5
Nach 25. ... Tac8?! gibt Kasparow 26. g5
f5 27. Sd4 Ld4: 28. Td4: an, und es droht
29. Lf6+ Sf6: 30. Te7+.
26. h2–h4   h7–h6
27. h4×g5
Laut Kasparow, prinzipieller war 27.
Tc1! Tac8 28. Ld8 Le5! [28. ... Td8:?
29. Tcc3 Td6: 30. Tc7+ Kf8 31. Th7]
29. Tc6: Tc6: 30. Se5: Se5: 31. Lc7
[31. d7 Td6] 31. ... Tc1+ 32. Kg2 Td1
33. hg5: hg5: 34. Ta3 Sg4: 35. Ta7:
Kg6 mit Ausgleich.
27. ...   h6×g5
28. Sf3–d4?
Wieder war 28. Tc1! Tac8 29. Ld8! mit
Ausgleich richtig.
Nach 28. Td5 gibt Kasparow 28. ... Tc4!
[aber nicht 28. ... Tac8 29. Sg5: fg5:
30. Tg5: Kf7 31. Tf3+ Ke6 32. Tff5! mit
Angriff, Karpow] 29. Sg5: Tg4:+ 30. Kf1

Le5! 31. Se6+ Kf7 32. Sd8+ Kg6 33. Sc6
Th8 und Schwarz steht etwas besser.
28. ...   Lc3×d4
29. Td1×d4   Ta8–h8!
Nichts bringt 29. ... Tc1+ 30. Kg2 Tc2
31. a4 Tac8 wegen 32. a5! b5 33. a6!,
Kasparow.
30. Te3–e1!

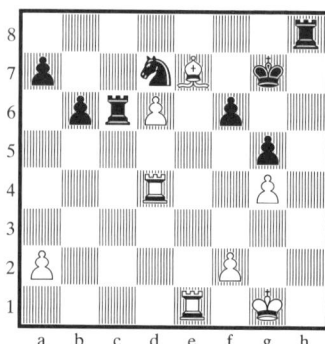

30. ...   Tc6–c2?!
Laut Kasparow hatte Schwarz nach
30. ... Tc3! 31. Kg2 Kf7! mit der Idee
Se5 gute Chancen auf Gewinn.
31. a2–a4   a7–a5?!
Richtig war 31. ... a6!? oder 31. ... Kg6!?
mit Vorteil für Schwarz.

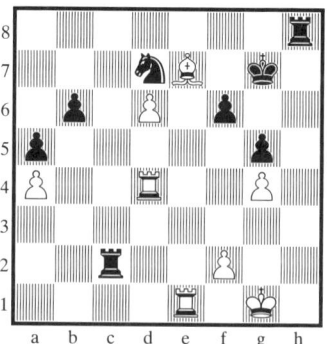

32. f2–f4!!
Sieht sehr gefährlich aus, aber nur so
kann Weiß Remis erreichen.
32. ...   Kg7–g6

Zum Remis führt **32. .. gf4:** 33. Tf4: Thh2 34. Lf6:+ Sf6: 35. Te7+ Kg6 36. Te6 Thg2+ 37. Kf1 Th2.

33. f4×g5

Auch 33. f5+ Kf7 34. Lf6:! Sf6: 35. Te7+ Kf8 36. Te6 Sd7 37. Te7 mit Zugwiederholung war möglich, Karpow.

33. ...   Kg6×g5
34. Te1–f1   Kg5–g6

Nach 34. ... Thh2 folgte 35. Tf6:! Sf6: 36. d7.

35. Tf1–f2

35. Tdf4? Thh2 36. Tf6:+ Sf6 37. Tf6:+ Kg7 38. d7 verliert wegen 38. ... Thg2+! 39. Kf1 Tgd2.

35. ...   Th8–c8
36. Td4–f4   Tc2×f2
Remis

15. Partie · 20. November 1987
Karpow – Kasparow

1.	d2–d4	Sg8–f6
2.	c2–c4	g7–g6
3.	Sb1–c3	d7–d5
4.	Sg1–f3	Lf8–g7
5.	Dd1–b3	d5×c4
6.	Db3×c4	0–0
7.	e2–e4	

Mit der Frage, welche „Waffe" nun Kasparow gegen das „Russische System" wählt?

7. ...   Sb8–a6

Nicht 7. ... a6, und wieder Ragozin/Prins Variante, obwohl im Revanchekampf, Leningrad 1986, er hatte keinen Erfolg. Schwarz will mit c7–c5 das weiße Zentrum angreifen. Diese Idee schlug 1935 W. Ragosin vor. **„Sie ist durchaus logisch, und Weiß kann sie kaum widerlegen"** schrieb Boleslawski dazu. Ragozin analysierte 7. ... Sa6, und in „seriösen" Partien spielte dies zuerst der Holländische Meister L.Prins; modern wurde diese Variante nach dem Interzonenturnier 1948 in Saltsjobaden dank der Partien von M. Najdorf und L. Pachmann.

Eine umfangreiche Arbeit über die Ragozin/Prins-Variante bietet „New in Chess" Jahrbuch N 9.

8. Lf1–e2

Dies ist die Hauptvariante.

8. ...   c7–c5
9. d4–d5   e7–e6
10. 0–0

In letzter Zeit wurde auch 10. Lg5!? populär (vgl. *Analysediagramm*).

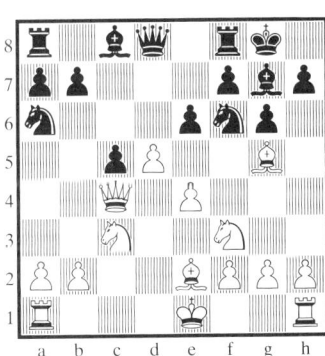

Laut Theorie hat Schwarz mehrere gute Möglichkeiten, aber das ist nicht so klar.

Schwarz kann jetzt spielen:

10. ... h6   (I);
10. ... Db6   (II); und
10. ... ed5:!   (III).

(I)
10. ... h6 11. Lf6: Df6:
In der Partie Uhlmann – Szabo, Buenos
Aires 1960, geschah 11. ... Lf6: 12. e5
ed5: 13. Sd5: Lg7 14. 0–0–0! Kh8
[14. ... Le6 15. Sf6+!] 15. Sf4 Da5?!
16. a3 Se7 17. Sh4! Se6 18. Shg6:+ fg6:
19. Sg6:+ Kh7 20. Sf8:+ Sf8: 21. f4 mit
Vorteil für Weiß.
Laut „Theorie" kann Schwarz 15. ... De7!?
spielen mit der Folge 16. Ld3?! b5
17. Db5: Sb4: 18. Kb1 Lg4 mit Kompen-
sation, Polyak – Tomasevic, Pern, 1969;
aber logisch sieht 16. a3! aus, z.B.
16. ... Lf5 [16. ... Ld7 17. Td6!] 17. g4,
und Weiß steht besser.
12. e5 Dd8
Nach 12. ... Df5? gibt Kortschnoi 13. g4!
Dc2 [13. ... ed5: 14. gf5: dc4: 15. f6]
14. d6! mit klarem Vorteil für Weiß an.
13 d6! Ld7!?
13. ... b6 14. a3 Lb7 15. 0–0 Sb8 16. Tfe1
Sd7 [16. ... La6 17. Df4 Lc2: 18. Te2: g5
19. Dg3] 17. Df4 g5 18. Dg3, Sosonko –
Fedder, Ostend 1975, oder
13. ... Sb4 14. 0–0 b6 15. a3 Sc6 16. De4!
Lb7 17. Tfe1 Dc8 18. Df4 Sb8 19. Se4
Sd7 20. h4, Sosonko, gibt Schwarz kei-
nen Ausgleich.
**14. 0–0 Da5 15. a3 Tb8 16. Df4 Lc6
17. Tfe1 b5 18. Se4 c4 19. Sf6+ Kh8
20. Sd4 Db6 21. Lf3 Lf3: 22. Sd7 g5
23. De3 Db7 24. Sb8: Sb8: 25. Sf3:**
und Schwarz hat keine Kompensation
für die Qualität, Flear – Pein, Brüssel,
1987.

(II)
10. ... Db6 11. Lf6:!
Weniger bietet 11. 0–0 ed5: 12. ed5:
wegen 12. ... h6! [aber nicht 12. ... Lf5?!
(oder 12. ... Te8) 13. Dh4!] 13. Lf4 Lf5.
11. ... Lf6: 12. e5 Lg7 13. 0–0
und mir gefällt die weiße Stellung bes-
ser.

(III)
10. ... ed5: 11. Sd5:

*Analysediagramm
(nach 10. ... ed5: 11. Sd5:)*

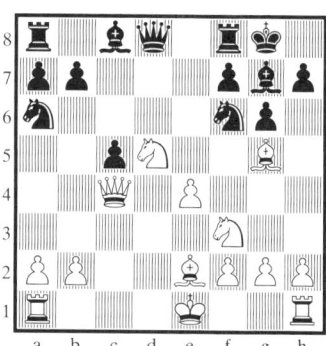

Nun hat Schwarz zwei Möglichkeiten:
11. ... Le6   (A) und
11. ... Da5! (B).

(A)
11. ... Le6 12. 0–0–0!
Nach 12. Td1 Da5+ 13. Ld2 [oder 13. Td2
Sd5: 14. ed5: Ld7 15. 0–0 b5] 13. ... Ld5:
14. ed5: Db6 15. Lc3 gibt L. Pachmann
15. ... Tad8 16. 0–0 Sb4 17. Lb4: cb4:
mit Ausgleich an.
**12. ... Ld5: 13. Td5: Db6! 14. Lf6: Df6:
15. e5 Df5!**
Stärker als 15. ... De7 16. Thd1 Tad8
17. Td8: [Flear gibt auch 17. a3!? an]
17. ... Td8 18. Td8:+ Dd8: 19. e6! mit
besseren Chancen für Weiß, Flear –
Kortschnoi, Lugano, 1988.
16. Ld3
Weiß hat keine Zeit, um 16. Thd1? zu
spielen wegen 17. ... Lh6+.
16. ... Dc8!
Nach 16. ... De6 17. Td6 De7 18. Le4
Sb4 19. Thd1 steht Weiß besser.

192

Analysediagramm nach 16. ... Dc8

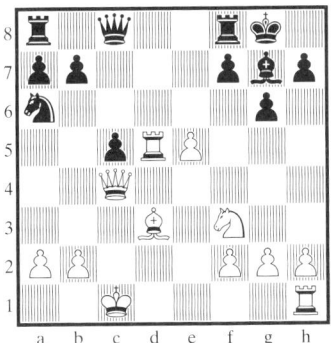

17. Td6!
In der Partie Beljawski – Kasparow, Belfort 1988, geschah 17. Td1? b5! 18. Dh4 Sb4 19. Lg6:? [19. Td6 c4 20. Le4 c3! 21. a3! c2 22. cb4: cd1D+ 23. Kd1: Tb8] 19. ... fg6: 20. Td7 De8 21. Te7 [nach 21. a3 Sc6 22. e6 gibt Kasparow 22. ... Tf3:! 23. Tg7:+ Kg7: 24. Td7+ Dd7: 25. ed7: Tf6 an] 21. ... Lh6! 22. Kb1 Td8! 23. Td6 Dc6 24. a3 Td6: 25. ed6: Dd6: 26. ab4: cb4: 27. De4 b3 und Weiß gab auf.
17. ... Sb4
Kasparow gibt auch 17. ... b5 18. Dh4! [18. Db5: Sb4 19. Dc4 Sd3:+ 20. Td3: Tb8 21. a3 Tb6] 18. ... c4 19. Le4 Sc5 20. La8: Sd3+ 21. Kb1 Da8: 22. Td1 Dc8 23. T6d3: cd3: 24. Td3: Df5 mit Kompensation für den Bauern, aber Weiß kann 23. Dd4! Df5 24. Td3: mit Vorteil spielen.
18. Le4 Tb8
18. ... b5? geht nicht wegen 19. De2! Sa2:+ 20. Kb1 Sb4 21. La8: Da8: 22. e6!.
19. a3 Sc6 20. Lc6: bc6: 21. Te1
mit besseren Chancen für Weiß.

(B)
11. ... Da5+! 12. Ld2 Dd8 13. Sf6:+
13. Lg5 Da5+ führt zur Zugwiederholung;

nichts bringt 13. Lc3 Sd5: 14. ed5: Lc3:+ 15. bc3: Sc7 16. Td1 Dd6.
13. ... Lf6: 14. e5 Lg7

Analysediagramm

15. 0–0!
Nach 15. Lc3?! Le6 16. Db5 De7 17. 0–0 Sc7! 18. Da4 Ld7 19. Dc2 Lc6 steht Schwarz etwas besser, Farago – Dorfman, Budapest 1988.
15. ... Le6
15. ... Le5:?! 16. Lg5 Lf6 17. Dh4 Lg5: 18. Sg5: h5 19. Tad1 gibt Weiß gute Angriffschanchen.
16. Dc1! Db6 17. Lh6
mit etwa gleichen Chancen.

Zurück zur Partie!

10. ...   **e6×d5**
11. e4×d5

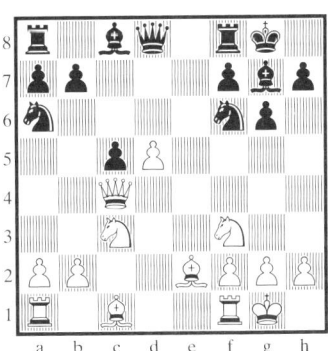

„Weiß verfügt über einen starken Frei-bauern, und der Springer a6 ist außer Spiel. Die exponierte Aufstellung der weißen Dame gibt Schwarz aber offen-sichtlich genügend Gegenchancen" schrieb J. Boleslawski.

11. ... Lc8-f5

Andere Fortsetzungen sind schwächer, nach 11. ... Db6 folgt auch 12. Tfd1!.

12. Tf1-d1!

Karpow wählt einen weniger bekannten Plan.

Heute ergibt sich die kritische Stellung nach **12. Lf4** Te8 [oder 12. ... Db6!?], aber Weiß kann „das theoretische Duell" nicht gewinnen.

12. ... Tf8-e8!

Nach **12. ... Db6** könnte Weiß **13. Sh4! Ld7 14. Lf4** nebst 15. Td2, zum Beispiel 14. ... Se8 15. Td2 Sd6 16. Dd3 Sb4?! 17. Dg3 spielen.

Weniger logisch sieht 13. Dh4 Tfe8 14. Lg5, Gufeld – Sawon, UdSSR 1965 aus, und laut Gufeld führte 14. ... Db2: 15. Lf6 Lf6: 16. Df6: Te2: 17. Se5 Dc3: 18. Df7:+ Kh8 19. Df6+ zum Remis.

13. d5-d6!

Bestimmt stärker als **13. Lg5?!** h6 14. Lf6: Lf6: 15. a3 Db6 16. Td2 Tad8 17. Tad1 Td6 mit gutem Spiel für Schwarz, Adamski – Timoschenko, Slupsis 1979.

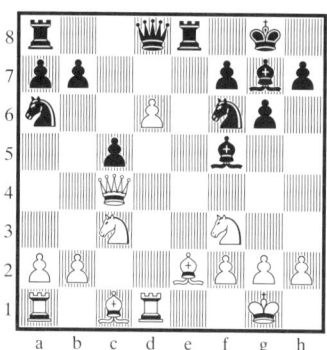

Der weiße Plan ist Lf4, Td2, und der Bauer auf d6 kann für Schwarz unange-nehm werden.

Der schwarze Plan: h7–h6, Sf6–d7, um den c5-Bauern zu decken, sodann Sa6–b4 oder c5–c4 und Sa6–c5, um aktives Spiel am Damenflügel zu be-kommen.

13. ... h7-h6!

Nach **13. ... Se4?** gibt Kasparow 14. d7! Te7 15. Se4: Te4: 16. Lg5! Tc4: [oder 16. ... Lf6 17. Lf6: Df6 18. Dc3] 17. Ld8: Td8 18. Lc4: Lb2: 19. Sg5! mit klarem Vorteil für Weiß an.

14. h2-h3?!

30 Minuten. Um den Sinn dieses Zuges zu erklären, gibt Karpow 14. Le3? Sg4 15. Lf4 Lc3: 16. bc3: Te4 17. Db3 Tf4: 18. Db7: Ta4 19. La6: Tb8 20. Dc6 Ld7 und Schwarz gewinnt.

In der 21. Partie spielte Karpow **14. Lf4.** Aber eine interessante und richtige Fort-setzung war **14. a3!**

Analysediagramm nach 14. a3!

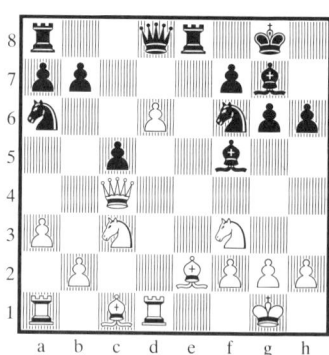

I) 14. ... Se4 15. Le3!, und Weiß steht besser.

II) 14. ... Sd7 15. Da2! Sb6 16. Le3! Le6 17. Db1, und mir gefällt die weiße Stel-lung.

14. ... Sa6-b4!

15. Lc1-f4

194

15. Dc5:? geht nicht wegen 15. ... Sc2
16. Tb1 Sd7 17. Db5 a6, auch 15. a3?
Sc2 16. Tb1 Sd4 ist keine gute Lösung
für Weiß.

15. ...	Sf6–d7
16. Td1–d2	a7–a6
17. Dc4–b3!	

Nach **17. a4** Le6 18. De4 Tb8 19. Db1 g5
20. Le3 f5 wäre die weiße Stellung kritisch, T. Georgadse.

| 17. ... | b7–b5 |
| 18. Db3–d1 | |

Aber nicht **18. a4?** wegen 18. ... Sc2!

| 18. ... | c5–c4 |
| 19. a2–a4! | |

Nach **19. Sd4 Ld3!** 20. Ld3: Sd3:
21. Sc6 Db6 22. Td3: cd3: 23. Se7+ Kh7
hat Weiß zu wenig für die Qualität.
Weniger überzeugend sieht 19. ... Ld4:
20. Td4: Sc2 21. Lf3 Ta7 wegen 22. Tc1!
aus [Kasparow gibt nur 22. Sd5 Sa1:
23. Da1: Sf6 an].

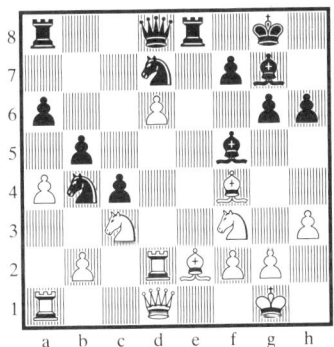

| 19. ... | Sd7–c5!? |

Kasparow will keine Zeit verlieren.
Andere Möglichkeiten waren:
(I) **19. ... Tb8?!** 20. ab5: ab5: 21. Ta7
Db6 22. Tc7, und Weiß steht gut;
(II) **19. ... Db6!?** 20. ab5:! ab5: 21. Ta8:
Ta8: 22. Le3 Db8 23. Sd4 Ld4: 24.
Ld4: Ld3 25. Ld3: Sd3: 26. Se4 f5
27. Td3:! cd3: 28. Db3+ Kf8 29. Le3!
Kg7 30. Ld4+ mit Zugwiederholung.

| 20. a4×b5 | Sb4–d3 |

Nach 20. ... Sb3? folgt 21. d7!, Kasparow.

| 21. Le2×d3 | Sc5×d3 |
| 22. Td2×d3!? | |

Kasparow gibt als bestes an: **22. Sd5** Sf4:
23. Sf4: c3! 24. bc3: Lc3: mit etwa
gleichen Chancen.

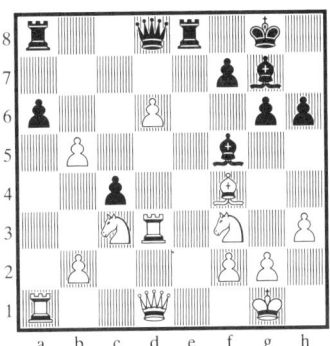

| 22. ... | c4×d3! |

Laut Kasparow ein Fehler, und **22. ... Ld3:**
23. Sd5 g5 24. Lg3 ab5: 25. Ta8: Da8:
26. Sc7 Dc6 27. Se8: De8: 28. Se5 Le5:
29. d7 Dd7: 30 Le5: De7 führte zum klarem Vorteil für Schwarz.
Aber was ist mit **23. Ta6:!** in diesem Fall?
Wie mit Recht Stefan Kindermann
schrieb, sind die weißen Freibauern nach
23. ... Ta6: 24. ba6: Da5 25. Da4! Da4!
26. Sa4: sehr gefährlich.

| 23. Sc3–d5! | |

Nun ist 23. Ta6:?! Ta6: 24. ba6: Da5
25. Da4 Da4: 26. Sa4: Ta8 27. Sc5 Lb2:
nebst La3 günstig für Schwarz.

| 23. ... | a6×b5! |

Kasparow gibt 23. ... Te4 24. Lg3! an.

| 24. Sd5–e7+! | |

Nach 24. Ta8: Da8: 25. Sc7?! De4
26. Se8: Df4: 27. g4! Ld7 28. Sg7: Dd6:!
29. Se1 Kg7: ist das Endspiel etwas günstiger für Schwarz, laut Kasparow.

| 24. ... | Kg8–h7 |
| 25. Ta1×a8 | Dd8×a8 |

26.	Se7×f5	g6×f5
27.	Dd1×d3	Da8−e4
28.	Dd3×b5	Te8−a8

Schwächer wäre 28. ... Td8?! wegen
29. Da5! Td7 30. Dd2, Kasparow.

29.	Lf4−d2	Ta8−d8
30.	Db5−c5!	

Karpow will die Möglichkeit haben, den
f5-Bauern anzugreifen; nach 30. Db6?!
Td7 31. b4 folgte 31. ... Lf8!.

30.	...	De4−e6!

Besser als 30. ... Lf8 [oder 30. ... Lb2:?!
31. Dc7 De8 32. Sh4!] 31. Dc7 Db1+
32. Se1 Td6: 33. Df7:+ Lg7 34. Lc3 Tg6,
Kasparow, und wer spielt auf Ge-
winn?

31.	Ld2−f4	Lg7×b2
32.	Sf3−h4	Lb2−f6
33.	Dc5×f5+!	

Weniger genau wäre 33. Sf5:?! wegen
33. ... Tc8! 34. Db5 [34. Da5 De4!]
34. ... De1+ 35. Kh2 Df2: 36. Le3
[36. Lg3? Tc5!] 36. ... Db2!, Kasparow.

33.	...	De6×f5
34.	Sh4×f5	h6−h5
35.	g2−g4!	h5×g4
36.	h3×g4	

Nun steht Weiß etwas besser, aber ohne
Chancen auf Gewinn.

36.	...	Kh7−g6
37.	Kg1−g2	Lf6−b2
38.	Sf5−e7+	Kg6−f6
39.	Se7−c6	Td8−d7
40.	Sc6−b8	Td7−d8
41.	d6−d7	Kf6−e6
42.	Kg2−f3	Lb2−a3

Hier wurde die Partie abgebrochen;
der Abgabezug von Karpow war
43. Lc7.
Nach 43. ... Td7: 44. Sd7: Kd7: 45. Le5
Ke6 46. Ke4 f5 47. gf5:+ Kf7 kann Weiß
nicht auf Gewinn spielen, darum ohne
Wiederaufnahme:
Remis.

196

21. Partie · 7. Dezember 1987
Karpow − Kasparow

1.	d2−d4	Sg8−f6
2.	c2−c4	g7−g6
3.	Sb1−c3	d7−d5
4.	Sg1−f3	Lf8−g7
5.	Dd1−b3	d5×c4
6.	Db3×c4	0−0
7.	e2−e4	Sb8−a6
8.	Lf1−e2	c7−c5
9.	d4−d5	e7−e6
10.	0−0	e6×d5
11.	e4×d5	Lc8−f5
12.	Tf1−d1	Tf8−e8
13.	d5−d6	h7−h6
14.	Lc1−f4!?	

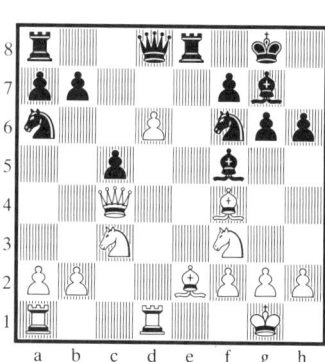

14.	...	Sf6−d7!

T. Georgadse gibt 14. ... g5 15. Lg3 Se4
an [mit der Folge 16. d7?! Te7 17. Se4:
Le4: 18. Ld6 Td7:], aber nach 16. Ld3!
Sc3: [oder 16. ... Sg3: 17. hg3: Le6?
18. De4] 17. bc3: Ld3: 18. Td3: steht
Weiß klar besser.

15.	Td1−d2	

Nichts bringt 15. a3 wegen 15. ... Sb6
16. Da2 Le6 17. Db1 Lf5 [18. Ld3 Ld3:
19. Dd3: c4 nebst Sc5].
Karpow gibt 15. Db3?! Sb4 16. Lc4 Df6!
an.

15.	...	Sa6−b4
16.	Dc4−b3	Lf5−e6!

Nach 16. ... a6?! 17. a3 Sc6 18 Sd5 steht Weiß klar besser.

17. Le2–c4

5 Minuten. Nach dem Tausch der weißfeldrigen Läufer wird der Komplex der weißen Felder schwach, insbesondere Punkt d3; aber 17. Dd1 war keine bessere Lösung wegen 17. ... g5! [17. ... Lc3:? 18. bc3: Sd5 19. Lh6: Sc3: 20. Dc1 ist günstig für Weiß] 18. Lg3 Lc3: [oder 18. ... f5!?] 19. bc3: Sd5 20. Dc2 Df6 21. Tc1 Sf4 mit gutem Spiel für Schwarz.

17. ... Sd7–b6!

28 Minuten. Schwächer war 17. ... Lc4: 18. Dc4: a6 wegen 19. a3 b5 20. Df1 Sc6 21. Sd5.

18. Lc4×e6

Nach 18. d7? Sc4:! [18. ... Te7? 19. Le6: Te6: 20 Sb5] 19. de8:D+ De8: 20. Te2 Dc6! ist die weiße Stellung kritisch [21. Dd1? Sb2:!].

18. ... Te8×e6

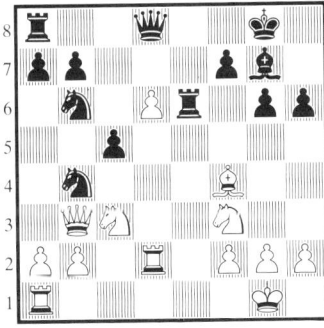

Die kritische Stellung in der Partie.

19. a2–a3?!

25 Minuten; hat Karpow den Zug 19. ... Sd3! übersehen?
Untersuchen wir andere Möglichkeiten:

(I) 19. Sa4?! [eine Idee von Tal] Sa4: 20. Da4: g5! 21. Le3 [21. Lg3 f5] 21. ... Td6: mit Vorteil für Schwarz.

(II) 19. Sb5 Te4 20. Le3 [20. Lg3 Sc4!] Sc4 21. Lc5: Sa6! [Karpow gibt 21. ... Sd2: 22. Sd2: Te2 23. Sb4: a5 24. Df4 g5 an] 22. Le3 Sd2: 23. Ld2: Df6, und Schwarz sollte gewinnen;

(III) 19. Lg3! Dd7! [19. ... Sd3 20. Sb5 c4 21. Da3 nebst Sc7] 20. a3 Sc6! [20. ... Sd3 21. Sd5 c4? 22. Sb6:] 21. Db5!? [stärker als 21. Sd5 Sa5! 22. Sb6: ab6: 23. Dc2 b5] 21. ... Tc8 22. Sd5!? [In der Simultanpartie Rao – Kasparow, New York, 1988, folgte 22. Tad1 Lc3:! 23. bc3: Se5 24. Dd7: Sf3:+ 25. gf3: Sd7: 26. Tb1 b6 27. a4 a6 28. Tb2 Tb8 29. c4 a5 30. Kf1 f5 31. Lf4 g5 mit gewonnener Stellung für Schwarz] 22. ... Sd5: 23. Td5: b6! [Nach 23. ... a6? gibt M. Rhode an 24. Dc5: Sd4 25. Dc8:+ Dc8: 26. Sd4: Ld4: 27. d7 Dd8 28. Lc7 und Weiß gewinnt] 24. Tad1 [24. a4 Te4!] 24. ... Se5 25. Dd7: Sd7: 26. T5d2 mit ewas besseren Aussichten für Schwarz.

19. ... Sb4–d3!
20. Lf4–g3

Die Qualität durch 20. Td3: c4 21. Dc2 cd3: 22. Dd3: zu opfern, wäre noch zu früh.

20. ... c5–c4
21. Db3–c2 Ta8–c8
22. Ta1–d1 Dd8–d7

Karpow gibt 22. ... Sb2:? 23. Db2: Sa4 24. Sa4: Lb2: 25. Tb2: Da5 26. Tb4 mit Vorteil für Weiß an.

23. h2–h4 f7–f5?!

Nun gewinnt das Qualitätsopfer auf d3 dank der geschwächten schwarzen Königsstellung an Kraft.
Richtig war 23. ... Tc5! und nach 24. Db1 [mit der Idee Se1, Karpow] fortsetzen mit 24. ... Lc3! 25. bc3: Sa4 26. Dc2 b5.

24. Td2×d3 c4×d3
25. Dc2×d3 Sb6–c4
26. Dd3–d5! Sc4–b6

Kasparow entschließt sich dazu, auf Remis zu spielen.
Nach 26. ... Sb2:? 27. Te1 T8e8 28. Te6: Te6: 29. Sb5 Kh7 30. Se5! Le5: 31. Le5: Sc4 32. f4 a6 33. Sd4 könnte die schwarze Stellung kritisch werden, Karpow.
Auch 26. ... Kh8? 27. Sb5 Sb2: 28. Tb1! Sa4 29. Sc7 Tc7: 30. dc7: Dd5: 31. c8D+ Kh7 32. Tb7: ist günstig für Weiß laut Karpow.

27. Dd5−d3

Auch Weiß hat keinen Grund auf Gewinn zu spielen, z.B.: 27. Db3?! Df7! 28. Sd5 Td8 und laut Karpow steht Schwarz etwas besser.

27.   ...   Sb6−c4
28. Dd3−d5   c4−Sb6

Remis